JN367190

여러분의 합격을 응원하는

해커스PSAT의 특별 혜택

해커스PSAT 온라인 단과강의 **20% 할인쿠폰**

CCE9A65DK05KC000

해커스PSAT 사이트(psat.Hackers.com) 접속 후 로그인 ▶
우측 퀵배너 [쿠폰/수강권등록] 클릭 ▶ 위 쿠폰번호 입력 후 이용

* 등록 후 7일간 사용 가능(ID당 1회에 한해 등록 가능)

PSAT 패스 [교재 포함형] **10% 할인쿠폰**

94F3A65E9BFFD000

해커스PSAT 사이트(psat.Hackers.com) 접속 후 로그인 ▶
우측 퀵배너 [쿠폰/수강권등록] 클릭 ▶ 위 쿠폰번호 입력 후 이용

* 등록 후 7일간 사용 가능(ID당 1회에 한해 등록 가능)

PSAT 패스 [교재 미포함형] **10% 할인쿠폰**

K6D2A65FB35D7000

해커스PSAT 사이트(psat.Hackers.com) 접속 후 로그인 ▶
우측 퀵배너 [쿠폰/수강권등록] 클릭 ▶ 위 쿠폰번호 입력 후 이용

* 등록 후 7일간 사용 가능(ID당 1회에 한해 등록 가능)

쿠폰 이용 관련 문의 **1588-4055**

해커스PSAT

7급 PSAT

김우진 상황판단 기본서

해커스

김우진

이력

- Antonian Univ. 철학박사
- 논리(modal logic) 및 인식론(epistemology) 전공
- 연세대, 중앙대, 숙명여대, 세종대, 한양대, 이화여대 등 강의 진행
- (현) 해커스로스쿨 추리논증 전임
- (현) 해커스PSAT 상황판단 전임
- (현) 프라임법학원 PSAT 언어논리 전임
- (전) 메가로스쿨 LEET 추리논증 전임

저서

- 해커스PSAT 7급 PSAT 김우진 상황판단 기본서(2024)
- 해커스 LEET 김우진 추리논증 기초(2024)
- 해커스 LEET 김우진 추리논증 기본(2024)
- 해커스 LEET 김우진 추리논증 유형별 기출문제+해설집(2024)
- 해커스 LEET 김우진 추리논증 PSAT 350제(2024)
- 해커스 LEET 김우진 추리논증 파이널 모의고사(2024)
- PSAT 언어논리 기본서(2022)
- PSAT 상황판단 기본서(2022)
- 김우진 논리 추론(2023)
- 김우진 논리와 퍼즐(2021)

서문

상황판단의 유형별 접근법 학습을 위한 **필수 기본서!**

7급 공채 PSAT에서 상황판단 영역은 지식 측정이 아니라는 기본 원칙에 매우 충실한 영역입니다. 기본적인 언어 및 수리 능력을 기반으로 하여 주어진 문제를 논리적으로 해결하는 데 목적이 있는 시험이기 때문입니다.

먼저 기초적인 언어력과 수리 능력을 자주 사용하는 연습이 필요합니다. 상황판단 영역은 이론이 될 수 있는 구체적인 요소는 거의 없으며 문제해결력에 대한 방법이 곧 이론이 되는 극단적인 문제해결을 요구하는 시험으로 구성되어 있습니다.

7급 공채 PSAT 상황판단 영역은 타 과목에 비해 기존의 5급 공채 제1차 및 민간경력자채용 시험에서 출제된 PSAT 문제와 매우 유사한 형태로 출제되어서 평균 및 합격선이 가장 높게 나타나고 있습니다. 하지만 처음 접근할 때는 가장 어려운 영역이기도 합니다. 따라서 이에 맞추어 필요한 요소들을 확인하고 접근하는 유형별 접근이 매우 중요한 영역이 바로 상황판단입니다. 익숙할수록 고득점이 가능한 과목이기 때문입니다.

상황판단 영역은 문제에 대한 정확한 해결력과 동시에 시간 안에 해결해야 하는 시간적 압박도 함께 공존합니다. 단순히 문제를 정확하게 상세하게 해결하는 방식으로는 실제 시험 시간 내에 해결할 수 없는 현실에 좌절하게 됩니다. 그래서 처음 연습 단계부터 철저하게 시간 안에 해결하는 방향이 설정되어야 합니다. 즉, 정확하고 완벽하게 이해하고 철저하게 분석하는 방법과 정해진 시간 안에 해결할 수 있는 key point 중심의 문제해결력도 함께 연습해야 실력을 향상시킬 수 있습니다.

『해커스PSAT 7급 PSAT 김우진 상황판단 기본서』에서는 최근 문제 유형을 중심으로 수록되어 있으며 총 4개 파트로 구성되어 있습니다. 유형별로 필요한 접근 방법을 중심으로 하여 다양한 기출문제들을 경험할 수 있도록 하였습니다. 상황판단 영역은 연습과 반복을 통해 충분히 극복할 수 있기에 인내심을 가지시고 한 걸음씩 나아가시다 보면 본인의 실력이 향상됨을 알 수 있게 될 것입니다. 수험생 여러분들의 성공을 바라면서 이 책을 만들기까지 수고해 주신 모든 분들께도 감사의 인사를 드립니다.

김우진

목차

상황판단 고득점을 위한 이 책의 활용법 6
기간별 맞춤 학습 플랜 8
7급 공채 및 PSAT 알아보기 10
상황판단 고득점 대비 유형 분석 12

PART 01 상황이해 및 추론

Ⅰ. 일치 부합 16
Ⅱ. 원리 적용 18
Ⅲ. 제재별 특징 22
Ⅳ. 수적 기준 및 계산 34
Ⅴ. 다문항 지문 46

PART 02 법학추론

Ⅰ. 법규정 56
Ⅱ. 서술형 규범 및 법적 개념 82
Ⅲ. 수적 기준 및 계산 90

PART 03 문제해결

논리 게임의 구성 및 접근 108

Ⅰ. 배열하기·속성매칭 110
Ⅱ. 그룹핑 128
Ⅲ. 수적배열 132
Ⅳ. 승패 게임 144
Ⅴ. 모형 추리 154

PART 04 판단 및 의사결정

Ⅰ. 원리 적용 162
Ⅱ. 최적화 176
Ⅲ. 종합 비교 및 선택 188

약점 보완 해설집 [책속의 책]

상황판단 고득점을 위한 **이 책의 활용법**

01 자신의 학습 기간에 맞는 학습 플랜으로 전략적으로 학습한다!

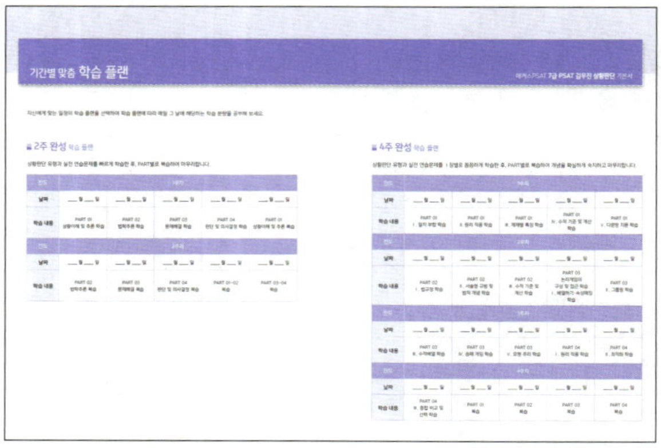
기간별 맞춤 학습 플랜

2주 완성

4주 완성

두 가지 종류의 기간별 학습 플랜을 제공하여 자신의 일정에 맞는 학습 플랜을 선택할 수 있으며, 학습 플랜에 따라 전략적으로 학습할 수 있습니다.

02 유형별 특징을 분석하여 문제 접근 방법을 학습한다.

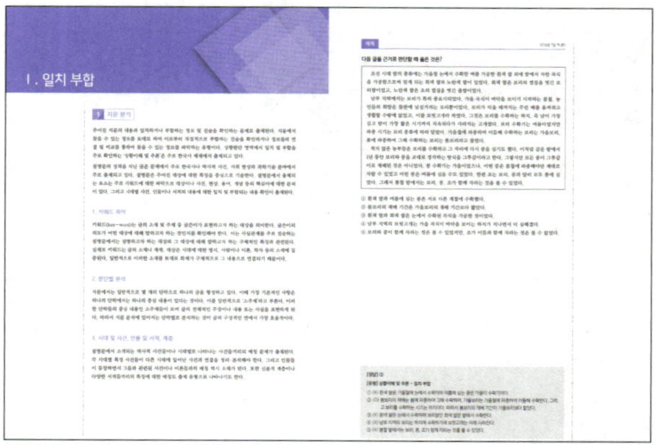
I. 일치 부합

상황판단의 출제 유형을 4개로 구분하여 각 유형에 대해 기본적인 특징뿐만 아니라 지문, 선택지, 제재 등을 꼼꼼히 분석할 수 있습니다. 이를 통해 문제를 빠르고 정확하게 푸는 방법을 익힐 수 있습니다.

03 실전 연습문제를 풀이하여 문제해결력을 향상시킨다.

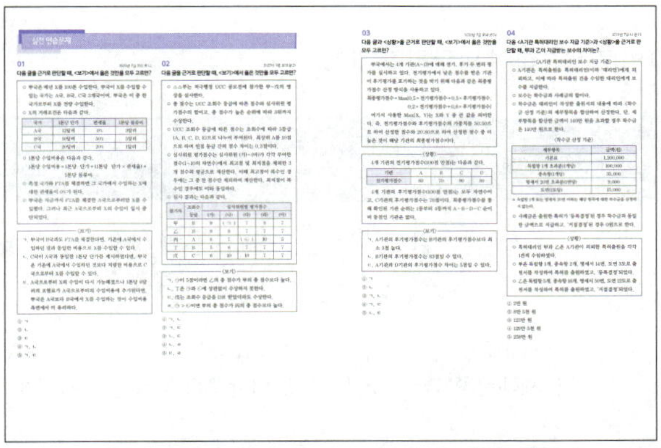
실전 연습문제

유형별로 분류된 7급 공채 및 민간경력자 PSAT 기출 문제를 실전처럼 풀이함으로써 문제해결력을 키울 수 있습니다.

04 상세한 해설로 완벽하게 정리한다.

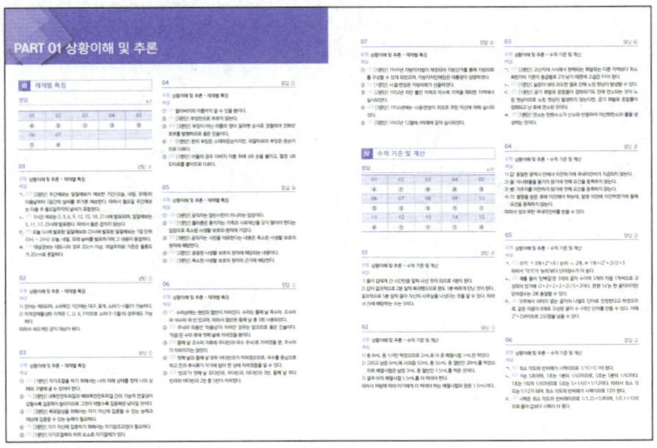
PART 01 상황이해 및 추론

문제를 풀이하는 과정과 선택지에 대한 정답 및 오답의 이유가 상세하고 이해하기 쉽게 제시되어 있어 문제를 정확하고 꼼꼼히 학습할 수 있습니다.

기간별 맞춤 학습 플랜

자신에게 맞는 일정의 학습 플랜을 선택하여 학습 플랜에 따라 매일 그 날에 해당하는 학습 분량을 공부해 보세요.

2주 완성 학습 플랜

상황판단 유형과 실전 연습문제를 빠르게 학습한 후, PART별로 복습하여 마무리합니다.

진도	1주차				
날짜	___ 월 ___ 일	___ 월 ___ 일	___ 월 ___ 일	___ 월 ___ 일	___ 월 ___ 일
학습 내용	PART 01 상황이해 및 추론 학습	PART 02 법학추론 학습	PART 03 문제해결 학습	PART 04 판단 및 의사결정 학습	PART 01 상황이해 및 추론 복습
진도	2주차				
날짜	___ 월 ___ 일	___ 월 ___ 일	___ 월 ___ 일	___ 월 ___ 일	___ 월 ___ 일
학습 내용	PART 02 법학추론 복습	PART 03 문제해결 복습	PART 04 판단 및 의사결정 복습	PART 01~02 복습	PART 03~04 복습

4주 완성 학습 플랜

상황판단 유형과 실전 연습문제를 Ⅰ장별로 꼼꼼하게 학습한 후, PART별로 복습하여 개념을 확실하게 숙지하고 마무리합니다.

진도	1주차				
날짜	___ 월 ___ 일	___ 월 ___ 일	___ 월 ___ 일	___ 월 ___ 일	___ 월 ___ 일
학습 내용	PART 01 Ⅰ. 일치 부합 학습	PART 01 Ⅱ. 원리 적용 학습	PART 01 Ⅲ. 제재별 특징 학습	PART 01 Ⅳ. 수적 기준 및 계산 학습	PART 01 Ⅴ. 다문항 지문 학습
진도	2주차				
날짜	___ 월 ___ 일	___ 월 ___ 일	___ 월 ___ 일	___ 월 ___ 일	___ 월 ___ 일
학습 내용	PART 02 Ⅰ. 법규정 학습	PART 02 Ⅱ. 서술형 규범 및 법적 개념 학습	PART 02 Ⅲ. 수적 기준 및 계산 학습	PART 03 논리게임의 구성 및 접근 학습 Ⅰ. 배열하기·속성매칭 학습	PART 03 Ⅱ. 그룹핑 학습
진도	3주차				
날짜	___ 월 ___ 일	___ 월 ___ 일	___ 월 ___ 일	___ 월 ___ 일	___ 월 ___ 일
학습 내용	PART 03 Ⅲ. 수적배열 학습	PART 03 Ⅳ. 승패 게임 학습	PART 03 Ⅴ. 모형 추리 학습	PART 04 Ⅰ. 원리 적용 학습	PART 04 Ⅱ. 최적화 학습
진도	4주차				
날짜	___ 월 ___ 일	___ 월 ___ 일	___ 월 ___ 일	___ 월 ___ 일	___ 월 ___ 일
학습 내용	PART 04 Ⅲ. 종합 비교 및 선택 학습	PART 01 복습	PART 02 복습	PART 03 복습	PART 04 복습

7급 공채 및 PSAT 알아보기

7급 공채 알아보기

1. 7급 공채란?

7급 공채는 인사혁신처에서 학력, 경력에 관계없이 7급 행정직 및 기술직 공무원으로 임용되기를 원하는 불특정 다수인을 대상으로 실시하는 공개경쟁채용시험을 말합니다. 신규 7급 공무원 채용을 위한 균등한 기회 보장과 보다 우수한 인력의 공무원을 선발하는 데에 시험의 목적이 있습니다. 경력경쟁채용이나 지역인재채용과 달리 18세 이상의 연령이면서 국가공무원법 제33조에서 정한 결격사유에 저촉되지 않는 한, 누구나 학력 제한이나 응시상한연령 없이 시험에 응시할 수 있습니다.

- **경력경쟁채용**: 공개경쟁채용시험에 의하여 충원이 곤란한 분야에 대해 채용하는 제도로서 다양한 현장 경험과 전문성을 갖춘 민간 전문가를 공직자로 선발한다.
- **지역인재채용**: 자격요건을 갖춘 자를 학교별로 추천받아 채용하는 제도로서 일정 기간의 수습 근무를 마친 후 심사를 거쳐 공직자로 선발한다.

2. 7급 공채 채용 프로세스

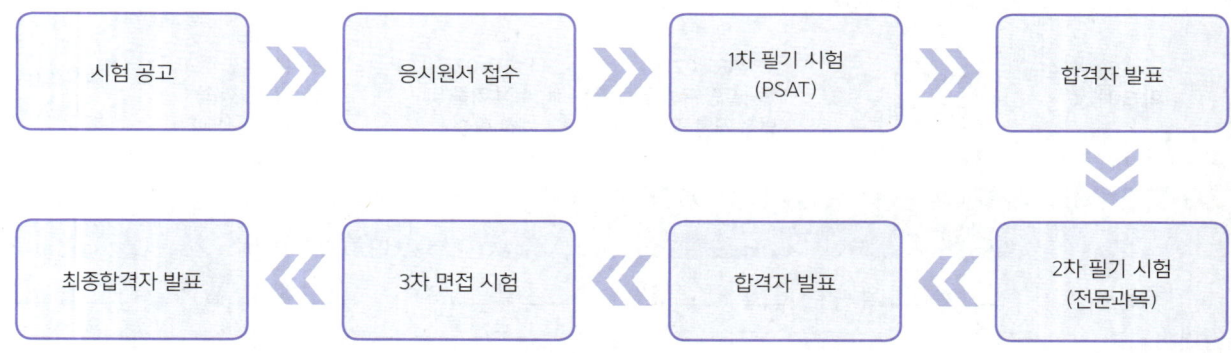

1. 시험 공고
2. 응시원서 접수
3. 1차 필기 시험 (PSAT)
4. 합격자 발표
5. 2차 필기 시험 (전문과목)
6. 합격자 발표
7. 3차 면접 시험
8. 최종합격자 발표

7급 공채 PSAT 알아보기

1. PSAT란?

PSAT(Public Service Aptitude Test, 공직적격성평가)는 공직과 관련된 상황에서 발생하는 여러 가지 문제에 신속히 대처할 수 있는 문제해결의 잠재력을 가진 사람을 선발하기 위해 도입된 시험입니다. 즉, 특정 과목에 대한 전문 지식 보유 수준을 평가하는 대신, 공직자로서 지녀야 할 기본적인 자질과 능력 등을 종합적으로 평가하는 시험입니다. 이에 따라 PSAT는 이해력, 추론 및 분석능력, 문제해결능력 등을 평가하는 언어논리, 상황판단, 자료해석 세 가지 영역으로 구성됩니다.

2. 출제 원칙

· 지식정보화시대 가치 창출에 필요한 학습능력과 문제해결능력 등 종합적 사고력을 평가하는 문제를 출제합니다.
· 이미 습득한 지식의 양을 측정하는 문제보다는 잠재적 업무수행능력을 측정하는 문제를 출제합니다.
· 전문지식은 배제하고 대학일반 교양수준의 지문과 자료를 활용한다. 단, 전문지식이 필요할 때는 해당 지식을 별도로 설명해 주도록 합니다.
· 지식을 단순히 암기하여 해결할 수 있는 문제는 피하고 종합적이고 심도 있는 사고를 요하는 문제를 중심으로 출제합니다.

3. 시험 구성 및 평가 내용

과목	시험 구성	평가 내용
언어논리	각 25문항/120분	글의 이해, 표현, 추론, 비판과 논리적 사고력 등을 평가함
상황판단		제시문과 표를 이해하여 상황 및 조건에 적용하고, 판단과 의사결정을 통해 문제를 해결하는 능력을 평가함
자료해석	25문항/60분	표, 그래프, 보고서 형태로 제시된 수치 자료를 이해하고 계산하거나 자료 간의 연관성을 분석하여 정보를 도출하는 능력을 평가함

상황판단 고득점 대비 유형 분석

상황판단 소개

상황판단 영역은 구체적으로 주어진 상황을 이해 및 적용하여 문제를 발견하는 능력과 이러한 문제점을 해결하기 위하여 다양한 대안을 제시하고, 일정한 기준에 의해서 최선의 대안을 선택하는 능력을 측정하는 영역입니다. 상황판단력은 제시된 자료에서 원리를 추리하고 자료와 정보를 올바르게 확장, 해석하는 능력과 논리적 추론을 하는 능력으로 기획, 분석, 평가 등의 업무 수행에 필수적인 능력입니다. 이 영역은 연역추리력, 문제해결, 판단 및 의사결정 능력을 측정합니다. 문제해결의 경우 먼저 가능한 모든 방안을 머리 속에서 나열하고 각각의 방안에 대하여 문제해결에 도움이 되는지를 평가하고 최종적으로 문제해결책을 찾아내는 과정으로 구성되어 있습니다. 연역추리력과 판단 및 의사결정 능력도 여러 단계의 인지 조작을 거쳐야 문제를 해결할 수 있습니다. 모든 업무가 문제해결이나 판단·의사결정 등으로 구성되어 있어, 이는 실제 과제를 수행하는 데 기본적인 능력이 있는지를 측정합니다.

(1) **연역추리**: 주어진 사실(전제)들에서 논리적으로 정당한 결론을 도출해 낼 수 있는 능력을 측정한다. 세부 유형으로 결론 유도, 논리적 인과, 논리적 타당성, 해석 등이 있다.

(2) **문제 해결**: 문제에 대한 적절한 표상을 형성하고, 목표 달성에 도달하게 하는 적절한 조작자를 찾아내는 능력을 측정한다. 세부 유형으로 기획력, 여러 가능성 중 합리적 가능성을 묻는 문제, 문제에 대한 올바른 표상을 묻는 문제, 가능한 많은 문제해결 방식의 생성을 묻는 문제 등이 있다.

(3) **판단 및 의사결정**: 주어진 정보와 이 정보에서 유도된 정보들을 정확하게 판단하고, 그 판단에 근거하여 가장 합리적인 의사결정을 하는 능력을 측정한다. 세부 유형으로 판단 과정에서 논리적 구조의 이해, 게임 이론, 판단 오류, 합리적 선택과정 등이 있다.

출제 유형 분석

평가 항목	측정 내용	공직과의 관련성
상황이해 및 추론	· 제시된 상황의 주요 쟁점 및 문제점을 이해할 수 있는 능력 · 주어진 개념과 원리들을 새로운 상황이나 구체적인 사례에 적용할 수 있는 능력	복잡한 상황 속에 숨어 있는 해결해야 할 문제와 그 문제의 본질을 찾아내는 능력
추론 및 분석 (언어 및 법학추론)	· 상황을 대안으로 설정하기 위한 주요 요인을 추론하는 능력 · 여러 형태의 대안을 비교하고 분석하는 능력	복잡한 상황 속에서 해결해야 할 문제의 대안을 추론하고 분석하는 능력
문제해결 (논리게임)	· 문제해결을 위한 대안을 설정하고, 그 대안의 실행전략을 유추하여, 그에 따른 결과를 예측하는 능력	복잡한 상황 속에서 해결해야 할 문제의 대안들을 찾아나가는 능력
판단 및 의사결정	· 문제해결을 위한 다양한 형태의 대안을 평가하는 기준을 설정하고, 비교 평가하여, 합리적 대안을 선택하는 능력	복잡한 상황 속에서 해결해야 할 문제의 여러 대안들을 비교 평가하여 최적의 대안을 도출해 내는 능력

1. 상황이해 및 추론

'상황이해 및 추론'은 특정 분야의 지식이 필요하지 않으며, 주어진 정보 속에 있는 해결해야 할 문제와 그 문제의 본질을 찾는 능력을 측정합니다. 문제는 구체적인 상황을 토대로 다양한 정보를 제시하는 지문의 형태로 구성됩니다. 지문에서 이론이나 현상 및 사실에 대한 정보로부터 일치하거나 부합하는 내용을 찾는 유형으로 출제됩니다.

2. 추론 및 분석(언어 및 법학추론)

'추론 및 분석'은 복합적인 문제를 해결하기 위해 고려해야 할 요인을 추론하고 다양한 분석 기법들을 통해 대안을 분석하는 능력을 말합니다. 지문으로부터 원리나 원칙을 파악하고 이를 실제 사례에 적용하는 유형이나 서로 간의 비교를 요구하는 유형으로 출제되고 있습니다. 인문학이나 사회학의 지문으로 구성되는 '언어추론'과 법학 제재를 중심으로 하는 '법학추론'으로 구성하고 있으며, 상황판단 영역에서는 법학 제재의 출제 중요도가 높으므로 본 교재에서는 '법학추론'을 중심으로 해당 유형을 분석하고자 합니다.

3. 문제해결(논리 게임)

'문제해결'은 문제에 대한 대안을 찾아나가는 과정으로, 구체적인 상황이나 문제의 해결을 위한 대안을 설정하고, 이러한 대안의 실행을 위한 전략들을 파악하고, 대안의 분석 결과가 나타날 수 있는 상황을 찾는 유형입니다. 기출문제에서는 논리 게임이나 퍼즐의 형식으로 출제되고 있습니다. 최근 출제 비중이 높아지고 있어 철저한 준비가 필요하며, 일반적으로 수험생들이 가장 많이 회피하거나 포기하는 유형이므로 역설적으로 논리 게임과 논리퍼즐을 잘하는 사람이 합격할 수 있는 가능성이 높아집니다.

4. 판단 및 의사결정

'판단 및 의사결정'은 최종적으로 대안들을 비교·평가하여 최적의 대안을 도출하고 대안의 시행 결과를 평가하는 능력을 측정합니다. 대안들의 장점과 단점을 비교하고 다양한 기준을 통해 대안을 비교 및 평가합니다. 대안들의 비교 및 판단을 위해 수리 계산 유형으로 주로 출제되며 높은 비중으로 출제되는 유형입니다.

PSAT 교육 1위, 해커스PSAT
psat.Hackers.com

유형 소개

'상황이해 및 추론'는 지문에 대한 분석을 토대로 하여 지문에서의 내용 일치나 부합되는 내용을 찾는 문제가 출제된다. 주어진 지문으로부터 정보를 파악하고 정보에 대한 연결 및 정보 결합적인 측면이 강조된다. 또한 선택지의 일부에서 약간의 수리적인 계산이 필요한 문제도 포함되어 있어서 정보로부터 수리적인 사고도 함께 고려해야 한다. 이러한 지문에 대한 종합적 분석이라는 점에서 다음의 세 가지의 능력이 요구된다.

- 제시된 상황의 주요 쟁점 및 문제점을 이해할 수 있는 능력
- 주어진 개념과 원리들을 새로운 상황이나 구체적인 사례에 적용할 수 있는 능력
- 주어진 정보로부터 수리적인 계산의 원리나 기준을 파악하고 문제에서 요구하는 계산을 수행할 수 있는 능력

PART 01

상황이해 및 추론

Ⅰ. 일치 부합
Ⅱ. 원리 적용
Ⅲ. 제재별 특징
Ⅳ. 수적 기준 및 계산
Ⅴ. 다문항 지문

Ⅰ. 일치 부합

1 지문 분석

주어진 지문의 내용과 일치하거나 부합하는 정보 및 진술을 확인하는 문제로 출제된다. 지문에서 찾을 수 있는 정보를 토대로 하여 이로부터 직접적으로 부합하는 진술을 확인하거나 정보들의 연결 및 비교를 통하여 찾을 수 있는 정보를 파악하는 유형이다. 상황판단 영역에서 일치 및 부합을 주로 확인하는 '상황이해 및 추론'은 주로 한국사 제재에서 출제되고 있다.

설명문의 성격을 지닌 글은 문제에서 주로 한국사나 역사적 사건, 사회 현상과 과학기술 분야에서 주로 출제되고 있다. 설명문은 주어진 대상에 대한 특징을 중심으로 기술한다. 설명문에서 출제되는 요소는 주로 키워드에 대한 파악으로 대상이나 사건, 현상, 용어, 개념 등의 핵심어에 대한 분석이 있다. 그리고 시대별 사건, 인물이나 서적의 내용에 대한 일치 및 부합되는 내용 확인이 출제된다.

1. 키워드 파악

키워드(key-word)는 글의 소재 및 주제 등 글쓴이가 표현하고자 하는 대상을 의미한다. 글쓴이의 의도가 어떤 대상에 대해 말하고자 하는 것인지를 확인해야 한다. 이는 사실관계를 주로 진술하는 설명문에서는 설명하고자 하는 대상과 그 대상에 대해 말하고자 하는 구체적인 특징과 관련된다. 실제로 키워드는 글의 소재나 제재, 대상은 시대에 대한 명시, 사람이나 이론, 학자 등의 소재에 집중된다. 일반적으로 이러한 소재를 토대로 화제가 구체적으로 그 내용으로 연결되기 때문이다.

2. 문단별 분석

지문에서는 일반적으로 몇 개의 단락으로 하나의 글을 형성하고 있다. 이때 가장 기본적인 사항은 하나의 단락에서는 하나의 중심 내용이 있다는 것이다. 이를 일반적으로 '소주제'라고 부른다. 이러한 단락들의 중심 내용인 소주제들이 모여 글의 전체적인 주장이나 내용 또는 사실을 표현하게 된다. 따라서 지문 분석에 있어서는 단락별로 분석하는 것이 글의 구성적인 면에서 가장 효율적이다.

3. 시대 및 사건, 인물 및 서적, 계층

설명문에서 소개되는 역사적 사건들이나 시대별로 나타나는 사건들끼리의 매칭 문제가 출제된다. 각 시대별 특정 사건들이 다른 시대에 일어난 사건과 연결을 정리·분석해야 한다. 그리고 인물들이 등장하면서 그들과 관련된 사건이나 이론들과의 매칭 역시 소재가 된다. 또한 신분적 계층이나 다양한 서적들끼리의 특징에 대한 매칭도 출제 유형으로 나타나기도 한다.

다음 글을 근거로 판단할 때 옳은 것은?

조선 시대 쌀의 종류에는 가을철 논에서 수확한 벼를 가공한 흰색 쌀 외에 밭에서 자란 곡식을 가공함으로써 얻게 되는 회색 쌀과 노란색 쌀이 있었다. 회색 쌀은 보리의 껍질을 벗긴 보리쌀이었고, 노란색 쌀은 조의 껍질을 벗긴 좁쌀이었다.

남부 지역에서는 보리가 특히 중요시되었다. 가을 곡식이 바닥을 보이기 시작하는 봄철, 농민들의 희망은 들판에 넘실거리는 보리뿐이었다. 보리가 익을 때까지는 주린 배를 움켜쥐고 생활할 수밖에 없었고, 이를 보릿고개라 하였다. 그것은 보리를 수확하는 하지, 즉 낮이 가장 길고 밤이 가장 짧은 시기까지 지속되다가 사라지는 고개였다. 보리 수확기는 여름이었지만 파종 시기는 보리 종류에 따라 달랐다. 가을철에 파종하여 이듬해 수확하는 보리는 가을보리, 봄에 파종하여 그해 수확하는 보리는 봄보리라고 불렀다.

적지 않은 농부들은 보리를 수확하고 그 자리에 다시 콩을 심기도 했다. 이처럼 같은 밭에서 1년 동안 보리와 콩을 교대로 경작하는 방식을 그루갈이라고 한다. 그렇지만 모든 콩이 그루갈이로 재배된 것은 아니었다. 콩 수확기는 가을이었으나, 어떤 콩은 봄철에 파종해야만 제대로 자랄 수 있었고 어떤 콩은 여름에 심을 수도 있었다. 한편 조는 보리, 콩과 달리 모두 봄에 심었다. 그래서 봄철 밭에서는 보리, 콩, 조가 함께 자라는 것을 볼 수 있었다.

① 흰색 쌀과 여름에 심는 콩은 서로 다른 계절에 수확했다.
② 봄보리의 재배 기간은 가을보리의 재배 기간보다 짧았다.
③ 흰색 쌀과 회색 쌀은 논에서 수확된 곡식을 가공한 것이었다.
④ 남부 지역의 보릿고개는 가을 곡식이 바닥을 보이는 하지가 지나면서 더 심해졌다.
⑤ 보리와 콩이 함께 자라는 것은 볼 수 있었지만, 조가 이들과 함께 자라는 것은 볼 수 없었다.

[정답] ②

[유형] 상황이해 및 추론 - 일치 부합

① (X) 흰색 쌀은 가을철에 논에서 수확하며 여름에 심는 콩은 가을이 수확기이다.
② (O) 봄보리의 재배는 봄에 파종하여 그해 수확하며, 가을보리는 가을철에 파종하여 이듬해 수확한다. 그리고 보리를 수확하는 시기는 하지이다. 따라서 봄보리의 재배 기간이 가을보리보다 짧았다.
③ (X) 흰색 쌀은 논에서 수확하며 보리쌀인 회색 쌀은 밭에서 수확한다.
④ (X) 남부 지역의 보리는 하지에 수확하기에 보릿고개는 이때 사라진다.
⑤ (X) 봄철 밭에서는 보리, 콩, 조가 함께 자라는 것을 볼 수 있었다.

II. 원리 적용

1 지문 분석

사회제도 및 과학기술 영역에서 자주 출제되고 있는 유형으로, 지문에서는 개념이나 용어 또는 규칙의 형태로 원리나 원칙을 제시한다. 그리고 그러한 원리나 원칙에 입각하여 지문의 의미를 파악하거나 사례에 적용하여 추론하는 유형에 해당한다.

우선 지문으로부터 어떠한 정보를 사고나 행위 판단의 기준 또는 원리·원칙으로 하고 있는지를 확인해야 한다. 이후 그러한 원리나 원칙이 형성될 때 파악할 수 있는 의미 및 상황이나 맥락이 바뀌어도 적용되는 일관된 기준 등을 적용해야 한다. 이 유형에서 측정하고자 하는 사항은 다음과 같다.

- 개별 사례에서 적용될 수 있는 규범이나 규칙, 또는 원리를 판단하는 능력
- 다양한 사례 중에서 원리나 규범이 적용될 수 있는 사례를 파악하고 올바로 적용하는 능력
- 사례에 대한 판단을 파악하고 그러한 판단에 적용된 원리나 규범을 추리하는 능력

예제

2021년 7급 나 문20

다음 글과 <상황>을 근거로 판단할 때, <사업 공모 지침 수정안>의 밑줄 친 ㉮~㉲ 중 '관계부처 협의 결과'에 부합한 것만을 모두 고르면?

○ '대학 캠퍼스 혁신파크 사업'을 담당하는 A주무관은 신청 조건과 평가지표 및 배점을 포함한 〈사업 공모 지침 수정안〉을 작성하였다. 평가지표는 Ⅰ~Ⅳ의 지표와 그 하위 지표로 구성되어 있다.

〈사업 공모 지침 수정안〉

㉮ □ <u>신청 조건</u>

최소 1만 m^2 이상의 사업부지 확보. 단, 사업부지에는 건축물이 없어야 함

□ 평가지표 및 배점

평가지표	배점	
	현행	수정
㉯ <u>Ⅰ. 개발 타당성</u>	20	25
– 개발계획의 합리성	10	10
– 관련 정부사업과의 연계가능성	5	10
– 학습여건 보호 가능성	5	5
㉰ <u>Ⅱ. 대학의 사업 추진 역량과 의지</u>	10	15
– 혁신파크 입주기업 지원 방안	5	5
– 사업 전담조직 및 지원체계	5	5
– 대학 내 주체 간 합의 정도	–	5
㉱ <u>Ⅲ. 기업 유치 가능성</u>	10	10
– 기업의 참여 가능성	7	3
– 참여 기업의 재무건전성	3	7
㉲ <u>Ⅳ. 시범사업 조기 활성화 가능성</u>	10	삭제
– 대학 내 주체 간 합의 정도	5	이동
– 부지 조기 확보 가능성	5	삭제
합계	50	50

〈상황〉

A주무관은 〈사업 공모 지침 수정안〉을 작성한 후 뒤늦게 '관계부처 협의 결과'를 전달받았다. 그 내용은 다음과 같다.

○ 대학이 부지를 확보하는 것이 쉽지 않으므로 신청 사업부지 안에 건축물이 포함되어 있어도 신청 허용

○ 도시재생뉴딜사업, 창업선도대학 등 '관련 정부사업과의 연계가능성' 평가비중 확대

○ 시범사업 기간이 종료되었으므로 시범사업 조기 활성화와 관련된 평가지표를 삭제하되 '대학 내 주체 간 합의 정도'는 타 지표로 이동하여 계속 평가

○ 논의된 내용 이외의 하위 지표의 항목과 배점은 사업의 안정성을 위해 현행 유지

① ㉮, ㉯　② ㉮, ㉱　③ ㉯, ㉱

④ ㉰, ㉲　⑤ ㉯, ㉰, ㉲

[정답] ⑤

[유형] 상황이해 및 추론 - 원리 적용

1) 건축물이 포함되어 있어서 신청 허용: ㉮ 배제
2) 관련 정부사업과의 연계가능성 비중 확대: ㉯ 두 번째 지표
3) 대학 내 주체 간 합의 정도 타 지표로 이동하여 계속 평가: ㉱에서 ㉰로 이동
따라서 관계부처 협의 결과에 부합하는 것은 ㉯, ㉰, ㉱이다.

2 선택지 구성

주어진 글의 성격에 따라 다른 강조점과 분석이 나타날 수 있지만, 선택지를 파악할 때에 자주 활용되는 구성이 있다. 설명문과 논설문 모두에서 활용되는 비교 방식은 선택지 판단에 있어서도 그대로 적용되고 있다. 또한 다양한 인물이나 이론들을 소개하고 각각의 특징 및 주장하는 바를 정확히 매칭하는 방식을 취하기도 한다.

1. 비교

논설문에서 근거를 제시할 때에 상대적 우위나 비교를 통해 고유성을 강조할 때에 사용되며, 설명문에서도 여러 대상 간의 공통점과 차이점을 통해 다루고자 하는 바를 제시한다.

2. 정보 매칭

다양한 인물들의 특징이나 인물들이 행한 사건, 또는 그들이 주장하는 이론 등을 소개한 후 이들의 특징, 사건, 이론들을 적합하게 매칭하였는가를 측정한다. 또한 시대적으로 일어난 사건들을 소개한 후 그러한 사건들과 연도의 매칭을 묻기도 한다.

3. 키워드 일치 및 논리적 동일성

핵심어를 제시한 지문으로부터 그러한 키워드의 구체적인 내용과 동일한 선택지를 파악하도록 하는 선택지가 나타난다. 이때 주의할 점은 최근에는 완벽하게 동일한 개념이나 용어 사용보다는 동일한 의미의 선택지가 구성된다는 점이다. 따라서 단순 일치보다 키워드가 어떠한 맥락이나 상황에서 적용되는지도 파악해야 한다. 또한 최근에서는 논리적으로 동일한 의미까지도 포함되기 때문에 조건문의 형식과 같은 논리적인 측면도 함께 고려할 필요가 있다.

Ⅲ. 제재별 특징

1 개관

'상황이해 및 추론'에서는 제재별로 접근하는 방식을 습득할 필요가 있다. 주로 출제되고 있는 제재는 한국사와 사회학, 그리고 과학기술이다. 내용학에 따른 분석 방법을 통해 지문에서 나타나는 정보를 파악하고 이를 토대로 하여 문제해결에 접근해야 한다.

2 제재별 특징

1. 한국사

한국사 제재에서는 사회 제도와 관련된 주제와 문화적인 측면에서 주로 주제로 삼아 출제되고 있다. 한국사 재제의 특징은 과거 역사적으로 존재하였던 다양한 사건이나 사실 등을 소재로 하기 때문에 특징이나 속성들을 파악하고, 이로부터 변화하거나 비교되는 대상들과의 차이점에 집중해서 추리해야 한다.

(1) 사회 제도

역사상 존재하였던 계급제도나 사회제도를 소개하고 그 안에서 파악할 수 있는 정보나 개념에 대한 특징과 역할, 사회적인 영향력을 서술하고 있다. 그리고 파악된 정보로부터 알 수 있는 내용을 추론하고 특징들을 매칭하는 문제로 구성된다.

(2) 문화 예술

한국사 제재에서는 문화 및 예술 관련 주제도 자주 등장한다. 구체적인 예술 작품에 대한 설명을 토대로 관련된 내용을 파악하고 파악된 정보로부터 추론할 수 있는 진술을 찾거나 특징들을 매칭하는 문제로 출제되고 있다.

예제

다음은 신라시대의 골품제도에 관한 어느 사학자의 주장이다. 이를 근거로 판단할 때, <보기>에서 옳지 않은 것을 모두 고르면?

> 신라시대의 신분제도인 골품제도는 왕족을 대상으로 한 골제(骨制)와 그 외의 사람을 대상으로 한 두품제(頭品制)로 구성되었다. 골족(骨族)은 성골(聖骨)과 진골(眞骨)로 구분되었으며, 성골은 골족 가운데서도 왕이 될 수 있는 최고의 신분이었다. 진골 역시 왕족으로서 신라 지배계층의 핵심을 이루면서 모든 정치적 실권을 장악하고 있었다.
>
> 두품층은 6두품에서 1두품까지 있었는데 숫자가 클수록 신분이 높았고, 6두품에서 4두품까지는 상위 신분층이었다. 이 가운데 6두품은 진골에 비해 관직 진출 및 신분상의 제약이 강했지만, 전체적으로는 득난(得難)으로 불릴 정도로 귀성(貴姓)이었다. 5두품과 4두품에 대한 기록은 거의 전해지지 않으나, 국가기관의 잡다한 실무는 이들에 의해 이루어졌던 것으로 보인다. 골품에 따른 신분 등급은 고정된 것이 아니어서, 진골의 신분이었다가도 경우에 따라서는 한 등급 강등되어 6두품이 되는 사례도 있었다. 한편 3두품 이하에 대한 기록은 없는데, 아마도 율령반포 초기에 일반 평민의 신분을 삼분(三分)하였다가 현실적으로 구분할 필요성이 거의 없게 되자 소멸된 것으로 보인다.
>
> 골품제도에서 가장 큰 특징은 신분에 따라 맡을 수 있는 관등에 상한이 있었다는 점이다. 신라 17개 관등 가운데 제1관등인 이벌찬(伊伐湌)에서 제5관등인 대아찬(大阿湌)까지는 진골만이 맡을 수 있었고, 두품층은 대아찬 이상의 관등에 올라갈 수 없었다. 6두품에서 4두품까지는 제6관등인 아찬(阿湌)에서 제17관등인 조위(造位)까지의 관직을 가질 수 있었다. 두품층은 골품제의 신분에 따라 관등이 제한되는 것에 불만이 많았다. 이를 무마하기 위해 상한 관등에 몇 개의 관등을 더 세분해서 두는 중위제(重位制)가 실시되었으나, 골품제 자체의 신분제적 성격이 변화하지는 않았다.

〈보기〉

ㄱ. 4두품은 상위 신분층에 해당하였지만 5두품보다는 낮은 신분층이었다.
ㄴ. 진골이 오를 수 있는 최고 관등은 이벌찬이었다.
ㄷ. 골품제도에 불만을 지닌 사람을 위한 제도가 마련되기도 하였다.
ㄹ. 성골·진골은 왕족이었기 때문에 신분이 강등되는 경우는 없었다.

① ㄱ
② ㄹ
③ ㄱ, ㄴ
④ ㄴ, ㄷ
⑤ ㄷ, ㄹ

[정답] ②

[유형] 상황이해 및 추론 - 한국사

[지문 분석]

1) 설명문: 신라시대의 골품제도에 대한 신분 구성과 그 특성을 설명하고 있다.
2) 키워드: 골품제도에서의 한골제와 두품제, 신분에 따른 관등
3) 신분 개념의 특징 매칭
   (1) 한골제: 왕족 대상
      - 성골: 왕이 될 수 있는 최고의 신분
      - 진골: 왕족으로 지배계층의 핵심
   (2) 두품제: 왕족 아닌 사람 대상, 6두품에서 1두품으로 구성, 숫자가 클수록 높은 신분, 신분이 강등되는 경우도 있음
   (3) 관등제: 17개 관등으로 구성
      - 진골: 제1관등 이벌찬에서 제5관등 대아찬
      - 두품층: 대아찬 이상 불가
      - 6두품에서 4두품: 제6관등 아찬에서 제17관등 조위까지 가능
   (4) 중위제: 두품층의 관등 제한 불만을 해소하기 위한 제도

[문제 접근] 계층의 구분과 각각의 특징을 매칭하여 그 일치를 파악한다.

ㄱ. (O) [2문단] 숫자가 클수록 신분이 높았기에 4두품보다 5두품이 높은 신분층이다.
ㄴ. (O) [3문단] 진골은 제1관등인 이벌찬이 최고 관동이다.
ㄷ. (O) [3문단] 두품층은 관등 제한에 불만이 있었으며, 이를 무마하기 위해 중위제가 실시되었다.
ㄹ. (X) [2문단] 진골의 신분이었다가 경우에 따라서는 한 등급 강등되기도 하였다.

2. 사회과학

사회과학 제재에서는 정치, 경제, 사회에 대한 주제로 문제가 구성되어 있다. 원리 및 이론을 제시하고 이로부터 추론하는 문제 유형과 사실관계를 제시하고 사건이나 사건의 원인을 파악하는 유형이 출제된다. 또한 이론이나 개념을 소개하고 이러한 바가 함축하는 바를 파악하고 추론하는 유형도 출제되고 있다.

(1) 정치학

정치 제재에서는 주로 정치체제 및 제도를 다루면서 사실관계에 대한 파악과 정치제도에 따른 구분, 투표와 같은 원리를 적용하는 유형이 출제되고 있다.

(2) 경제학

경제학 제재에는 주로 경제적 개념이나 원리를 제시하고 이로부터 사례나 구체적인 내용을 적용하여 추론하는 유형으로 출제되고 있다. 따라서 제시된 개념에 대한 정확한 이해가 필요하며, 다양한 개념이 비교되는 경우도 있으므로 개념이나 원리간의 공통점과 차이점에 대한 비교 분석도 요구된다.

(3) 사회학

사회 현상과 관련된 사실관계에 대한 기술로부터 정보를 확인하는 유형이 나타나며, 사회적인 규범이나 규칙을 소개하고 그러한 원리에 대한 설명과 적용의 적절성을 파악하는 문제로 구성된다. 또한 사회학 관련 이론이나 제도를 제시하고 이로부터 함축되어 있는 가정이나 배경을 찾고 이론이나 제도로부터 추론할 수 있는 내용을 파악하는 유형도 출제되고 있다.

다음 글을 근거로 판단할 때 옳지 않은 것은?

이해충돌은 공직자들에게 부여된 공적 의무와 사적 이익이 충돌하는 갈등상황을 지칭한다. 공적 의무와 사적 이익이 충돌한다는 점에서 이해충돌은 공직부패와 공통점이 있다. 하지만 공직부패가 사적 이익을 위해 공적 의무를 저버리고 권력을 남용하는 것이라면, 이해충돌은 공적 의무와 사적 이익이 대립하는 객관적 상황 자체를 의미한다. 이해충돌 하에서 공직자는 공적 의무가 아닌 사적 이익을 추구하는 결정을 내릴 위험성이 있지만 항상 그런 결정을 내리는 것은 아니다.

공직자의 이해충돌은 공직부패 발생의 상황요인이며 공직부패의 사전 단계가 될 수 있기 때문에 이에 대한 적절한 규제가 필요하다. 공직부패가 의도적 행위의 결과인 반면, 이해충돌은 의도하지 않은 상태에서 발생하는 상황이다. 또한 공직부패는 드문 현상이지만 이해충돌은 일상적으로 발생하기 때문에 직무수행 과정에서 빈번하게 나타날 수 있다. 그런 이유로 이해충돌에 대한 전통적인 규제는 공직부패의 사전예방에 초점이 맞추어져 있었다.

최근에는 이해충돌에 대한 규제의 초점이 정부의 의사결정 과정과 결과에 대한 신뢰성 확보로 변화되고 있다. 이는 정부의 의사결정 과정의 정당성과 공정성 자체에 대한 불신이 커지고, 그 결과가 시민의 요구와 선호를 충족하지 못하고 있다는 의구심이 제기되고 있는 상황을 반영하고 있다. 신뢰성 확보로 규제의 초점이 변화되면서 이해충돌의 개념이 확대되어, 외관상 발생 가능성이 있는 것만으로도 이해충돌에 대해 규제하는 것이 정당화되고 있다.

① 공직부패는 권력 남용과 관계없이 공적 의무와 사적 이익이 대립하는 객관적 상황 자체를 의미한다.
② 이해충돌 발생 가능성이 외관상으로만 존재해도 이해충돌에 대해 규제하는 것이 정당화되고 있다.
③ 공직자의 이해충돌과 공직부패는 공적 의무와 사적 이익의 충돌이라는 점에서 공통점이 있다.
④ 공직자의 이해충돌은 직무수행 과정에서 빈번하게 발생할 가능성이 있다.
⑤ 이해충돌에 대한 규제의 초점은 공직부패의 사전예방에서 정부의 의사결정 과정과 결과에 대한 신뢰성 확보로 변화되고 있다.

[정답] ①

[유형] 상황이해 및 추론 - 사회과학

① (X) [1문단] 공직부패는 사적 이익을 위해 공적 의무를 저버리고 권력을 남용하는 것이므로 권력 남용과 관계없다는 진술은 옳지 않다.
② (O) [3문단] 이해충돌에 대해 규제하는 것은 외관상 발생 가능성이 있는 것만으로도 정당화되고 있다.
③ (O) [1문단] 이해충돌은 공적 의무과 사적 이익이 충돌한다는 점에서 공직부패와 공통점이 있다.
④ (O) [2문단] 이해충돌은 직무수행 과정에서 빈번하게 나타날 수 있다.
⑤ (O) [2, 3문단] 이해충돌에 대한 전통적인 규제는 공직부패의 사전예방에 초점이 맞추어져 있었고 최근에는 신뢰성 확보로 변화하고 있다.

3. 과학기술

과학기술 제재의 언어 추리 영역에서는 주로 원리 적용 유형으로 출제되며, 현상에 대한 개념이나 작동되는 용어 파악을 통해 사례를 확인하고 작동 메커니즘을 통해 가설을 설정하는 문제가 출제되고 있다. 과학기술 제재는 고유한 분석틀이 있기에 다른 제재와는 다르게 이를 고려한 분석이 필요하다.

(1) 과학적 용어 및 개념

과학적 용어는 일상생활에서 다루는 개념이기도 하지만, 대부분의 문제에서는 이론이나 원리로 제시되며 생소한 용어도 자주 등장한다. 이러한 용어의 의미는 대부분 지문에서 정보를 주고 있다. 특히 과학적 용어가 어떤 의미가 있으며, 그러한 용어가 대상 안에서 어떠한 기능을 하는 것인지, 어떤 역할을 수행하는지를 파악해야 한다.

과학 기술의 용어
일상적으로 사용되는 용어나 개념도 있지만, 생명과학이나 물리학적 개념은 생소한 용어들이다. 이러한 개념들에 대한 파악은 과학 교과서 등을 통해 전반적으로 학습할 수 있다.

(2) 메커니즘 파악

과학기술 제재에서 매우 중요한 것은 현상에 대한 단계적 인과 해석이다. 첫 단계에서 어떤 것의 기능에 의해서 다음 단계로 진행하고 그러한 진행의 원리인 메커니즘을 제시하기 때문이다. 특히 생물학이나 기술공학에서는 단계적 구분 및 알고리즘과 같은 메커니즘을 파악해야 인과적 설명이 가능한 경우가 대부분이다. 따라서 단계적 정리에 의한 메커니즘의 파악은 문제 해결을 위한 중요한 분석 대상이다. 메커니즘 파악 유형은 가장 많은 출제 범위를 지니고 있으며 특히 생명과학 분야에서 가장 많은 출제가 되고 있다.

(3) 실험 분석

과학기술 제재에서 다루는 이론은 거의 대부분 가설에 해당한다. 가설은 주어진 현상에 대한 원인을 규명하는 것이므로, 이에 대한 증명인 가설 추론에서는 직접적인 실험 및 관찰이 필요하다. 지문에서 실험이 제시되며 그로부터 나타나는 결과를 추론하거나 결과까지 제시한 후, 가설을 설정하는 방식도 출제되고 있다. 실험이 제시되는 경우에는 반드시 검증하고자 하는 가설이 무엇이며, 그러한 가설과 실험의 의도 및 실험 결과와의 매칭성도 확인해야 한다.

다음 글을 근거로 판단할 때 옳은 것은?

두부의 주재료는 대두(大豆)라는 콩이다. 50여 년 전만 해도, 모내기가 끝나는 5월쯤 대두의 씨앗을 심어 벼 베기가 끝나는 10월쯤 수확했다. 두부를 만들기 위해서 먼저 콩을 물에 불리는데, 겨울이면 하루 종일, 여름이면 반나절 정도 물에 담가둬야 한다. 콩을 적당히 불린 후 맷돌로 콩을 간다. 물을 조금씩 부어가며 콩을 갈면 맷돌 가운데에서 하얀색의 콩비지가 거품처럼 새어 나온다. 이 콩비지를 솥에 넣고 약한 불로 끓인다. 맷돌에서 막 갈려 나온 콩비지에서는 식물성 단백질에서 나는 묘한 비린내가 나는데, 익히면 이 비린내는 없어진다. 함지박 안에 삼베나 무명으로 만든 주머니를 펼쳐 놓고, 끓인 콩비지를 주머니에 담는다. 콩비지가 다 식기 전에 주머니의 입을 양쪽으로 묶고 그 사이에 나무 막대를 꽂아 돌리면서 마치 탕약 짜듯이 콩물을 빼낸다. 이 콩물을 두유라고 한다. 콩에 함유된 단백질은 두유에 녹아 있다.

두부는 두유를 응고시킨 음식이다. 두유의 응고를 위해 응고제가 필요한데, 예전에는 응고제로 간수를 사용했다. 간수의 주성분은 염화마그네슘이다. 두유에 함유된 식물성 단백질은 염화마그네슘을 만나면 응고된다. 두유에 간수를 넣고 잠시 기다리면 응고된 하얀 덩어리와 물로 분리된다. 하얀 덩어리는 주머니에 옮겨 담는다. 응고가 아직 다 되지 않았기 때문에 덩어리를 싼 주머니에서는 물이 흘러나온다. 함지박 위에 널빤지를 올리고 그 위에 입을 단단히 묶은 주머니를 올려놓는다. 또 다른 널빤지를 주머니 위에 얹고 무거운 돌을 올려놓는다. 이렇게 한참을 누르고 있으면 주머니에서 물이 빠져나오고 덩어리는 굳어져 두부의 모양을 갖추게 된다.

① 50여 년 전에는 5월쯤 그해 수확한 대두로 두부를 만들 수 있었다.
② 콩비지를 염화마그네슘으로 응고시키면 두부와 두유가 나온다.
③ 익힌 콩비지에서는 식물성 단백질로 인해서 비린내가 난다.
④ 간수는 두유에 함유된 식물성 단백질을 응고시키는 성질이 있다.
⑤ 여름에 두부를 만들기 위해서는 콩을 하루 종일 물에 담가둬야 한다.

[정답] ④

[유형] 상황이해 및 추론 - 과학기술

① (X) 10월쯤 수확되므로 옳지 않다.
② (X) 두유에 간수인 염화마그네슘을 사용하면 응고되고 하얀 덩어리와 물로 분리된다.
③ (X) 익히면 비린내는 없어진다.
④ (O) 간수의 주성분인 염화마그네슘은 두유에 함유된 식물성 단백질을 응고시킨다.
⑤ (X) 여름에는 반나절 정도이다.

실전 연습문제

01

2020년 7급 모의 문9

다음 글을 근거로 판단할 때, <보기>에서 옳은 것만을 모두 고르면?

기상예보는 일기예보와 기상특보로 구분할 수 있다. 일기예보는 단기예보, 중기예보, 장기예보 등 시간에 따른 것이고, 기상특보는 주의보, 경보 등 기상현상의 정도에 따른 것이다.

일기예보 중 가장 짧은 기간을 예보하는 단기예보는 3시간 예보와 일일예보로 나뉜다. 3시간 예보는 오늘과 내일의 날씨를 예보하며, 매일 0시 발표부터 시작하여 3시간 간격으로 1일 8회 발표한다. 일일예보는 오늘과 내일, 모레의 날씨를 1일 단위(0시~24시)로 예보하며 매일 5시, 11시, 17시, 23시에 발표한다. 다음으로 중기예보에는 주간예보와 1개월 예보가 있다. 주간예보는 일일예보를 포함하여 일일예보가 예보한 기간의 다음날부터 5일간의 날씨를 추가로 예보하며 매일 발표한다. 1개월 예보는 앞으로 한 달간의 기상전망을 발표한다. 마지막으로 장기예보는 계절예보로서 봄, 여름, 가을, 겨울의 각 계절별 기상전망을 발표한다.

기상특보는 주의보와 경보로 나뉜다. 주의보는 재해가 일어날 가능성이 있는 경우에, 경보는 중대한 재해가 예상될 때 발표하는 것이다. 주의보가 발표된 후 기상현상의 경과가 악화된다면 경보로 승격 발표되기도 한다. 또한 기상특보의 기준은 지역마다 다를 수도 있다. 대설주의보의 예보 기준은 24시간 신(新)적설량이 대도시일 때 5cm 이상, 일반지역일 때 10cm 이상, 울릉도일 때 20cm 이상이다. 대설경보의 예보 기준은 24시간 신적설량이 대도시일 때 20cm 이상, 일반지역일 때 30cm 이상, 울릉도일 때 50cm 이상이다.

〈보기〉

ㄱ. 월요일에 발표되는 주간예보에는 그 다음 주 월요일의 날씨가 포함된다.
ㄴ. 일일예보의 발표 시각과 3시간 예보의 발표 시각은 겹치지 않는다.
ㄷ. 오늘 23시에 발표된 일일예보는 오늘 5시에 발표된 일일예보보다 18시간 더 먼 미래의 날씨까지 예보한다.
ㄹ. 대도시 A의 대설경보 예보 기준은 울릉도의 대설주의보 예보 기준과 같다.

① ㄱ, ㄴ
② ㄱ, ㄷ
③ ㄷ, ㄹ
④ ㄱ, ㄴ, ㄹ
⑤ ㄴ, ㄷ, ㄹ

02

2020년 7급 모의 문17

다음 글과 <상황>을 근거로 판단할 때, 2021년 포획·채취 금지 고시의 대상이 되는 수산자원은?

매년 A~H 지역에서 포획·채취 금지가 고시되는 수산자원은 아래 〈기준〉에 따른다.

〈기준〉

수산자원	금지기간	금지지역
대구	5월 1일~7월 31일	A, B
전어	9월 1일~12월 31일	E, F, G
꽃게	6월 1일~7월 31일	A, B, C
소라	3월 1일~5월 31일	E, F
	5월 1일~6월 30일	D, G
새조개	3월 1일~3월 31일	H

〈상황〉

정부는 경제상황을 고려해서 2021년에 한하여 다음 중 어느 하나에 해당하는 경우, 〈기준〉에 따른 포획·채취 금지 고시의 대상에서 제외한다.

○ 소비장려 수산자원: 전어
○ 소비촉진 기간: 4월 1일~7월 31일
○ 지역경제활성화 지역: C, D, E, F

① 대구
② 전어
③ 꽃게
④ 소라
⑤ 새조개

03

2024년 7급 사 문5

다음 글을 근거로 판단할 때, 옳은 것은?

> 자기조절력은 스스로 목표를 설정하고 그 목표를 달성하기 위해 집념과 끈기를 발휘하는 능력을 말한다. 또한 자기조절력은 자기 자신의 감정을 잘 조절하는 능력이기도 하며, 내가 나를 존중하는 능력이기도 하다. 자기조절을 하기 위해서는 도달하고 싶으나 아직 구현되지 않은 나의 미래 상태를 현재 나의 상태와 구별해 낼 수 있어야 한다. 자기조절력의 하위 요소로는 자기절제와 목표달성 등이 있다. 이러한 하위 요소들은 신경망과도 관련이 있는 것으로 알려져 있다.
>
> 우선 자기절제는 충동을 통제하고, 일상적이고도 전형적인 혹은 자동적인 행동을 분명한 의도를 바탕으로 억제하는 것이다. 이처럼 특정한 의도를 갖고 자신의 행동이나 생각을 의식적으로 억제하거나 마음먹은 대로 조절하는 능력은 복외측전전두피질과 내측전전두피질을 중심으로 한 신경망과 관련이 깊다.
>
> 한편 목표달성을 위해서는 두 가지 능력이 필요하다. 첫 번째는 자기 자신에 집중할 수 있는 능력이다. 나 자신에 집중하기 위해서는 끊임없이 자신을 되돌아보며 현재 나의 상태를 알아차리는 자기참조과정이 필요하다. 자기참조과정에 주로 관여하는 것은 내측전전두피질을 중심으로 후방대상피질과 설전부를 연결하는 신경망이다. 두 번째는 자신이 도달하고자 하는 대상에 집중할 수 있는 능력이다. 특정 대상에 주의를 집중하는 데 필요한 뇌 부위는 배외측전전두피질로 알려져 있다. 배외측전전두피질은 주로 내측전전두피질과 연결되어 작동한다. 내측전전두피질과 배외측전전두피질 간의 기능적 연결성이 강할수록 목표를 위해 에너지를 집중하고 지속적인 노력을 쏟아 부을 수 있는 능력이 높아진다.

① 자기조절을 위해서는 현재 나의 상태와 아직 구현되지 않은 나의 미래 상태를 구분할 수 있어야 한다.

② 내측전전두피질과 배외측전전두피질 간의 기능적 연결성이 약할수록 목표를 위한 집중력이 높아진다.

③ 목표달성을 위해서는 일상적이고 전형적인 행동을 강화하는 능력이 필요하다.

④ 자신이 도달하고자 하는 대상에 집중하는 과정을 자기참조과정이라 한다.

⑤ 자기조절력은 자기절제의 하위 요소이다.

04

2024년 7급 사 문13

다음 글을 근거로 판단할 때 옳은 것은?

> 이름 뒤에 성이 오는 보통의 서양식 작명법과 달리, A국에서는 별도의 성을 사용하지 않고 이름 뒤에 '부칭(父稱)'이 오도록 작명을 한다. 부칭은 이름을 붙이는 대상자의 아버지 이름에 접미사를 붙여서 만든다. 아들의 경우 그 아버지의 이름 뒤에 s와 손(son)을 붙이고, 딸의 경우 s와 도티르(dottir)를 붙여 '~의 아들' 또는 '~의 딸'이라는 의미를 가지는 부칭을 만든다. 예를 들어, 욘 스테파운손(Jon Stefansson)의 아들 피얄라르(Fjalar)는 '피얄라르 욘손(Fjalar Jonsson)', 딸인 카트린(Katrin)은 '카트린 욘스도티르(Katrin Jonsdottir)'가 되는 식이다.
>
> 같은 사회적 집단에 속해 있는 사람끼리 이름과 부칭이 같으면 할아버지의 이름까지 써서 작명하기도 한다. 예를 들어, 욘 토르손이라는 사람이 한 집단에 두 명 있는 경우에는 욘 토르손 아이나르소나르(Jon Thorsson Einarssonar)와 욘 토르손 스테파운소나르(Jon Thorsson Stefanssonar)와 같이 구분한다. 전자의 경우 '아이나르의 아들인 토르의 아들인 욘'을, 후자의 경우 '스테파운의 아들인 토르의 아들인 욘'을 의미한다.
>
> 한편 공식적인 자리에서 A국 사람들은 이름을 부르거나 이름과 부칭을 함께 부르며, 부칭만으로 서로를 부르지는 않는다. 또한 A국에서는 부칭이 아닌 이름의 영어 알파벳 순서로 정렬하여 전화번호부를 발행한다.

① 피얄라르 토르손 아이나르소나르(Fjalar Thorsson Einarssonar)로 불리는 사람의 할아버지의 부칭을 알 수 있다.

② 피얄라르 욘손(Fjalar Jonsson)은 공식적인 자리에서 욘손으로 불린다.

③ A국의 전화번호부에는 피얄라르 욘손(Fjalar Jonsson)의 아버지의 이름이 토르 아이나르손(Thor Einarsson)보다 먼저 나올 것이다.

④ 스테파운(Stefan)의 아들 욘(Jon)의 부칭과 손자 피얄라르(Fjalar)의 부칭은 같을 것이다.

⑤ 욘 스테파운손(Jon Stefansson)의 아들과 욘 토르손(Jon Thorsson)의 딸은 동일한 부칭을 사용할 것이다.

05

2020년 민경채 가 문14

다음 글을 근거로 판단할 때 옳지 않은 것은?

최근 공직자의 재산상태와 같은 세세한 사생활 정보까지 공개하라는 요구가 높아지고 있다. 공직자의 사생활은 일반시민의 사생활만큼 보호될 필요가 없다는 것이 그 이유다. 비슷한 맥락에서 일찍이 플라톤은 통치자는 가족과 사유재산을 갖지 말아야 한다고 주장했다.

공직자의 사생활 보호에 대한 논의는 '동등한 사생활 보호의 원칙'과 '축소된 사생활 보호의 원칙'으로 구분된다. 동등한 사생활 보호의 원칙은 공직자의 사생활도 일반시민과 동등한 정도로 보호되어야 한다고 본다. 이 원칙의 지지자들은 우선 공직자의 사생활 보호로 공적으로 활용가능한 인재가 증가한다는 점을 강조한다. 사생활이 보장되지 않으면 공직 희망자가 적어져 인재 활용이 제한되고 다양성도 줄어들게 된다는 것이다. 또한 이들은 선정적인 사생활 폭로가 난무하여 공공정책에 대한 실질적 토론과 민주적 숙고가 사라져 버릴 위험성에 대해서도 경고한다.

반면, 공직자는 일반시민보다 우월한 권력을 가지고 있다는 것과 시민을 대표한다는 것 때문에 축소된 사생활 보호의 원칙이 적용되어야 한다는 주장도 있다. 공직자는 일반시민이 아니기 때문에 동등한 사생활 보호의 원칙을 적용할 수 없다는 것이다. 이 원칙의 지지자들은 공직자들이 시민 생활에 영향을 미치는 결정을 내리기 때문에, 사적 목적을 위해 권력을 남용하지 않고 부당한 압력에 굴복하지 않으며 시민이 기대하는 정책을 추구할 가능성이 높은 사람이어야 한다고 주장한다. 즉 이러한 공직자가 행사하는 권력에 대해 책임을 묻기 위해서는 사생활 중 관련된 내용은 공개되어야 한다는 것이다. 또한 공직자는 시민을 대표하기 때문에 훌륭한 인간상으로 시민의 모범이 되어야 한다는 이유도 들고 있다.

① 축소된 사생활 보호의 원칙은 공직자와 일반시민의 사생활 보장의 정도가 달라야 한다고 본다.

② 통치자의 사생활에 대한 플라톤의 생각은 동등한 사생활 보호의 원칙보다 축소된 사생활 보호의 원칙에 더 가깝다.

③ 동등한 사생활 보호의 원칙을 지지하는 이유 중 하나는 공직자가 시민을 대표하는 훌륭한 인간상이어야 하기 때문이다.

④ 동등한 사생활 보호의 원칙을 지지하는 이유 중 하나는 사생활이 보장되지 않으면 공직 희망자가 적어질 수 있다고 보기 때문이다.

⑤ 축소된 사생활 보호의 원칙을 지지하는 이유 중 하나는 공직자가 일반시민보다 우월한 권력을 가지고 있다고 보기 때문이다.

06

2019년 민경채 나 문4

다음 글을 근거로 판단할 때 옳지 않은 것은?

조선시대 임금에게 올리는 진지상을 수라상이라 하였다. 수라는 올리는 시간 순서에 따라 각각 조(朝)수라, 주(晝)수라, 석(夕)수라로 구분되고, 조수라 전에 밥 대신 죽을 주식으로 올리는 죽(粥)수라도 있었다. 수라상은 두 개의 상, 즉 원(元)반과 협(狹)반에 차려졌다.

수라 전후에 반과(盤果)상이나 미음(米飮)상이 차려지기도 했는데, 반과상은 올리는 시간 순서에 따라 조다(早茶), 주다(晝茶), 만다(晩茶), 야다(夜茶) 등을 앞에 붙여서 달리 불렀다. 반과상은 국수를 주식으로 하고, 찬과 후식류를 자기(磁器)에 담아 한 상에 차렸다. 미음상은 미음을 주식으로 하고, 육류 음식인 고음(膏飮)과 후식류를 한 상에 차렸다.

다음은 경복궁을 출발한 행차 첫째 날과 둘째 날에 임금에게 올리기 위해 차린 전체 상차림이다.

첫째 날		둘째 날	
장소	상차림	장소	상차림
노량참	조다반과	화성참	죽수라
노량참	조수라	화성참	조수라
시흥참	주다반과	화성참	주다반과
시흥참	석수라	화성참	석수라
시흥참	야다반과	화성참	야다반과
중로	미음		

① 행차 둘째 날에 협반은 총 1회 사용되었다.

② 화성참에서는 미음이 주식인 상이 차려지지 않았다.

③ 행차 첫째 날 낮과 둘째 날 낮에는 주수라가 차려지지 않았다.

④ 행차 첫째 날 밤과 둘째 날 밤에는 후식류를 자기에 담은 상차림이 있었다.

⑤ 국수를 주식으로 한 상은 행차 첫째 날과 둘째 날을 통틀어 총 5회 차려졌다.

07

2017년 민경채 나 문1

다음 글을 근거로 판단할 때 옳은 것은?

> 우리나라는 1948년 7월 17일 공포된 제헌 헌법에서 처음으로 근대적인 지방자치제도의 도입 근거를 마련하였다. 이후 1949년 7월 4일 지방자치법이 제정되어 지방선거를 통해 지방의회를 구성할 수 있게 되었다. 지방자치법의 주요 내용을 살펴보면 다음과 같다. 첫째, 지방자치단체의 종류는 서울특별시와 도, 시·읍·면으로 한다. 둘째, 의결기관과 집행기관을 따로 둔다. 셋째, 지방자치단체장 중 서울특별시장과 도지사는 대통령이 임명하고, 시·읍·면장은 지방의회가 선출한다. 넷째, 지방의회의원은 임기 4년의 명예직으로 한다. 다섯째, 지방의회에는 지방자치단체장에 대한 불신임권을, 지방자치단체장에게는 지방의회해산권을 부여한다.
>
> 그러나 실제로 지방자치법에 따른 지방선거는 사회가 불안정하다는 이유로 실시되지 못한 채 연기되었다. 이후 대통령은 1951년 12월 31일 헌법 개정과 함께 갑작스럽게 지방선거 실시를 발표하였다. 이에 따라 전쟁 중인 1952년 4월 25일에 치안 불안 지역과 미수복 지역을 제외한 지역에서 시·읍·면의회 의원선거를 실시하였고, 5월 10일에 서울특별시, 경기도, 강원도 등을 제외한 7개 도에서 도의회 의원선거를 실시하였다. 1953년 5월에는 선거를 치르지 못했던 지역에서 도의회의원을 선출하는 선거가 실시되었다.
>
> 1956년에는 지방자치법을 개정하여 시·읍·면장을 주민직선을 통해 선출하도록 하였다. 이에 따라 같은 해 8월 8일 제2차 시·읍·면의회 의원선거와 동시에 최초로 주민직선에 의한 시·읍·면장 선거가 실시되었다. 그리고 8월 13일에는 서울특별시의회 및 도의회 의원선거가 실시되었다. 4년 뒤인 1960년 12월에는 지방자치법을 다시 개정하고, 서울특별시장 및 도지사도 주민직선제로 선출하도록 하였다. 이에 따라 같은 해 12월 12일에 서울특별시의회 및 도의회 의원선거, 19일에 시·읍·면의회 의원선거, 26일에 시·읍·면장 선거, 29일에 서울특별시장 및 도지사 선거가 실시되었다.

① 1949년 제정 당시 지방자치법에 따르면, 주민들이 지방자치단체장을 직접 선출하도록 되어 있었다.

② 1949년 제정 당시 지방자치법에 따르면, 대통령이 시·읍·면장을 지명하도록 되어 있었다.

③ 1952년에는 모든 지역에서 지방선거를 통해 지방의회의원이 선출되었다.

④ 1956년에는 지방선거를 통해 시·읍·면장이 처음으로 주민에 의해 직접 선출되었다.

⑤ 1960년 12월에는 전국적으로 두 차례의 지방선거가 실시되었다.

약점 보완 해설집 p.2

Ⅳ. 수적 기준 및 계산

1 문제 구성과 방식

상황판단 영역에서는 어떠한 영역에서든 수적인 기준 제시와 계산이 포함되어 있다. 그래서 그러한 형식의 문제가 가장 상황판단다운 문제라고 말하기도 한다. 상황판단의 고유한 특성은 지문의 정보와 수리 추론이 결합된 문제가 출제된다는 점이다. 이러한 문제에 익숙해지도록 지속적인 노력이 필요하다.

1. 수적 기준 파악

다양한 기준을 수적인 측면에서 제시한다. 기간이나 일시의 제한이 가장 일반적으로 나타나며 인원이나 횟수 등도 기준이나 조건으로 등장하기도 한다.

2. 적용 계산

원리 및 규범 등 지문에서 제시된 수적 기준을 파악하고 그에 따라 계산이 필요한 유형이다. 주어진 수적 기준 및 조건을 정확히 파악하고 요구되는 바를 계산하여 추론한다.

2 유형

1. 기간 및 시점

일반적으로 언제까지 완성해야 하거나 이루어야 하는 행동을 조건으로 하는 경우가 있다. 이때 시작 시점이 언제이고 기준이 되는 시간이나 날짜가 무엇인지 파악해야 한다. 그리고 다양한 수적 기준을 파악하고 종합하여 비교하는 것도 고려해야 한다.

규정에서 제시된 시간 및 시점을 기준으로 하여 제한 조건을 충족하는지 계산을 통해 파악한다. 시간의 범위와 기준을 토대로 사례를 판단한다.

다음 글을 근거로 판단할 때, ㉠과 ㉡에 들어갈 수를 옳게 짝지은 것은?

> 올림픽은 원칙적으로 4년에 한 번씩 개최되는 세계 최대 규모의 스포츠 대회이다. 제1회 하계 올림픽은 1896년 그리스 아테네에서, 제1회 동계 올림픽은 1924년 프랑스 샤모니에서 개최되었다. 그런데 두 대회의 차수(次數)를 계산하는 방식은 서로 다르다.
>
> 올림픽 사이의 기간인 4년을 올림피아드(Olympiad)라 부르는데, 하계 올림픽의 차수는 올림피아드를 기준으로 계산한다. 이전 대회부터 하나의 올림피아드만큼 시간이 흐르면 올림픽 대회 차수가 하나씩 올라가게 된다. 대회가 개최되지 못해도 올림피아드가 사라지는 것은 아니기 때문에 대회 차수에는 영향을 미치지 않는다. 실제로 하계 올림픽은 제1·2차 세계대전으로 세 차례(1916년, 1940년, 1944년) 개최되지 못하였는데, 1912년 제5회 스톡홀름 올림픽 다음으로 1920년에 벨기에 안트베르펜에서 개최된 올림픽은 제7회 대회였다. 마찬가지로 1936년 제11회 베를린 올림픽 다음으로 개최된 1948년 런던 올림픽은 제(㉠)회 대회였다. 반면에 동계 올림픽의 차수는 실제로 열린 대회만으로 정해진다. 동계 올림픽은 제2차 세계대전으로 두 차례(1940년, 1944년) 열리지 못하였는데, 1936년 제4회 동계 올림픽 다음 대회인 1948년 동계 올림픽은 제5회 대회였다. 이후 2020년 전까지 올림픽이 개최되지 않은 적은 없다.
>
> 1992년까지 동계·하계 올림픽은 같은 해 치러졌으나 그 이후로는 IOC 결정에 따라 분리되어 2년 격차로 개최되었다. 1994년 노르웨이 릴레함메르에서 열린 동계 올림픽 대회는 이 결정에 따라 처음으로 하계 올림픽에 2년 앞서 치러진 대회였다. 이를 기점으로 동계 올림픽은 지금까지 4년 주기로 빠짐없이 개최되고 있다.
>
> 대한민국은 1948년 런던 하계 올림픽에 처음 출전하여, 1976년 제21회 몬트리올 하계 올림픽과 1992년 제(㉡)회 알베르빌 동계 올림픽에서 각각 최초로 금메달을 획득하였다.

	㉠	㉡
①	12	16
②	12	21
③	14	16
④	14	19
⑤	14	21

[정답] ③

[유형] 상황이해 및 추론 – 수적 기준 및 계산

㉠ 1936년 제11회 올림픽 다음으로 1948년에 런던 올림픽이 개최되었는데, 하계 올림픽은 중간에 개최되지 않아도 4년마다 대회 차수는 그대로 계산된다. 따라서 1948년 런던 올림픽은 14회가 된다.

㉡ 동계올림픽은 실제 개최된 경우만 차수가 계산된다. 1936년 제4회이기에 1992년까지 56년이 지나서 4로 나누면 14이므로 모두 개최되었을 때에는 18회가 되어야 한다. 그러나 세계대전으로 두 차례가 열리지 못하였으므로 1992년 동계 올림픽은 16회가 된다.

2. 인원

수적 기준으로 인원이 제시되는 경우이다. 다양한 조건들로부터 인원에 대한 어떠한 기준이 충족되어야 하는지 그 범위를 결정한다. 그리고 그러한 기준에 부합하는 상황 여부를 판단한다. 이때 확률적인 인원 구성 등이 질문으로 제시될 수도 있다.

3. 금액 등 수치 적용

규칙과 원리로 주어진 수치를 파악하고 그에 적합한 숫자를 파악하고 적용한다. 비교되는 대상에 따라 서로 다른 수치가 적용될 수 있으므로 이에 대한 정확한 기준 확인이 있어야 한다.
기준에 따른 금액을 파악하고 이를 비교하는 유형도 출제된다. 보수 및 세금 등의 기준을 제시하고 서로 다른 두 상황에서 금액을 결정하고 비교·판단한다. 또한 과학적 원리를 적용하여 판단하는 문제도 출제되고 있다.

예제 2022년 7급 가 문6

다음 글을 근거로 판단할 때, <보기>에서 옳은 것만을 모두 고르면?

甲의 자동차에 장착된 내비게이션 시스템은 목적지까지 운행하는 도중 대안경로를 제안하는 경우가 있다. 이때 이 시스템은 기존경로와 비교하여 남은 거리와 시간이 어떻게 달라지는지 알려준다. 즉 목적지까지의 잔여거리(A)가 몇 km 증가·감소하는지, 잔여시간(B)이 몇 분 증가·감소하는지 알려준다. 甲은 기존경로와 대안경로 중 출발지부터 목적지까지의 평균속력이 더 높을 것으로 예상되는 경로를 항상 선택한다.

〈보기〉

ㄱ. A가 증가하고 B가 감소하면 甲은 항상 대안경로를 선택한다.
ㄴ. A와 B가 모두 증가하면 甲은 항상 대안경로를 선택한다.
ㄷ. A와 B가 모두 감소할 때 甲이 대안경로를 선택하는 경우가 있다.
ㄹ. A가 감소하고 B가 증가할 때 甲이 대안경로를 선택하는 경우가 있다.

① ㄱ, ㄴ
② ㄱ, ㄷ
③ ㄴ, ㄷ
④ ㄴ, ㄹ
⑤ ㄷ, ㄹ

[정답] ②

[유형] 상황이해 및 추론 - 수적 기준 및 계산

ㄱ. (O) 거리 A가 증가하고 시간 B가 감소하면 속력은 증가하므로 항상 대안경로를 선택한다.
ㄴ. (X) A가 B보다 더 증가할 경우에만 갑은 대안경로를 선택한다.
ㄷ. (O) A의 감소가 B의 감소보다 적을 때에는 대안경로를 선택하기에 옳은 판단이다.
ㄹ. (X) A가 감소하고 B가 증가하면 속력은 줄어들기 때문에 대안경로를 선택하지 않는다.

실전 연습문제

01 2022년 7급 나 문24

다음 글을 근거로 판단할 때, ㉠에 해당하는 수는?

> 甲과 乙은 같은 층의 서로 다른 사무실에서 근무하고 있다. 각 사무실은 일직선 복도의 양쪽 끝에 위치하고 있으며, 두 사람은 복도에서 항상 자신만의 일정한 속력으로 걷는다.
>
> 甲은 약속한 시각에 乙에게 서류를 직접 전달하기 위해 자신의 사무실을 나섰다. 甲은 乙의 사무실에 도착하여 서류를 전달하고 곧바로 자신의 사무실로 돌아올 계획이었다.
>
> 한편 甲을 기다리고 있던 乙에게 甲의 사무실 쪽으로 가야 할 일이 생겼다. 그래서 乙은 甲이 도착하기로 약속한 시각보다 [㉠]분 일찍 자신의 사무실을 나섰다. 乙은 출발한 지 4분 뒤 복도에서 甲을 만나 서류를 받았다. 서류 전달 후 곧바로 사무실로 돌아온 甲은 원래 예상했던 시각보다 2분 일찍 사무실로 복귀한 사실을 알게 되었다.

① 2
② 3
③ 4
④ 5
⑤ 6

02 2023년 7급 인 문6

다음 글을 근거로 판단할 때, 처방에 따라 아기에게 더 먹여야 하는 해열시럽의 양은?

> 아기가 열이 나서 부모는 처방에 따라 해열시럽 4mL를 먹여야 하는데, 아기가 약 먹기를 거부했다. 부모는 꾀를 내어 배즙 4mL와 해열시럽 4mL를 균일하게 섞어 주었지만 아기는 맛이 이상했는지 4분의 1만 먹었다. 부모는 아기가 남긴 것 전부와 사과즙 50mL를 다시 균일하게 섞어 주었다. 아기는 그 절반을 먹더니 더 이상 먹지 않았다.

① 1.5mL
② 1.6mL
③ 2.0mL
④ 2.4mL
⑤ 2.5mL

03

2020년 민경채 인 문15

다음 글을 근거로 판단할 때, <보기>에서 옳은 것만을 모두 고르면?

일반적인 내연기관에서는 휘발유와 공기가 엔진 내부의 실린더 속에서 압축된 후 점화 장치에 의하여 점화되어 연소된다. 이 때의 연소는 휘발유의 주성분인 탄화수소가 공기 중의 산소와 반응하여 이산화탄소와 물을 생성하는 것이다. 여러 개의 실린더에서 규칙적이고 연속적으로 일어나는 '공기·휘발유' 혼합물의 연소에서 발생하는 힘으로 자동차는 달리게 된다. 그런데 간혹 실린더 내의 과도한 열이나 압력, 혹은 질 낮은 연료의 사용 등으로 인해 '노킹(knocking)' 현상이 발생하기도 한다. 노킹 현상이란 공기·휘발유 혼합물의 조기 연소 현상을 지칭한다. 공기·휘발유 혼합물이 점화되기도 전에 연소되는 노킹 현상이 지속되면 엔진의 성능은 급격히 저하된다.

자동차 연료로 사용되는 휘발유에는 '옥탄가(octane-number)'라는 값에 따른 등급이 부여된다. 옥탄가는 휘발유의 특성을 나타내는 수치 중 하나로, 이 값이 높을수록 노킹 현상이 발생할 가능성은 줄어든다. 甲국에서는 보통, 중급, 고급으로 분류되는 세 가지 등급의 휘발유가 판매되고 있는데, 이 등급을 구분하는 최소 옥탄가의 기준은 각각 87, 89, 93이다. 하지만 甲국의 고산지대에 위치한 A시에서 판매되는 휘발유는 다른 지역의 휘발유보다 등급을 구분하는 최소 옥탄가의 기준이 등급별로 2씩 낮다. 이는 산소의 밀도가 낮아 노킹 현상이 발생할 가능성이 더 낮은 고산지대의 특징을 반영한 것이다.

〈보기〉

ㄱ. A시에서 고급 휘발유로 판매되는 휘발유의 옥탄가는 91 이상이다.
ㄴ. 실린더 내에 과도한 열이 발생하면 노킹 현상이 발생할 수 있다.
ㄷ. 노킹 현상이 일어나지 않는다면, 일반적인 내연기관 내부의 실린더 속에서 공기·휘발유 혼합물은 점화가 된 후에 연소된다.
ㄹ. 내연기관 내에서의 연소는 이산화탄소와 산소가 반응하여 물을 생성하는 것이다.

① ㄱ, ㄴ
② ㄱ, ㄹ
③ ㄷ, ㄹ
④ ㄱ, ㄴ, ㄷ
⑤ ㄴ, ㄷ, ㄹ

04

2020년 민경채 인 문16

다음 글과 <국내이전비 신청현황>을 근거로 판단할 때, 국내이전비를 지급받는 공무원만을 모두 고르면?

청사 소재지 이전에 따라 거주지를 이전하거나, 현 근무지 외의 지역으로 부임의 명을 받아 거주지를 이전하는 공무원은 다음 요건에 모두 부합하는 경우 국내이전비를 지급받는다.

첫째, 전임지에서 신임지로 거주지를 이전하고 이사화물도 옮겨야 한다. 다만 동일한 시(특별시, 광역시 및 특별자치시 포함)·군 및 섬(제주특별자치도 제외) 안에서 거주지를 이전하는 공무원에게는 국내이전비를 지급하지 않는다. 둘째, 거주지와 이사화물은 발령을 받은 후에 이전하여야 한다.

〈국내이전비 신청현황〉

공무원	전임지	신임지	발령 일자	이전 일자	이전여부	
					거주지	이사 화물
甲	울산 광역시 중구	울산 광역시 북구	'20.2.13.	'20.2.20.	○	○
乙	경기도 고양시	세종특별 자치시	'19.12.3.	'19.12.5.	○	×
丙	광주 광역시	대구 광역시	'19.6.1.	'19.6.15.	×	○
丁	제주특별 자치도 서귀포시	제주특별 자치도 제주시	'20.1.2.	'20.1.13.	○	○
戊	서울 특별시	충청북도 청주시	'19.9.3.	'19.9.8.	○	○
己	부산 광역시	서울 특별시	'20.4.25.	'20.4.1.	○	○

① 甲, 乙
② 乙, 丁
③ 丙, 己
④ 丁, 戊
⑤ 戊, 己

05

2019년 민경채 나 문5

다음 <조건>을 근거로 판단할 때, <보기>에서 옳은 것만을 모두 고르면?

〈조건〉

○ 한글 단어의 '단어점수'는 그 단어를 구성하는 자음으로만 결정된다.
○ '단어점수'는 각기 다른 자음의 '자음점수'를 모두 더한 값을 그 단어를 구성하는 자음 종류의 개수로 나눈 값이다.
○ '자음점수'는 그 자음이 단어에 사용된 횟수만큼 2를 거듭제곱한 값이다. 단, 사용되지 않는 자음의 '자음점수'는 0이다.
○ 예를 들어 글자 수가 4개인 '셋방살이'는 ㅅ 3개, ㅇ 2개, ㅂ 1개, ㄹ 1개의 자음으로 구성되므로 '단어점수'는 $(2^3+2^2+2^1+2^1)/4$의 값인 4점이다.

※ 의미가 없는 글자의 나열도 단어로 인정한다.

〈보기〉

ㄱ. '각기'는 '논리'보다 단어점수가 더 높다.
ㄴ. 단어의 글자 수가 달라도 단어점수가 같을 수 있다.
ㄷ. 글자 수가 4개인 단어의 단어점수는 250점을 넘을 수 없다.

① ㄴ
② ㄷ
③ ㄱ, ㄴ
④ ㄱ, ㄷ
⑤ ㄱ, ㄴ, ㄷ

06

2019년 민경채 나 문14

다음 글을 근거로 판단할 때, <보기>에서 옳은 것만을 모두 고르면?

현대적 의미의 시력 검사법은 1909년 이탈리아의 나폴리에서 개최된 국제안과학회에서 란돌트 고리를 이용한 검사법을 국제 기준으로 결정하면서 탄생하였다. 란돌트 고리란 시력 검사표에서 흔히 볼 수 있는 C자형 고리를 말한다. 란돌트 고리를 이용한 시력 검사에서는 5m 거리에서 직경이 7.5mm인 원형 고리에 있는 1.5mm 벌어진 틈을 식별할 수 있는지 없는지를 판단한다. 5m 거리의 1.5mm이면 각도로 따져서 약 1′(1분)에 해당한다. 1°(1도)의 1/60이 1′이고, 1′의 1/60이 1″(1초)이다.

이 시력 검사법에서는 구분 가능한 최소 각도가 1′일 때를 1.0의 시력으로 본다. 시력은 구분 가능한 최소 각도와 반비례한다. 예를 들어 구분할 수 있는 최소 각도가 1′의 2배인 2′이라면 시력은 1.0의 1/2배인 0.5이다. 만약 이 최소 각도가 0.5′이라면, 즉 1′의 1/2배라면 시력은 1.0의 2배인 2.0이다. 마찬가지로 최소 각도가 1′의 4배인 4′이라면 시력은 1.0의 1/4배인 0.25이다. 일반적으로 시력 검사표에는 2.0까지 나와 있지만 실제로는 이보다 시력이 좋은 사람도 있다. 천문학자 A는 5″까지의 차이도 구분할 수 있었던 것으로 알려져 있다.

〈보기〉

ㄱ. 구분할 수 있는 최소 각도가 10′인 사람의 시력은 0.1이다.
ㄴ. 천문학자 A의 시력은 12인 것으로 추정된다.
ㄷ. 구분할 수 있는 최소 각도가 1.25′인 甲은 구분할 수 있는 최소 각도가 0.1′인 乙보다 시력이 더 좋다.

① ㄱ
② ㄱ, ㄴ
③ ㄴ, ㄷ
④ ㄱ, ㄷ
⑤ ㄱ, ㄴ, ㄷ

07

2019년 민경채 나 문21

다음 글을 근거로 판단할 때, A시에서 B시까지의 거리는?

> 甲은 乙이 운전하는 자동차를 타고 A시에서 B시를 거쳐 C시로 가는 중이었다. A, B, C는 일직선 상에 순서대로 있으며, 乙은 자동차를 일정한 속력으로 운전하여 도시 간 최단 경로로 이동했다. A시를 출발한지 20분 후 甲은 乙에게 지금까지 얼마나 왔는지 물어보았다.
> "여기서부터 B시까지 거리의 딱 절반만큼 왔어."라고 乙이 대답하였다.
> 그로부터 75km를 더 간 후에 甲은 다시 물어보았다.
> "C시까지는 얼마나 남았지?"
> 乙은 다음과 같이 대답했다.
> "여기서부터 B시까지 거리의 딱 절반만큼 남았어."
> 그로부터 30분 뒤에 甲과 乙은 C시에 도착하였다.

① 35km
② 40km
③ 45km
④ 50km
⑤ 55km

08

2018년 민경채 가 문7

다음 <측량학 수업 필기>를 근거로 판단할 때, <예제>의 괄호 안에 들어갈 수는?

〈측량학 수업 필기〉

축척: 실제 수평 거리를 지도상에 얼마나 축소해서 나타냈는지를 보여주는 비율. 1/50,000, 1/25,000, 1/10,000, 1/5,000 등을 일반적으로 사용함
ex) 1/50,000은 실제 수평 거리 50,000cm를 지도상에 1cm로 나타냄

등고선: 지도에서 표고가 같은 지점들을 연결한 선
(표고: 표준 해면으로부터 지표의 어느 지점까지의 수직 거리)
축척 1/50,000 지도에서는 표고 20m마다, 1/25,000 지도에서는 표고 10m마다, 1/10,000 지도에서는 표고 5m마다 등고선을 그림
ex) 축척 1/50,000 지도에서 등고선이 그려진 모습

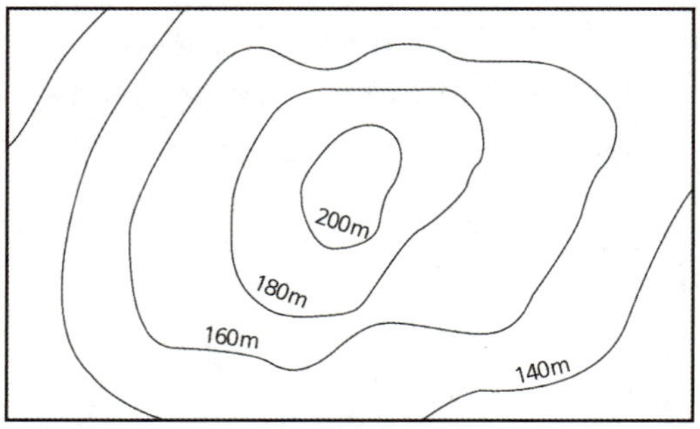

경사도: 어떤 두 지점 X와 Y를 잇는 사면의 경사도는 다음의 식으로 계산

$$경사도 = \frac{두\ 지점\ 사이의\ 표고\ 차이}{두\ 지점\ 사이의\ 실제\ 수평\ 거리}$$

〈예제〉

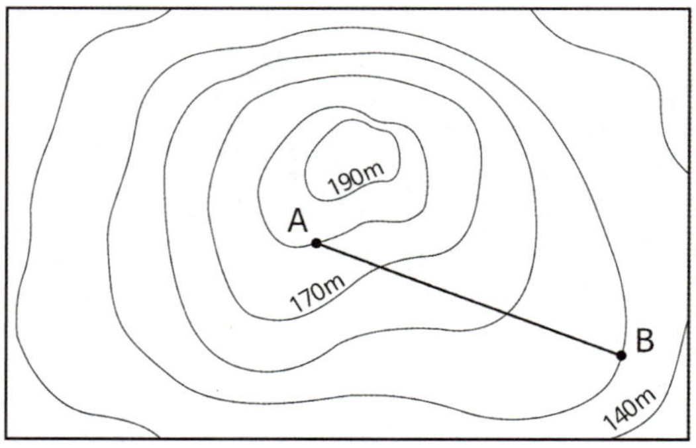

위의 지도는 축척 1/25,000로 제작되었다. 지도상의 지점 A와 B를 잇는 선분을 자로 재어 보니 길이가 4cm였다. 이때 두 지점 A와 B를 잇는 사면의 경사도는 (　　)이다.

① 0.015
② 0.025
③ 0.03
④ 0.055
⑤ 0.7

09

2018년 민경채 가 문8

다음 글을 근거로 판단할 때, <보기>에서 옳은 것만을 모두 고르면?

소아기 예방접종 프로그램에 포함된 백신(A~C)은 지속적인 항체 반응을 위해서 2회 이상 접종이 필요하다.

최소 접종연령(첫 접종의 최소연령) 및 최소 접종간격을 지켰을 때 적절한 예방력이 생기며, 이러한 예방접종을 유효하다고 한다. 다만 최소 접종연령 및 최소 접종간격에서 4일 이내로 앞당겨서 일찍 접종을 한 경우에도 유효한 것으로 본다. 그러나 만약 5일 이상 앞당겨서 일찍 접종했다면 무효로 간주하고 최소 접종연령 및 최소 접종간격에 맞춰 다시 접종하여야 한다.

다음은 각 백신의 최소 접종연령 및 최소 접종간격을 나타낸 표이다.

종류	최소 접종연령	최소 접종간격			
		1, 2차 사이	2, 3차 사이	3, 4차 사이	4, 5차 사이
백신 A	12개월	12개월	−	−	−
백신 B	6주	4주	4주	6개월	−
백신 C	6주	4주	4주	6개월	6개월

다만 백신 B의 경우 만 4세 이후에 3차 접종을 유효하게 했다면, 4차 접종은 생략한다.

〈보기〉

ㄱ. 만 2세가 되기 전에 백신 A의 예방접종을 2회 모두 유효하게 실시할 수 있다.

ㄴ. 생후 45개월에 백신 B를 1차 접종했다면, 4차 접종은 반드시 생략한다.

ㄷ. 생후 40일에 백신 C를 1차 접종했다면, 생후 60일에 한 2차 접종은 유효하다.

① ㄱ
② ㄴ
③ ㄷ
④ ㄱ, ㄴ
⑤ ㄱ, ㄷ

10

2018년 민경채 가 문17

다음 글을 근거로 판단할 때, <보기>의 각 괄호 안에 들어갈 숫자의 합은?

A부처와 B부처에 소속된 공무원 수는 각각 100명이고, 모두 소속된 부처에 있었다. 그런데 A부처는 국가 행사를 담당하게 되어 B부처에 9명의 인력지원을 요청하였다. B부처는 소속 공무원 100명 중 9명을 무작위로 선정해서 A부처에 지원 인력으로 보냈다. 얼마 후 B부처 역시 또 다른 국가 행사를 담당하게 되어 A부처에 인력지원을 요청하였다. A부처는 B부처로부터 지원받았던 인력을 포함한 109명 중 9명을 무작위로 선정해서 B부처에 지원 인력으로 보냈다.

〈보기〉

ㄱ. A부처와 B부처 간 인력지원이 한 차례씩 이루어진 후, A부처에 B부처 소속 공무원이 3명 남아있다면 B부처에는 A부처 소속 공무원이 (　　)명 있다.

ㄴ. A부처와 B부처 간 인력지원이 한 차례씩 이루어진 후, B부처에 A부처 소속 공무원이 2명 남아있다면 A부처에는 B부처 소속 공무원이 (　　)명 있다.

① 5
② 8
③ 10
④ 13
⑤ 15

11

2018년 민경채 가 문18

다음 글을 근거로 판단할 때, 甲~戊 중 가장 많은 지원금을 받는 신청자는?

A국은 신재생에너지 보급 사업 활성화를 위하여 신재생에너지 설비에 대한 지원 내용을 공고하였다. 〈지원 기준〉과 〈지원 신청 현황〉은 아래와 같다.

〈지원 기준〉

구분		용량(성능)	지원금 단가
태양광	단독주택	2kW 이하	kW당 80만 원
		2kW 초과 3kW 이하	kW당 60만 원
	공동주택	30kW 이하	kW당 80만 원
태양열	평판형 · 진공관형	$10m^2$ 이하	m^2당 50만 원
		$10m^2$ 초과 $20m^2$ 이하	m^2당 30만 원
지열	수직밀폐형	10kW 이하	kW당 60만 원
		10kW 초과	kW당 50만 원
연료전지	인산형 등	1kW 이하	kW당 2,100만 원

○ 지원금은 '용량(성능) × 지원금 단가'로 산정
○ 국가 및 지방자치단체 소유 건물은 지원 대상에서 제외
○ 전월 전력사용량이 450kWh 이상인 건물은 태양열 설비 지원 대상에서 제외
○ 용량(성능)이 〈지원 기준〉의 범위를 벗어나는 신청은 지원 대상에서 제외

〈지원 신청 현황〉

신청자	설비 종류	용량(성능)	건물 소유자	전월 전력사용량	비고
甲	태양광	8kW	개인	350kWh	공동주택
乙	태양열	$15m^2$	개인	550kWh	진공관형
丙	태양열	$5m^2$	국가	400kWh	평판형
丁	지열	15kW	개인	200kWh	수직밀폐형
戊	연료전지	3kW	개인	500kWh	인산형

① 甲
② 乙
③ 丙
④ 丁
⑤ 戊

12

2017년 민경채 나 문3

다음 글을 근거로 판단할 때, <보기>에서 옳은 것만을 모두 고르면?

지진의 강도는 '리히터 규모'와 '진도'로 나타낼 수 있다. 리히터 규모는 미국 지질학자인 찰스 리히터가 지진의 강도를 절대적 수치로 나타내기 위해 제안한 개념이다. 리히터 규모는 지진계에 기록된 지진파의 최대 진폭을 측정하여 수학적으로 계산한 값이며, 지진이 발생하면 각 지진마다 고유의 리히터 규모 값이 매겨진다. 리히터 규모는 지진파의 최대 진폭이 10배가 될 때마다 1씩 증가하는데, 이 때 지진에너지는 약 32배가 된다. 리히터 규모는 소수점 아래 한 자리까지 나타내는데, 예를 들어 'M5.6' 또는 '규모 5.6'의 지진으로 표시된다.

진도는 지진이 일어났을 때 어떤 한 지점에서 사람이 느끼는 정도와 건물의 피해 정도 등을 상대적으로 등급화한 수치로, 동일한 지진에 대해서도 각 지역에 따라 진도가 달라질 수 있다. 예를 들어, 어떤 지진이 발생했을 때 발생 지점에서 거리가 멀어질수록 진도는 낮게 나타난다. 또한 진도는 각 나라별 실정에 따라 다른 기준이 채택된다. 우리나라는 12단계의 '수정 메르칼리 진도'를 사용하고 있으며, 진도를 나타내는 수치는 로마 숫자를 이용하여 '진도 Ⅲ'과 같이 표시한다. 표시되는 로마 숫자가 클수록 지진을 느끼는 정도나 피해의 정도가 크다는 것을 의미한다.

〈보기〉

ㄱ. M5.6인 지진을 진도로 표시하면 나라별로 다르게 표시될 수 있다.
ㄴ. M4.0인 지진의 지진파 최대 진폭은 M2.0인 지진의 지진파 최대 진폭의 100배이다.
ㄷ. 진도 Ⅱ인 지진이 일어났을 때, 어떤 한 지점에서 사람이 느끼는 정도와 건물의 피해 정도는 진도 Ⅳ인 지진의 2배이다.
ㄹ. M6.0인 지진의 지진에너지는 M3.0인 지진의 1,000배이다.

① ㄱ, ㄴ
② ㄱ, ㄷ
③ ㄴ, ㄷ
④ ㄴ, ㄹ
⑤ ㄷ, ㄹ

13

2017년 민경채 나 문4

다음 <연구용역 계약사항>을 근거로 판단할 때, <보기>에서 옳은 것만을 모두 고르면?

〈연구용역 계약사항〉

□ 과업수행 전체회의 및 보고
- ○ 참석대상: 발주기관 과업 담당자, 연구진 전원
- ○ 착수보고: 계약일로부터 10일 이내
- ○ 중간보고: 계약기간 중 2회
  - – 과업 진척상황 및 중간결과 보고, 향후 연구계획 및 내용 협의
- ○ 최종보고: 계약만료 7일 전까지
- ○ 수시보고: 연구 수행상황 보고 요청 시, 긴급을 요하거나 특이사항 발생 시 등
- ○ 전체회의: 착수보고 전, 각 중간보고 전, 최종보고 전

□ 과업 산출물
- ○ 중간보고서 20부, 최종보고서 50부, 연구 데이터 및 관련 자료 CD 1매

□ 연구진 구성 및 관리
- ○ 연구진 구성: 책임연구원, 공동연구원, 연구보조원
- ○ 연구진 관리
  - – 연구 수행기간 중 연구진은 구성원을 임의로 교체할 수 없음. 단, 부득이한 경우 사전에 변동사유와 교체될 구성원의 경력 등에 관한 서류를 발주기관에 제출하여 승인을 받은 후 교체할 수 있음

□ 과업의 일반조건
- ○ 연구진은 연구과제의 시작부터 종료(최종보고서 제출)까지 과업과 관련된 제반 비용의 지출행위에 대해 책임을 지고 과업을 진행해야 함
- ○ 연구진은 용역완료(납품) 후에라도 발주기관이 연구결과와 관련된 자료를 요청할 경우에는 관련 자료를 성실히 제출하여야 함

〈보기〉

ㄱ. 발주기관은 연구용역이 완료된 후에도 연구결과와 관련된 자료를 요청할 수 있다.
ㄴ. 과업수행을 위한 전체회의 및 보고 횟수는 최소 8회이다.
ㄷ. 연구진은 연구 수행기간 중 책임연구원과 공동연구원을 변경할 수 없지만 연구보조원의 경우 임의로 교체할 수 있다.
ㄹ. 중간보고서의 경우 그 출력과 제본 비용의 지출행위에 대해 발주기관이 책임을 진다.

① ㄱ, ㄴ
② ㄱ, ㄷ
③ ㄱ, ㄹ
④ ㄴ, ㄷ
⑤ ㄷ, ㄹ

14

2017년 민경채 나 문11

다음 글을 근거로 판단할 때, <보기>에서 옳은 것만을 모두 고르면?

주민투표제도는 주민에게 과도한 부담을 주거나 중대한 영향을 미치는 주요사항을 결정하는 과정에서 주민에게 직접 의사를 표시할 수 있는 기회를 주기 위해 2004년 1월 주민투표법에 의해 도입되었다. 주민투표법에서는 주민투표를 실시할 수 있는 권한을 지방자치단체장에게만 부여하고 있다. 한편 중앙행정기관의 장은 지방자치단체장에게 주민투표 실시를 요구할 수 있고, 지방의회와 지역주민은 지방자치단체장에게 주민투표 실시를 청구할 수 있다.

주민이 직접 조례의 제정 및 개폐를 청구할 수 있는 주민발의제도는 1998년 8월 지방자치법의 개정으로 도입되었다. 주민발의는 지방자치단체장에게 청구하도록 되어 있는데, 지방자치단체장은 청구를 수리한 날로부터 60일 이내에 조례의 제정 또는 개폐안을 작성하여 지방의회에 부의하여야 한다. 주민발의를 지방자치단체장에게 청구하려면 선거권이 있는 19세 이상 주민 일정 수 이상의 서명을 받아야 한다. 청구에 필요한 주민의 수는 지방자치단체의 조례로 정하되 인구가 50만 명 이상인 대도시에서는 19세 이상 주민 총수의 100분의 1 이상 70분의 1 이하의 범위 내에서, 그리고 그 외의 시·군 및 자치구에서는 19세 이상 주민 총수의 50분의 1 이상 20분의 1 이하의 범위 내에서 정하도록 하고 있다.

주민소환제도는 선출직 지방자치단체장 또는 지방의회의원의 위법·부당행위, 직무유기 또는 직권남용 등에 대한 책임을 묻는 제도로, 2006년 5월 지방자치법 개정으로 도입되었다. 주민소환 실시의 청구를 위해서도 주민소환에 관한 법률에 따라 일정 수 이상 주민의 서명을 받아야 한다. 광역자치단체장을 소환하고자 할 때는 선거권이 있는 19세 이상 주민 총수의 100분의 10 이상, 기초자치단체장에 대해서는 100분의 15 이상, 지방의회 지역구의원에 대해서는 100분의 20 이상의 서명을 받아야 주민소환 실시를 청구할 수 있다.

〈보기〉

ㄱ. 주민투표법에서 주민투표를 실시할 수 있는 권한은 지방자치단체장만이 가지고 있다.
ㄴ. 인구 70만 명인 甲시에서 주민발의 청구를 위해서는 19세 이상 주민 총수의 50분의 1 이상 20분의 1 이하의 범위에서 서명을 받아야 한다.
ㄷ. 주민발의제도에 근거할 때 주민은 조례의 제정 및 개폐에 관한 사항을 지방의회에 대해 직접 청구할 수 없다.
ㄹ. 기초자치단체인 乙시의 丙시장에 대한 주민소환 실시의 청구를 위해서는 선거권이 있는 19세 이상 주민의 100분의 20 이상의 서명을 받아야 한다.

① ㄱ, ㄷ
② ㄱ, ㄹ
③ ㄴ, ㄷ
④ ㄱ, ㄴ, ㄹ
⑤ ㄴ, ㄷ, ㄹ

15

2017년 민경채 나 문14

다음 글을 근거로 판단할 때, <보기>에서 옳은 것만을 모두 고르면?

A국과 B국은 대기오염 정도를 측정하여 통합지수를 산정하고 이를 바탕으로 경보를 한다.

A국은 5가지 대기오염 물질 농도를 각각 측정하여 대기환경지수를 산정하고, 그 평균값을 통합지수로 한다. 통합지수의 범위에 따라 호흡 시 건강에 미치는 영향이 달라지며, 이를 기준으로 그 등급을 아래와 같이 6단계로 나눈다.

〈A국 대기오염 등급 및 경보기준〉

등급	좋음	보통	민감군에게 해로움	해로움	매우 해로움	심각함
통합지수	0~50	51~100	101~150	151~200	201~300	301~500
경보색깔	초록	노랑	주황	빨강	보라	적갈
행동지침	외부활동 가능		외부활동 자제			

※민감군: 노약자, 호흡기 환자 등 대기오염에 취약한 사람

B국은 A국의 5가지 대기오염 물질을 포함한 총 6가지 대기오염 물질의 농도를 각각 측정하여 대기환경지수를 산정하고, 이 가운데 가장 높은 대기환경지수를 통합지수로 사용한다. 다만 오염물질별 대기환경지수 중 101 이상인 것이 2개 이상일 경우에는 가장 높은 대기환경지수에 20을 더하여 통합지수를 산정한다. 통합지수는 그 등급을 아래와 같이 4단계로 나눈다.

〈B국 대기오염 등급 및 경보기준〉

등급	좋음	보통	나쁨	매우 나쁨
통합지수	0~50	51~100	101~250	251~500
경보색깔	파랑	초록	노랑	빨강
행동지침	외부활동 가능		외부활동 자제	

〈보기〉

ㄱ. A국과 B국의 통합지수가 동일하더라도, 각 대기오염 물질의 농도는 다를 수 있다.

ㄴ. B국의 통합지수가 180이라면, 6가지 대기오염 물질의 대기환경지수 중 가장 높은 것은 180 미만일 수 없다.

ㄷ. A국이 대기오염 등급을 '해로움'으로 경보한 경우, 그 정보만으로는 특정 대기오염 물질 농도에 대한 정확한 수치를 알 수 없을 것이다.

ㄹ. B국 국민이 A국에 방문하여 경보색깔이 노랑인 것을 확인하고 B국의 경보기준을 따른다면, 외부활동을 자제할 것이다.

① ㄱ, ㄴ
② ㄱ, ㄷ
③ ㄴ, ㄹ
④ ㄱ, ㄷ, ㄹ
⑤ ㄴ, ㄷ, ㄹ

약점 보완 해설집 p.3

V. 다문항 지문

1 문제 구성과 방식

'다문항 지문'이란 하나의 지문에 2개의 문제가 있는 형식을 말한다. 정보의 양이 많은 긴 지문으로부터 지문에서 나타난 명시적인 요소를 분석하고 추가되는 규칙을 활용하여 수리적 계산이나 암호를 적용하여 문제를 해결하는 유형이 출제된다.

2 유형

첫 번째 문제는 대부분 주어진 정보의 일치 부합되는 내용을 확인하고 원리를 적용하는 유형으로 구성된다. 두 번째 문제는 지문에서 기간이나 시점, 인원 등의 수리적 기준을 주고 이를 토대로 하여 추가되는 정보와 함께 약간의 계산이 가미된 문항 형태를 지니고 있다. 지문의 내용은 사회제도 관련 문제와 문화 관련 내용, 그리고 과학기술 영역이 출제된 바 있다.

다문항 지문 출제 유형

- 상황이해 및 추론: 일치 부합 파악 및 원리 적용 추론
- 계산 및 적용: 원리를 적용하여 계산하여 주어진 문제 해결

[01~02] 다음 글을 읽고 물음에 답하시오.

독립운동가 김우전 선생은 일제강점기 광복군으로 활약한 인물로, 광복군의 무전통신을 위한 한글 암호를 만든 것으로 유명하다. 1922년 평안북도 정주 태생인 선생은 일본에서 대학에 다니던 중 재일학생 민족운동 비밀결사단체인 '조선민족 고유문화유지계몽단'에 가입했다. 1944년 1월 일본군에 징병돼 중국으로 파병됐지만 같은 해 5월 말 부대를 탈출해 광복군에 들어갔다.

1945년 3월 미 육군 전략정보처는 일본이 머지않아 패망할 것으로 보아 한반도 진공작전을 계획하고 중국에서 광복군과 함께 특수훈련을 하고 있었다. 이 시기에 선생은 한글 암호인 W−K(우전킴) 암호를 만들었다. W−K 암호는 한글의 자음과 모음, 받침을 구분하여 만들어진 암호체계이다. 자음과 모음을 각각 두 자리 숫자로, 받침은 자음을 나타내는 두 자리 숫자의 앞에 '00'을 붙여 네 자리로 표시한다.

W−K 암호체계에서 자음은 '11~29'에, 모음은 '30~50'에 순서대로 대응된다. 받침은 자음 중 ㄱ~ㅎ을 이용하여 '0011'부터 '0024'에 순서대로 대응된다. 예를 들어 '김'은 W−K 암호로 변환하면 'ㄱ'은 11, 'ㅣ'는 39, 받침 'ㅁ'은 0015이므로 '11390015'가 된다. 같은 방식으로 '1334001114390016'은 '독립'으로, '13402430001213340011143900161530001217 42'는 '대한독립만세'로 해독된다. 모든 숫자를 붙여 쓰기 때문에 상당히 길지만 네 자리씩 끊어 읽으면 된다.

하지만 어렵사리 만든 W−K 암호는 결국 쓰이지 못했다. 작전 준비가 한창이던 1945년 8월 일본이 갑자기 항복했기 때문이다. 이 암호에 대한 기록은 비밀에 부쳐져 미국 국가기록원에 소장되었다가 1988년 비밀이 해제되어 세상에 알려졌다.

※ W−K 암호체계에서 자음의 순서는 ㄱ, ㄴ, ㄷ, ㄹ, ㅁ, ㅂ, ㅅ, ㅇ, ㅈ, ㅊ, ㅋ, ㅌ, ㅍ, ㅎ, ㄲ, ㄸ, ㅃ, ㅆ, ㅉ이고, 모음의 순서는 ㅏ, ㅑ, ㅓ, ㅕ, ㅗ, ㅛ, ㅜ, ㅠ, ㅡ, ㅣ, ㅐ, ㅒ, ㅔ, ㅖ, ㅘ, ㅙ, ㅚ, ㅝ, ㅞ, ㅟ, ㅢ이다.

01

윗글을 근거로 판단할 때, <보기>에서 옳은 것만을 모두 고르면?

〈보기〉

ㄱ. 김우전 선생은 일본군에 징병되었을 때 무전통신을 위해 W−K 암호를 만들었다.
ㄴ. W−K 암호체계에서 한글 단어를 변환한 암호문의 자릿수는 4의 배수이다.
ㄷ. W−K 암호체계에서 '183000152400'은 한글 단어로 해독될 수 없다.
ㄹ. W−K 암호체계에서 한글 '궤'는 '11363239'로 변환된다.

① ㄱ, ㄴ
② ㄴ, ㄷ
③ ㄷ, ㄹ
④ ㄱ, ㄴ, ㄹ
⑤ ㄱ, ㄷ, ㄹ

02

윗글과 다음 <조건>을 근거로 판단할 때, '3·1운동!'을 옳게 변환한 것은?

〈조건〉

숫자와 기호를 표현하기 위하여 W－K 암호체계에 다음의 규칙이 추가되었다.

○ 1~9의 숫자는 차례대로 '51~59', 0은 '60'으로 변환하고, 끝에 '00'을 붙여 네 자리로 표시한다.

○ 온점(.)은 '70', 가운뎃점(·)은 '80', 느낌표(!)는 '66', 물음표(?)는 '77'로 변환하고, 끝에 '00'을 붙여 네 자리로 표시한다.

① 53008000510018360012133400186600
② 53008000510018360012133500186600
③ 53007000510018360012133400187700
④ 5370005118360012133400176600
⑤ 5380005118360012133500177700

01

[정답] ②

[유형] 상황이해 및 추론 – 다문항 지문

ㄱ. (X) [1문단] 일본군에 징병된 후 탈출해 광복군에 들어가 암호를 만들었다.
ㄴ. (O) [2문단] 네 자리로 표시하기에 4의 배수로 표시된다.
ㄷ. (O) 1830은 아, 0015는 받침 ㅁ이므로 암이 되나 2400에서 00은 모음 표시가 되지 못한다.
ㄹ. (X) 궤는 1148로 표시된다.

02

[정답] ①

[유형] 상황이해 및 추론 – 다문항 지문

1) 3 : 5300
2) · : 8000
3) 1 : 5100
4) 운: 18360012
5) 동: 13340018
6) ! : 6600

실전 연습문제

[01~02] 2021년 7급 나 문23~24

다음 글을 읽고 물음에 답하시오.

○ 국가는 지방자치단체인 시·군·구의 인구, 지리적 여건, 생활권·경제권, 발전가능성 등을 고려하여 통합이 필요한 지역에 대하여는 지방자치단체 간 통합을 지원해야 한다.

○ △△위원회(이하 '위원회')는 통합대상 지방자치단체를 발굴하고 통합방안을 마련한다. 지방자치단체의 장, 지방의회 또는 주민은 인근 지방자치단체와의 통합을 위원회에 건의할 수 있다. 단, 주민이 건의하는 경우에는 해당 지방자치단체의 주민투표권자 총수의 50분의 1 이상의 연서(連書)가 있어야 한다. 지방자치단체의 장, 지방의회 또는 주민은 위원회에 통합을 건의할 때 통합대상 지방자치단체를 관할하는 특별시장·광역시장 또는 도지사(이하 '시·도지사')를 경유해야 한다. 이 경우 시·도지사는 접수받은 통합건의서에 의견을 첨부하여 지체 없이 위원회에 제출해야 한다. 위원회는 위의 건의를 참고하여 시·군·구 통합방안을 마련해야 한다.

○ □□부 장관은 위원회가 마련한 시·군·구 통합방안에 따라 지방자치단체 간 통합을 해당 지방자치단체의 장에게 권고할 수 있다. □□부 장관은 지방자치단체 간 통합권고안에 관하여 해당 지방의회의 의견을 들어야 한다. 그러나 □□부 장관이 필요하다고 인정하여 해당 지방자치단체의 장에게 주민투표를 요구하여 실시한 경우에는 그렇지 않다. 지방자치단체의 장은 시·군·구 통합과 관련하여 주민투표의 실시 요구를 받은 때에는 지체 없이 이를 공표하고 주민투표를 실시해야 한다.

○ 지방의회 의견청취 또는 주민투표를 통하여 지방자치단체의 통합의사가 확인되면 '관계지방자치단체(통합대상 지방자치단체 및 이를 관할하는 특별시·광역시 또는 도)'의 장은 명칭, 청사 소재지, 지방자치단체의 사무 등 통합에 관한 세부사항을 심의하기 위하여 공동으로 '통합추진공동위원회'를 설치해야 한다.

○ 통합추진공동위원회의 위원은 관계지방자치단체의 장 및 그 지방의회가 추천하는 자로 한다. 통합추진공동위원회를 구성하는 각각의 관계지방자치단체 위원 수는 다음에 따라 산정한다. 단, 그 결과값이 자연수가 아닌 경우에는 소수점 이하의 수를 올림한 값을 관계지방자치단체 위원 수로 한다.

관계지방자치단체 위원 수＝[(통합대상 지방자치단체 수)×6＋(통합대상 지방자치단체를 관할하는 특별시·광역시 또는 도의 수)×2＋1]÷(관계지방자치단체 수)

○ 통합추진공동위원회의 전체 위원 수는 위에 따라 산출된 관계지방자치단체 위원 수에 관계지방자치단체 수를 곱한 값이다.

01

윗글을 근거로 판단할 때 옳은 것은?

① □□부 장관이 요구하여 지방자치단체의 통합과 관련한 주민투표가 실시된 경우에는 통합권고안에 대해 지방의회의 의견을 청취하지 않아도 된다.

② 지방의회가 의결을 통해 다른 지방자치단체와의 통합을 추진하고자 한다면 통합건의서는 시·도지사를 경유하지 않고 △△위원회에 직접 제출해야 한다.

③ 주민투표권자 총수가 10만 명인 지방자치단체의 주민들이 다른 인근 지방자치단체와의 통합을 △△위원회에 건의하고자 할 때, 주민 200명의 연서가 있으면 가능하다.

④ 통합추진공동위원회의 위원은 □□부 장관과 관계지방자치단체의 장이 추천하는 자로 한다.

⑤ 지방자치단체의 장은 해당 지방자치단체의 통합을 △△위원회에 건의할 때, 지방의회의 의결을 거쳐야 한다.

02

윗글과 <상황>을 근거로 판단할 때, '통합추진공동위원회'의 전체 위원 수는?

〈상황〉

甲도가 관할하는 지방자치단체인 A군과 B군, 乙도가 관할하는 지방자치단체인 C군, 그리고 丙도가 관할하는 지방자치단체인 D군은 관련 절차를 거쳐 하나의 지방자치단체로 통합을 추진하고 있다. 현재 관계지방자치단체장은 공동으로 '통합추진공동위원회'를 설치하고자 한다.

① 42명
② 35명
③ 32명
④ 31명
⑤ 28명

[03~04] 2022년 7급 가 문9~10

다음 글을 읽고 물음에 답하시오.

> '국민참여예산제도'는 국가 예산사업의 제안, 심사, 우선순위 결정과정에 국민을 참여케 함으로써 예산에 대한 국민의 관심도를 높이고 정부 재정운영의 투명성을 제고하기 위한 제도이다. 이 제도는 정부의 예산편성권과 국회의 예산 심의·의결권 틀 내에서 운영된다.
>
> 국민참여예산제도는 기존 제도인 국민제안제도나 주민참여예산제도와 차이점을 지닌다. 먼저 '국민제안제도'가 국민들이 제안한 사항에 대해 관계부처가 채택 여부를 결정하는 방식이라면, 국민참여예산제도는 국민의 제안 이후 사업심사와 우선순위 결정과정에도 국민의 참여를 가능하게 함으로써 국민의 역할을 확대하는 방식이다. 또한 '주민참여예산제도'가 지방자치단체의 사무를 대상으로 하는 반면, 국민참여예산제도는 중앙정부가 재정을 지원하는 예산사업을 대상으로 한다.
>
> 국민참여예산제도에서는 3~4월에 국민사업제안과 제안사업 적격성 검사를 실시하고, 이후 5월까지 각 부처에 예산안을 요구한다. 6월에는 예산국민참여단을 발족하여 참여예산 후보사업을 압축한다. 7월에는 일반국민 설문조사와 더불어 예산국민참여단 투표를 통해 사업선호도 조사를 한다. 이러한 과정을 통해 선호순위가 높은 후보사업은 국민참여예산사업으로 결정되며, 8월에 재정정책자문회의의 논의를 거쳐 국무회의에서 정부예산안에 반영된다. 정부예산안은 국회에 제출되며, 국회는 심의·의결을 거쳐 12월까지 예산안을 확정한다.
>
> 예산국민참여단은 일반국민을 대상으로 전화를 통해 참여의사를 타진하여 구성한다. 무작위로 표본을 추출하되 성·연령·지역별 대표성을 확보하는 통계적 구성방법이 사용된다. 예산국민참여단원은 예산학교를 통해 국가재정에 대한 교육을 이수한 후, 참여예산 후보사업을 압축하는 역할을 맡는다. 예산국민참여단이 압축한 후보사업에 대한 일반국민의 선호도는 통계적 대표성이 확보된 표본을 대상으로 한 설문을 통해, 예산국민참여단의 사업선호도는 오프라인 투표를 통해 조사한다.
>
> 정부는 2017년에 2018년도 예산을 편성하면서 국민참여예산제도를 시범 도입하였는데, 그 결과 6개의 국민참여예산사업이 선정되었다. 2019년도 예산에는 총 39개 국민참여예산사업에 대해 800억 원이 반영되었다.

03

윗글을 근거로 판단할 때 옳은 것은?

① 국민제안제도에서는 중앙정부가 재정을 지원하는 예산사업의 우선순위를 국민이 정할 수 있다.
② 국민참여예산사업은 국회 심의·의결 전에 국무회의에서 정부예산안에 반영된다.
③ 국민참여예산제도는 정부의 예산편성권 범위 밖에서 운영된다.
④ 참여예산 후보사업은 재정정책자문회의의 논의를 거쳐 제안된다.
⑤ 예산국민참여단의 사업선호도 조사는 전화설문을 통해 이루어진다.

04

윗글과 <상황>을 근거로 판단할 때, 甲이 보고할 수치를 옳게 짝지은 것은?

〈상황〉

> 2019년도 국민참여예산사업 예산 가운데 688억 원이 생활밀착형사업 예산이고 나머지는 취약계층지원사업 예산이었다. 2020년도 국민참여예산사업 예산 규모는 2019년도에 비해 25% 증가했는데, 이 중 870억 원이 생활밀착형사업 예산이고 나머지는 취약계층지원사업 예산이었다. 국민참여예산제도에 관한 정부부처 담당자 甲은 2019년도와 2020년도 각각에 대해 국민참여예산사업 예산에서 취약계층지원사업 예산이 차지한 비율을 보고하려고 한다.

	2019년도	2020년도
①	13%	12%
②	13%	13%
③	14%	13%
④	14%	14%
⑤	15%	14%

[05~06] 2023년 7급 인 문9~10

다음 글을 읽고 물음에 답하시오.

향수를 만드는 데 사용되는 향료는 천연향료와 합성향료로 나눌 수 있다. 천연향료에는 꽃, 잎, 열매 등의 원료에서 추출한 식물성 향료와 사향, 용연향 등의 동물성 향료가 있다. 합성향료는 채취하기 어렵거나 소량 생산되는 천연향료의 성분을 화학적으로 합성한 것이다. 오늘날 향수의 대부분은 천연향료와 합성향료를 배합하여 만들어진다.

천연향료는 다양한 방법을 통해 얻을 수 있는데, 다음 3가지 방법이 대표적이다. 첫째, 가장 널리 쓰이는 방법은 수증기 증류법이다. 이는 향수 원료에 수증기를 통과시켜서 농축된 향의 원액인 향유를 추출하는 방법이다. 이 방법은 원료를 고온으로 처리하기 때문에 열에 약한 성분이 파괴된다는 단점이 있으나, 한꺼번에 많은 양을 값싸게 얻을 수 있다는 장점이 있다. 둘째, 압착법은 과일 껍질 등과 같은 원료를 압착해서 향유를 얻는 방법이다. 열에 비교적 강하며 물에 잘 녹지 않는 향료에는 수증기 증류법이 이용되지만, 감귤류처럼 열에 약한 것에는 압착법이 이용된다. 셋째, 흡수법은 지방과 같은 비휘발성 용매를 사용하여 향유를 추출하는 방법이다. 원료가 고가이고 향유의 함유량이 적으며 열에 약하고 물에 잘 녹는 경우에는 흡수법이 이용된다.

한편, A국에서 판매되는 향수는 EDC, EDT, EDP, Parfum으로 나뉜다. 이는 부향률, 즉 향료의 함유량 정도에 따른 구분이다. 향수는 부향률이 높을수록 향이 강하고 지속시간이 길다. 먼저 EDC(Eau De Cologne)는 부향률이 2~5%로 지속시간이 1~2시간이다. 향의 지속시간이 가장 짧고 잔향이 거의 없으며, 향이 가볍고 산뜻하다. EDT(Eau De Toilette)는 부향률이 5~15%로 3~5시간 지속되며 일반적으로 가장 많이 사용된다. EDP(Eau De Parfum)는 부향률이 15~20%로 5~8시간 지속된다. 풍부한 향을 가지고 있으며, 오랜 시간 향이 유지되는 것을 선호하는 사람들에게 알맞다. Parfum은 부향률이 20~30%로 8~10시간 지속되며, 가장 향이 강하고 오래간다.

05

윗글을 근거로 판단할 때 옳은 것은?

① EDP의 부향률이 EDC의 부향률보다 높다.
② 흡수법은 많은 양의 향유를 값싸게 얻을 수 있는 방법이다.
③ 오늘날 많이 사용되는 향수의 대부분은 식물성 천연향료로 만들어진다.
④ 고가이고 향유의 함유량이 적은 원료에서 향유를 추출하고자 할 때는 흡수법보다는 압착법이 이용된다.
⑤ 부향률이 높은 향수일수록 향이 오래 지속되므로, 부향률이 가장 높은 향수가 일반적으로 가장 많이 사용된다.

06

윗글과 <대화>를 근거로 판단할 때, 甲~戊 중 가장 늦은 시각까지 향수의 향이 남아 있는 사람은?

〈대화〉

甲: 나는 오늘 오후 4시에 향수를 뿌렸어. 내 향수에는 EDC라고 적혀 있었어.
乙: 난 오늘 오전 9시 30분에 향수를 뿌렸는데, 우리 중 내가 뿌린 향수의 향이 가장 강해.
丙: 내 향수의 부향률은 18%라고 적혀 있네. 나는 甲보다 5시간 전에 향수를 뿌렸어.
丁: 난 오늘 오후 2시에 戊와 함께 향수 가게에 들렀어. 난 가자마자 EDT라고 적힌 향수를 뿌렸고, 戊는 나보다 1시간 뒤에 EDP라고 적힌 걸 뿌렸어.

① 甲
② 乙
③ 丙
④ 丁
⑤ 戊

[07~08] 2024년 7급 사 문9~10

다음 글을 읽고 물음에 답하시오.

암호 기술은 일반적인 문장(평문)을 해독 불가능한 암호문으로 변환하거나, 암호문을 해독 가능한 평문으로 변환하기 위한 원리, 수단, 방법 등을 취급하는 기술을 말한다. 이 암호 기술은 암호화와 복호화로 구성된다. 암호화는 평문을 암호문으로 변환하는 것이며, 반대로 암호문에서 평문으로 변환하는 것은 복호화라 한다.

암호 기술에서 사용되는 알고리즘, 즉 암호 알고리즘은 대상 메시지를 재구성하는 방법이다. 암호 알고리즘에는 메시지의 각 원소를 다른 원소에 대응시키는 '대체'와 메시지의 원소들을 재배열하는 '치환'이 있다. 예를 들어 대체는 각 문자를 다른 문자나 기호로 일대일로 대응시키는 것이고, 치환은 단어, 어절 등의 순서를 바꾸는 것이다.

암호 알고리즘에서는 보안을 강화하기 위해 키(key)를 사용하기도 한다. 키는 암호가 작동하는 데 필요한 값이다. 송신자와 수신자가 같은 키를 사용하면 대칭키 방식이라 하고, 다른 키를 사용하면 비대칭키 방식이라 한다. 대칭키 방식은 동일한 키로 상자를 열고 닫는 것이고, 비대칭키 방식은 서로 다른 키로 상자를 열고 닫는 것이다. 비대칭키 방식의 경우에는 수신자가 송신자의 키를 몰라도 자신의 키만 알면 복호화가 가능하다. 그리고 비대칭키 방식은 서로 다른 키를 사용하기 때문에, 키의 유출 염려가 덜해 조금 더 보안성이 높다고 알려져 있다.

한편 암호 알고리즘에 사용하기 위해 만들 수 있는 키의 수는 키를 구성하는 비트(bit)의 수에 따른다. 비트는 0과 1을 표현할 수 있는 가장 작은 단위인데, 예를 들어 8비트로 만들 수 있는 키의 수는 2^8, 즉 256개이다. 키를 구성하는 비트의 수가 많으면 많을수록 모든 키를 체크하는 데 시간이 오래 걸려 보안성이 높아진다. 256개 정도의 키는 컴퓨터로 짧은 시간에 모두 체크할 수 있으나, 100비트로 구성된 키가 사용되었다면 체크해야 할 키의 수가 2^{100}개에 달해 초당 100만 개의 키를 체크할 수 있는 컴퓨터를 사용하더라도 상당히 많은 시간이 걸릴 것이다.

56비트로 구성된 키를 사용하여 만든 암호 알고리즘에는 DES(Data Encryption Standard)가 있다. 그런데 오늘날 컴퓨팅 기술의 발전으로 인해 DES는 더 이상 안전하지 않아, DES보다는 DES를 세 번 적용한 삼중 DES(triple DES)나 그 뒤를 이은 AES(Advanced Encryption Standard)를 사용하고 있다.

07

윗글을 근거로 판단할 때, <보기>에서 옳은 것만을 모두 고르면?

〈보기〉

ㄱ. 복호화를 통하여 암호문을 평문으로 변환할 수 있다.
ㄴ. 비대칭키 방식의 경우, 수신자는 송신자의 키를 알아야 암호를 해독할 수 있다.
ㄷ. 대체는 단어, 어절 등의 순서를 바꾸는 것이다.
ㄹ. 삼중 DES 알고리즘은 DES 알고리즘보다 안전성이 높다.

① ㄱ, ㄴ
② ㄱ, ㄹ
③ ㄴ, ㄷ
④ ㄴ, ㄹ
⑤ ㄷ, ㄹ

08

윗글과 <상황>을 근거할 때, (가)에 해당하는 수는?

〈상황〉

2^{56}개의 키를 1초에 모두 체크할 수 있는 컴퓨터의 가격이 1,000,000원이다. 컴퓨터의 체크 속도가 2배가 될 때마다 컴퓨터는 10만 원씩 비싸진다. 60비트로 만들 수 있는 키를 1초에 모두 체크할 수 있는 컴퓨터의 최소 가격은 (가) 원이다.

① 1,100,000
② 1,200,000
③ 1,400,000
④ 1,600,000
⑤ 2,000,000

약점 보완 해설집 p.5

PSAT 교육 1위, 해커스PSAT
psat.Hackers.com

유형 소개

상황판단 영역에서 다른 과목과 다른 고유하게 나타나는 특징은 법학 제재의 문제가 출제된다는 점에 있다. '법학추론'은 법조문이나 법적 개념 등과 같은 법학 제재를 통해서 추론 능력을 측정하고자 하는 목적을 지닌 유형으로, 약 30%의 출제 비중을 보이고 있다.

원칙적으로 법학 제재의 지식을 활용하는 문제가 아니기 때문에 기존에 가지고 있는 지식을 활용해서는 안 되며 지문으로 주어진 법규정의 내용에 한정하여 판단해야 한다. 실제 출제되는 규정들은 실정법을 기반으로 하여 민법, 형법, 상법, 국회법, 국제법 등 다양한 제재에서 출제되고 있다. 그러나 실정법에서 일부만을 제시하거나 새롭게 규정을 추가 및 변경하여 출제된다. 따라서 실제 법학 지식을 활용할 경우 지문에 없는 내용을 통해 파악하는 것으로 오답 확률이 높아지게 된다. 따라서 철저하게 지문에서 제시된 원리에 집중하여 문제에 접근해야 한다.

→ 지식이 아닌 추론!!
실정법과 판례에 기초한 문제이지만, 변형되기 때문에 지문에서 제시된 원리만으로 문제를 해결해야 한다.

물론 법학 제재에 대한 익숙할 경우 지문을 읽는 시간을 줄일 수 있다. 제재가 너무 생소하다면 시간 안에 해결하는 적성시험에서 불리할 수밖에 없기 때문이다. 그러한 경우 법학개론서 등을 통해 익숙하게 개념을 이해할 필요가 있다. 이 때 법학 문제를 해결하기 위한 법학 지식은 법학개론서로 학습하여 습득하는 것으로 충분하며, 오히려 지식이 많을 경우 다른 법규정이 떠올라 문제해결에 있어서 시간이 더 소비될 수 있다.

출제 유형에서는 먼저, 법조문이 정확히 제시되고, 이에 대한 법조문의 파악 또는 사례에 적용하는 문제가 주로 출제되고 있다. 두 번째 유형은 법규정이나 규범이 조문의 형식이 아닌 서술형으로 제시되는 경우이다.

PART 02

법학추론

Ⅰ. 법규정
Ⅱ. 서술형 규범 및 법적 개념
Ⅲ. 수적 기준 및 계산

I. 법규정

1 문제 구성과 방식

PSAT 상황판단에서 출제되고 있는 법학 제재의 추론 문제의 대표적인 형식이 법규정이나 규범을 적용하는 유형이다. 법조문이나 규정 또는 일반 규범을 제시하고 규정 및 규범의 원리에 따라 사례를 파악하거나 규정의 구체적인 내용이나 대상, 요건 등을 확인하는 선택지로 구성되어 있다.
법학 및 규범학의 제재로 출제되는 문제는 크게 세 가지의 포인트가 있다. 논의 영역과 요건 및 규정이 그것이다.

1. 논의 영역

주어진 법조문에서 다루고자 하는 대상이 무엇이며, 어떤 영역을 규정하는지를 파악해야 한다. 동일한 대상이라도 다루는 영역이 다를 경우, 법조문의 대상이 아니기 때문이다. 이를 논리적으로는 '논의 영역'이라는 표현을 한다.

(1) 법규정의 목적 및 대상

주어진 법규정이 어떤 것을 목적으로 하고 있는지 다루고 있는 대상이 무엇인지 제시한다. 규정이 다루고자 하는 바를 법조문의 제목으로 나타나기도 하며 규정만을 제시하기도 한다. 대부분의 문제에서는 구체적인 대상이 어떤 것인지를 보여준다. 그리고 그러한 규정의 대상이 다양하게 나타나기에 대상의 구체적인 파악이 필요하다.

> **대상 파악**
> 법규정에서 다루는 대상의 조건 및 자격을 확인하고 규정에서 다루는 행동을 하는 주체도 파악해야 한다. 규정에서는 자격이 있는 주체가 대상이 되어 규정에서 명하는 바를 실행하는 바를 다루기 때문이다.

(2) 조문의 구분

법조문은 일반적으로 조, 항, 호, 목으로 구분한다. 즉, 제1조, 제1항, 제1호, 가목으로 부르는데, 실제 나타나는 형식은 '제00조', 제1항은 '①'으로 표현하며, 제1호는 '1.'로 표현하고 목은 '가.'로 표현한다. 하나의 조 안에 여러 개의 항이 있으며 다시 하나의 항 안에 여러 개의 호로 구분된다. 따라서 대상의 구체적인 구분으로 파악하고 그 범위도 그에 따라 구분해야 한다.
일반적으로 조마다 또한 항마다 구체적인 대상이 명시된다. 따라서 조문마다 어떤 차이가 있으며 항마다 어떤 구분이 되는지를 파악하여 구체적인 대상을 확인해야 한다.

(3) 선택지의 구성

선택지는 두 가지의 형식을 취하는데 5지 선지 유형과 〈보기〉 유형이다. 5지 선지 유형에는 5개의 번호를 통해 각각의 내용이 법규정의 대상과 부합하며 규정을 따르고 있는지를 묻고 있다. 옳은 것 또는 옳지 않은 것 1개를 찾는 유형이다. 한편 〈보기〉 유형은 자음으로 ㄱ부터 시작하며 각각의 〈보기〉의 진술이 규정을 정확하게 적용하는지를 묻는다.

> **지시문(발문)**
> 5지 선지 유형에서는 주로 '옳은 것은?, 옳지 않은 것은?, 적절한 것은?' 등으로 묻고 있으며, <보기> 유형은 '옳은 것만을 모두 고르면?'의 형식을 주로 취하고 있다.

2. 요건 및 규정

규정에서 필요한 조건을 요건이라고 한다. 지문에서 법조문을 구성할 때 어떤 대상이 논의 영역이며 그러한 대상이 갖추어야 하는 조건을 제시한다. 그리고 조건을 충족할 경우에 구체적으로 적용해야 하는 규정을 명시한다.

(1) 주체 및 자격 조건

규정에서 대상이 어떤 조건에 해당될 때에 규정을 적용할 수 있다는 것이 조문의 형식이다. 문제에서 자주 파악해야 되는 요건 중 하나는 누가 그러한 대상이며 의무적으로 행해야 하는 규정을 행해야 하는 주체 및 자격이다. 규정을 행해야 하는 사람이 누군가를 파악해야 하는 경우는 주체가 강조되는 규정이며 누구라도 자격을 갖출 경우 할 수 있는 규정을 파악할 때에는 자격 조건을 확인해야 한다.

대상: 주체 자격 요건
1) 주체: 규정을 행해야 하는 사람
2) 자격: 규정을 행할 수 있는 사람이 갖추어야 하는 요건

(2) 규정

논의 영역이 되는 대상 및 주체, 자격에 대한 요건을 통해서 그러한 구체적인 대상이 될 때에 어떤 규정이 적용되는지를 파악해야 한다. 규정은 조문에서 대부분 일반적으로 적용되는 규정이 나타나며 항으로 세분화되면서 대상도 구체적으로 구분되며 이때 적용해야 하는 규정으로 제시된다.
규정 파악에서 가장 중요한 점은 따라서 규정 자체가 아니라 조문, 항, 호, 목으로 진행하면서 차별화되는 규정의 어떤 것인지를 파악하는 것이다. 일반적인 조항이라도 세부적인 항목에서는 적용되지 않고 다른 규정이 적용될 수도 있기 때문이다.

(3) 예외 규정

법조문의 특성은 예외 조항이 항상 존재한다는 것이다. 원리나 원칙을 적용함에 있어 나타날 수 있는 여러 가지 상황이나 맥락을 고려하여 그러한 원리나 원칙의 배제나 예외를 인정하게 된다. 따라서 주어진 사례나 상황이 예외에 해당되는지를 파악하고 적용시켜야 한다.
예외 규정은 처음에 일반적으로 적용되는 전체 규정이 제시되고 이후 그러한 전체 규정에서 제외되거나 제한적으로 허용되거나 금지되는 경우를 규정한다. 따라서 예외 규정의 대상에 해당하는가를 파악해야 한다.

예외 규정
1) 규정의 마지막 부분에 '단, 다만' 등으로 규정된다.
2) 조문이나 항 전체가 앞에서 언급한 규정의 예외로 구성되기도 한다.

3. 매칭과 적용

(1) 의미

법률형 문제는 단순히 일치와 부합적인 내용을 파악하는 것이 아니라, 규정을 원리로 파악하고 그러한 원리가 적용되는 법적 사례를 판단하는 문제이다. 따라서 법규정 및 규범에 따른 고유한 판단 방식이 뒤따르게 되는데, 그 내재적인 문제해결 방식은 '매칭(matching)'과 '적용(ap-pliction; app.)'이다.

법규정의 매칭과 적용
1) 매칭(matching): 주어진 사례나 논의되는 키워드가 법규정에서 다루는 대상에 해당되는지를 파악하는 방법
2) 적용(app.): 제시된 규정의 대상에 해당되고 그러한 대상이 규정에 의해 결과적으로 의무적으로 또는 가능적으로 행하게 되는 바를 판단하는 방식

예제

다음 글을 근거로 판단할 때, (A)~(E)의 요건과 <상황>의 ㉮~㉲를 옳게 짝지은 것은?

민법 제00조는 "고의 또는 과실로 인한 위법행위로 타인에게 손해를 가한 자는 그 손해를 배상할 책임이 있다."고 규정하고 있다. 이는 가해자의 불법행위로 피해자가 손해를 입은 경우, 가해자의 손해배상책임을 인정하는 규정이다. 이 규정에 따라 손해배상책임이 인정되기 위해서는 다음의 (A)~(E) 다섯 가지 요건을 모두 충족하여야 한다.

(A) 가해자에게 고의 또는 과실이 있어야 한다. 고의란 가해자가 불법행위의 결과를 인식하고 받아들이는 심리상태이며, 과실이란 가해자에게 무엇인가 준수해야 할 의무가 있음에도 부주의로 그 의무의 이행을 다하지 아니한 것을 말한다.
(B) 피해자의 손해를 야기할 수 있는 가해자의 행위(가해행위)가 있어야 한다.
(C) 가해행위가 위법한 행위이어야 한다. 일반적으로 법규에 어긋나는 행위는 위법한 행위에 해당한다.
(D) 피해자에게 손해가 발생해야 한다.
(E) 가해행위와 손해발생 사이에 인과관계가 있어야 한다. 가해행위가 없었더라면 손해가 발생하지 않았을 경우에 인과관계가 인정된다.

〈상황〉

甲이 차량을 운전하다가 보행자 교통신호의 지시에 따라 횡단보도를 건너던 乙을 치어 乙에게 부상을 입혔다. 이 경우, ㉮ 甲이 차량으로 보행자 乙을 친 것, ㉯ 甲의 차량이 교통신호를 지키지 않아 도로교통법을 위반한 것, ㉰ 甲이 교통신호를 준수할 의무를 부주의로 이행하지 않은 것, ㉱ 횡단보도를 건너던 乙이 부상을 입은 것, ㉲ 甲의 차량이 보행자 乙을 치지 않았다면 乙이 부상을 입지 않았을 것이 (A)~(E) 요건을 각각 충족하기 때문에 甲의 손해배상책임이 인정된다.

① (A) – ㉱
② (B) – ㉮
③ (C) – ㉲
④ (D) – ㉰
⑤ (E) – ㉯

[정답] ②

[유형] 법학추론 – 법규정

① (X) (A) 과실이란 가해자에게 의무가 있음에도 부주의로 그 의무의 이행을 다하지 아니한 것으로 ㉰에서 甲이 교통신호 준수 의무를 위반한 것이 이에 해당한다.
② (O) (B) 가해 행위로 ㉮에서 甲이 보행자 乙을 친 것이 이에 해당한다.
③ (X) (C) 위법한 행위로 ㉯에서 甲이 도로교통법을 위반한 것으로 이에 해당한다.
④ (X) (D) ㉱에서 보행자 乙이 부상을 입은 것은 피해자로 손해가 발생한 것으로 적합하다.
⑤ (X) (E) 가해행위가 없었다면 손해가 발생하지 않았을 경우로 ㉲가 적합하다.

(2) 법적 삼단논법(Legal Syllogism)

법규정에 대한 일련의 적용방식은 논리적으로 법적 삼단논법으로 통해 정형화된다. 이는 일반적인 법규정을 적용할 때에 기반이 되는 법철학의 원리로 실제로 문제해결에서 활용되는 내재적인 원칙이다. 이는 다음과 같이 모형화될 수 있다.

대상	→	요건
사례	→	대상
사례	→	요건

> **삼단논법(syllogism)**
> 아리스토텔레스에 의해서 정형화된 논리적 사고 방식으로 세 개의 개념 및 명제가 있을 때에 두 개의 관계로부터 다른 명제간의 관계를 추리하는 원리이다. 주로 조건문의 형식 안에서 파악된다.
> ex) 만약 P라면 Q이다.
> 만약 Q라면 R이다.
> 따라서 만약 P라면 R이다.
> 삼단논법은 연쇄논법으로 첫 명제 P로부터 중간 역할을 하는 Q를 통해 다른 명제인 R과의 관계를 연결하는 방식을 의미한다.

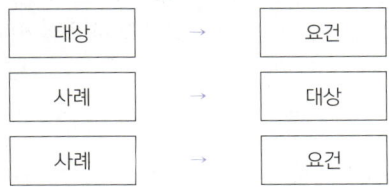

〈1단계〉 규정의 대상과 요건 매칭

법적 삼단논법의 첫 번째 요소는 대상과 요건의 매칭이다. 어떤 대상에 대한 규정이며 그러한 대상이 될 때는 어떤 요건이 적용되는지를 파악하는 단계이다.

① 대상 파악: 키워드

법규정을 파악하는 데 있어서 사실상 가장 중요한 것은 대상 파악이다. 문제해결을 빠르게 할 경우에도 우선적으로 이루어져야 하는 사항이다. 법규정에 있어서 대상은 법조문의 제목으로 제시되기도 하고, 조항에 제목이 없는 경우 첫 조문에서 다루고자 하는 바가 어떤 것인지 파악해야 한다. 대상 파악의 구체적인 영역과 범위를 설정해야 사례의 적용 가능성을 확인할 수 있다.
법규정에서 대상은 하나만이 아니다. 동일한 대상에 대해서도 구체적인 상황이나 조건에 따라 구분하여 설정하고 있다. 따라서 규정마다 나타나는 키워드를 통해서 구체적인 대상을 파악해야 한다.

② 대상의 요건 충족성 및 기준 파악

대상이 어떤 것인지 구체적인 조항마다 키워드를 확인한 후, 그러한 대상과 키워드의 요건을 확인한다. 요건은 규정으로 제시되며 제한적인 요소 및 조건과 예외 규정으로 구성된다. 대상과 요건의 매칭을 파악하고 이를 확인한다.

> **제한 요건과 예외 규정**
> · 제한 요건: 대상에 대한 요건이 조건 안에서 성립하는 요건에 해당한다. 이는 대상에 대해 한 번 더 구체화하는 것으로 그러한 조건이 충족되는 경우에 규정이 적용된다는 것이다. 이때 주의할 점은 반대해석이 성립한다는 점이다.
> · 예외 규정: 법문에서 일반적으로 규정되는 조항에서 요건이 충족되어야 한다. 그런데 동일한 상황에서도 예외적으로 인정하거나 요건 충족에서 벗어날 수 있는 사항이 있을 때에 규정하는 바를 의미한다.

> **요건의 종류**
> 1) 의무 조항: 의무적인 요건으로서 반드시 해야 하는 내용에 해당한다. 대상임에도 불구하고 요건을 따르지 않을 경우 위법에 해당하게 된다.
> 2) 가능성 조항: 대상일 경우 그러한 요건을 충족시킬 수 있다는 가능성으로 규정이 제시된다. 이때에는 반드시 행위할 필요는 없으며 가능하기 때문에 할 수 있는 요건에 해당한다.

> **반대해석**
> 법문에서 일정한 사항이 규정되어 있는 경우에 그 반대의 것은 그 법이 규정한 것과 반대로 해석하는 것을 말한다. 규정에서 조건을 충족할 경우 성립하거나 성립하지 않는다는 요건이 있을 때에, 그 반대의 경우에는 반대로 성립하지 않거나 성립한다고 해석하는 것이다.
> ex) 미성년자는 부모의 허락이 있어야 혼인할 수 있다. 따라서 성년자는 부모의 허락이 없어도 혼인할 수 있다.

〈2단계〉 사례의 대상 여부 파악

법적 삼단논법의 두 번째 요소는 주어진 규정에서의 원리를 사례에 적용하는 것으로, 문제를 해결하는 데에 있어서 가장 중요한 과정이다. 이때의 추론에 따라 선택지의 옳고 그름이 판정되기 때문이다.
사례의 상황을 파악하여 주어진 규정의 대상인지는 확인한다. 이때 구체적인 조항의 키워드에 부합하는 것인지, 요건에 충족할 수 있는 조건을 지니고 있는지를 확인한다.

〈3단계〉 사례의 규정 적용: 선택지 판단

주어진 사례의 대상이 어떤 것인지 확인한 후, 그러한 대상일 경우 따라야 할 규정이나 규범의 내용을 확인하고 적용한다. 이때 사례에 〈보기〉나 선택지에서 추가되는 내용이 있는지를 확인하고 규정의 적용 여부를 판단해야 한다.

선택지에서는 대상과 요건을 잘못 매칭하거나 요건과 반대로 진술하는 내용으로 오답을 구성하기도 한다. 또한 의무적 요건과 가능적 요건을 구별하지 않거나 허가와 신고와 같은 요건의 진술을 구분하지 않고 사용하기도 한다.

선택지의 오답 구성 방식

- 대상과 요건의 매칭 오류: 다양한 대상들과 그에 따른 요건을 정확하게 매칭하고 있는지 측정
- 자격 요건 미충족: 요건에서 갖추어야 하는 자격에 미달되는 부분을 명시하는 선택지 파악
- 주체와 요건의 매칭 오류: 승인 주체나 실행 주체와 같은 주체에 대한 옳지 않은 명시적 내용 파악
- 규정 위반 사항 매칭: 규정을 지키지 않는 사항을 준수한 것으로 표시한 선택지 파악
- 의무적 요건과 가능적 요건 혼동: 당위적인 규정과 할 수 있는 가능적인 선택적 사항에 대해 혼동된 선택지
- 진술 용어의 혼동: 허가 및 신고와 같이 규정에서 사용된 용어들을 혼재하여 사용한 선택지 구성

실전 연습문제

01 2020년 7급 모의 문5

다음 글과 <상황>을 근거로 판단할 때, <보기>에서 옳은 것만을 모두 고르면?

제00조 ① "주택담보노후연금보증"이란 주택소유자가 주택에 저당권을 설정하고 금융기관으로부터 제2항에서 정하는 연금 방식으로 노후생활자금을 대출(이하 "주택담보노후연금대출"이라 한다)받음으로써 부담하는 금전채무를 주택금융공사가 보증하는 행위를 말한다. 이 경우 주택소유자 또는 주택소유자의 배우자는 60세 이상이어야 한다.

② 제1항의 연금 방식이란 다음 각 호의 어느 하나에 해당하는 방식을 말한다.

1. 주택소유자가 생존해 있는 동안 노후생활자금을 매월 지급받는 방식
2. 주택소유자가 선택하는 일정한 기간 동안 노후생활자금을 매월 지급받는 방식
3. 제1호 또는 제2호의 어느 하나의 방식과, 주택소유자가 다음 각 목의 어느 하나의 용도로 사용하기 위하여 일정한 금액(단, 주택담보노후연금대출 한도의 100분의 50 이내의 금액으로 한다)을 지급받는 방식을 결합한 방식
   가. 해당 주택을 담보로 대출받은 금액 중 잔액을 상환하는 용도
   나. 해당 주택의 임차인에게 임대차보증금을 반환하는 용도

〈상황〉

A주택의 소유자 甲(61세)은 A주택에 저당권을 설정하여 주택담보노후연금보증을 통해 노후생활자금을 대출받고자 한다. 甲의 A주택에 대한 주택담보노후연금대출 한도액은 3억 원이다.

〈보기〉

ㄱ. 甲은 A주택의 임차인에게 임대차보증금을 반환하는 용도로 1억 원을 지급받고, 생존해 있는 동안 노후생활자금을 매월 지급받을 수 있다.
ㄴ. 甲의 배우자의 연령이 60세 이상이어야 주택담보노후연금보증을 통해 노후생활자금을 대출받을 수 있다.
ㄷ. 甲은 A주택을 담보로 대출받은 금액 중 잔액을 상환하는 용도로 1억 5천만 원을 지급받고, 향후 10년간 노후생활자금을 매월 지급받을 수 있다.

① ㄱ
② ㄴ
③ ㄱ, ㄷ
④ ㄴ, ㄷ
⑤ ㄱ, ㄴ, ㄷ

02

2021년 7급 나 문16

다음 글과 <상황>을 근거로 판단할 때 옳은 것은?

> ○ 민원의 종류
> 법정민원(인가·허가 등을 신청하거나 사실·법률관계에 관한 확인 또는 증명을 신청하는 민원), 질의민원(법령·제도 등에 관하여 행정기관의 설명·해석을 요구하는 민원), 건의민원(행정제도의 개선을 요구하는 민원), 기타민원(그 외 상담·설명 요구, 불편 해결을 요구하는 민원)으로 구분함
> ○ 민원의 신청
> 문서(전자문서를 포함, 이하 같음)로 해야 하나, 기타민원은 구술 또는 전화로 가능함
> ○ 민원의 접수
> 민원실에서 접수하고, 접수증을 교부하여야 함(단, 기타민원, 우편 및 전자문서로 신청한 민원은 접수증 교부를 생략할 수 있음)
> ○ 민원의 이송
> 접수한 민원이 다른 행정기관의 소관인 경우, 접수된 민원문서를 지체 없이 소관 기관에 이송하여야 함
> ○ 처리결과의 통지
> 접수된 민원에 대한 처리결과를 민원인에게 문서로 통지하여야 함(단, 기타민원의 경우와 통지에 신속을 요하거나 민원인이 요청하는 경우, 구술 또는 전화로 통지할 수 있음)
> ○ 반복 및 중복 민원의 처리
> 민원인이 동일한 내용의 민원(법정민원 제외)을 정당한 사유 없이 3회 이상 반복하여 제출한 경우, 2회 이상 그 처리결과를 통지하였다면 그 후 접수되는 민원에 대하여는 바로 종결 처리할 수 있음

〈상황〉

> ○ 甲은 인근 공사장 소음으로 인한 불편 해결을 요구하는 민원을 A시에 제기하려고 한다.
> ○ 乙은 자신의 영업허가를 신청하는 민원을 A시에 제기하려고 한다.

① 甲은 구술 또는 전화로 민원을 신청할 수 없다.
② 乙은 전자문서로 민원을 신청할 수 없다.
③ 甲이 신청한 민원이 다른 행정기관 소관 사항인 경우라도, A시는 해당 민원을 이송 없이 처리할 수 있다.
④ A시는 甲이 신청한 민원에 대한 처리결과를 전화로 통지할 수 있다.
⑤ 乙이 동일한 내용의 민원을 이미 2번 제출하여 처리결과를 통지받았으나 정당한 사유 없이 다시 신청한 경우, A시는 해당 민원을 바로 종결 처리할 수 있다.

03

2021년 7급 나 문25

다음 글과 <상황>을 근거로 판단할 때, 괄호 안의 ㉠과 ㉡에 해당하는 것을 옳게 짝지은 것은?

> ○ 행정구역분류코드는 다섯 자리 숫자로 구성되어 있다.
> ○ 행정구역분류코드의 '처음 두 자리'는 광역자치단체인 시·도를 의미하는 고유한 값이다.
> ○ '그 다음 두 자리'는 광역자치단체인 시·도에 속하는 기초자치단체인 시·군·구를 의미하는 고유한 값이다. 단, 광역자치단체인 시에 속하는 기초자치단체는 군·구이다.
> ○ '마지막 자리'에는 해당 시·군·구가 기초자치단체인 경우 0, 자치단체가 아닌 경우 0이 아닌 임의의 숫자를 부여한다.
> ○ 광역자치단체인 시에 속하는 구는 기초자치단체이며, 기초자치단체인 시에 속하는 구는 자치단체가 아니다.

〈상황〉

> ○○시의 A구와 B구 중 B구의 행정구역분류코드의 첫 네 자리는 1003이며, 다섯 번째 자리는 알 수 없다.
> 甲은 ○○시가 광역자치단체인지 기초자치단체인지 모르는 상황에서, A구의 행정구역분류코드는 ○○시가 광역자치단체라면 (㉠), 기초자치단체라면 (㉡)이/가 가능하다고 판단하였다.

	㉠	㉡
①	10020	10021
②	10020	10033
③	10033	10034
④	10050	10027
⑤	20030	10035

04

2021년 7급 나 문17

다음 글과 <상황>을 근거로 판단할 때 옳지 않은 것은?

제00조 ① 건축물을 건축하거나 대수선하려는 자는 특별자치시장·특별자치도지사 또는 시장·군수·구청장의 허가를 받아야 한다. 다만 21층 이상의 건축물이나 연면적 합계 10만 제곱미터 이상인 건축물을 특별시나 광역시에 건축하려면 특별시장이나 광역시장의 허가를 받아야 한다.

② 허가권자는 제1항에 따른 허가를 받은 자가 다음 각 호의 어느 하나에 해당하면 허가를 취소하여야 한다. 다만 제1호에 해당하는 경우로서 정당한 사유가 있다고 인정되면 1년의 범위에서 공사의 착수기간을 연장할 수 있다.

1. 허가를 받은 날부터 2년 이내에 공사에 착수하지 아니한 경우
2. 제1호의 기간 이내에 공사에 착수하였으나 공사의 완료가 불가능하다고 인정되는 경우

제00조 ① ○○부 장관은 국토관리를 위하여 특히 필요하다고 인정하거나 주무부장관이 국방, 문화재보존, 환경보전 또는 국민경제를 위하여 특히 필요하다고 인정하여 요청하면 허가권자의 건축허가나 허가를 받은 건축물의 착공을 제한할 수 있다.

② 특별시장·광역시장·도지사(이하 '시·도지사'라 한다)는 지역계획이나 도시·군계획에 특히 필요하다고 인정하면 시장·군수·구청장의 건축허가나 허가를 받은 건축물의 착공을 제한할 수 있다.

③ ○○부 장관이나 시·도지사는 제1항이나 제2항에 따라 건축허가나 건축허가를 받은 건축물의 착공을 제한하려는 경우에는 주민의견을 청취한 후 건축위원회의 심의를 거쳐야 한다.

④ 제1항이나 제2항에 따라 건축허가나 건축물의 착공을 제한하는 경우 제한기간은 2년 이내로 한다. 다만 1회에 한하여 1년 이내의 범위에서 제한기간을 연장할 수 있다.

〈상황〉

甲은 20층의 연면적 합계 5만 제곱미터인 건축물을, 乙은 연면적 합계 15만 제곱미터인 건축물을 각각 A광역시 B구에 신축하려고 한다.

① 甲은 B구청장에게 건축허가를 받아야 한다.
② 甲이 건축허가를 받은 경우에도 A광역시장은 지역계획에 특히 필요하다고 인정하면 일정한 절차를 거쳐 甲의 건축물 착공을 제한할 수 있다.
③ B구청장은 주민의견을 청취한 후 건축위원회의 심의를 거쳐 건축허가를 받은 乙의 건축물 착공을 제한할 수 있다.
④ 乙이 건축허가를 받은 날로부터 2년 이내에 정당한 사유 없이 공사에 착수하지 않은 경우, A광역시장은 건축허가를 취소하여야 한다.
⑤ 주무부장관이 문화재보존을 위하여 특히 필요하다고 인정하여 요청하는 경우, ○○부 장관은 건축허가를 받은 乙의 건축물에 대해 최대 3년간 착공을 제한할 수 있다.

05

2022년 7급 가 문1

다음 글을 근거로 판단할 때 옳은 것은?

제00조 재해경감 우수기업(이하 '우수기업'이라 한다)이란 재난으로부터 피해를 최소화하기 위한 재해경감활동으로 우수기업 인증을 받은 기업을 말한다.
제00조 ① 우수기업으로 인증받고자 하는 기업은 A부 장관에게 신청하여야 한다.
② A부 장관은 제1항에 따라 신청한 기업의 재해경감활동에 대하여 다음 각 호의 기준에 따라 평가를 실시하고 우수기업으로 인증할 수 있다.
  1. 재난관리 전담조직을 갖출 것
  2. 매년 1회 이상 종사자에게 재난관리 교육을 실시할 것
  3. 재해경감활동 비용으로 총 예산의 5% 이상 할애할 것
  4. 방재관련 인력을 총 인원의 2% 이상 갖출 것
③ 제2항 각 호의 충족 여부는 매년 1월 말을 기준으로 평가하며, 모든 요건을 갖춘 경우 우수기업으로 인증한다. 다만 제3호의 경우 최초 평가에 한하여 해당 기준을 3개월 내에 충족할 것을 조건으로 인증할 수 있다.
④ 제3항에서 정하는 평가 및 인증에 소요되는 비용은 신청하는 자가 부담한다.
제00조 A부 장관은 인증받은 우수기업을 6개월마다 재평가하여 다음 각 호의 어느 하나에 해당하는 때에는 인증을 취소할 수 있다. 다만 제1호의 경우에는 인증을 취소하여야 한다.
  1. 거짓이나 그 밖의 부정한 방법으로 인증을 받은 경우
  2. 인증 평가기준에 미달되는 경우
  3. 양도·양수·합병 등에 의하여 인증받은 요건이 변경된 경우

① 처음 우수기업 인증을 받고자 하는 甲기업이 총 예산의 4%를 재해경감활동 비용으로 할애하였다면, 다른 모든 기준을 충족하였더라도 우수기업으로 인증받을 여지가 없다.
② A부 장관이 乙기업을 평가하여 2022. 2. 25. 우수기업으로 인증한 경우, A부 장관은 2022. 6. 25.까지 재평가를 해야 한다.
③ 丙기업이 우수기업 인증을 신청하는 경우, 인증에 소요되는 비용은 A부 장관이 부담한다.
④ 丁기업이 재난관리 전담조직을 갖춘 것처럼 거짓으로 신청서를 작성하여 우수기업으로 인증을 받은 경우라도, A부 장관은 인증을 취소하지 않을 수 있다.
⑤ 우수기업인 戊기업이 己기업을 흡수합병하면서 재평가 당시 일시적으로 방재관련 인력이 총 인원의 1.5%가 되었더라도, A부 장관은 戊기업의 인증을 취소하지 않을 수 있다.

06

2022년 7급 가 문2

다음 글과 <상황>을 근거로 판단할 때, 김가을의 가족관계등록부에 기록해야 하는 내용이 아닌 것은?

제○○조 ① 가족관계등록부는 전산정보처리조직에 의하여 입력·처리된 가족관계 등록사항에 관한 전산정보자료를 제□□조의 등록기준지에 따라 개인별로 구분하여 작성한다.
② 가족관계등록부에는 다음 사항을 기록하여야 한다.
  1. 등록기준지
  2. 성명·본·성별·출생연월일 및 주민등록번호
  3. 출생·혼인·사망 등 가족관계의 발생 및 변동에 관한 사항
제□□조 출생을 사유로 처음 등록을 하는 경우에는 등록기준지를 자녀가 따르는 성과 본을 가진 부 또는 모의 등록기준지로 한다.

〈상황〉

경기도 과천시 ☆☆로 1-11에 거주하는 김여름(金海 김씨)과 박겨울(密陽 박씨) 부부 사이에 2021년 10월 10일 경기도 수원시 영통구 소재 병원에서 남자아이가 태어났다. 이 부부는 태어난 아이의 이름을 김가을로 하고 과천시 ▽▽주민센터에 출생신고를 하였다. 김여름의 등록기준지는 부산광역시 남구 ◇◇로 2-22이며, 박겨울은 서울특별시 마포구 △△로 3-33이다.

① 서울특별시 마포구 △△로 3-33
② 부산광역시 남구 ◇◇로 2-22
③ 2021년 10월 10일
④ 金海
⑤ 남

07

2022년 7급 가 문3

다음 글을 근거로 판단할 때 옳은 것은?

제00조 정비사업이란 도시기능을 회복하기 위하여 정비구역에서 정비사업시설을 정비하거나 주택 등 건축물을 개량 또는 건설하는 주거환경개선사업, 재개발사업, 재건축사업 등을 말한다.
제00조 특별자치시장·특별자치도지사·시장·군수·구청장(이하 '시장 등'이라 한다)은 노후불량건축물이 밀집하는 구역에 대하여 정비계획에 따라 정비구역을 지정할 수 있다.
제00조 시장 등이 아닌 자가 정비사업을 시행하려는 경우에는 토지 등 소유자로 구성된 조합을 설립해야 한다.
제00조 ① 시장 등이 아닌 사업시행자가 정비사업 공사를 완료한 때에는 시장 등의 준공인가를 받아야 한다.
② 제1항에 따라 준공인가신청을 받은 시장 등은 지체 없이 준공검사를 실시해야 한다.
③ 시장 등은 제2항에 따른 준공검사를 실시한 결과 정비사업이 인가받은 사업시행 계획대로 완료되었다고 인정되는 때에는 준공인가를 하고 공사의 완료를 해당 지방자치단체의 공보에 고시해야 한다.
④ 시장 등은 직접 시행하는 정비사업에 관한 공사가 완료된 때에는 그 완료를 해당 지방자치단체의 공보에 고시해야 한다.
제00조 ① 정비구역의 지정은 공사완료의 고시가 있은 날의 다음 날에 해제된 것으로 본다.
② 제1항에 따른 정비구역의 해제는 조합의 존속에 영향을 주지 않는다.

① 甲특별자치시장이 직접 정비사업을 시행하려는 경우에는 토지 등 소유자로 구성된 조합을 설립해야 한다.
② A도 乙군수가 직접 시행하는 정비사업에 관한 공사가 완료된 때에는 A도지사에게 준공인가신청을 해야 한다.
③ 丙시장이 사업시행자 B의 정비사업에 관해 준공인가를 하면, 토지 등 소유자로 구성된 조합은 해산된다.
④ 丁시장이 사업시행자 C의 정비사업에 관해 공사완료를 고시하면, 정비구역의 지정은 고시한 날 해제된다.
⑤ 戊시장이 직접 시행하는 정비사업에 관한 공사가 완료된 때에는 그 완료를 戊시의 공보에 고시해야 한다.

08

2022년 7급 가 문4

다음 글을 근거로 판단할 때 옳은 것은?

제00조 ① 선박이란 수상 또는 수중에서 항행용으로 사용하거나 사용할 수 있는 배 종류를 말하며 그 구분은 다음 각 호와 같다.
1. 기선: 기관(機關)을 사용하여 추진하는 선박과 수면비행선박(표면효과 작용을 이용하여 수면에 근접하여 비행하는 선박)
2. 범선: 돛을 사용하여 추진하는 선박
3. 부선: 자력(自力) 항행능력이 없어 다른 선박에 의하여 끌리거나 밀려서 항행되는 선박

② 소형선박이란 다음 각 호의 어느 하나에 해당하는 선박을 말한다.
1. 총톤수 20톤 미만인 기선 및 범선
2. 총톤수 100톤 미만인 부선

제00조 ① 매매계약에 의한 선박 소유권의 이전은 계약당사자 사이의 양도합의만으로 효력이 생긴다. 다만 소형선박 소유권의 이전은 계약당사자 사이의 양도합의와 선박의 등록으로 효력이 생긴다.
② 선박의 소유자(제1항 단서의 경우에는 선박의 매수인)는 선박을 취득(제1항 단서의 경우에는 매수)한 날부터 60일 이내에 선적항을 관할하는 지방해양수산청장에게 선박의 등록을 신청하여야 한다. 이 경우 총톤수 20톤 이상인 기선과 범선 및 총톤수 100톤 이상인 부선은 선박의 등기를 한 후에 선박의 등록을 신청하여야 한다.
③ 지방해양수산청장은 제2항의 등록신청을 받으면 이를 선박원부(船舶原簿)에 등록하고 신청인에게 선박국적증서를 발급하여야 한다.
제00조 선박의 등기는 등기할 선박의 선적항을 관할하는 지방법원, 그 지원 또는 등기소를 관할 등기소로 한다.

① 총톤수 80톤인 부선의 매수인 甲이 선박의 소유권을 취득하기 위해서는 매도인과 양도합의를 하고 선박을 등록해야 한다.
② 총톤수 100톤인 기선의 소유자 乙이 선박의 등기를 하기 위해서는 먼저 관할 지방해양수산청장에게 선박의 등록을 신청해야 한다.
③ 총톤수 60톤인 기선의 소유자 丙은 선박을 매수한 날부터 60일 이내에 해양수산부장관에게 선박의 등록을 신청해야 한다.
④ 총톤수 200톤인 부선의 소유자 丁이 선적항을 관할하는 등기소에 선박의 등기를 신청하면, 등기소는 丁에게 선박국적증서를 발급해야 한다.
⑤ 총톤수 20톤 미만인 범선의 매수인 戊가 선박의 등록을 신청하면, 관할 법원은 이를 선박원부에 등록하고 戊에게 선박국적증서를 발급해야 한다.

09

2022년 7급 가 문11

다음 글을 근거로 판단할 때, 네 번째로 보고되는 개정안은?

△△처에서 소관 법규 개정안 보고회를 개최하고자 한다. 보고회는 아래와 같은 기준에 따라 진행한다.

○ 법규 체계 순위에 따라 법-시행령-시행규칙의 순서로 보고한다. 법규 체계 순위가 같은 개정안이 여러 개 있는 경우 소관 부서명의 가나다순으로 보고한다.

○ 한 부서에서 보고해야 하는 개정안이 여럿인 경우, 해당 부서의 첫 번째 보고 이후 위 기준에도 불구하고 그 부서의 나머지 소관 개정안을 법규 체계 순위에 따라 연달아 보고한다.

○ 이상의 모든 기준과 무관하게 보고자가 국장인 경우 가장 먼저 보고한다.

보고 예정인 개정안은 다음과 같다.

개정안명	소관 부서	보고자
A법 개정안	예산담당관	甲사무관
B법 개정안	기획담당관	乙과장
C법 시행령 개정안	기획담당관	乙과장
D법 시행령 개정안	국제화담당관	丙국장
E법 시행규칙 개정안	예산담당관	甲사무관

① A법 개정안
② B법 개정안
③ C법 시행령 개정안
④ D법 시행령 개정안
⑤ E법 시행규칙 개정안

10

2022년 7급 가 문25

다음 글과 <상황>을 근거로 판단할 때 옳은 것은?

제00조 ① 재외공관에 근무하는 공무원(이하 '재외공무원'이라 한다)이 공무로 일시귀국하고자 하는 경우에는 장관의 허가를 받아야 한다.

② 공관장이 아닌 재외공무원이 공무 외의 목적으로 일시귀국하려는 경우에는 공관장의 허가를, 공관장이 공무 외의 목적으로 일시귀국하려는 경우에는 장관의 허가를 받아야 한다. 다만 재외공무원 또는 그 배우자의 직계존·비속이 사망하거나 위독한 경우에는 공관장이 아닌 재외공무원은 공관장에게, 공관장은 장관에게 각각 신고하고 일시귀국할 수 있다.

③ 재외공무원이 공무 외의 목적으로 일시귀국할 수 있는 기간은 연 1회 20일 이내로 한다. 다만 다음 각 호의 어느 하나에 해당하는 경우에는 이를 일시귀국의 횟수 및 기간에 산입하지 아니한다.

1. 재외공무원의 직계존·비속이 사망하거나 위독하여 일시귀국하는 경우
2. 재외공무원 또는 그 동반가족의 치료를 위하여 일시귀국하는 경우

④ 제2항에도 불구하고 다음 각 호의 어느 하나에 해당하는 경우에는 장관의 허가를 받아야 한다.

1. 재외공무원이 연 1회 또는 20일을 초과하여 공무 외의 목적으로 일시귀국하려는 경우
2. 재외공무원이 일시귀국 후 국내 체류기간을 연장하는 경우

〈상황〉

A국 소재 대사관에는 공관장 甲을 포함하여 총 3명의 재외공무원(甲~丙)이 근무하고 있다. 아래는 올해 1월부터 7월 현재까지 甲~丙의 일시귀국 현황이다.

○ 甲: 공무상 회의 참석을 위해 총 2회(총 25일)
○ 乙: 동반자녀의 관절 치료를 위해 총 1회(치료가 더 필요하여 국내 체류기간 1회 연장, 총 17일)
○ 丙: 직계존속의 회갑으로 총 1회(총 3일)

① 甲은 일시귀국 시 장관에게 신고하였을 것이다.
② 甲은 배우자의 직계존속이 위독하여 올해 추가로 일시귀국하기 위해서는 장관의 허가를 받아야 한다.
③ 乙이 직계존속의 회갑으로 인해 올해 3일간 추가로 일시귀국하기 위해서는 장관의 허가를 받아야 한다.
④ 乙이 공관장의 허가를 받아 일시귀국하였더라도 국내 체류기간을 연장하였을 때에는 장관의 허가를 받았을 것이다.
⑤ 丙이 자신의 혼인으로 인해 올해 추가로 일시귀국하기 위해서는 공관장의 허가를 받아야 한다.

11

2023년 7급 인 문1

다음 글을 근거로 판단할 때 옳은 것은?

제00조(정의) 이 법에서 사용하는 용어의 정의는 다음과 같다.

1. "천문업무"란 우주에 대한 관측업무와 그에 따른 부대 업무를 말한다.
2. "천문역법"이란 천체운행의 계산을 통하여 산출되는 날짜와 천체의 출몰시각 등을 정하는 방법을 말한다.
3. "윤초"란 지구자전속도의 불규칙성으로 인하여 발생하는 세계시와 세계협정시의 차이가 1초 이내로 되도록 보정하여주는 것을 말한다.
4. "그레고리력"이란 1년의 길이를 365.2425일로 정하는 역법체계로서 윤년을 포함하는 양력을 말한다.
5. "윤년"이란 그레고리력에서 여분의 하루인 2월 29일을 추가하여 1년 동안 날짜의 수가 366일이 되는 해를 말한다.
6. "월력요항"이란 관공서의 공휴일, 기념일, 24절기 등의 자료를 표기한 것으로 달력 제작의 기준이 되는 자료를 말한다.

제00조(천문역법) ① 천문역법을 통하여 계산되는 날짜는 양력인 그레고리력을 기준으로 하되, 음력을 병행하여 사용할 수 있다.

② 과학기술정보통신부장관은 천문역법의 원활한 관리를 위하여 윤초의 결정을 관장하는 국제기구가 결정·통보한 윤초를 언론매체나 과학기술정보통신부 인터넷 홈페이지 등을 통하여 지체 없이 발표하여야 한다.

③ 과학기술정보통신부장관은 한국천문연구원으로부터 필요한 자료를 제출받아 매년 6월 말까지 다음 연도의 월력요항을 작성하여 관보에 게재하여야 한다.

① 그레고리력은 윤년을 제외하는 양력을 말한다.
② 달력 제작의 기준이 되는 자료인 월력요항에는 24절기가 표기된다.
③ 과학기술정보통신부장관은 세계시와 세계협정시를 고려하여 윤초를 결정한다.
④ 천문역법을 통해 계산되는 날짜는 음력을 사용할 수 없고, 양력인 그레고리력을 기준으로 한다.
⑤ 과학기술정보통신부장관은 한국천문연구원으로부터 자료를 제출받아 매년 6월 말까지 그해의 월력요항을 작성하여 관보에 게재하여야 한다.

12

2023년 7급 인 문2

다음 글을 근거로 판단할 때 옳은 것은?

제00조(법 적용의 기준) ① 새로운 법령등은 법령등에 특별한 규정이 있는 경우를 제외하고는 그 법령등의 효력 발생 전에 완성되거나 종결된 사실관계 또는 법률관계에 대해서는 적용되지 아니한다.

② 당사자의 신청에 따른 처분은 법령등에 특별한 규정이 있거나 처분 당시의 법령등을 적용하기 곤란한 특별한 사정이 있는 경우를 제외하고는 처분 당시의 법령등에 따른다.

제00조(처분의 효력) 처분은 권한이 있는 기관이 취소 또는 철회하거나 기간의 경과 등으로 소멸되기 전까지는 유효한 것으로 통용된다. 다만, 무효인 처분은 처음부터 그 효력이 발생하지 아니한다.

제00조(위법 또는 부당한 처분의 취소) ① 행정청은 위법 또는 부당한 처분의 전부나 일부를 소급하여 취소할 수 있다. 다만, 당사자의 신뢰를 보호할 가치가 있는 등 정당한 사유가 있는 경우에는 장래를 향하여 취소할 수 있다.

② 행정청은 제1항에 따라 당사자에게 권리나 이익을 부여하는 처분을 취소하려는 경우에는 취소로 인하여 당사자가 입게 될 불이익을 취소로 달성되는 공익과 비교·형량(衡量)하여야 한다. 다만, 다음 각 호의 어느 하나에 해당하는 경우에는 그러하지 아니하다.

1. 거짓이나 그 밖의 부정한 방법으로 처분을 받은 경우
2. 당사자가 처분의 위법성을 알고 있었거나 중대한 과실로 알지 못한 경우

① 새로운 법령등은 법령등에 특별한 규정이 있는 경우에는 그 법령등의 효력 발생 전에 종결된 법률관계에 대해 적용될 수 있다.
② 무효인 처분의 경우 그 처분의 효력이 소멸되기 전까지는 유효한 것으로 통용된다.
③ 행정청은 부당한 처분의 일부는 소급하여 취소할 수 있으나 전부를 소급하여 취소할 수는 없다.
④ 당사자의 신청에 따른 처분은 처분 당시의 법령등을 적용하기 곤란한 특별한 사정이 있는 경우에도 처분 당시의 법령등에 따른다.
⑤ 당사자가 부정한 방법으로 자신에게 이익이 부여되는 처분을 받아 행정청이 그 처분을 취소하고자 하는 경우, 취소로 인해 당사자가 입게 될 불이익과 취소로 달성되는 공익을 비교·형량하여야 한다.

13

2023년 7급 인 문3

다음 글을 근거로 판단할 때 옳은 것은?

> 제00조(조직 등) ① 자율방범대에는 대장, 부대장, 총무 및 대원을 둔다.
> ② 경찰서장은 자율방범대장이 추천한 사람을 자율방범대원으로 위촉할 수 있다.
> ③ 경찰서장은 자율방범대원이 이 법을 위반하여 파출소장이 해촉을 요청한 경우에는 해당 자율방범대원을 해촉해야 한다.
> 제00조(자율방범활동 등) ① 자율방범대는 다음 각 호의 활동(이하 '자율방범활동'이라 한다)을 한다.
> 1. 범죄예방을 위한 순찰 및 범죄의 신고, 청소년 선도 및 보호
> 2. 시·도경찰청장, 경찰서장, 파출소장이 지역사회의 안전을 위해 요청하는 활동
>
> ② 자율방범대원은 자율방범활동을 하는 때에는 자율방범활동 중임을 표시하는 복장을 착용하고 자율방범대원의 신분을 증명하는 신분증을 소지해야 한다.
> ③ 자율방범대원은 경찰과 유사한 복장을 착용해서는 안 되며, 경찰과 유사한 도장이나 표지 등을 한 차량을 운전해서는 안 된다.
> 제00조(금지의무) ① 자율방범대원은 자율방범대의 명칭을 사용하여 다음 각 호의 어느 하나에 해당하는 행위를 해서는 안 된다.
> 1. 기부금품을 모집하는 행위
> 2. 영리목적으로 자율방범대의 명의를 사용하는 행위
> 3. 특정 정당 또는 특정인의 선거운동을 하는 행위
>
> ② 제1항 제3호를 위반한 자에 대해서는 3년 이하의 징역 또는 600만 원 이하의 벌금에 처한다.

① 파출소장은 자율방범대장이 추천한 사람을 자율방범대원으로 위촉할 수 있다.
② 자율방범대원이 범죄예방을 위한 순찰을 하는 경우, 경찰과 유사한 복장을 착용할 수 있다.
③ 자율방범대원이 영리목적으로 자율방범대의 명의를 사용한 경우, 3년 이하의 징역에 처한다.
④ 자율방범대원이 청소년 선도활동을 하는 경우, 자율방범활동 중임을 표시하는 복장을 착용하면 자율방범대원의 신분을 증명하는 신분증을 소지하지 않아도 된다.
⑤ 자율방범대원이 자율방범대의 명칭을 사용하여 기부금품을 모집했고 이를 이유로 파출소장이 그의 해촉을 요청한 경우, 경찰서장은 해당 자율방범대원을 해촉해야 한다.

14

2023년 7급 인 문4

다음 글과 <상황>을 근거로 판단할 때 옳은 것은?

> 제○○조(허가신청) ① 대기관리권역에서 총량관리대상 오염물질을 배출량 기준을 초과하여 배출하는 사업장을 설치하거나 이에 해당하는 사업장으로 변경하려는 자는 환경부장관으로부터 사업장 설치의 허가를 받아야 한다. 허가받은 사항을 변경하는 경우에도 같다.
> ② 제1항의 허가 또는 변경허가를 받으려는 자는 사업장의 설치 또는 변경의 허가신청서를 환경부장관에게 제출하여야 한다.
> 제□□조(허가제한) 환경부장관은 제○○조 제1항에 따른 설치 또는 변경의 허가신청을 받은 경우, 그 사업장의 설치 또는 변경으로 인하여 지역배출허용총량의 범위를 초과하게 되면 이를 허가하여서는 아니 된다.
> 제△△조(허가취소 등) ① 사업자가 거짓이나 그 밖의 부정한 방법으로 제○○조 제1항에 따른 허가 또는 변경허가를 받은 경우, 환경부장관은 그 허가 또는 변경허가를 취소할 수 있다.
> ② 환경부장관은 다음 각 호의 자에 대하여 해당 사업장의 폐쇄를 명할 수 있다.
> 1. 거짓이나 그 밖의 부정한 방법으로 제○○조 제1항에 따른 허가 또는 변경허가를 받은 자
> 2. 제○○조 제1항에 따른 허가 또는 변경허가를 받지 아니하고 사업장을 설치·운영하는 자
>
> 제◇◇조(벌칙) 다음 각 호의 어느 하나에 해당하는 자는 7년 이하의 징역 또는 2억 원 이하의 벌금에 처한다.
> 1. 제○○조 제1항에 따른 허가 또는 변경허가를 받지 아니하고 사업장을 설치하거나 변경한 자
> 2. 제△△조 제2항에 따른 사업장폐쇄명령을 위반한 자

〈상황〉

> 甲~戊는 대기관리권역에서 총량관리대상 오염물질을 배출량 기준을 초과하여 배출하는 사업장을 설치하려 한다.

① 甲이 사업장 설치의 허가를 받은 경우, 이후 허가받은 사항을 변경하는 때에는 별도의 허가가 필요없다.
② 乙이 허가를 받지 않고 사업장을 설치한 경우, 7년의 징역과 2억 원의 벌금에 처한다.
③ 丙이 허가를 받지 않고 사업장을 설치·운영한 경우, 환경부장관은 해당 사업장의 폐쇄를 명할 수 있다.
④ 丁이 사업장 설치의 허가를 신청한 경우, 그 설치로 인해 지역배출허용총량의 범위를 초과하더라도 환경부장관은 이를 허가할 수 있다.
⑤ 戊가 사업장 설치의 허가를 부정한 방법으로 받은 경우에도 환경부장관은 그 허가를 취소할 수 없다.

15

2023년 7급 인 문25

다음 글을 근거로 판단할 때 옳은 것은?

제○○조(정의) 이 법에서 사용하는 용어의 뜻은 다음과 같다.
1. "한부모가족"이란 모자가족 또는 부자가족을 말한다.
2. "모(母)" 또는 "부(父)"란 다음 각 목의 어느 하나에 해당하는 자로서 아동인 자녀를 양육하는 자를 말한다.
가. 배우자와 사별 또는 이혼하거나 배우자로부터 유기된 자
나. 정신이나 신체의 장애로 장기간 노동능력을 상실한 배우자를 가진 자
다. 교정시설·치료감호시설에 입소한 배우자 또는 병역복무 중인 배우자를 가진 자
라. 미혼자
3. "아동"이란 18세 미만(취학 중인 경우에는 22세 미만을 말하되, 병역의무를 이행하고 취학 중인 경우에는 병역의무를 이행한 기간을 가산한 연령 미만을 말한다)의 자를 말한다.

제□□조(지원대상자의 범위) ① 이 법에 따른 지원대상자는 제○○조 제1호부터 제3호까지의 규정에 해당하는 자로 한다.
② 제1항에도 불구하고 부모가 사망하거나 그 생사가 분명하지 아니한 아동을 양육하는 조부 또는 조모는 이 법에 따른 지원대상자가 된다.

제△△조(복지 급여 등) ① 국가나 지방자치단체는 지원대상자의 복지 급여 신청이 있으면 다음 각 호의 복지 급여를 실시하여야 한다.
1. 생계비
2. 아동교육지원비
3. 아동양육비

② 이 법에 따른 지원대상자가 다른 법령에 따라 지원을 받고 있는 경우에는 그 범위에서 이 법에 따른 급여를 실시하지 아니한다. 다만, 제1항 제3호의 아동양육비는 지급할 수 있다.
③ 제1항 제3호의 아동양육비를 지급할 때에 다음 각 호의 어느 하나에 해당하는 경우에는 예산의 범위에서 추가적인 복지 급여를 실시하여야 한다.
1. 미혼모나 미혼부가 5세 이하의 아동을 양육하는 경우
2. 34세 이하의 모 또는 부가 아동을 양육하는 경우

① 5세인 자녀를 홀로 양육하는 자가 지원대상자가 되기 위해서는 미혼자여야 한다.
② 배우자와 사별한 자가 18개월간 병역의무를 이행한 22세의 대학생 자녀를 양육하는 경우, 지원대상자가 될 수 없다.
③ 부모의 생사가 불분명한 6세인 손자를 양육하는 조모에게는 복지 급여 신청이 없어도 생계비를 지급하여야 한다.
④ 30세인 미혼모가 5세인 자녀를 양육하는 경우, 아동양육비를 지급할 때 추가적인 복지 급여를 실시할 수 없다.
⑤ 지원대상자가 다른 법령에 따른 지원을 받고 있는 경우에도 국가나 지방자치단체는 아동양육비를 지급할 수 있다.

16

2024년 7급 사 문2

다음 글을 근거로 판단할 때 옳은 것은?

> 제00조 이 법에서 사용하는 용어의 뜻은 다음과 같다.
> 1. "산림병해충"이란 산림에 있는 식물과 산림이 아닌 지역에 있는 수목에 해를 끼치는 병과 해충을 말한다.
> 2. "예찰"이란 산림병해충이 발생할 우려가 있거나 발생한 지역에 대하여 발생 여부, 발생 정도, 피해 상황 등을 조사하거나 진단하는 것을 말한다.
> 3. "방제"란 산림병해충이 발생하지 아니하도록 예방하거나, 이미 발생한 산림병해충을 약화시키거나 제거하는 모든 활동을 말한다.
>
> 제00조 ① 산림소유자는 산림병해충이 발생할 우려가 있거나 발생하였을 때에는 예찰·방제에 필요한 조치를 하여야 한다.
> ② 산림청장, 시·도지사, 시장·군수·구청장 또는 지방산림청장은 산림병해충이 발생할 우려가 있거나 발생하였을 때에는 예찰·방제에 필요한 조치를 할 수 있다.
> ③ 시·도지사, 시장·군수·구청장 또는 지방산림청장(이하 '시·도지사 등'이라 한다)은 산림병해충이 발생할 우려가 있거나 발생하였을 때에는 산림소유자, 산림관리자, 산림사업 종사자, 수목의 소유자 또는 판매자 등에게 다음 각 호의 조치를 하도록 명할 수 있다. 이 경우 명령을 받은 자는 특별한 사유가 없으면 명령에 따라야 한다.
> 1. 산림병해충이 있는 수목이나 가지 또는 뿌리 등의 제거
> 2. 산림병해충이 발생할 우려가 있거나 발생한 산림용 종묘, 베어낸 나무, 조경용 수목 등의 이동 제한이나 사용 금지
> 3. 산림병해충이 발생할 우려가 있거나 발생한 종묘·토양의 소독
>
> ④ 시·도지사 등은 제3항 제2호에 따라 산림용 종묘, 베어낸 나무, 조경용 수목 등의 이동 제한이나 사용 금지를 명한 경우에는 그 내용을 해당 기관의 게시판 및 인터넷 홈페이지 등에 10일 이상 공고하여야 한다.
> ⑤ 시·도지사 등은 제3항 각 호의 조치이행에 따라 발생한 농약대금, 인건비 등의 방제비용을 예산의 범위에서 지원할 수 있다.

① 산림병해충이 발생하지 않도록 예방하는 활동은 방제에 해당하지 않는다.

② 산림병해충이 발생할 우려가 있는 경우, 수목의 판매자는 예찰에 필요한 조치를 하여야 한다.

③ 산림병해충 발생으로 인한 조치 명령을 이행함에 따라 발생한 인건비는 시·도지사 등의 지원 대상이 아니다.

④ 산림병해충이 발생한 종묘에 대해 관할 구청장이 소독을 명한 경우, 그 내용을 구청 게시판 및 인터넷 홈페이지에 10일 이상 공고하여야 한다.

⑤ 산림병해충이 발생하여 관할 지방산림청장이 해당 수목의 소유자에게 수목 제거를 명령하였더라도, 특별한 사유가 있으면 그 명령에 따르지 않을 수 있다.

17

2024년 7급 사 문1

다음 글을 근거로 판단할 때 옳은 것은?

> 제00조 ① A부장관은 클라우드컴퓨팅(cloud computing)에 관한 정책의 효과적인 수립·시행에 필요한 산업 현황과 통계를 확보하기 위한 실태조사(이하 '실태조사'라 한다)를 할 수 있다.
> ② A부장관은 실태조사를 위하여 필요한 경우에는 클라우드컴퓨팅서비스 제공자나 그 밖의 관련 기관 또는 단체에 자료의 제출이나 의견의 진술 등을 요청할 수 있다.
> ③ A부장관은 클라우드컴퓨팅의 발전과 이용 촉진 및 이용자 보호와 관련된 중앙행정기관(이하 '관계 중앙행정기관'이라 한다)의 장이 요구하는 경우 실태조사 결과를 통보하여야 한다.
> ④ A부장관은 실태조사를 할 때에는 다음 각 호의 사항을 내용에 포함하여야 한다.
> 1. 클라우드컴퓨팅 관련 기업 현황 및 시장 규모
> 2. 클라우드컴퓨팅기술 및 클라우드컴퓨팅서비스의 이용·보급 현황
> 3. 클라우드컴퓨팅 산업의 인력 현황 및 인력 수요 전망
> 4. 클라우드컴퓨팅 관련 연구개발 및 투자 규모
>
> ⑤ 실태조사는 현장조사, 서면조사, 통계조사 및 문헌조사 등의 방법으로 실시하되, 효율적인 실태조사를 위하여 필요한 경우에는 정보통신망 및 전자우편 등의 전자적 방식으로 실시할 수 있다.
> 제00조 ① 관계 중앙행정기관의 장은 클라우드컴퓨팅기술 및 클라우드컴퓨팅서비스에 관한 연구개발사업을 추진할 수 있다.
> ② 관계 중앙행정기관의 장은 기업·연구기관 등에 제1항에 따른 연구개발사업을 수행하게 하고 그 사업 수행에 드는 비용의 전부 또는 일부를 지원할 수 있다.
> 제00조 국가와 지방자치단체는 클라우드컴퓨팅기술 및 클라우드컴퓨팅서비스의 발전과 이용 촉진을 위하여 조세감면을 할 수 있다.

① 실태조사는 전자적 방식으로 실시하는 것을 원칙으로 하되, 필요한 경우 현장조사, 서면조사 등의 방법으로 실시할 수 있다.
② 클라우드컴퓨팅기술 및 클라우드컴퓨팅서비스의 발전과 이용 촉진을 위하여 지방자치단체가 조세감면을 할 수는 없다.
③ A부장관은 실태조사의 내용에 클라우드컴퓨팅 산업의 인력 현황을 포함해야 하지만, 인력 수요에 대한 전망을 포함시킬 필요는 없다.
④ A부장관은 관계 중앙행정기관의 장에게 실태조사 결과를 요구할 수 있고, 이 경우 관계 중앙행정기관의 장은 그 결과를 A부장관에게 통보하여야 한다.
⑤ 관계 중앙행정기관의 장이 연구기관에 클라우드컴퓨팅기술 및 클라우드컴퓨팅서비스에 관한 연구개발사업을 수행하게 한 경우, 그 사업 수행에 드는 비용을 지원할 수 있다.

18

2024년 7급 사 문3

다음 글을 근거로 판단할 때 옳은 것은?

> 제00조 ① 게임물의 윤리성 및 공공성을 확보하고 사행심 유발 또는 조장을 방지하며 청소년을 보호하고 불법 게임물의 유통을 방지하기 위하여 ○○관리위원회(이하 '위원회'라 한다)를 둔다.
> ② 위원회는 위원장 1명을 포함한 9명 이내의 위원으로 구성하되, 위원장은 상임으로 한다.
> ③ 위원회의 위원은 문화예술·문화산업·청소년·법률·교육·정보통신·역사 분야에 종사하는 사람으로서 게임산업·아동 또는 청소년에 대한 전문성과 경험이 있는 사람 중에서 관련 단체의 장이 추천하는 사람을 A부장관이 위촉하며, 위원장은 위원 중에서 호선한다.
> ④ 위원장 및 위원의 임기는 3년으로 한다.
> 제00조 ① 위원회는 법인으로 한다.
> ② 위원회는 A부장관의 인가를 받아 주된 사무소의 소재지에서 설립등기를 함으로써 성립한다.
> 제00조 ① 위원회의 업무 및 회계에 관한 사항을 감사하기 위하여 위원회에 감사 1인을 둔다.
> ② 감사는 A부장관이 임명하며, 상임으로 한다.
> ③ 감사의 임기는 3년으로 한다.

① 감사와 위원의 임기는 다르다.
② 위원장과 감사는 상임으로 한다.
③ 위원장은 A부장관이 위원 중에서 지명한다.
④ 위원회는 감사를 포함하여 9명으로 구성하여야 한다.
⑤ 위원회는 A부장관의 인가 여부와 관계없이 주된 사무소의 소재지에서 설립등기를 함으로써 성립할 수 있다.

19

2024년 7급 사 문4

다음 글과 <상황>을 근거로 판단할 때, 제사주재자를 옳게 짝지은 것은?

> 사망한 사람의 제사를 주재하는 사람(이하 '제사주재자'라 한다)은 사망한 사람의 공동상속인들 간 협의에 의해 정하는 것이 원칙이다. 다만 공동상속인들 사이에 협의가 이루어지지 않을 때, 누구를 제사주재자로 결정할 것인지 문제가 된다.
>
> 종전 대법원 판례는, 제사주재자의 지위를 유지할 수 없는 특별한 사정이 없는 한 사망한 사람의 직계비속으로서 장남(장남이 이미 사망한 경우에는 장손자)이 제사주재자가 되고, 공동상속인들 중 아들이 없는 경우에는 장녀가 제사주재자가 된다고 하였다. 이 판례에 대해, 사망한 사람에게 아들, 손자가 있다는 이유만으로 여성 상속인이 자신의 의사와 무관하게 제사주재자가 되지 못한다는 점에서 양성평등의 원칙에 어긋난다는 비판이 있었다.
>
> 이를 반영해서 최근 대법원은 연령을 기준으로 하여 제사주재자가 결정되는 것으로 판례를 변경하였다. 즉, 공동상속인들 사이에 협의가 이루어지지 않으면, 제사주재자의 지위를 유지할 수 없는 특별한 사정이 없는 한 사망한 사람의 직계비속 가운데 남녀를 불문하고 최근친(最近親) 중 연장자가 제사주재자가 된다고 하였다.

〈상황〉

> 甲과 乙은 혼인하여 자녀 A(딸), B(아들), C(아들)를 두었다. B는 혼인하여 자녀 D(아들)가 있고, A와 C는 자녀가 없다. B는 2023. 5. 1. 43세로 사망하였고, 甲은 2024. 5. 1. 사망하였다. 2024. 6. 1. 현재 甲의 공동상속인인 乙(73세), A(50세), C(40세), D(20세)는 각자 자신이 甲의 제사주재자가 되겠다고 다투고 있다. 이들에게는 제사주재자의 지위를 유지할 수 없는 특별한 사정이 없다.

	종전 대법원 판례	최근 대법원 판례
①	A	C
②	C	A
③	C	乙
④	D	A
⑤	D	乙

20

2024년 7급 사 문11

다음 글을 근거로 판단할 때 옳은 것은?

> 제00조 ① A부장관은 김치산업의 활성화를 위한 제조기술 및 김치와 어울리는 식문화 보급을 위하여 필요한 전문인력을 양성할 수 있다.
>
> ② A부장관은 제1항에 따른 전문인력 양성을 위하여 대학·연구소 등 적절한 시설과 인력을 갖춘 기관·단체를 전문인력 양성기관으로 지정·관리할 수 있다.
>
> ③ A부장관은 제2항에 따라 지정된 전문인력 양성기관에 대하여 예산의 범위에서 그 양성에 필요한 경비를 지원할 수 있다.
>
> ④ A부장관은 김치산업 전문인력 양성기관이 다음 각 호의 어느 하나에 해당하는 경우에는 지정을 취소하거나 6개월 이내의 범위에서 기간을 정하여 업무의 전부 또는 일부를 정지할 수 있다. 다만, 제1호에 해당하는 경우에는 지정을 취소하여야 한다.
>
> 1. 거짓이나 그 밖의 부정한 방법으로 지정을 받은 경우
> 2. 지정받은 사항을 위반하여 업무를 행한 경우
> 3. 지정기준에 적합하지 아니하게 된 경우
>
> 제00조 ① 국가는 김치종주국의 위상제고, 김치의 연구·전시·체험 등을 위하여 세계 김치연구소를 설립하여야 한다.
>
> ② 국가와 지방자치단체는 세계 김치연구소의 효율적인 운영·관리를 위하여 필요한 경비를 예산의 범위에서 지원할 수 있다.
>
> 제00조 ① 국가와 지방자치단체는 김치산업의 육성, 김치의 수출 경쟁력 제고 및 해외시장 진출 활성화를 위하여 김치의 대표상품을 홍보하거나 해외시장을 개척하는 개인 또는 단체에 대하여 필요한 지원을 할 수 있다.
>
> ② A부장관은 김치의 품질향상과 국가 간 교역을 촉진하기 위하여 김치의 국제규격화를 추진하여야 한다.

① 김치산업 전문인력 양성기관으로 지정된 기관이 부정한 방법으로 지정을 받은 경우, A부장관은 그 지정을 취소하여야 한다.

② A부장관은 김치의 품질향상과 국가 간 교역을 촉진하기 위하여 김치의 국제규격화는 지양하여야 한다.

③ A부장관은 적절한 시설을 갖추지 못한 대학이라도 전문인력 양성을 위하여 해당 대학을 김치산업 전문인력 양성기관으로 지정할 수 있다.

④ 국가와 지방자치단체는 김치종주국의 위상제고를 위해 세계 김치연구소를 설립하여야 한다.

⑤ 지방자치단체가 김치의 해외시장 개척을 지원함에 있어서 개인은 그 지원대상이 아니다.

21

2020년 민경채 가 문2

다음 글을 근거로 판단할 때 옳은 것은?

제○○조 이 법에서 사용하는 용어의 뜻은 다음과 같다.
1. '배아'란 인간의 수정란 및 수정된 때부터 발생학적으로 모든 기관이 형성되기 전까지의 분열된 세포군을 말한다.
2. '잔여배아'란 체외수정으로 생성된 배아 중 임신의 목적으로 이용하고 남은 배아를 말한다.

제△△조 ① 누구든지 임신 외의 목적으로 배아를 생성하여서는 아니 된다.
② 누구든지 배아를 생성할 때 다음 각 호의 어느 하나에 해당하는 행위를 하여서는 아니 된다.
1. 특정의 성을 선택할 목적으로 난자와 정자를 선별하여 수정시키는 행위
2. 사망한 사람의 난자 또는 정자로 수정하는 행위
3. 미성년자의 난자 또는 정자로 수정하는 행위. 다만 혼인한 미성년자가 그 자녀를 얻기 위하여 수정하는 경우는 제외한다.

③ 누구든지 금전, 재산상의 이익 또는 그 밖의 반대급부를 조건으로 배아나 난자 또는 정자를 제공 또는 이용하거나 이를 유인하거나 알선하여서는 아니 된다.

제□□조 ① 배아의 보존기간은 5년으로 한다. 다만 난자 또는 정자의 기증자가 배아의 보존기간을 5년 미만으로 정한 경우에는 이를 보존기간으로 한다.
② 제1항에도 불구하고 제1항의 기증자가 항암치료를 받는 경우 그 기증자는 보존기간을 5년 이상으로 정할 수 있다.
③ 배아생성의료기관은 제1항 또는 제2항에 따른 보존기간이 끝난 배아 중 제◇◇조에 따른 연구의 목적으로 이용하지 아니할 배아는 폐기하여야 한다.

제◇◇조 제□□조에 따른 배아의 보존기간이 지난 잔여배아는 발생학적으로 원시선(原始線)이 나타나기 전까지만 체외에서 다음 각 호의 연구 목적으로 이용할 수 있다.
1. 난임치료법 및 피임기술의 개발을 위한 연구
2. 희귀·난치병의 치료를 위한 연구

※ 원시선: 중배엽 형성 초기에 세포의 이동에 의해서 형성되는 배반(胚盤)의 꼬리쪽 끝에서 볼 수 있는 얇은 선

① 배아생성의료기관은 불임부부를 위해 반대급부를 조건으로 배아의 제공을 알선할 수 있다.
② 난자 또는 정자의 기증자는 항암치료를 받지 않더라도 배아의 보존기간을 6년으로 정할 수 있다.
③ 배아생성의료기관은 혼인한 미성년자의 정자를 임신 외의 목적으로 수정하여 배아를 생성할 수 있다.
④ 보존기간이 남은 잔여배아는 발생학적으로 원시선이 나타나기 전이라면 체내에서 난치병 치료를 위한 연구 목적으로 이용할 수 있다.
⑤ 생성 후 5년이 지나지 않은 잔여배아도 발생학적으로 원시선이 나타나기 전까지 체외에서 피임기술 개발을 위한 연구에 이용하는 것이 가능한 경우가 있다.

22

2020년 민경채 가 문3

다음 글을 근거로 판단할 때 옳은 것은?

제00조 ① 수입신고를 하려는 자(업소를 포함한다)는 해당 수입식품의 안전성 확보 등을 위하여 식품의약품안전처장이 정하는 기준에 따라 해외제조업소에 대하여 위생관리 상태를 점검할 수 있다.
② 제1항에 따라 위생관리 상태를 점검한 자는 식품의약품안전처장에게 우수수입업소 등록을 신청할 수 있다.
③ 식품의약품안전처장은 제2항에 따라 신청된 내용이 식품의약품안전처장이 정하는 기준에 적합한 경우에는 우수수입업소 등록증을 신청인에게 발급하여야 한다.
④ 우수수입업소 등록의 유효기간은 등록된 날부터 3년으로 한다.
⑤ 식품의약품안전처장은 우수수입업소가 다음 각 호의 어느 하나에 해당하는 경우에는 그 등록을 취소하거나 시정을 명할 수 있다. 다만 우수수입업소가 제1호에 해당하는 경우에는 등록을 취소하여야 한다.
1. 거짓이나 그 밖의 부정한 방법으로 등록된 경우
2. 수입식품 수입·판매업의 시설기준을 위배하여 영업정지 2개월 이상의 행정처분을 받은 경우
3. 수입식품에 대한 부당한 표시를 하여 영업정지 2개월 이상의 행정처분을 받은 경우

⑥ 제5항에 따라 등록이 취소된 업소는 그 취소가 있은 날부터 3년 동안 우수수입업소 등록을 신청할 수 없다.
제00조 ① 식품의약품안전처장은 수입신고된 수입식품에 대하여 관계공무원으로 하여금 필요한 검사를 하게 하여야 한다.
② 식품의약품안전처장은 수입신고된 수입식품이 다음 각 호의 어느 하나에 해당하는 경우에는 제1항에도 불구하고 수입식품의 검사 전부 또는 일부를 생략할 수 있다.
1. 우수수입업소로 등록된 자가 수입하는 수입식품
2. 해외우수제조업소로 등록된 자가 수출하는 수입식품

① 업소 甲이 우수수입업소 등록을 신청하기 위해서는 식품의약품안전처장이 정하는 기준에 따라 국내 자기업소에 대한 위생관리 상태를 점검하여야 한다.
② 업소 乙이 2020년 2월 20일에 우수수입업소로 등록되었다면, 그 등록은 2024년 2월 20일까지 유효하다.
③ 업소 丙이 부정한 방법으로 우수수입업소로 등록된 경우 식품의약품안전처장은 등록을 취소하지 않고 시정을 명할 수 있다.
④ 우수수입업소 丁이 수입식품 수입·판매업의 시설기준을 위배하여 영업정지 1개월의 행정처분을 받았다면, 그 때로부터 3년 동안 丁은 우수수입업소 등록을 신청할 수 없다.
⑤ 식품의약품안전처장은 우수수입업소 戊가 수입신고한 수입식품에 대한 검사를 전부 생략할 수 있다.

23

2020년 민경채 가 문12

다음 글을 근거로 판단할 때 옳은 것은?

제○○조 ① 국유재산은 다음 각 호의 어느 하나에 해당하지 않는 경우에는 매각할 수 있다.
1. 제△△조에 의한 매각제한의 대상에 해당하는 경우
2. 제□□조에 의한 총괄청의 매각승인을 받지 않은 경우

② 국유재산의 매각은 일반경쟁입찰을 원칙으로 한다. 다만 필요한 경우에는 제한경쟁, 지명경쟁 또는 수의계약의 방법으로 매각할 수 있다.
제△△조 다음 각 호의 어느 하나에 해당하는 경우에는 매각할 수 없다.
1. 중앙관서의 장이 행정목적으로 사용하기 위하여 그 국유재산을 행정재산으로 사용 승인한 경우
2. 소유자 없는 부동산에 대하여 공고를 거쳐 국유재산으로 취득한 후 10년이 지나지 아니한 경우. 다만 해당 국유재산에 대하여 중앙관서의 장이 공익사업에 필요하다고 인정한 경우와 행정재산의 용도로 사용하던 소유자 없는 부동산을 행정재산으로 취득하였으나 그 행정재산을 당해 용도로 사용하지 아니하게 된 경우에는 그러하지 아니하다.

제□□조 ① 국유일반재산인 토지의 면적이 특별시·광역시 지역에서는 1,000제곱미터를, 그 밖의 시 지역에서는 2,000제곱미터를 초과하는 재산을 매각하고자 하는 경우에는 총괄청의 승인을 받아야 한다.
② 제1항에도 불구하고 다음 각 호의 어느 하나에 해당하는 경우에는 총괄청의 승인을 요하지 아니한다.
1. 수의계약의 방법으로 매각하는 경우
2. 다른 법률에 따른 무상귀속
3. 법원의 확정판결·결정 등에 따른 소유권의 변경

① 중앙관서의 장이 행정목적으로 사용하기 위하여 행정재산으로 사용 승인한 국유재산인 건물은 총괄청의 매각승인을 받아야 매각될 수 있다.
② 총괄청의 매각승인 대상인 국유일반재산이더라도 그 매각방법이 지명경쟁인 경우에는 총괄청의 승인없이 매각할 수 있다.
③ 법원의 확정판결로 국유일반재산의 소유권을 변경하려는 경우 총괄청의 승인을 받아야 한다.
④ 광역시에 소재하는 국유일반재산인 1,500제곱미터 면적의 토지를 수의계약의 방법으로 매각하려는 경우에는 총괄청의 승인을 받아야 한다.
⑤ 행정재산의 용도로 사용하던 소유자 없는 500제곱미터 면적의 토지를 공고를 거쳐 행정재산으로 취득한 후 이를 당해 용도로 사용하지 않게 된 경우, 취득한 때로부터 10년이 경과하지 않았더라도 매각할 수 있다.

24

2019년 민경채 나 문1

다음 글을 근거로 판단할 때, <보기>에서 옳은 것만을 모두 고르면?

제00조 지방자치단체의 장은 행정재산에 대하여 그 목적 또는 용도에 장애가 되지 않는 범위에서 사용 또는 수익을 허가할 수 있다.

제00조 ① 행정재산의 사용·수익허가기간은 그 허가를 받은 날부터 5년 이내로 한다.

② 지방자치단체의 장은 허가기간이 끝나기 전에 사용·수익허가를 갱신할 수 있다.

③ 제2항에 따라 사용·수익허가를 갱신 받으려는 자는 사용·수익허가기간이 끝나기 1개월 전에 지방자치단체의 장에게 사용·수익허가의 갱신을 신청하여야 한다.

제00조 ① 지방자치단체의 장은 행정재산의 사용·수익을 허가하였을 때에는 매년 사용료를 징수한다.

② 지방자치단체의 장은 행정재산의 사용·수익을 허가할 때 다음 각 호의 어느 하나에 해당하면 제1항에도 불구하고 그 사용료를 면제할 수 있다.

1. 국가나 다른 지방자치단체가 직접 해당 행정재산을 공용·공공용 또는 비영리 공익사업용으로 사용하려는 경우
2. 천재지변이나 재난을 입은 지역주민에게 일정기간 사용·수익을 허가하는 경우

제00조 ① 지방자치단체의 장은 행정재산의 사용·수익허가를 받은 자가 다음 각 호의 어느 하나에 해당하면 그 허가를 취소할 수 있다.

1. 지방자치단체의 장의 승인 없이 사용·수익의 허가를 받은 행정재산의 원상을 변경한 경우
2. 해당 행정재산의 관리를 게을리하거나 그 사용 목적에 위배되게 사용한 경우

② 지방자치단체의 장은 사용·수익을 허가한 행정재산을 국가나 지방자치단체가 직접 공용 또는 공공용으로 사용하기 위하여 필요로 하게 된 경우에는 그 허가를 취소할 수 있다.

③ 제2항의 경우에 그 취소로 인하여 해당 허가를 받은 자에게 손실이 발생한 경우에는 이를 보상한다.

〈보기〉

ㄱ. A시의 장은 A시의 행정재산에 대하여 B기업에게 사용허가를 했더라도 국가가 그 행정재산을 직접 공용으로 사용하기 위해 필요로 하게 된 경우, 그 허가를 취소할 수 있다.

ㄴ. C시의 행정재산에 대하여 C시의 장이 천재지변으로 주택을 잃은 지역주민에게 임시 거처로 사용하도록 허가한 경우, C시의 장은 그 사용료를 면제할 수 있다.

ㄷ. D시의 행정재산에 대하여 사용허가를 받은 E기업이 사용 목적에 위배되게 사용한다는 이유로 허가가 취소되었다면, D시의 장은 E기업의 손실을 보상하여야 한다.

ㄹ. 2014년 3월 1일에 5년 기한으로 F시의 행정재산에 대하여 수익허가를 받은 G가 허가 갱신을 받으려면, 2019년 2월 28일까지 허가 갱신을 신청하여야 한다.

① ㄱ, ㄴ

② ㄴ, ㄷ

③ ㄷ, ㄹ

④ ㄱ, ㄴ, ㄹ

⑤ ㄴ, ㄷ, ㄹ

25

2019년 민경채 나 문25

다음 글과 <상황>을 근거로 판단할 때, <보기>에서 옳은 것만을 모두 고르면?

소송절차의 '정지'란 소송이 개시된 뒤 절차가 종료되기 전에 소송절차가 법률상 진행되지 않는 상태를 말한다. 여기에는 '중단'과 '중지'가 있다.

소송절차의 중단은 소송진행 중 당사자에게 소송을 수행할 수 없는 사유가 발생하였을 경우, 새로운 소송수행자가 나타나 소송에 관여할 수 있을 때까지 법률상 당연히 절차진행이 정지되는 것이다. 예컨대 당사자가 사망한 경우, 그 상속인이 소송을 수행할 수 있을 때까지 절차진행이 정지되며, 이후 상속인의 수계신청 또는 법원의 속행명령에 의해 중단이 해소되고 절차는 다시 진행된다. 다만 사망한 당사자에게 이미 변호사가 소송대리인으로 선임되어 있을 때는 변호사가 소송을 대리하는 데 지장이 없으므로 절차는 중단되지 않는다. 소송대리인인 변호사의 사망도 중단사유가 아니다. 당사자가 절차를 진행할 수 있기 때문이다.

소송절차의 중지는 법원이나 당사자에게 소송을 진행할 수 없는 장애가 생겼거나 진행에 부적당한 사유가 발생하여 법률상 당연히 또는 법원의 재판에 의하여 절차가 정지되는 것이다. 이는 새로운 소송수행자로 교체되지 않는다는 점에서 중단과 다르다. 소송절차의 중지에는 당연중지와 재판중지가 있다. 당연중지는 천재지변이나 그 밖의 사고로 법원이 직무수행을 할 수 없게 된 경우에 법원의 재판 없이 당연히 절차진행이 정지되는 것을 말한다. 이 경우 법원의 직무수행불능 상태가 소멸함과 동시에 중지도 해소되고 절차는 진행된다. 재판중지는 법원이 직무수행을 할 수 있지만 당사자가 법원에 출석하여 소송을 진행할 수 없는 장애사유가 발생한 경우, 예컨대 전쟁이나 그 밖의 사유로 교통이 두절되어 당사자가 출석할 수 없는 경우에 법원의 재판에 의해 절차진행이 정지되는 것을 의미한다. 이때는 법원의 취소재판에 의하여 중지가 해소되고 절차는 진행된다.

※ 수계신청: 법원에 대해 중단된 절차의 속행을 구하는 신청

〈상황〉

원고 甲과 피고 乙 사이에 대여금반환청구소송이 A법원에서 진행 중이다. 甲은 변호사 丙을 소송대리인으로 선임하였지만, 乙은 소송대리인을 선임하지 않았다.

〈보기〉

ㄱ. 소송진행 중 甲이 사망하였다면, 절차진행은 중단되며 甲의 상속인의 수계신청에 의해 중단이 해소되고 절차가 진행된다.
ㄴ. 소송진행 중 丙이 사망하였다면, 절차진행은 중단되며 甲이 새로운 변호사를 소송대리인으로 선임하면 중단은 해소되고 절차가 진행된다.
ㄷ. 소송진행 중 A법원의 건물이 화재로 전소(全燒)되어 직무수행이 불가능해졌다면, 절차진행은 중단되며 이후 A법원의 속행명령이 있으면 절차가 진행된다.
ㄹ. 소송진행 중 乙이 거주하고 있는 장소에서만 발생한 지진으로 교통이 두절되어 乙이 A법원에 출석할 수 없는 경우, A법원의 재판에 의해 절차진행이 중지되며 이후 A법원의 취소재판에 의해 중지는 해소되고 절차가 진행된다.

① ㄹ
② ㄱ, ㄴ
③ ㄱ, ㄹ
④ ㄴ, ㄷ
⑤ ㄷ, ㄹ

26

2019년 민경채 나 문2

다음 글과 <상황>을 근거로 판단할 때 옳은 것은?

> 제00조 이 법에서 사용하는 용어의 뜻은 다음과 같다.
> 1. '자연장(自然葬)'이란 화장한 유골의 골분(骨粉)을 수목·화초·잔디 등의 밑이나 주변에 묻어 장사하는 것을 말한다.
> 2. '개장(改葬)'이란 매장한 시신이나 유골을 다른 분묘에 옮기거나 화장 또는 자연장하는 것을 말한다.
>
> 제00조 ① 사망한 때부터 24시간이 지난 후가 아니면 매장 또는 화장을 하지 못한다.
> ② 누구든지 허가를 받은 공설묘지, 공설자연장지, 사설묘지 및 사설자연장지 외의 구역에 매장하여서는 안 된다.
>
> 제00조 ① 매장(단, 자연장 제외)을 한 자는 매장 후 30일 이내에 매장지를 관할하는 시장·군수·구청장(이하 '시장 등'이라 한다)에게 신고하여야 한다.
> ② 화장을 하려는 자는 화장시설을 관할하는 시장 등에게 신고하여야 한다.
> ③ 개장을 하려는 자는 다음 각 호의 구분에 따라 시신 또는 유골의 현존지(現存地) 또는 개장지(改葬地)를 관할하는 시장 등에게 각각 신고하여야 한다.
> 1. 매장한 시신 또는 유골을 다른 분묘로 옮기거나 화장하는 경우: 시신 또는 유골의 현존지와 개장지
> 2. 매장한 시신 또는 유골을 자연장하는 경우: 시신 또는 유골의 현존지
>
> 제00조 ① 국가, 시·도지사 또는 시장 등이 아닌 자는 가족묘지, 종중·문중묘지 등을 설치·관리할 수 있다.
> ② 제1항의 묘지를 설치·관리하려는 자는 해당 묘지 소재지를 관할하는 시장 등의 허가를 받아야 한다.

〈상황〉

> 甲은 90세의 나이로 2019년 7월 10일 아침 7시 A시에서 사망하였다. 이에 甲의 자녀는 이미 사망한 甲의 배우자 乙의 묘지(B시 소재 공설묘지)에서 유골을 옮겨 가족묘지를 만드는 것을 포함하여 장례에 대하여 논의하였다.

① 甲을 2019년 7월 10일 매장할 수 있다.

② 甲을 C시 소재 화장시설에서 화장하려는 경우, 그 시설을 관할하는 C시의 장에게 신고하여야 한다.

③ 甲의 자녀가 가족묘지를 설치·관리하려는 경우, 그 소재지의 관할 시장 등에게 신고하여야 한다.

④ 甲의 유골의 골분을 자연장한 경우, 자연장지 소재지의 관할 시장에게 2019년 8월 10일까지는 허가를 받아야 한다.

⑤ 乙의 유골을 甲과 함께 D시 소재 공설묘지에 합장하려는 경우, B시의 장과 D시의 장의 허가를 각각 받아야 한다.

27

2018년 민경채 가 문4

다음 <A도서관 자료 폐기 지침>을 근거로 판단할 때 옳은 것은?

〈A도서관 자료 폐기 지침〉

> 가. 자료 선정
> 도서관 직원은 누구든지 수시로 서가를 살펴보고, 이용하기 곤란하다고 생각되는 자료는 발견 즉시 회수하여 사무실로 옮겨야 한다.
>
> 나. 목록 작성
> 사무실에 회수된 자료는 사서들이 일차적으로 갱신 대상을 추려내어 갱신하고, 폐기 대상 자료로 판단되는 것은 폐기심의대상 목록으로 작성하여 폐기심의위원회에 제출한다.
>
> 다. 폐기심의위원회 운영
> 폐기심의위원회 회의(이하 '회의'라 한다)는 연 2회 정기적으로 개최한다. 회의는 폐기심의대상 목록과 자료의 실물을 비치한 회의실에서 진행되고, 위원들은 실물과 목록을 대조하여 확인하여야 한다. 폐기심의위원회는 폐기 여부만을 판정하며 폐기 방법의 결정은 사서에게 위임한다. 폐기 대상 판정시 위원들 사이에 이견(異見)이 있는 자료는 당해 연도의 폐기 대상에서 제외하고, 다음 연도의 회의에서 재결정한다.
>
> 라. 폐기 방법
> (1) 기증: 상태가 양호하여 다른 도서관에서 이용될 수 있다고 판단되는 자료는 기증 의사를 공고하고 다른 도서관 등 희망하는 기관에 기증한다.
> (2) 이관: 상태가 양호하고 나름의 가치가 있는 자료는 자체 기록보존소, 지역 및 국가의 보존전문도서관 등에 이관한다.
> (3) 매각과 소각: 폐지로 재활용 가능한 자료는 매각하고, 폐지로도 매각할 수 없는 자료는 최종적으로 소각 처리한다.
>
> 마. 기록 보존 및 목록 최신화
> 연도별로 폐기한 자료의 목록과 폐기 경위에 관한 기록을 보존하되, 폐기한 자료에 대한 내용을 도서관의 각종 현행자료 목록에서 삭제하여 목록을 최신화한다.

※ 갱신: 손상된 자료의 외형을 수선하거나 복사본을 만듦

① 사서는 폐기심의대상 목록만을 작성하고, 자료의 폐기 방법은 폐기심의위원회가 결정한다.

② 폐기 대상 판정시 폐기심의위원들 간에 이견이 있는 자료의 경우, 바로 다음 회의에서 그 자료의 폐기 여부가 논의되지 않을 수 있다.

③ 폐기심의위원회는 자료의 실물을 확인하지 않고 폐기 여부를 판정할 수 있다.

④ 매각 또는 소각한 자료는 현행자료 목록에서 삭제하고, 폐기 경위에 관한 기록도 제거하여야 한다.

⑤ 사서가 아닌 도서관 직원은, 이용하기 곤란하다고 생각되는 자료를 발견하면 갱신하거나 폐기심의대상 목록을 작성하여야 한다.

28

2018년 민경채 가 문12

다음 글을 근거로 판단할 때, <보기>에서 옳은 것만을 모두 고르면?

> 제○○조 ① 사업자는 소비자를 속이거나 소비자로 하여금 잘못 알게 할 우려가 있는 표시·광고 행위로서 공정한 거래질서를 해칠 우려가 있는 다음 각 호의 행위를 하거나 다른 사업자로 하여금 하게 하여서는 안 된다.
> 1. 거짓·과장의 표시·광고
> 2. 기만적인 표시·광고
> 3. 부당하게 비교하는 표시·광고
> 4. 비방적인 표시·광고
>
> ② 제1항을 위반하여 제1항 각 호의 행위를 하거나 다른 사업자로 하여금 하게 한 사업자는 2년 이하의 징역 또는 1억 5천만 원 이하의 벌금에 처한다.
>
> 제△△조 ① 공정거래위원회는 상품 등이나 거래 분야의 성질에 비추어 소비자 보호 또는 공정한 거래질서 유지를 위하여 필요한 경우에는 사업자가 표시·광고에 포함하여야 하는 사항(이하 '중요정보'라 한다)과 표시·광고의 방법을 고시할 수 있다.
>
> ② 공정거래위원회는 제1항에 따라 고시를 하려면 관계 행정기관의 장과 미리 협의하여야 한다. 이 경우 필요하다고 인정하면 공청회를 개최하여 사업자단체, 소비자단체, 그 밖의 이해관계인 등의 의견을 들을 수 있다.
>
> ③ 사업자가 표시·광고 행위를 하는 경우에는 제1항에 따라 고시된 중요정보를 표시·광고하여야 한다.
>
> 제□□조 ① 사업자가 제△△조 제3항을 위반하여 고시된 중요정보를 표시·광고하지 않은 경우에는 1억 원 이하의 과태료를 부과한다.
>
> ② 제1항에 따른 과태료는 공정거래위원회가 부과·징수한다.

〈보기〉

ㄱ. 공정거래위원회가 중요정보 고시 여부를 결정함에 있어 상품 등이나 거래 분야는 고려의 대상이 아니다.

ㄴ. 사업자A가 다른 사업자B로 하여금 공정한 거래질서를 해칠 우려가 있는 비방적인 표시·광고를 하게 한 경우, 공정거래위원회는 사업자A에게 과태료를 부과한다.

ㄷ. 사업자가 표시·광고 행위를 하면서 고시된 중요정보를 표시·광고하지 않은 경우, 공정거래위원회는 5천만 원의 과태료를 부과할 수 있다.

ㄹ. 공정거래위원회는 소비자 보호를 위해 필요한 경우, 사업자가 표시·광고에 포함하여야 하는 사항과 함께 그 표시·광고의 방법도 고시할 수 있다.

① ㄱ, ㄴ
② ㄱ, ㄷ
③ ㄴ, ㄷ
④ ㄴ, ㄹ
⑤ ㄷ, ㄹ

29

2018년 민경채 가 문15

다음 글을 근거로 판단할 때 옳은 것은?

> 제○○조 ① 무죄재판을 받아 확정된 사건(이하 '무죄재판사건'이라 한다)의 피고인은 무죄재판이 확정된 때부터 3년 이내에, 확정된 무죄재판사건의 재판서(이하 '무죄재판서'라 한다)를 법무부 인터넷 홈페이지에 게재하도록 해당 사건을 기소한 검사의 소속 지방검찰청에 청구할 수 있다.
>
> ② 피고인이 제1항의 무죄재판서 게재 청구를 하지 아니하고 사망한 때에는 그 상속인이 이를 청구할 수 있다. 이 경우 같은 순위의 상속인이 여러 명일 때에는 상속인 모두가 그 청구에 동의하였음을 소명하는 자료도 함께 제출하여야 한다.
>
> ③ 무죄재판서 게재 청구가 취소된 경우에는 다시 그 청구를 할 수 없다.
>
> 제□□조 ① 제○○조의 청구를 받은 날부터 1개월 이내에 무죄재판서를 법무부 인터넷 홈페이지에 게재하여야 한다.
>
> ② 다음 각 호의 어느 하나에 해당할 때에는 무죄재판서의 일부를 삭제하여 게재할 수 있다.
> 1. 청구인이 무죄재판서 중 일부 내용의 삭제를 원하는 의사를 명시적으로 밝힌 경우
> 2. 무죄재판서의 공개로 인하여 사건 관계인의 명예나 사생활의 비밀 또는 생명·신체의 안전이나 생활의 평온을 현저히 해칠 우려가 있는 경우
>
> ③ 제2항 제1호의 경우에는 청구인의 의사를 서면으로 확인하여야 한다.
>
> ④ 제1항에 따른 무죄재판서의 게재기간은 1년으로 한다.

① 무죄재판이 확정된 피고인 甲은 무죄재판이 확정된 때부터 3년 이내에 관할법원에 무죄재판서 게재 청구를 할 수 있다.

② 무죄재판이 확정된 피고인 乙이 무죄재판서 게재 청구를 취소한 후 사망한 경우, 乙의 상속인은 무죄재판이 확정된 때부터 3년 이내에 무죄재판서 게재 청구를 할 수 있다.

③ 무죄재판이 확정된 피고인 丙이 무죄재판서 게재 청구 없이 사망한 경우, 丙의 상속인은 같은 순위의 다른 상속인의 동의 없이 무죄재판서 게재 청구를 할 수 있다.

④ 무죄재판이 확정된 피고인 丁이 무죄재판서 게재 청구를 하면 그의 무죄재판서는 법무부 인터넷 홈페이지에 3년간 게재된다.

⑤ 무죄재판이 확정된 피고인 戊의 청구로 무죄재판서가 공개되면 사건 관계인의 명예를 현저히 해칠 우려가 있는 경우, 무죄재판서의 일부를 삭제하여 게재할 수 있다.

30

2018년 민경채 가 문16

다음 글과 <상황>을 근거로 판단할 때, <보기>에서 옳은 것만을 모두 고르면?

> 제00조(유치권의 내용) 타인의 물건 또는 유가증권을 점유한 자는 그 물건이나 유가증권에 관하여 생긴 채권이 변제기에 있는 경우에는 변제를 받을 때까지 그 물건 또는 유가증권을 유치할 권리가 있다.
> 제00조(유치권의 불가분성) 유치권자는 채권 전부의 변제를 받을 때까지 유치물 전부에 대하여 그 권리를 행사할 수 있다.
> 제00조(유치권자의 선관의무) ① 유치권자는 선량한 관리자의 주의로 유치물을 점유하여야 한다.
> ② 유치권자는 채무자의 승낙 없이 유치물의 사용, 대여 또는 담보제공을 하지 못한다. 그러나 유치물의 보존에 필요한 사용은 그러하지 아니하다.
> 제00조(경매) 유치권자는 채권의 변제를 받기 위하여 유치물을 경매할 수 있다.
> 제00조(점유상실과 유치권소멸) 유치권은 점유의 상실로 인하여 소멸한다.

※ 유치: 물건 등을 일정한 지배 아래 둠

〈상황〉

> 甲은 아버지의 양복을 면접시험에서 입으려고 乙에게 수선을 맡겼다. 수선비는 다음 날까지 계좌로 송금하기로 하고 옷은 일주일 후 찾기로 하였다. 甲은 수선비를 송금하지 않은 채 일주일 후 옷을 찾으러 갔고, 옷 수선을 마친 乙은 수선비를 받을 때까지 수선한 옷을 돌려주지 않겠다며 유치권을 행사하고 있다.

〈보기〉

> ㄱ. 甲이 수선비의 일부라도 지급한다면 乙은 수선한 옷을 돌려주어야 한다.
> ㄴ. 甲이 수선한 옷을 돌려받지 못한 채 면접시험을 치렀고 이후 필요가 없어 옷을 찾으러 가지 않겠다고 한 경우, 乙은 수선비의 변제를 받기 위해 그 옷을 경매할 수 있다.
> ㄷ. 甲이 수선을 맡긴 옷을 乙이 도둑맞아 점유를 상실하였다면 乙의 유치권은 소멸한다.
> ㄹ. 甲이 수선비를 지급할 때까지, 乙은 수선한 옷을 甲의 승낙 없이 다른 사람에게 대여할 수 있다.

① ㄱ, ㄴ
② ㄱ, ㄹ
③ ㄴ, ㄷ
④ ㄷ, ㄹ
⑤ ㄴ, ㄷ, ㄹ

31

2017년 민경채 나 문7

다음 글과 <상황>을 근거로 판단할 때, <보기>에서 옳은 것만을 모두 고르면?

> 제00조(우수현상광고) ① 광고에 정한 행위를 완료한 자가 수인(數人)인 경우에 그 우수한 자에 한하여 보수(報酬)를 지급할 것을 정하는 때에는 그 광고에 응모기간을 정한 때에 한하여 그 효력이 생긴다.
> ② 전항의 경우에 우수의 판정은 광고에서 정한 자가 한다. 광고에서 판정자를 정하지 아니한 때에는 광고자가 판정한다.
> ③ 우수한 자가 없다는 판정은 할 수 없다. 그러나 광고에서 다른 의사표시가 있거나 광고의 성질상 판정의 표준이 정하여져 있는 때에는 그러하지 아니하다.
> ④ 응모자는 제2항 및 제3항의 판정에 대하여 이의를 제기하지 못한다.
> ⑤ 수인의 행위가 동등으로 판정된 때에는 각각 균등한 비율로 보수를 받을 권리가 있다. 그러나 보수가 그 성질상 분할할 수 없거나 광고에 1인만이 보수를 받을 것으로 정한 때에는 추첨에 의하여 결정한다.

※ 현상광고: 어떤 목적으로 조건을 붙여 보수(상금, 상품 등)를 지급할 것을 약속한 광고

〈상황〉

> A청은 아래와 같은 내용으로 우수논문공모를 위한 우수현상광고를 하였고, 대학생 甲, 乙, 丙 등이 응모하였다.
>
> 우수논문공모
> ○ 논문주제: 청렴한 공직사회 구현을 위한 정책방안
> ○ 참여대상: 대학생
> ○ 응모기간: 2017년 4월 3일~4월 28일
> ○ 제 출 처: A청
> ○ 수 상 자: 1명(아래 상금 전액 지급)
> ○ 상 금: 금 1,000만 원정
> ○ 특이사항
> – 논문의 작성 및 응모는 단독으로 하여야 한다.
> – 기준을 충족한 논문이 없다고 판정된 경우, 우수논문을 선정하지 않을 수 있다.

〈보기〉

> ㄱ. 우수논문의 판정은 A청이 한다.
> ㄴ. 우수논문이 없다는 판정이 이루어질 수 있다.
> ㄷ. 甲, 乙, 丙 등은 우수의 판정에 대해 이의를 제기할 수 있다.
> ㄹ. 심사결과 甲과 乙의 논문이 동등한 최고점수로 판정되었다면, 甲과 乙은 500만 원씩 상금을 나누어 받는다.

① ㄱ, ㄴ
② ㄱ, ㄷ
③ ㄷ, ㄹ
④ ㄱ, ㄴ, ㄹ
⑤ ㄴ, ㄷ, ㄹ

32

2015년 민경채 인 문16

다음 글을 근거로 판단할 때, <표>의 ㉠~㉣에 들어갈 기호로 모두 옳은 것은?

> 법 제○○조(학교환경위생 정화구역) 시·도의 교육감은 학교환경위생 정화구역(이하 '정화구역'이라 한다)을 절대정화구역과 상대정화구역으로 구분하여 설정하되, 절대정화구역은 학교출입문으로부터 직선거리로 50미터까지인 지역으로 하고, 상대정화구역은 학교경계선으로부터 직선거리로 200미터까지인 지역 중 절대정화구역을 제외한 지역으로 한다.
>
> 법 제△△조(정화구역에서의 금지시설) ① 누구든지 정화구역에서는 다음 각 호의 어느 하나에 해당하는 시설을 하여서는 아니 된다.
> 1. 도축장, 화장장 또는 납골시설
> 2. 고압가스·천연가스·액화석유가스 제조소 및 저장소
> 3. 폐기물수집장소
> 4. 폐기물처리시설, 폐수종말처리시설, 축산폐수배출시설
> 5. 만화가게(유치원 및 대학교의 정화구역은 제외한다)
> 6. 노래연습장(유치원 및 대학교의 정화구역은 제외한다)
> 7. 당구장(유치원 및 대학교의 정화구역은 제외한다)
> 8. 호텔, 여관, 여인숙
>
> ② 제1항에도 불구하고 대통령령으로 정하는 구역에서는 제1항의 제2호, 제3호, 제5호부터 제8호까지에 규정된 시설 중 교육감이 학교환경위생정화위원회의 심의를 거쳐 학습과 학교보건위생에 나쁜 영향을 주지 아니한다고 인정하는 시설은 허용될 수 있다.
>
> 대통령령 제□□조(제한이 완화되는 구역) 법 제△△조 제2항에서 '대통령령으로 정하는 구역'이란 법 제○○조에 따른 상대정화구역(법 제△△조 제1항 제7호에 따른 당구장 시설을 하는 경우에는 정화구역 전체)을 말한다.

〈표〉

시설 \ 구역	초·중·고등학교		유치원·대학교	
	절대정화구역	상대정화구역	절대정화구역	상대정화구역
폐기물처리시설	×	×	×	×
폐기물수집장소	×	△	×	△
당구장	㉠		㉢	
만화가게		㉡		
호텔				㉣

×: 금지되는 시설

△: 학교환경위생정화위원회의 심의를 거쳐 허용될 수 있는 시설

○: 허용되는 시설

	㉠	㉡	㉢	㉣
①	△	○	○	△
②	△	△	○	△
③	×	△	○	△
④	×	△	△	×
⑤	×	×	△	×

33

2017년 민경채 나 문16

다음 글을 근거로 판단할 때 옳은 것은?

> 제00조(성년후견) ① 가정법원은 질병, 장애, 노령, 그 밖의 사유로 인한 정신적 제약으로 사무를 처리할 능력이 지속적으로 결여된 사람에 대하여 본인, 배우자, 4촌 이내의 친족, 검사 또는 지방자치단체의 장의 청구에 의하여 성년후견개시의 심판을 한다.
> ② 성년후견인은 피성년후견인의 법률행위를 취소할 수 있다.
> ③ 제2항에도 불구하고 일용품의 구입 등 일상생활에 필요하고 그 대가가 과도하지 아니한 법률행위는 성년후견인이 취소할 수 없다.
> 제00조(피성년후견인의 신상결정) ① 피성년후견인은 자신의 신상에 관하여 그의 상태가 허락하는 범위에서 단독으로 결정한다.
> ② 성년후견인이 피성년후견인을 치료 등의 목적으로 정신병원이나 그 밖의 다른 장소에 격리하려는 경우에는 가정법원의 허가를 받아야 한다.
> 제00조(성년후견인의 선임) ① 성년후견인은 가정법원이 직권으로 선임한다.
> ② 가정법원은 성년후견인이 선임된 경우에도 필요하다고 인정하면 직권으로 또는 청구권자의 청구에 의하여 추가로 성년후견인을 선임할 수 있다.

① 성년후견인의 수는 1인으로 제한된다.
② 지방자치단체의 장은 가정법원에 성년후견개시의 심판을 청구할 수 있다.
③ 성년후견인은 피성년후견인이 행한 일용품 구입행위를 그 대가의 정도와 관계없이 취소할 수 없다.
④ 가정법원은 성년후견개시의 심판절차에서 직권으로 성년후견인을 선임할 수 없다.
⑤ 성년후견인은 가정법원의 허가 없이 단독으로 결정하여 피성년후견인을 치료하기 위해 정신병원에 격리할 수 있다.

약점 보완 해설집 p.8

II. 서술형 규범 및 법적 개념

1 서술형 규범

법규정이 서술형으로 제시된 유형이다. 개념을 중심으로 규정의 목적 및 적용 방식을 서술하고 있기에, 원리들 간의 양립가능성 및 제한, 조건 등을 확인해야 한다. 직접적인 법조문의 형식을 취하지 않고 있으며, 법규정을 소개하면서 대상 및 규정, 그 연결과 예외적 규정도 포함하기에 분석 방식은 앞의 법조문 파악과 동일한 방법을 적용해야 한다. 서술형이기 때문에 읽고 이해하기 쉬우나, 문제의 의도는 법조문 제시형과 동일하므로, 엄밀하게 조문의 적용 가능성과 규정의 의미에 대한 분석이 이루어져야 한다.

다음 글과 <상황>을 근거로 판단할 때 옳은 것은?

민사소송의 1심을 담당하는 법원으로는 지방법원과 지방법원지원(이하 "그 지원"이라 한다)이 있다. 지방법원과 그 지원이 재판을 담당하는 관할구역은 지역별로 정해져 있는데, 피고의 주소지를 관할하는 지방법원 또는 그 지원이 재판을 담당한다. 다만 금전지급청구소송은 원고의 주소지를 관할하는 지방법원 또는 그 지원도 재판할 수 있다.

한편, 지방법원이나 그 지원의 재판사무의 일부를 처리하기 위해서 그 관할구역 안에 시법원 또는 군법원(이하 "시·군법원"이라 한다)이 설치되어 있는 경우가 있다. 시·군법원은 지방법원 또는 그 지원이 재판하는 사건 중에서 소송물가액이 3,000만 원 이하인 금전지급청구소송을 전담하여 재판한다. 즉, 이러한 소송의 경우 원고 또는 피고의 주소지를 관할하는 시·군법원이 있으면 지방법원과 그 지원은 재판할 수 없고 시·군법원만이 재판한다.

※ 소송물가액: 원고가 승소하면 얻게 될 경제적 이익을 화폐 단위로 평가한 것

〈상황〉

○ 甲은 乙에게 빌려준 돈을 돌려받기 위해 소송물가액 3,000만 원의 금전지급청구의 소(이하 "A청구"라 한다)와 乙에게서 구입한 소송물가액 1억 원의 고려청자 인도청구의 소(이하 "B청구"라 한다)를 각각 1심 법원에 제기하려고 한다.

○ 甲의 주소지는 김포시이고 乙의 주소지는 양산시이다. 이들 주소지와 관련된 법원명과 그 관할구역은 다음과 같다.

법원명	관할구역
인천지방법원	인천광역시
인천지방법원 부천지원	부천시, 김포시
김포시법원	김포시
울산지방법원	울산광역시, 양산시
양산시법원	양산시

① 인천지방법원 부천지원은 A청구를 재판할 수 있다.
② 인천지방법원은 A청구를 재판할 수 있다.
③ 양산시법원은 B청구를 재판할 수 있다.
④ 김포시법원은 B청구를 재판할 수 있다.
⑤ 울산지방법원은 B청구를 재판할 수 있다.

[정답] ⑤

[유형] 법학추론 - 서술형 규범

1) A청구: 3,000만 원 이하인 금전청구소송은 원고 또는 피고의 주소지를 관할하는 시·군법원에서 전담하기에 지방법원과 그 지원은 재판할 수 없다. 따라서 김포시법원과 양산시법원에서 A청구를 담당할 수 있다.

2) B청구: 고려청자 인도청구이기 때문에 피고의 주소지를 관할하는 지방법원 또는 그 지원이 재판할 수 있으므로 피고인 을의 주소지인 양산시는 울산지방법원에서 할 수 있다.

① (X), ② (X) A청구는 시법원에서 전담하기에 옳지 않다.
③ (X), ④ (X), ⑤ (O) B청구는 울산지방법원에서 재판할 수 있다.

2 법적 개념

법규정 적용의 형식에 있어서 조문이나 법규정의 내용에 법적 개념을 제시하는 유형이다. 전문적인 사전 지식이 필요한 것은 아니며, 지문에서 진술되는 내용을 토대로 하여 개념을 파악하고 이를 사례에 적용하여 판단하는 문제 형식을 지니고 있다.

1. 개념의 구분

주어진 정보를 통해 법적 개념을 확인하는 첫 번째 작업은 개념들의 구분이다. 대부분의 경우 문제에서 하나의 법적 개념만을 제시하지 않으며, 세부적인 범주에 따른 구분을 하고 있다. 개념들은 대상이나 제한 요소 및 조건에 의해 구분하며 특징과 개념 간의 차이점에 집중하여 분석한다.
법적인 용어를 설명하면서 구분하는 경우도 있으며, 법적인 진행 절차를 구분하기도 한다. 또한 제도상의 용어를 설명하는 경우도 출제된 바 있다.

법적 개념의 제시
1) 용어 및 개념 : 법조문이나 규정에서 명시하는 개념은 대부분 일상적인 용어와 구분된다. 이때에는 제시된 진술 내에서 파악해야 하며, 일반적인 상식 개념을 적용해서는 안 된다.
2) 제도 절차 : 판결이나 법 집행 등의 절차에서 나타나는 용어들을 설명한다.

2. 요건 확인 및 사례 적용

(1) 구분된 개념의 필요 요건 확인

법적 개념들이 구분되는 기준을 파악할 때에 필수적인 요건이 무엇인지 확인해야 한다. 그러한 요건이 없을 때에 개념이 성립될 수 없기 때문이다. 또한 개념들의 범위 및 제한 요소들과 같은 범위를 파악해야 할 경우도 나타난다. 사례에서 주어지는 상황을 파악하면서 구분된 용어나 개념들이 적용될 수 있는지 요건을 중심으로 하여 적용한다.

(2) 법적 제도 및 절차

법적 개념에 있어서 구체적인 제도나 절차상의 구분도 포함된다. 이런 경우에는 제도가 시행될 수 있는 여건이나 조건을 확인하고 제도를 시행하는 주체와 절차의 진행과정에 따른 요소들이 제대로 사례에서 발현될 수 있도록 나타나 있는지 확인해야 한다.

예제 2020년 7급 모의 문4

다음 글과 <상황>을 근거로 판단할 때 옳은 것은?

발명에 대해 특허권이 부여되기 위해서는 다음의 두 가지 요건 모두를 충족해야 한다.

첫째, 발명은 지금까지 세상에 없는 새로운 것, 즉 신규성이 있는 발명이어야 한다. 이미 누구나 알고 있는 발명에 대해서 독점권인 특허권을 부여하는 것은 부당하기 때문이다. 이때 발명이 신규인지 여부는 특허청에의 특허출원 시점을 기준으로 판단한다. 따라서 신규의 발명이라도 그에 대한 특허출원 전에 발명 내용이 널리 알려진 경우라든지, 반포된 간행물에 게재된 경우에는 특허출원 시점에는 신규성이 상실되었기 때문에 특허권이 부여되지 않는다. 그러나 발명자가 자발적으로 위와 같은 신규성을 상실시키는 행위를 하고 그날로부터 12개월 이내에 특허를 출원하면 신규성이 상실되지 않은 것으로 취급된다. 이를 '신규성의 간주'라고 하는데, 신규성을 상실시킨 행위를 한 발명자가 특허출원한 경우에만 신규성이 있는 것으로 간주된다.

둘째, 여러 명의 발명자가 독자적인 연구를 하던 중 우연히 동일한 발명을 완성하였다면, 발명의 완성 시기에 관계없이 가장 먼저 특허청에 특허출원한 발명자에게만 특허권이 부여된다. 이처럼 가장 먼저 출원한 발명자에게만 특허권이 부여되는 것을 '선출원주의'라고 한다. 따라서 특허청에 선출원된 어떤 발명이 신규성 상실로 특허권이 부여되지 못한 경우, 동일한 발명에 대한 후출원은 선출원주의로 인해 특허권이 부여되지 않는다.

〈상황〉

○ 발명자 甲, 乙, 丙은 각각 독자적인 연구개발을 수행하여 동일한 A발명을 완성하였다.
○ 甲은 2020. 3. 1. A발명을 완성하였지만 그 발명 내용을 비밀로 유지하다가 2020. 9. 2. 특허출원을 하였다.
○ 乙은 2020. 4. 1. A발명을 완성하자 2020. 6. 1. 간행되어 반포된 학술지에 그 발명 내용을 논문으로 게재한 후, 2020. 8. 1. 특허출원을 하였다.
○ 丙은 2020. 7. 1. A발명을 완성하자마자 바로 당일에 특허출원을 하였다.

① 甲이 특허권을 부여받는다.
② 乙이 특허권을 부여받는다.
③ 丙이 특허권을 부여받는다.
④ 甲, 乙, 丙이 모두 특허권을 부여받는다.
⑤ 甲, 乙, 丙 중 어느 누구도 특허권을 부여받지 못한다.

[정답] ⑤

[유형] 법학추론 – 법적 개념

1) 갑이 가장 먼저 2020.7.1에 특허출원을 하였지만, 을이 이미 2020.6.1.에 반포된 간행물에 게재된 경우이므로, 특허출원 시점에 신규성이 상실되었기에 특허권이 부여되지 않는다.
2) 을: 갑이 선출원된 발명이 신규성 상실로 특허권이 부여되지 못한 경우로, 동일한 발명에 대한 후출원은 선출원주의로 인해 특허권이 부여되지 않는다.
3) 병: 2020.9.2. 가장 늦게 특허출원이 되어서 특허권이 부여되지 않는다.
결국 세 명 모두 특허권을 부여받지 못한다.

실전 연습문제

01

2021년 7급 나 문1

다음 글과 <상황>을 근거로 판단할 때 옳은 것은?

제00조 ① 다음 각 호의 어느 하나에 해당하는 사람은 주민등록지의 시장(특별시장·광역시장은 제외하고 특별자치도지사는 포함한다. 이하 같다)·군수 또는 구청장에게 주민등록번호(이하 '번호'라 한다)의 변경을 신청할 수 있다.

1. 유출된 번호로 인하여 생명·신체에 위해를 입거나 입을 우려가 있다고 인정되는 사람
2. 유출된 번호로 인하여 재산에 피해를 입거나 입을 우려가 있다고 인정되는 사람
3. 성폭력피해자, 성매매피해자, 가정폭력피해자로서 유출된 번호로 인하여 피해를 입거나 입을 우려가 있다고 인정되는 사람

② 제1항의 신청 또는 제5항의 이의신청을 받은 주민등록지의 시장·군수·구청장(이하 '시장 등'이라 한다)은 ○○부의 주민등록번호변경위원회(이하 '변경위원회'라 한다)에 번호변경 여부에 관한 결정을 청구해야 한다.

③ 주민등록지의 시장 등은 변경위원회로부터 번호변경 인용결정을 통보받은 경우에는 신청인의 번호를 다음 각 호의 기준에 따라 지체 없이 변경하고 이를 신청인에게 통지해야 한다.

1. 번호의 앞 6자리(생년월일) 및 뒤 7자리 중 첫째 자리는 변경할 수 없음
2. 제1호 이외의 나머지 6자리는 임의의 숫자로 변경함

④ 제3항의 번호변경 통지를 받은 신청인은 주민등록증, 운전면허증, 여권, 장애인등록증 등에 기재된 번호의 변경을 위해서는 그 번호의 변경을 신청해야 한다.

⑤ 주민등록지의 시장 등은 변경위원회로부터 번호변경 기각결정을 통보받은 경우에는 그 사실을 신청인에게 통지해야 하며, 신청인은 통지를 받은 날부터 30일 이내에 그 시장 등에게 이의신청을 할 수 있다.

〈상황〉

甲은 주민등록번호 유출로 인해 재산상 피해를 입게 되자 주민등록번호 변경신청을 하였다. 甲의 주민등록지는 A광역시 B구이고, 주민등록번호는 980101-23456□□이다.

① A광역시장이 주민등록번호변경위원회에 甲의 주민등록번호 변경 여부에 관한 결정을 청구해야 한다.
② 주민등록번호변경위원회는 번호변경 인용결정을 하면서 甲의 주민등록번호를 다른 번호로 변경할 수 있다.
③ 주민등록번호변경위원회의 번호변경 인용결정이 있는 경우, 甲의 주민등록번호는 980101-45678□□으로 변경될 수 있다.
④ 甲의 주민등록번호가 변경된 경우, 甲이 운전면허증에 기재된 주민등록번호를 변경하기 위해서는 변경신청을 해야 한다.
⑤ 甲은 번호변경 기각결정을 통지받은 날부터 30일 이내에 주민등록번호변경위원회에 이의신청을 할 수 있다.

02

2021년 7급 나 문2

다음 글을 근거로 판단할 때 옳은 것은?

> 제00조 ① 각 중앙관서의 장은 그 소관 물품관리에 관한 사무를 소속 공무원에게 위임할 수 있고, 필요하면 다른 중앙관서의 소속 공무원에게 위임할 수 있다.
> ② 제1항에 따라 각 중앙관서의 장으로부터 물품관리에 관한 사무를 위임받은 공무원을 물품관리관이라 한다.
> 제00조 ① 물품관리관은 물품수급관리계획에 정하여진 물품에 대하여는 그 계획의 범위에서, 그 밖의 물품에 대하여는 필요할 때마다 계약담당공무원에게 물품의 취득에 관한 필요한 조치를 할 것을 청구하여야 한다.
> ② 계약담당공무원은 제1항에 따른 청구가 있으면 예산의 범위에서 해당 물품을 취득하기 위한 필요한 조치를 하여야 한다.
> 제00조 물품은 국가의 시설에 보관하여야 한다. 다만 물품관리관이 국가의 시설에 보관하는 것이 물품의 사용이나 처분에 부적당하다고 인정하거나 그 밖에 특별한 사유가 있으면 국가 외의 자의 시설에 보관할 수 있다.
> 제00조 ① 물품관리관은 물품을 출납하게 하려면 물품출납공무원에게 출납하여야 할 물품의 분류를 명백히 하여 그 출납을 명하여야 한다.
> ② 물품출납공무원은 제1항에 따른 명령이 없으면 물품을 출납할 수 없다.
> 제00조 ① 물품출납공무원은 보관 중인 물품 중 사용할 수 없거나 수선 또는 개조가 필요한 물품이 있다고 인정하면 그 사실을 물품관리관에게 보고하여야 한다.
> ② 물품관리관은 제1항에 따른 보고에 의하여 수선이나 개조가 필요한 물품이 있다고 인정하면 계약담당공무원이나 그 밖의 관계 공무원에게 그 수선이나 개조를 위한 필요한 조치를 할 것을 청구하여야 한다.

① 물품출납공무원은 물품관리관의 명령이 없으면 자신의 재량으로 물품을 출납할 수 없다.

② A중앙관서의 장이 그 소관 물품관리에 관한 사무를 위임하고자 할 경우, B중앙관서의 소속 공무원에게는 위임할 수 없다.

③ 계약담당공무원은 물품을 국가의 시설에 보관하는 것이 그 사용이나 처분에 부적당하다고 인정하는 경우, 그 물품을 국가 외의 자의 시설에 보관할 수 있다.

④ 물품수급관리계획에 정해진 물품 이외의 물품이 필요한 경우, 물품관리관은 필요할 때마다 물품출납공무원에게 물품의 취득에 관한 필요한 조치를 할 것을 청구해야 한다.

⑤ 물품출납공무원은 보관 중인 물품 중 수선이 필요한 물품이 있다고 인정하는 경우, 계약담당공무원에게 수선에 필요한 조치를 할 것을 청구해야 한다.

03

2021년 7급 나 문3

다음 글을 근거로 판단할 때 옳은 것은?

> 제○○조 ① 누구든지 법률에 의하지 아니하고는 우편물의 검열·전기통신의 감청 또는 통신사실확인자료의 제공을 하거나 공개되지 아니한 타인 상호간의 대화를 녹음 또는 청취하지 못한다.
> ② 다음 각 호의 어느 하나에 해당하는 자는 1년 이상 10년 이하의 징역과 5년 이하의 자격정지에 처한다.
> 1. 제1항에 위반하여 우편물의 검열 또는 전기통신의 감청을 하거나 공개되지 아니한 타인 상호간의 대화를 녹음 또는 청취한 자
> 2. 제1호에 따라 알게 된 통신 또는 대화의 내용을 공개하거나 누설한 자
>
> ③ 누구든지 단말기기 고유번호를 제공하거나 제공받아서는 안 된다. 다만 이동전화단말기 제조업체 또는 이동통신사업자가 단말기의 개통처리 및 수리 등 정당한 업무의 이행을 위하여 제공하거나 제공받는 경우에는 그러하지 아니하다.
> ④ 제3항을 위반하여 단말기기 고유번호를 제공하거나 제공받은 자는 3년 이하의 징역 또는 1천만 원 이하의 벌금에 처한다.
> 제□□조 제○○조의 규정에 위반하여, 불법검열에 의하여 취득한 우편물이나 그 내용, 불법감청에 의하여 지득(知得) 또는 채록(採錄)된 전기통신의 내용, 공개되지 아니한 타인 상호간의 대화를 녹음 또는 청취한 내용은 재판 또는 징계절차에서 증거로 사용할 수 없다.

① 甲이 불법검열에 의하여 취득한 乙의 우편물은 징계절차에서 증거로 사용할 수 있다.

② 甲이 乙과 정책용역을 수행하면서 乙과의 대화를 녹음한 내용은 재판에서 증거로 사용할 수 없다.

③ 甲이 乙과 丙 사이의 공개되지 않은 대화를 녹음하여 공개한 경우, 1천만 원의 벌금에 처해질 수 있다.

④ 이동통신사업자 甲이 乙의 단말기를 개통하기 위하여 단말기기 고유번호를 제공받은 경우, 1년의 징역에 처해질 수 있다.

⑤ 甲이 乙과 丙 사이의 우편물을 불법으로 검열한 경우, 2년의 징역과 3년의 자격정지에 처해질 수 있다.

04

2023년 7급 인 문8

다음 글과 <상황>을 근거로 판단할 때, 2023년 현재 甲~戊 중 청년자산형성적금에 가입할 수 있는 사람은?

> A국은 청년의 자산형성을 돕기 위해 비과세 혜택을 부여하는 청년자산형성적금을 운영하고 있다.
>
> 청년자산형성적금은 가입일이 속한 연도를 기준으로 직전과세년도의 근로소득과 사업소득의 합이 5,000만 원 이하인 청년이 가입할 수 있다. 단, 직전과세년도에 근로소득과 사업소득이 모두 없는 사람과 직전 2개년도 중 한 번이라도 금융소득 종합과세 대상자였던 사람은 가입할 수 없다.
>
> 청년은 19~34세인 사람을 의미한다. 단, 군복무기간은 나이를 계산할 때 포함하지 않는다. 예를 들어, 3년간 군복무를 한 36세인 사람은 군복무기간 3년을 제외하면 33세이므로 청년에 해당한다.

〈상황〉

이름	나이	직전과세년도 소득		최근 금융소득 종합과세 해당년도	군복무 기간
		근로소득	사업소득		
甲	20세	0원	0원	없음	없음
乙	36세	0원	5,000만 원	없음	없음
丙	29세	3,500만 원	1,000만 원	2022년	2년
丁	35세	4,500만 원	0원	2020년	2년
戊	27세	4,000만 원	1,500만 원	2021년	없음

① 甲
② 乙
③ 丙
④ 丁
⑤ 戊

05

2017년 민경채 나 문6

다음 글과 <상황>을 근거로 판단할 때 옳은 것은?

> 민사소송에서 당사자가 질병, 장애, 연령, 그 밖의 사유로 인한 정신적·신체적 제약으로 소송관계를 분명하게 하기 위하여 필요한 진술을 하기 어려운 경우가 있다. 이때 당사자는 법원의 허가를 받아 진술을 도와주는 사람(진술보조인)과 함께 출석하여 진술할 수 있는데, 이를 '진술보조인제도'라 한다. 이 제도는 말이 어눌하거나 말귀를 잘 알아듣지 못하는 당사자가 재판에서 받을 수 있는 불이익을 방지하기 위하여 그와 의사소통이 잘되는 사람이 법정에 출석하여 당사자를 보조하게 하는 것이다.
>
> 진술보조인이 될 수 있는 사람은 당사자의 배우자, 직계친족, 형제자매, 가족, 그 밖에 동거인으로서 당사자와의 생활관계에 비추어 충분한 자격이 인정되는 경우 등으로 제한된다. 이 제도를 이용하려는 당사자는 1심, 2심, 3심의 각 법원마다 서면으로 진술보조인에 대한 허가신청을 해야 한다. 법원은 이를 허가한 이후에도 언제든지 그 허가를 취소할 수 있다.
>
> 법원의 허가를 받은 진술보조인은 변론기일에 당사자 본인과 동석하여 당사자 본인의 진술을 법원과 상대방 당사자, 그 밖의 소송관계인이 이해할 수 있도록 중개하거나 설명할 수 있다. 이때 당사자 본인은 진술보조인의 중개 또는 설명을 즉시 취소할 수 있다. 한편, 진술보조인에 의한 중개 또는 설명의 정확성을 확인하기 위해 진술보조인에게 질문할 수 있는데 그 질문은 법원만이 한다. 진술보조인은 변론에서 당사자의 진술을 조력하는 사람일 뿐이다. 따라서 진술보조인은 당사자를 대신해서 출석하여 진술할 수 없고, 상소의 제기와 같이 당사자만이 할 수 있는 행위도 할 수 없다.

〈상황〉

> 甲은 乙을 피고로 하여 A주택의 인도를 구하는 민사소송을 제기하였다. 한편, 乙은 교통사고를 당하여 현재 소송관계를 분명하게 하기 위하여 필요한 진술을 하기 어려운 상태에 있다. 이에 1심 법원은 乙로부터 진술보조인에 대한 허가신청을 받아 乙의 배우자 丙을 진술보조인으로 허가하였다. 1심 변론기일에 乙과 丙은 함께 출석하였다.

① 변론기일에 丙이 한 설명에 대한 정확성을 확인하기 위해 甲은 재판에서 직접 丙에게 질문할 수 있다.
② 변론기일에 丙이 한 설명은 乙을 위한 것이므로, 乙은 즉시라 할지라도 그 설명을 취소할 수 없다.
③ 1심 법원은 丙을 진술보조인으로 한 허가를 취소할 수 없다.
④ 1심 법원이 乙에게 패소판결을 선고한 경우 이 판결에 대해 丙은 상소를 제기할 수 없다.
⑤ 2심이 진행되는 경우, 2심 법원에 진술보조인에 대한 허가신청을 하지 않아도 丙의 진술보조인 자격은 그대로 유지된다.

06

2016년 민경채 5 문16

다음 글을 근거로 판단할 때 옳은 것은?

> 토지와 그 정착물을 부동산이라 하고, 부동산 이외의 물건을 동산이라 한다. 계약(예: 매매, 증여 등)에 의하여 부동산의 소유권을 취득하려면 양수인(예: 매수인, 수증자) 명의로 소유권이전등기를 마쳐야 한다. 반면에 상속·공용징수(강제수용)·판결·경매나 그 밖의 법률규정에 의하여 부동산의 소유권을 취득하는 경우에는 등기를 필요로 하지 않는다. 다만 등기를 하지 않으면 그 부동산을 처분하지 못한다. 한편 계약에 의하여 동산의 소유권을 취득하려면 양도인(예: 매도인, 증여자)이 양수인에게 그 동산을 인도하여야 한다.

① 甲이 자신의 부동산 X를 乙에게 1억 원에 팔기로 한 경우, 乙이 甲에게 1억 원을 지급할 때 부동산 X의 소유권을 취득한다.
② 甲의 부동산 X를 경매를 통해 취득한 乙이 그 부동산을 丙에게 증여하고 인도하면, 丙은 소유권이전등기 없이 부동산 X의 소유권을 취득한다.
③ 甲이 점유하고 있는 자신의 동산 X를 乙에게 증여하기로 한 경우, 甲이 乙에게 동산 X를 인도하지 않더라도 乙은 동산 X의 소유권을 취득한다.
④ 甲의 상속인으로 乙과 丙이 있는 경우, 乙과 丙이 상속으로 甲의 부동산 X에 대한 소유권을 취득하려면 乙과 丙 명의로 소유권이전등기를 마쳐야 한다.
⑤ 甲과의 부동산 X에 대한 매매계약에 따라 乙이 甲에게 매매대금을 지급하였더라도 乙 명의로 부동산 X에 대한 소유권이전등기를 마치지 않은 경우, 乙은 그 소유권을 취득하지 못한다.

약점 보완 해설집 p.12

III. 수적 기준 및 계산

1 문제 구성과 방식

'법학추론'에서 가장 고난도로 출제되는 추리적 사고 측정 요소는 수리적 요소가 포함된 유형이다. 이 영역은 법적 제재를 통해 나타나는 수리 계산적 추리 능력을 파악하고자 하는 의도를 지니고 있다. 법조문이나 규정에서 어떠한 대상에 대한 수적 제한이 있는지를 파악하고, 규정화된 수리적 원칙을 사례에 적용하여 판단해야 한다.

'법학추론'에서 출제되고 있는 수리 계산 유형은 크게 두 가지 범위이다. 하나는 수적인 기준을 제시하고 이를 기준으로 하여 규정 준수 여부를 판단하는 유형이며, 다른 하나는 수적인 기준을 통해 직접적인 계산을 요구하는 유형이다.

규정에서 충족될 수 있는 대상과 그렇지 못한 대상 사이의 기준으로 수치를 제시한다. 수적으로 제시된 기준을 충족해야 그러한 규정을 적용할 수 있거나 규정의 적용 대상에서 제외될 수 있다. 대상의 제한적 요소와 조건을 정확하게 파악하고 사례에 적용해야 한다.

법조문 및 규범에서는 언제까지 그러한 규정이 적용되는지를 구체화하기도 한다. 이러한 원리가 지시하는 수적 기준점을 기간이나 금액으로 주어지기 때문에 그러한 요소와 기준에 충족되는지를 파악하고 사례나 자료로부터 추리해야 한다. 또한 의결정족수와 같이 인원 기준을 주고 이에 대한 규정 합치 여부도 자주 출제되고 있다.

1. 기간 및 시점

규정에 있어서 기간이 한정되어 있는 경우가 있다. 언제까지 진행해야 규정에 위배되지 않는지를 파악해야 하며, 권리가 지속되는 기간이 결정되어 나타나기도 한다. 또한 권리의 소멸도 기간에 의해 규정되기도 하며, 기간 안에 처리해야 정상적으로 진행되고 그 기간이 지나게 되면 더 이상 규정이 적용되지 않는 경우도 있다.

또한 시점이 특정되기도 하는데, 그 시점에 진행된 행위에 따라 조건의 충족이 결정되기도 한다. 대부분 의무적으로 행해야 하는 경우가 자주 출제되는 형식이다.

(1) 대상 및 기간 매칭

기간이나 시점이 설정되는 대상이 되는 키워드를 확인하고 이들 간의 관계를 매칭한다. 수적인 조건뿐 아니라 제시되는 법적 개념이 함께 파악되어야 정확한 매칭이 가능하기에 이에 주의한다.

(2) 사례의 적용

주어진 사례에서 키워드에 해당하는 내용이 언제 진행되었는지 시간을 확인하고 규정에서 말하는 시점이 적용될 수 있는 대상인지 여부를 파악한다. 그리고 시작 지점부터 기간을 계산하거나 시점에 이르게 되었을 때 조건 충족이 가능한지를 확인한다.

다음 글과 <상황>을 근거로 판단할 때 옳은 것은?

매매목적물에 하자가 있는 경우, 하자가 있는 사실을 과실 없이 알지 못한 매수인은 매도인에 대하여 하자담보책임을 물어 계약을 해제하거나, 손해배상을 청구할 수 있다. 이때 매도인이 하자를 알았는지 여부나 그의 과실 유무를 묻지 않는다. 매매목적물의 하자는 통상 거래상의 관념에 비추어 그 물건이 지니고 있어야 할 품질·성질·견고성·성분 등을 갖추지 못해서 계약의 적합성을 갖지 못한 경우를 말한다. 가령 진품인 줄 알고 매수한 그림이 위작인 경우가 그렇다. 매수인은 이러한 계약해제권·손해배상청구권을 하자가 있는 사실을 안 날로부터 6개월 내에 행사하여야 한다.

한편 계약의 중요 부분에 착오가 있는 경우, 착오에 중대한 과실이 없는 계약당사자는 계약을 취소할 수 있다. 여기서 착오는 계약을 맺을 때에 실제로 없는 사실을 있는 사실로 잘못 알았거나 아니면 실제로 있는 사실을 없는 사실로 잘못 생각하듯이, 계약당사자(의사표시자)의 인식과 그 실제 사실이 어긋나는 경우를 가리킨다. 가령 위작을 진품으로 알고 매수한 경우가 그렇다. 이러한 취소권을 행사하려면, 착오자(착오로 의사표시를 한 사람)가 착오 상태에서 벗어난 날(예: 진품이 위작임을 안 날)로부터 3년 이내에, 계약을 체결한 날로부터 10년 이내에 행사하여야 한다. 착오로 인한 취소는 매도인의 하자담보책임과 다른 제도이다. 따라서 매매계약 내용의 중요 부분에 착오가 있는 경우, 매수인은 매도인의 하자담보책임이 성립하는지와 상관없이 착오를 이유로 매매계약을 취소할 수 있다.

〈상황〉

2018년 3월 10일 매수인 甲은 매도인 乙 소유의 '나루터그림'을 과실 없이 진품으로 믿고 1,000만 원에 매매계약을 체결한 당일 그림을 넘겨받았다. 그 후 2018년 6월 20일 甲은 나루터그림이 위작이라는 사실을 알게 되었다.

① 2018년 6월 20일 乙은 하자를 이유로 甲과의 매매계약을 해제할 수 있다.
② 2019년 6월 20일 甲은 乙에게 하자를 이유로 손해배상을 청구할 수 있다.
③ 2019년 6월 20일 甲은 착오를 이유로 乙과의 매매계약을 취소할 수 없다.
④ 乙이 매매계약 당시 위작이라는 사실을 과실 없이 알지 못하였더라도, 2019년 6월 20일 甲은 하자를 이유로 乙과의 매매계약을 해제할 수 있다.
⑤ 乙이 위작임을 알았더라도 2019년 6월 20일 甲은 하자를 이유로 乙과의 매매계약을 해제할 수 없지만, 착오를 이유로 취소할 수 있다.

[정답] ⑤

[유형] 법학추론 - 수적 기준 및 계산

① (X) 을이 아닌 갑이 을과의 계약을 착오의 이유로 해제할 수 있다.
② (X), ④ (X) 하자가 아닌 착오를 이유로 해제할 수 있다.
③ (X), ⑤ (O) 착오를 이유로 착오에서 벗어난 날부터 3년 이내, 계약한 날부터 10년 이내에 해제할 수 있으므로 가능하다.

2. 인원

규정의 기준이 인원의 구성 및 인원 비율에 따라 결정될 수 있는 상황을 제시하고 이에 대한 규정을 준수하는지를 적용하여 판단한다.

(1) 의결 정족수

대부분의 인원 기준의 문제에서는 의결정족수를 충족하는가를 판단하는 문제로 구성되어 있다. 따라서 규정에서 의결이나 결정 또는 심사의 기준이 인원 수의 비율로 주어질 경우, 반드시 표시하여 그러한 기준이 적용되는 상황인지를 파악해야 한다.

(2) 구성 비율

규정의 대상을 확정할 때나 위원회 등의 단체 구성이 규정에 적합하기 위한 비율을 제시한 유형으로, 그러한 비율에 충족될 수 있는 인원을 배치하거나 주어진 단체가 그러한 구성에 적합한지를 파악한다.

예제 2021년 7급 나 문18

다음 글을 근거로 판단할 때 옳지 않은 것은?

> 제00조 ① 정보공개심의회(이하 '심의회'라 한다)는 다음 각 호의 구분에 따라 10인 이내의 위원으로 구성한다.
> 1. 내부 위원: 위원장 1인(○○실장)과 각 부서의 정보공개담당관 중 지명된 3인
> 2. 외부 위원: 관련분야 전문가 중에서 총 위원수의 3분의 1 이상 위촉
>
> ② 위원은 특정 성별이 다른 성별의 2분의 1 이하가 되지 않도록 한다.
> ③ 위원장을 비롯한 내부 위원의 임기는 그 직위에 재직하는 기간으로 하며, 외부 위원의 임기는 2년으로 하되 2회에 한하여 연임할 수 있다.
> ④ 심의회는 위원장이 소집하고, 회의는 위원장을 포함한 재적위원 3분의 2 이상의 출석으로 개의하고 출석위원 3분의 2 이상의 찬성으로 의결한다.
> ⑤ 위원은 부득이한 이유로 참석할 수 없는 경우에는 서면으로 의견을 제출할 수 있다. 이 경우 해당 위원은 심의회에 출석한 것으로 본다.

① 외부 위원의 최대 임기는 6년이다.
② 정보공개심의회는 최소 6명의 위원으로 구성된다.
③ 정보공개심의회 내부 위원이 모두 여성일 경우, 정보공개심의회는 7명의 위원으로 구성될 수 있다.
④ 정보공개심의회가 8명의 위원으로 구성되면, 위원 3명의 찬성으로 의결되는 경우가 있다.
⑤ 위원장을 포함한 위원 5명이 직접 출석하여 이들 모두 안건에 찬성하고, 위원 2명이 부득이한 이유로 서면으로 의견을 제출한 경우, 제출된 서면 의견에 상관없이 해당 안건은 찬성으로 의결된다.

[정답] ④

[유형] 법학추론 - 수적 기준 및 계산

① (O) 제3항. 외부 위원의 임기는 2년으로 하되 2회에 한하여 연임할 수 있기에 최대 6년이다.
② (O) 제1항. 내부 위원은 4명이며 외부 위원의 전체 인원의 1/3 이상이 되어야 하므로 최소 6명으로 구성된다.
③ (O) 제2항. 내부 위원이 4명 모두 여성이며 이때 남성이 1/2 이하가 되지 않아야 하므로 최소 3명의 남성 위원이 포함되어야 하기에, 외부 위원 포함 총 7명이 될 수 있다.
④ (X) 제4항. 8명의 2/3 이상은 6명이므로 6명 출석으로 개의하고 출석위원 2/3 이상인 4명의 찬성으로 의결할 수 있다.
⑤ (O) 제4항. 총 7명의 2/3 이상은 5명이기에 서면으로 의견을 제출한 2명의 의견과 관계없이 해당 안건은 찬성으로 의결된다.

3. 금액

금액을 기준으로 하여 규정의 준수 여부를 판단하는 유형이다. 비용이나 책임 비용에 대한 기준 설정이나 임금 및 보조금 등을 지원하는 금액에 대한 규정 등이 설정되어 출제되고 있다.

예제 2020년 7급 모의 문2

다음 글을 근거로 판단할 때 옳은 것은?

제○○조(진흥기금의 징수) ① 영화위원회(이하 "위원회"라 한다)는 영화의 발전 및 영화·비디오물산업의 진흥을 위하여 영화상영관에 입장하는 관람객에 대하여 입장권 가액의 100분의 5의 진흥기금을 징수한다. 다만, 직전 연도에 제△△조 제1호에 해당하는 영화를 연간 상영일수의 100분의 60 이상 상영한 영화상영관에 입장하는 관람객에 대해서는 그러하지 아니하다.
② 영화상영관 경영자는 관람객으로부터 제1항의 규정에 따른 진흥기금을 매월 말일까지 징수하여 해당 금액을 다음 달 20일까지 위원회에 납부하여야 한다.
③ 위원회는 영화상영관 경영자가 제2항에 따라 관람객으로부터 수납한 진흥기금을 납부기한까지 납부하지 아니하였을 때에는 체납된 금액의 100분의 3에 해당하는 금액을 가산금으로 부과한다.
④ 위원회는 제2항에 따른 진흥기금 수납에 대한 위탁 수수료를 영화상영관 경영자에게 지급한다. 이 경우 수수료는 제1항에 따른 진흥기금 징수액의 100분의 3을 초과할 수 없다.
제△△조(전용상영관에 대한 지원) 위원회는 청소년 관객의 보호와 영화예술의 확산 등을 위하여 다음 각 호의 어느 하나에 해당하는 영화를 연간 상영일수의 100분의 60 이상 상영하는 영화상영관을 지원할 수 있다.
1. 애니메이션영화·단편영화·예술영화·독립영화
2. 제1호에 해당하지 않는 청소년관람가영화
3. 제1호 및 제2호에 해당하지 않는 국내영화

① 영화상영관 A에서 직전 연도에 연간 상영일수의 100분의 60 이상 청소년관람가 애니메이션영화를 상영한 경우 진흥기금을 징수한다.
② 영화상영관 경영자 B가 8월분 진흥기금 60만 원을 같은 해 9월 18일에 납부하는 경우, 가산금을 포함하여 총 61만 8천 원을 납부하여야 한다.
③ 관람객 C가 입장권 가액과 그 진흥기금을 합하여 영화상영관에 지불하는 금액이 12,000원이라고 할 때, 지불 금액 중 진흥기금은 600원이다.
④ 연간 상영일수가 매년 200일인 영화상영관 D에서 직전 연도에 단편영화를 40일, 독립영화를 60일 상영했다면 진흥기금을 징수하지 않는다.
⑤ 영화상영관 경영자 E가 7월분 진흥기금과 그 가산금을 합한 금액인 103만 원을 같은 해 8월 30일에 납부한 경우, 위원회는 E에게 최대 3만 원의 수수료를 지급할 수 있다.

[정답] ⑤

[유형] 법학추론 - 수적 기준 및 계산

① (X) 제2조 제2호에 해당하므로 징수하지 않는다.

② (X) 제1조 제2항. 다음 달 20일까지 납부할 경우 가산금이 부과되지 않는다.

③ (X) 제1조 제1항. 진흥기금은 입장권 가액의 5%이므로 입장권 가액과 진흥기금을 합한 금이 12,000원일 경우, 진흥기금은 600원보다 적게 된다. (약 571원)

④ (X) 제2조. 100분의 60 이상 상영해야 하므로 120일이 되어야 한다.

⑤ (O) 제1조 제4항. 진흥기금을 합한 금액이 103만 원이므로 가산금 3%는 3만 원이다. 따라서 진흥기금은 100만 원이고 이 금액의 3/100은 3만 원이므로 수수료는 3만 원을 초과할 수 없다.

실전 연습문제

01

2020년 7급 모의 문1

다음 글과 <상황>을 근거로 판단할 때 옳은 것은?

> 제00조(적용범위) 이 규정은 중앙행정기관, 광역자치단체(광역자치단체와 기초자치단체 공동주관 포함)가 국제행사를 개최하기 위하여 10억 원 이상의 국고지원을 요청하는 경우에 적용한다.
>
> 제00조(정의) "국제행사"라 함은 5개국 이상의 국가에서 외국인이 참여하고, 총 참여자 중 외국인 비율이 5% 이상(총 참여자 200만 명 이상은 3% 이상)인 국제회의·체육행사·박람회·전시회·문화행사·관광행사 등을 말한다.
>
> 제00조(국고지원의 제외) 국제행사 중 다음 각 호에 해당하는 행사는 국고지원의 대상에서 제외된다. 이 경우 제외되는 시기는 다음 각 호 이후 최초 개최되는 행사의 해당 연도부터로 한다.
>
> 1. 매년 1회 정기적으로 개최하는 국제행사로서 국고지원을 7회 받은 경우
> 2. 그 밖의 주기로 개최하는 국제행사로서 국고지원을 3회 받은 경우
>
> 제00조(타당성조사, 전문위원회 검토의 대상 등) ① 국고지원의 타당성조사 대상은 국제행사의 개최에 소요되는 총 사업비가 50억 원 이상인 국제행사로 한다.
>
> ② 국고지원의 전문위원회 검토 대상은 국제행사의 개최에 소요되는 총 사업비가 50억 원 미만인 국제행사로 한다.
>
> ③ 제1항에도 불구하고 국고지원 비율이 총 사업비의 20% 이내인 경우 타당성조사를 전문위원회 검토로 대체할 수 있다.

〈상황〉

> 甲광역자치단체는 2021년에 제6회 A박람회를 국고지원을 받아 개최할 예정이다. A박람회는 매년 1회 총 250만 명이 참여하는 행사로서 20여 개국에서 8만 명 이상의 외국인들이 참여해 왔다. 2021년에도 동일한 규모의 행사가 예정되어 있다. 한편 2020년에 5번째로 국고지원을 받은 A박람회의 총 사업비는 40억 원이었으며, 이 중 국고지원 비율은 25%였다.

① 2021년에 총 250만 명의 참여자 중 외국인 참여자가 감소하여 6만 명이 되더라도 A박람회는 국제행사에 해당된다.

② 2021년에 A박람회가 예정대로 개최된다면, A박람회는 2022년에 국고지원의 대상에서 제외된다.

③ 2021년 총 사업비가 52억 원으로 증가하고 국고지원은 8억 원을 요청한다면, A박람회는 타당성조사 대상이다.

④ 2021년 총 사업비가 60억 원으로 증가하고 국고지원은 전년과 동일한 금액을 요청한다면, A박람회는 전문위원회 검토를 받을 수 있다.

⑤ 2021년 甲광역자치단체와 乙기초자치단체가 공동주관하여 전년과 동일한 총 사업비로 A박람회를 개최한다면, A박람회는 타당성조사 대상이다.

02

2019년 7급 예시 문3

다음 글과 <상황>을 근거로 판단할 때, 과거에 급제한 아들이 분재 받은 밭의 총 마지기 수는?

> 조선시대의 분재(分財)는 시기가 재주(財主) 생전인지 사후인지에 따라 구분할 수 있다. 별급(別給)은 재주 생전에 과거급제, 생일, 혼인, 출산, 감사표시 등 특별한 사유로 인해 이루어지는 분재였으며, 깃급[衿給]은 특별한 사유 없이 재주가 임종이 가까울 무렵에 하는 일반적인 분재였다.
>
> 재주가 재산을 분배하지 못하고 죽는 경우 재주 사후에 그 자녀들이 모여 재산을 분배하게 되는데, 이를 화회(和會)라고 했다. 화회는 재주의 3년 상(喪)을 마친 후에 이루어졌다. 자녀들이 재산을 나눌 때 재주의 유서나 유언이 남아 있으면 이에 근거하여 분재가 되었으나, 그렇지 못한 경우에는 합의하여 재산을 나누어 가졌다. 조선 전기에는『경국대전』의 규정에 따랐는데, 친자녀 간 균분 분재를 원칙으로 하나 제사를 모실 자녀에게는 다른 친자녀 한 사람 몫의 5분의 1이 더 분재되었다. 그러나 이때에도 양자녀에게는 차별을 두도록 되어 있었다. 조선 중기 이후에는『경국대전』의 규정이 그대로 지켜지지 못하고 장남에게 많은 재산이 우선적으로 분재되었다. 깃급과 화회 대상 재산에는 별급으로 받은 재산이 포함되지 않았다.

※ 분재: 재산을 나누어 줌

※ 재주: 분재되는 재산의 주인

〈상황〉

- ○ 유서와 유언 없이 사망한 재주 甲의 분재 대상자는 아들 2명과 딸 2명이며, 이 중 딸 1명은 양녀이고 나머지 3명은 친자녀이다.
- ○ 甲이 별급한 재산은 과거에 급제한 아들 1명에게 밭 20마지기를 준 것과 두 딸이 시집갈 때 각각 밭 10마지기씩을 준 것이 전부였다.
- ○ 화회 대상 재산은 밭 100마지기이며 화회는『경국대전』의 규정에 따라 이루어졌다.
- ○ 과거에 급제한 아들이 제사를 모시기로 하였으며, 양녀는 제사를 모시지 않는 친자녀 한 사람이 화회로 받은 몫의 5분의 4를 받았다.

① 30

② 35

③ 40

④ 45

⑤ 50

03

2020년 7급 모의 문6

다음 글과 <상황>을 근거로 판단할 때 옳은 것은?

> 제00조(지역개발 신청 동의 등) ① 지역개발 신청을 하기 위해서는 지역개발을 하고자 하는 지역의 총 토지면적의 3분의 2 이상에 해당하는 토지의 소유자의 동의 및 지역개발을 하고자 하는 지역의 토지의 소유자 총수의 2분의 1 이상의 동의를 받아야 한다.
>
> ② 지역개발 신청을 하기 위해서 필요한 동의자의 수는 다음 각 호의 기준에 따라 산정한다.
>
> 1. 토지는 지적도 상 1필의 토지를 1개의 토지로 한다.
> 2. 1개의 토지를 여러 명이 공동소유하는 경우에는 다른 공동소유자들을 대표하는 대표 공동소유자 1인만을 해당 토지의 소유자로 본다.
> 3. 1인이 여러 개의 토지를 소유하고 있는 경우에는 소유하는 토지의 수와 무관하게 1인으로 본다.
> 4. 지역개발을 하고자 하는 지역에 국유지가 있는 경우 국유지도 포함하여 토지면적을 산정하고, 그 토지의 재산관리청을 토지 소유자로 본다.

〈상황〉

- ○ X지역은 100개의 토지로 이루어져 있고, 토지면적 합계가 총 6km²이다.
- ○ 동의자 수 산정 기준에 따라 산정된 X지역 토지의 소유자는 모두 82인(이하 "동의대상자"라 한다)이고, 이 중에는 국유지 재산관리청 2인이 포함되어 있다.
- ○ 甲은 X지역에 토지 2개를 소유하고 있고, 해당 토지면적 합계는 X지역 총 토지면적의 4분의 1이다.
- ○ 乙은 X지역에 토지 10개를 소유하고 있고, 해당 토지면적 합계는 총 2km²이다.
- ○ 丙, 丁, 戊, 己는 X지역에 토지 1개를 공동소유하고 있고, 해당 토지면적은 1km²이다.

① 乙이 동의대상자 31인의 동의를 얻으면 지역개발 신청을 위한 X지역 토지의 소유자 총수의 2분의 1 이상의 동의 조건은 갖추게 된다.

② X지역에 대한 지역개발 신청에 甲~己 모두 동의한 경우, 나머지 동의대상자 중 38인의 동의를 얻으면 신청할 수 있다.

③ X지역에 토지 2개 이상을 소유하는 자는 甲, 乙뿐이다.

④ X지역의 1필의 토지면적은 0.06km²로 모두 동일하다.

⑤ X지역 안에 있는 국유지의 면적은 1.5km²이다.

04

2021년 7급 나 문15

다음 글과 <상황>을 근거로 판단할 때, 수질검사빈도와 수질기준을 둘 다 충족한 검사지점만을 모두 고르면?

□□법 제00조(수질검사빈도와 수질기준) ① 기초자치단체의 장인 시장·군수·구청장은 다음 각 호의 구분에 따라 지방상수도의 수질검사를 실시하여야 한다.

1. 정수장에서의 검사
   가. 냄새, 맛, 색도, 탁도(濁度), 잔류염소에 관한 검사: 매일 1회 이상
   나. 일반세균, 대장균, 암모니아성 질소, 질산성 질소, 과망간산칼륨 소비량 및 증발잔류물에 관한 검사: 매주 1회 이상
   단, 일반세균, 대장균을 제외한 항목 중 지난 1년간 검사를 실시한 결과, 수질기준의 10퍼센트를 초과한 적이 없는 항목에 대하여는 매월 1회 이상
2. 수도꼭지에서의 검사
   가. 일반세균, 대장균, 잔류염소에 관한 검사: 매월 1회 이상
   나. 정수장별 수도관 노후지역에 대한 일반세균, 대장균, 암모니아성 질소, 동, 아연, 철, 망간, 잔류염소에 관한 검사: 매월 1회 이상
3. 수돗물 급수과정별 시설(배수지 등)에서의 검사
   일반세균, 대장균, 암모니아성 질소, 동, 수소이온 농도, 아연, 철, 잔류염소에 관한 검사: 매 분기 1회 이상

② 수질기준은 아래와 같다.

항목	기준	항목	기준
대장균	불검출/100mL	일반세균	100CFU/mL 이하
잔류염소	4mg/L 이하	질산성 질소	10mg/L 이하

〈상황〉

甲시장은 □□법 제00조에 따라 수질검사를 실시하고 있다. 甲시 관할의 검사지점(A~E)은 이전 검사에서 매번 수질기준을 충족하였고, 이번 수질검사에서 아래와 같은 결과를 보였다.

검사지점	검사대상	검사결과	검사빈도
정수장 A	잔류염소	2mg/L	매일 1회
정수장 B	질산성 질소	11mg/L	매일 1회
정수장 C	일반세균	70CFU/mL	매월 1회
수도꼭지 D	대장균	불검출/100mL	매주 1회
배수지 E	잔류염소	2mg/L	매주 1회

※ 제시된 검사대상 외의 수질검사빈도와 수질기준은 모두 충족한 것으로 본다.

① A, D
② B, D
③ A, D, E
④ A, B, C, E
⑤ A, C, D, E

05

2019년 민경채 나 문3

다음 글과 <상황>을 근거로 판단할 때, 甲이 납부해야 할 수수료를 옳게 짝지은 것은?

특허에 관한 절차를 밟는 사람은 다음 각 호의 수수료를 내야 한다.

1. 특허출원료
   가. 특허출원을 국어로 작성된 전자문서로 제출하는 경우: 매건 46,000원. 다만 전자문서를 특허청에서 제공하지 아니한 소프트웨어로 작성하여 제출한 경우에는 매건 56,000원으로 한다.
   나. 특허출원을 국어로 작성된 서면으로 제출하는 경우: 매건 66,000원에 서면이 20면을 초과하는 경우 초과하는 1면마다 1,000원을 가산한 금액
   다. 특허출원을 외국어로 작성된 전자문서로 제출하는 경우: 매건 73,000원
   라. 특허출원을 외국어로 작성된 서면으로 제출하는 경우: 매건 93,000원에 서면이 20면을 초과하는 경우 초과하는 1면마다 1,000원을 가산한 금액
2. 특허심사청구료: 매건 143,000원에 청구범위의 1항마다 44,000원을 가산한 금액

〈상황〉

甲은 청구범위가 3개 항으로 구성된 총 27면의 서면을 작성하여 1건의 특허출원을 하면서, 이에 대한 특허심사도 함께 청구한다.

	국어로 작성한 경우	외국어로 작성한 경우
①	66,000원	275,000원
②	73,000원	343,000원
③	348,000원	343,000원
④	348,000원	375,000원
⑤	349,000원	375,000원

06

2019년 민경채 나 문9

다음 글과 <상황>을 근거로 판단할 때, <보기>에서 옳은 것만을 모두 고르면?

K국에서는 모든 법인에 대하여 다음과 같이 구분하여 주민세를 부과하고 있다.

구분	세액(원)
ㅇ 자본금액 100억 원을 초과하는 법인으로서 종업원 수가 100명을 초과하는 법인	500,000
ㅇ 자본금액 50억 원 초과 100억 원 이하 법인으로서 종업원 수가 100명을 초과하는 법인	350,000
ㅇ 자본금액 50억 원을 초과하는 법인으로서 종업원 수가 100명 이하인 법인 ㅇ 자본금액 30억 원 초과 50억 원 이하 법인으로서 종업원 수가 100명을 초과하는 법인	200,000
ㅇ 자본금액 30억 원 초과 50억 원 이하 법인으로서 종업원 수가 100명 이하인 법인 ㅇ 자본금액 10억 원 초과 30억 원 이하 법인으로서 종업원 수가 100명을 초과하는 법인	100,000
ㅇ 그 밖의 법인	50,000

〈상황〉

법인	자본금액(억 원)	종업원 수(명)
甲	200	?
乙	20	?
丙	?	200

〈보기〉

ㄱ. 甲이 납부해야 할 주민세 최소 금액은 20만 원이다.
ㄴ. 乙의 종업원이 50명인 경우 10만 원의 주민세를 납부해야 한다.
ㄷ. 丙이 납부해야 할 주민세 최소 금액은 10만 원이다.
ㄹ. 甲, 乙, 丙이 납부해야 할 주민세 금액의 합계는 최대 110만 원이다.

① ㄱ, ㄴ
② ㄱ, ㄷ
③ ㄱ, ㄹ
④ ㄴ, ㄷ
⑤ ㄴ, ㄹ

07

2019년 민경채 나 문19

다음 글을 근거로 판단할 때, <보기>에서 옳은 것만을 모두 고르면?

K국의 「영유아보육법」은 영유아가 안전하고 쾌적한 환경에서 건강하게 성장할 수 있도록 다음과 같이 어린이집의 보육교사 최소 배치 기준을 규정하고 있다.

연령	보육교사 대 영유아비율
(1) 만 1세 미만	1:3
(2) 만 1세 이상 만 2세 미만	1:5
(3) 만 2세 이상 만 3세 미만	1:7

위와 같이 각 연령별로 반을 편성하고 각 반마다 보육교사를 배치하되, 다음 기준에 따라 혼합반을 운영할 수 있다.

혼합반 편성	보육교사 대 영유아비율
(1)과 (2)	1:3
(2)와 (3)	1:5
(1)과 (3)	편성 불가능

〈보기〉

ㄱ. 만 1세 미만 영유아 4명, 만 1세 이상 만 2세 미만 영유아 5명을 보육하는 어린이집은 보육교사를 최소 3명 배치해야 한다.
ㄴ. 만 1세 이상 만 2세 미만 영유아 6명, 만 2세 이상 만 3세 미만 영유아 12명을 보육하는 어린이집은 보육교사를 최소 3명 배치해야 한다.
ㄷ. 만 1세 미만 영유아 1명, 만 2세 이상 만 3세 미만 영유아 2명을 보육하는 어린이집은 보육교사를 최소 1명 배치해야 한다.

① ㄱ
② ㄴ
③ ㄷ
④ ㄱ, ㄴ
⑤ ㄱ, ㄷ

08

2018년 민경채 가 문6

다음 글을 근거로 판단할 때, <보기>에서 옳은 것만을 모두 고르면?

제○○조 이 법에서 '폐교'란 학생 수 감소, 학교 통폐합 등의 사유로 폐지된 공립학교를 말한다.

제△△조 ① 시·도 교육감은 폐교재산을 교육용시설, 사회복지시설, 문화시설, 공공체육시설로 활용하려는 자 또는 소득증대시설로 활용하려는 자에게 그 폐교재산의 용도와 사용 기간을 정하여 임대할 수 있다.

② 제1항에 따라 폐교재산을 임대하는 경우, 연간 임대료는 해당 폐교재산평정가격의 1천분의 10을 하한으로 한다.

제□□조 ① 제△△조 제2항에도 불구하고 시·도 교육감은 다음 각 호의 어느 하나에 해당하는 경우에는 폐교재산의 연간 임대료를 감액하여 임대할 수 있다.

1. 국가 또는 지방자치단체가 폐교재산을 교육용시설, 사회복지시설, 문화시설, 공공체육시설 또는 소득증대시설로 사용하려는 경우
2. 단체 또는 사인(私人)이 폐교재산을 교육용시설, 사회복지시설, 문화시설 또는 공공체육시설로 사용하려는 경우
3. 폐교가 소재한 시·군·구에 주민등록이 되어 있고 실제 거주하는 지역주민이 공동으로 폐교재산을 소득증대시설로 사용하려는 경우

② 전항에 따라 폐교재산의 임대료를 감액하는 경우 연간 임대료의 감액분은 다음 각 호에서 정한 바를 초과하지 아니하는 범위에서 정한다.

1. 교육용시설, 사회복지시설, 문화시설, 공공체육시설로 사용하는 경우: 제△△조 제2항에 따른 연간 임대료의 1천분의 500
2. 소득증대시설로 사용하는 경우: 제△△조 제2항에 따른 연간 임대료의 1천분의 300

〈보기〉

ㄱ. 시·도 교육감은, 폐교가 소재하는 시·군·구에 거주하지 않으면서 폐교재산을 사회복지시설로 활용하려는 자에게 그 폐교재산을 임대할 수 있다.

ㄴ. 폐교재산평정가격이 5억 원인 폐교재산을 지방자치단체가 문화시설로 사용하려는 경우, 연간 임대료의 최저액은 250만 원이다.

ㄷ. 폐교가 소재한 군에 주민등록이 되어 있고 실제 거주하는 지역주민이 단독으로 폐교재산을 소득증대시설로 사용하려는 경우, 연간 임대료로 지불해야 할 최저액은 폐교재산평정가격의 0.7%이다.

ㄹ. 폐교재산을 활용하려는 자가 폐교 소재 지역주민이 아니어도 그 폐교재산을 공공체육시설로 사용할 수 있으나 임대료 감액은 받을 수 없다.

① ㄱ, ㄴ

② ㄱ, ㄷ

③ ㄱ, ㄴ, ㄹ

④ ㄱ, ㄷ, ㄹ

⑤ ㄴ, ㄷ, ㄹ

09

2017년 민경채 나 문15

다음 글을 근거로 판단할 때, <보기>에서 옳은 것만을 모두 고르면?

제00조(술에 취한 상태에서의 운전 금지) ① 누구든지 술에 취한 상태에서 자동차를 운전하여서는 아니 된다.
② 경찰공무원은 제1항을 위반하여 술에 취한 상태에서 자동차를 운전하였다고 인정할 만한 상당한 이유가 있는 경우에는 운전자가 술에 취하였는지를 호흡조사로 측정(이하 '음주측정'이라 한다)할 수 있다. 이 경우 운전자는 경찰공무원의 음주측정에 응하여야 한다.
③ 제1항을 위반하여 술에 취한 상태에서 자동차를 운전한 사람은 다음 각 호의 구분에 따라 처벌한다.
1. 혈중알콜농도가 0.2퍼센트 이상인 사람은 1년 이상 3년 이하의 징역이나 500만 원 이상 1천만 원 이하의 벌금
2. 혈중알콜농도가 0.1퍼센트 이상 0.2퍼센트 미만인 사람은 6개월 이상 1년 이하의 징역이나 300만 원 이상 500만 원 이하의 벌금
3. 혈중알콜농도가 0.05퍼센트 이상 0.1퍼센트 미만인 사람은 6개월 이하의 징역이나 300만 원 이하의 벌금

④ 다음 각 호의 어느 하나에 해당하는 사람은 1년 이상 3년 이하의 징역이나 500만 원 이상 1천만 원 이하의 벌금에 처한다.
1. 제3항에도 불구하고 제1항을 2회 이상 위반한 사람으로서 다시 술에 취한 상태에서 자동차를 운전한 사람
2. 술에 취한 상태에 있다고 인정할 만한 상당한 이유가 있는 사람으로서 제2항에 따른 경찰공무원의 음주측정에 응하지 아니한 사람

〈보기〉

ㄱ. 혈중알콜농도 0.05퍼센트의 상태에서 운전하여 1회 적발된 행위는, 술에 취한 상태에서 운전을 하고 있다고 인정할 만한 상당한 이유가 있는 사람이 경찰공무원의 음주측정을 거부하는 행위보다 불법의 정도가 크다.
ㄴ. 술에 취한 상태에서 자동차를 운전하는 행위는 혈중알콜농도 또는 적발된 횟수에 따라 처벌의 정도가 달라질 수 있다.
ㄷ. 술에 취한 상태에서의 자동차 운전으로 2회 적발된 자가 다시 혈중알콜농도 0.15퍼센트 상태의 운전으로 적발된 경우, 6개월 이상 1년 이하의 징역이나 300만 원 이상 500만 원 이하의 벌금에 처해진다.

① ㄱ
② ㄴ
③ ㄱ, ㄷ
④ ㄴ, ㄷ
⑤ ㄱ, ㄴ, ㄷ

10

2017년 민경채 나 문17

다음 글과 <상황>을 근거로 판단할 때 옳은 것은?

제00조(경계표, 담의 설치권) ① 인접하여 토지를 소유한 자는 공동비용으로 통상의 경계표나 담을 설치할 수 있다. 이 경우 그 비용은 쌍방이 절반하여 부담한다.
② 전항에도 불구하고 토지의 경계를 정하기 위한 측량비용은 토지의 면적에 비례하여 부담한다.
제00조(경계선 부근의 건축) ① 건물을 축조함에는 경계로부터 반미터 이상의 거리를 두어야 한다.
② 인접지소유자는 전항의 규정에 위반한 자에 대하여 건물의 변경이나 철거를 청구할 수 있다. 그러나 건축에 착수한 후 1년을 경과하거나 건물이 완성된 후에는 손해배상만을 청구할 수 있다.
제00조(차면시설의무) 경계로부터 2미터 이내의 거리에서 이웃 주택의 내부를 관망할 수 있는 창이나 마루를 설치하는 경우에는 적당한 차면(遮面)시설을 하여야 한다.
제00조(지하시설 등에 대한 제한) 우물을 파거나 용수, 하수 또는 오물 등을 저치(貯置)할 지하시설을 하는 때에는 경계로부터 2미터 이상의 거리를 두어야 하며, 지하실공사를 하는 때에는 경계로부터 그 깊이의 반 이상의 거리를 두어야 한다.

※ 차면(遮面)시설: 서로 안 보이도록 가리는 시설
※ 저치(貯置): 저축하거나 저장하여 둠

〈상황〉

○ 甲과 乙은 1,000m²의 토지를 공동으로 구매하였다. 그리고 다음과 같이 A토지와 B토지로 나누어 A토지는 甲이, B토지는 乙이 소유하게 되었다.

A토지 (면적 600m²)	B토지 (면적 400m²)

○ 甲은 A토지와 B토지의 경계에 담을 설치하고, A토지 위에 C건물을 짓고자 한다. 乙은 B토지를 주차장으로만 사용한다.

① 토지의 경계를 정하기 위해 측량을 하는 데 비용이 100만 원이 든다면 甲과 乙이 각각 50만 원씩 부담한다.
② 통상의 담을 설치하는 비용이 100만 원이라면 甲이 60만 원, 乙이 40만 원을 부담한다.
③ 甲이 B토지와의 경계로부터 반미터 이상의 거리를 두지 않고 C건물을 완성한 경우, 乙은 그 건물의 철거를 청구할 수 없다.
④ C건물을 B토지와의 경계로부터 2미터 이내의 거리에 축조한다면, 甲은 C건물에 B토지를 향한 창을 설치할 수 없다.
⑤ 甲이 C건물에 지하 깊이 2미터의 지하실공사를 하는 경우, B토지와의 경계로부터 2미터 이상의 거리를 두어야 한다.

11

2017년 민경채 나 문18

다음 <조건>과 <상황>을 근거로 판단할 때, 甲이 향후 1년 간 자동차를 유지하는 데 소요될 총비용은?

〈조건〉

1. 자동차 유지비는 연 감가상각비, 연 자동차 보험료, 연 주유비용으로 구성되며 그 외의 비용은 고려하지 않는다.
2. 연 감가상각비 계산 공식
   연 감가상각비 = (자동차 구매비용 − 운행가능기간 종료 시 잔존가치) ÷ 운행가능기간(년)
3. 연 자동차 보험료

(단위: 만 원)

구 분		차 종		
		소형차	중형차	대형차
보험가입시 운전경력	1년 미만	120	150	200
	1년 이상 2년 미만	110	135	180
	2년 이상 3년 미만	100	120	160
	3년 이상	90	105	140

※ 차량 구매 시 보험 가입은 필수이며 1년 단위로 가입
※ 보험 가입 시 해당 차량에 블랙박스가 설치되어 있으면 보험료 10% 할인

4. 주유비용
   1리터당 10km를 운행할 수 있으며, 리터당 비용은 연중 내내 1,500원이다.

〈상황〉

○ 甲은 1,000만 원에 중형차 1대를 구입하여 바로 운행을 시작하였다.
○ 차는 10년 동안 운행가능하며, 운행가능기간 종료 시 잔존가치는 100만 원이다.
○ 자동차 보험 가입 시, 甲의 운전 경력은 2년 6개월이며 차에는 블랙박스가 설치되어 있다.
○ 甲은 매달 500km씩 차를 운행한다.

① 192만 원
② 288만 원
③ 298만 원
④ 300만 원
⑤ 330만 원

12

2016년 민경채 5 문6

다음 글을 근거로 판단할 때, <사례>에서 甲이 乙에게 지급을 청구하여 받을 수 있는 최대 손해배상액은?

채무자가 고의 또는 과실로 인하여 채무의 내용에 따른 이행을 하지 않으면 채권자는 채무자에게 손해배상을 청구할 수 있다. 채권자가 채무불이행을 이유로 채무자로부터 손해배상을 받으려면 손해의 발생사실과 손해액을 증명하여야 하는데, 증명의 어려움을 해소하기 위해 손해배상액을 예정하는 경우가 있다.

손해배상액의 예정은 장래의 채무불이행 시 지급해야 할 손해배상액을 사전에 정하는 약정을 말한다. 채권자와 채무자 사이에 손해배상액의 예정이 있으면 채권자는 실손해액과 상관없이 예정된 배상액을 청구할 수 있지만, 실손해액이 예정액을 초과하더라도 그 초과액을 배상받을 수 없다. 그리고 손해배상액을 예정한 사유가 아닌 다른 사유로 발생한 손해에 대해서는 손해배상액 예정의 효력이 미치지 않는다. 따라서 이로 인한 손해를 배상받으려면 별도로 손해의 발생사실과 손해액을 증명해야 한다.

〈사례〉

甲과 乙은 다음과 같은 공사도급계약을 체결하였다.

○ 계약당사자: 甲(X건물 소유주)/乙(건축업자)
○ 계약내용: X건물의 리모델링
○ 공사대금: 1억 원
○ 공사기간: 2015. 10. 1.~2016. 3. 31.
○ 손해배상액의 예정: 공사기간 내에 X건물의 리모델링을 완료하지 못할 경우, 지연기간 1일당 위 공사대금의 0.1%를 乙이 甲에게 지급

그런데 乙의 과실로 인해 X건물 리모델링의 완료가 30일이 지연되었고, 이로 인해 甲은 500만 원의 손해를 입었다. 또한 乙이 고의로 불량자재를 사용하여 부실공사가 이루어졌고, 이로 인해 甲은 1,000만 원의 손해를 입었다. 甲은 각각의 손해발생사실과 손해액을 증명하여 乙에게 손해배상을 청구하였다.

① 500만 원
② 800만 원
③ 1,300만 원
④ 1,500만 원
⑤ 1,800만 원

13

2016년 민경채 5 문7

다음 글과 <상황>을 근거로 판단할 때 옳은 것은?

> K국의 현행법상 상속인으로는 혈족상속인과 배우자상속인이 있다. 제1순위 상속인은 피상속인의 직계비속이며, 직계비속이 없는 경우 직계존속이 상속인이 된다. 태아는 사산되어 출생하지 못한 경우를 제외하고 상속인이 된다. 배우자는 직계비속과 동순위로 공동상속인이 되고, 직계비속이 없는 경우에 피상속인의 직계존속과 공동상속인이 되며, 피상속인에게 직계비속과 직계존속이 없으면 단독상속인이 된다. 현행 상속분 규정은 상속재산을 배우자에게 직계존속·직계비속보다 50%를 더 주도록 정하고 있다. 예를 들어 상속인이 배우자(X)와 2명의 자녀(Y, Z)라면, '1.5(X) : 1(Y) : 1(Z)'의 비율로 상속이 이루어진다.
>
> 그런데 K국에서는 부부의 공동재산 기여분을 보장하기 위한 차원에서 상속법 개정을 추진하고 있다. '개정안'은 상속재산의 절반을 배우자에게 우선 배분하고, 나머지 절반은 현행 규정대로 배분하는 내용을 골자로 한다. 즉, 피상속인이 사망하였을 경우 상속재산의 50%를 그 배우자에게 먼저 배분하고, 이를 제외한 나머지 50%에 대해서는 다시 현행법상의 비율대로 상속이 이루어진다.

〈상황〉

> 甲은 심장마비로 갑자기 사망하였다. 甲의 유족으로는 어머니 A, 배우자 B, 아들 C, 딸 D가 있고, B는 현재 태아 E를 임신 중이다. 甲은 9억 원의 상속재산을 남겼다.

① 현행법에 의하면, E가 출생한 경우 B는 30% 이하의 상속분을 갖게 된다.

② 개정안에 의하면, E가 출생한 경우 B는 6억 원을 상속받게 된다.

③ 현행법에 의하면, E가 사산된 경우 B는 3억 원을 상속받게 된다.

④ 개정안에 의하면, E가 사산된 경우 B는 4억 원을 상속받게 된다.

⑤ 개정안에 의하면, E의 사산여부에 관계없이 B가 상속받게 되는 금액은 현행법에 의할 때보다 50% 증가한다.

14

2015년 민경채 인 문6

다음 글과 <상황>을 근거로 판단할 때 옳은 것은?

> 제00조(국회의 정기회) 정기회는 매년 9월 1일에 집회한다. 그러나 그 날이 공휴일인 때에는 그 다음날에 집회한다.
>
> 제00조(국회의 임시회) ① 임시회의 집회요구가 있을 때에는 의장은 집회기일 3일 전에 공고한다. 이 경우 둘 이상의 집회요구가 있을 때에는 집회일이 빠른 것을 공고하되, 집회일이 같은 때에는 그 요구서가 먼저 제출된 것을 공고한다.
>
> ② 국회의원 총선거 후 최초의 임시회는 의원의 임기개시 후 7일째에 집회한다.
>
> 제00조(연간 국회운영기본일정 등) ① 의장은 국회의 연중 상시운영을 위하여 각 교섭단체대표의원과의 협의를 거쳐 매년 12월 31일까지 다음 연도의 국회운영기본일정을 정하여야 한다. 다만, 국회의원 총선거 후 처음 구성되는 국회의 당해 연도의 국회운영기본일정은 6월 30일까지 정하여야 한다.
>
> ② 제1항의 연간 국회운영기본일정은 다음 각 호의 기준에 따른다.
>
> 1. 매 짝수월(8월·10월 및 12월을 제외한다) 1일(그 날이 공휴일인 때에는 그 다음날)에 임시회를 집회한다. 다만, 국회의원 총선거가 있는 월의 경우에는 그러하지 아니하다.
> 2. 정기회의 회기는 100일, 제1호의 규정에 의한 임시회의 회기는 매 회 30일을 초과할 수 없다.

〈상황〉

> ○ 국회의원 총선거는 4년마다 실시하며, 그 임기는 4년이다.
>
> ○ 제△△대 국회의원 총선거는 금년 4월 20일(수)에 실시되며 5월 30일부터 국회의원의 임기가 시작된다.

① 제△△대 국회의 첫 번째 임시회는 4월 27일에 집회한다.

② 올해 국회의 정기회는 9월 1일에 집회하여 12월 31일에 폐회한다.

③ 내년도 국회의 회기는 정기회와 임시회의 회기를 합하여 연간 130일을 초과할 수 없다.

④ 내년 4월 30일에 임시회의 집회요구가 있을 때에는 국회의장의 임시회 집회공고 없이 5월 1일에 임시회가 집회된다.

⑤ 제△△대 국회의 의장은 각 교섭단체대표의원과의 협의를 거쳐 내년도 국회운영기본일정을 올해 12월 31일까지 정해야 한다.

15 2015년 민경채 인 문7

다음 글과 <상황>을 근거로 판단할 때 옳은 것은?

헌법재판소가 위헌으로 결정한 법률 또는 법률조항은 그 위헌결정이 있는 날부터 효력을 상실한다. 그러나 위헌으로 결정된 형벌에 관한 법률 또는 법률조항(이하 '형벌조항'이라고 함)은 소급하여 그 효력을 상실한다. 이는 죄형법정주의 원칙에 의할 때, 효력이 상실된 형벌조항에 따라 유죄의 책임을 지는 것은 타당하지 않다는 점을 고려한 것이다.

그러나 위헌인 형벌조항에 대해서 일률적으로 해당 조항의 제정 시점까지 소급효를 인정하는 것은 문제가 있다. 왜냐하면 헌법재판소가 기존에 어느 형벌조항에 대해서 합헌결정을 하였지만 그 후 시대 상황이나 국민의 법감정 등 사정변경으로 위헌결정을 한 경우, 해당 조항의 제정 시점까지 소급하여 그 효력을 상실하게 하여 과거에 형사처벌을 받은 사람들까지도 재심을 청구할 수 있게 하는 것은 부당하기 때문이다. 따라서 위헌으로 결정된 형벌조항에 대해서 종전에 합헌결정이 있었던 경우에는 그 결정이 선고된 날의 다음 날로 소급하여 효력을 상실하는 것으로 규정함으로써 그 소급효를 제한한다. 이러한 소급효 제한의 취지로 인해 동일한 형벌조항에 대해서 헌법재판소가 여러 차례 합헌결정을 한 때에는 최후에 합헌결정을 선고한 날의 다음 날로 소급하여 그 형벌조항의 효력이 상실되는 것으로 본다.

한편, 헌법재판소의 위헌결정이 내려진 형벌조항에 근거하여 유죄의 확정판결을 받은 사람은 '무죄임을 확인해 달라'는 취지의 재심청구가 인정된다. 또한 그 유죄판결로 인해 실형을 선고받고 교도소에서 복역하였던 사람은 구금일수에 따른 형사보상금 청구가 인정되며, 벌금형을 선고받아 이를 납부한 사람도 형사보상금 청구가 인정된다.

※ 소급효: 법률이나 판결 등의 효력이 과거 일정 시점으로 거슬러 올라가서 미치는 것

〈상황〉

1953. 9. 18.에 제정된 형법 제241조의 간통죄에 대해서, 헌법재판소는 1990. 9. 10., 1993. 3. 31., 2001. 10. 25., 2008. 10. 30.에 합헌결정을 하였지만, 2015. 2. 26.에 위헌결정을 하였다. 다음과 같이 형사처벌을 받았던 甲, 乙, 丙은 재심청구와 형사보상금 청구를 하였다.

甲: 2007. 10. 1. 간통죄로 1년의 징역형이 확정되어 1년간 교도소에서 복역하였다.

乙: 2010. 6. 1. 간통죄로 징역 1년과 집행유예 2년을 선고받고, 교도소에서 복역한 바 없이 집행유예기간이 경과되었다.

丙: 2013. 8. 1. 간통죄로 1년의 징역형이 확정되어 1년간 교도소에서 복역하였다.

※ 집행유예: 유죄판결을 받은 사람에 대하여 일정 기간 형의 집행을 유예하고, 그 기간을 무사히 지내면 형의 선고는 효력을 상실하는 것으로 하여 실형을 과하지 않는 제도

① 甲의 재심청구는 인정되나 형사보상금 청구는 인정되지 않는다.
② 乙의 재심청구와 형사보상금 청구는 모두 인정된다.
③ 乙의 재심청구는 인정되나 형사보상금 청구는 인정되지 않는다.
④ 丙의 재심청구와 형사보상금 청구는 모두 인정되지 않는다.
⑤ 丙의 재심청구는 인정되나 형사보상금 청구는 인정되지 않는다.

16

2015년 민경채 인 문10

○○시의 <버스정류소 명칭 관리 및 운영계획>을 근거로 판단할 때 옳은 것은? (단, 모든 정류소는 ○○시 내에 있다)

〈버스정류소 명칭 관리 및 운영계획〉

□ 정류소 명칭 부여기준
- ○ 글자 수: 15자 이내로 제한
- ○ 명칭 수: 2개 이내로 제한
  - – 정류소 명칭은 지역대표성 명칭을 우선으로 부여
  - – 2개를 병기할 경우 우선순위대로 하되, · 으로 구분

우선 순위	지역대표성 명칭			특정법인(개인) 명칭	
	1	2	3	4	5
명칭	고유지명	공공기관, 공공시설	관광지	시장, 아파트, 상가, 빌딩	기타 (회사, 상점 등)

□ 정류소 명칭 변경 절차
- ○ 자치구에서 명칭 부여기준에 맞게 홀수달 1일에 신청
  - – 홀수달 1일에 하지 않은 신청은 그 다음 홀수달 1일 신청으로 간주
- ○ 부여기준에 적합한지를 판단하여 시장이 승인 여부를 결정
- ○ 관련기관은 정류소 명칭 변경에 따른 정비를 수행
- ○ 관련기관은 정비결과를 시장에게 보고

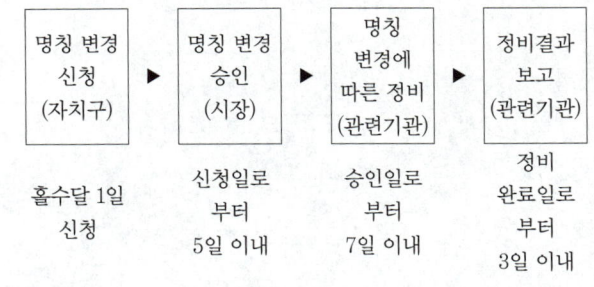

명칭 변경 신청 (자치구)	▶	명칭 변경 승인 (시장)	▶	명칭 변경에 따른 정비 (관련기관)	▶	정비결과 보고 (관련기관)
홀수달 1일 신청		신청일로부터 5일 이내		승인일로부터 7일 이내		정비 완료일로부터 3일 이내

※ 단, 주말 및 공휴일도 일수(日數)에 산입하며, 당일(신청일, 승인일, 정비완료일)은 일수에 산입하지 않는다.

① 자치구가 7월 2일에 정류소 명칭 변경을 신청한 경우, ○○시의 시장은 늦어도 7월 7일까지는 승인 여부를 결정해야 한다.

② 자치구가 8월 16일에 신청한 정류소 명칭 변경이 승인될 경우, 늦어도 9월 16일까지는 정비결과가 시장에게 보고된다.

③ '가나시영3단지'라는 정류소 명칭을 '가나서점·가나3단지아파트'로 변경하는 것은 명칭 부여기준에 적합하다.

④ '다라중학교·다라동1차아파트'라는 정류소 명칭은 글자 수가 많아 명칭 부여기준에 적합하지 않다.

⑤ 명칭을 변경하는 정류소에 '마바구도서관·마바시장·마바물산'이라는 명칭이 부여될 수 있다.

약점 보완 해설집 p.13

PSAT 교육 1위, 해커스PSAT
psat.Hackers.com

유형 소개

상황판단 영역에서 문제해결은 논리 게임을 말한다. 초기에는 5~6문제 출제되었으나, 2024년도에 9문제가 출제되는 등 비중이 확대되고 있는 분야이다. 논리 게임의 중요점은 게임의 유형이나 문제해결력을 토대로 하여 가장 높은 비중인 수리 계산 유형의 판단 문제가 구성된다는 것이다. 결국 논리 게임의 기초를 정립한다는 것은 논리 게임과 수리 계산형 문제를 포괄하는 퍼즐 문제에 대한 정답률을 높이게 되는 결과를 가져온다는 점에서 매우 중요한 기초 훈련이라고 할 수 있다.

PART 03

문제해결

논리 게임의 구성 및 접근
Ⅰ. 배열하기·속성매칭
Ⅱ. 그룹핑
Ⅲ. 수적배열
Ⅳ. 승패 게임
Ⅴ. 모형 추리

논리 게임의 구성 및 접근

1 논리 게임의 구성

논리 게임의 접근 방식은 게임의 유형들을 파악하고 기본 접근 원리들을 사용하여 모형화하여 추리하는 것이다. 지문의 언어를 추리하기 위해 모형을 만들어 문제를 해결하는 것이 근본적인 방식에 해당한다. 논리 게임은 세 가지 부분인 상황(시나리오), 규칙, 문제로 구성되어 있다.

1. 상황(시나리오)

'상황(시나리오)'에서는 게임에서 설정된 배경에 대한 변수들의 집합을 보여준다.

> ex) 갑, 을, 병, 정, 무는 다섯 개의 소포를 배달한다. 다섯 명은 한 번에 하나씩 배달하며, 배달 순서는 아직 정해진 바 없다.

위 사례에서 변수는 두 가지 집합으로 구성되어 있다. 첫 번째는 다섯 명의 사람들이며, 두 번째 변수는 배달 순서이다.

2. 규칙

두 번째 부분은 변수들 사이의 관계들을 나타내는 '규칙'이 있다. 위의 상황과 함께 다음의 규칙들이 있을 수 있다.

> ex) 갑은 제일 처음이나 마지막에 배달한다.
> 을은 병이 배달한 후에 배달한다.
> 병은 정이 배달한 후에 배달한다.

논리 게임에서 각각의 규칙들을 활용하여 문제를 해결한다. 위 사례에서는 사람들의 배달 순서를 배열하는 문제에 해당한다.

논리 게임을 시작할 때에 전체 게임의 상황과 모든 규칙들을 철저하게 분석해야 한다. 이 과정에서 변수 집합이 어떻게 존재하며, 이들 간의 관계가 어떻게 적용되는지를 알게 된다. 그래서 이 단계에서 게임의 규칙을 정확하게 기억해야 하며, 규칙을 파악하지 못할 경우 문제해결에 어려움을 겪게 될 수밖에 없다.

규칙들 중에서 가장 강력하게 적용되는 규칙들을 확인하고, 그 규칙들이 어떤 방식으로 서로 작용하는지를 생각하는 것이 중요한다. 규칙을 활용한 추리 과정은 다음과 같이 나타난다.

> 1. 규칙을 파악하고 기억하기
> 2. 상황과 규칙의 모형화
> 3. 추리하기
> 4. 규칙과 추리를 통해 문제 해결하기

2 논리 게임의 접근 전략과 모형화

처음 게임에 접근할 때에는 문제를 해결하기 위해서 어떤 방식으로 어디부터 진행할 것인지 전략을 세워야 한다. 그런데 다양한 논리 게임의 유형이 있기에 이를 파악하지 못할 경우 시간이 많이 소모될 수밖에 없다. 따라서 다양한 유형의 논리 게임을 미리 경험하여 각각의 유형에 대한 이상적인 접근방식을 모듈로 만들어 놓아야 한다. 다음은 일반적으로 구성되는 배열하기 유형의 문제에 대한 전략 예시이다.

순서 배열하기 유형

1. 변수들의 목록과 변수의 갯수
2. 게임에 나타나는 규칙에서 언급되지 않는 변수 확인
3. 변수 집합의 모형화(도표나 수식)
4. 규칙들의 모형화(도표나 수식)
5. 규칙들의 조합이나 제한 요소로부터 추리한 내용

3 논리 게임 문제의 형태

논리 게임의 문제는 규칙으로부터 추리되는 정보에 대해서 전반적으로 묻는 질문이 있으며, 구체적으로 특정되는 사항에 대한 질문이 있을 수 있다. 문제는 기본적으로 다음의 네 가지에 대해 묻고 있다.

1. 반드시 참은?
2. 반드시 거짓은?
2. 참이 될 수 있는 것은?
3. 참이 될 수 없는 것은?

문제해결을 위한 실마리를 찾는 것이 중요한데, 대부분 규칙들 중에서 가장 변수들의 설정을 잘 파악할 수 있는 정보를 기준으로 해결을 진행하는 것이 좋다. 이는 상황의 정보 중 반드시 참이나 거짓이 되는 것들을 기준으로 하여 파악하라는 의미이다.

4 논리 게임의 유형

PART 03 문제해결에서 다룰 논리 게임의 유형은 '배열하기·속성매칭', '그룹핑', '수적 배열', '승패 게임', '모형 추리'로 크게 5가지로 구분할 수 있으며, 다음 장부터 이 유형들에 대한 설명을 순서대로 이어가고자 한다.

Ⅰ. 배열하기·속성매칭

1 배열하기

배열하기는 변수들의 고정된 위치 및 순서를 맞추는 유형이다. 배열하기에서는 변수 집합 중 하나가 기준(base)이 되고 이를 기준으로 모형화가 이루어진다. 그리고 나머지 변수 집합은 모형화된 공간에 배치되어 문제를 해결하는 과정으로 나아간다.

1. 모형화

ex) 1일부터 6일까지 여섯 명의 학생 갑, 을, 병, 정, 무, 기가 상담을 받을 예정이다. 각각의 학생은 한 번 상담을 받고, 하루에 한 명씩 상담을 받는다.

위 사례에서 기준이 되는 것은 날짜이다. 날짜는 고정되어 있는 순서를 지니고 있기 때문이다. 따라서 이를 기준으로 하여 날짜의 빈칸에 6명의 학생들이 한 명씩 배치되는 구조를 지니는 모형을 다음과 같이 만들 수 있다.

1	2	3	4	5	6

※ 기준 변수 집합(base): 고유한 순서를 가지는 것을 기준으로 선택한다.

사례에서처럼 날짜와 같이 고정된 순서가 명확하게 설정된 것을 기준으로 선택하는 것이 좋다. 다른 변수 집합의 위치를 설정할 수 있는 확정된 틀을 제공해 주기 때문이다. 만약 위 사례에서 학생들을 기준으로 삼을 경우, 날짜 순서를 추가적으로 고려하면서 문제를 해결해야 하기 때문에 이중적인 부담을 가지게 된다. 따라서 날짜와 같은 고정된 순서가 있는 변수를 기준으로 삼는 것이 가장 적절한 방식이다.

모형화는 도표 및 수식을 만들어 배열하기 게임을 시각적으로 표현하여 게임을 접근하며, 이를 기준으로 하여 문제를 해결한다. 따라서 어떤 모형을 만드는가에 따라 게임에 효율적으로 접근할 수 있는지가 결정되기도 한다. 배열하기 유형에서는 기준이 되는 변수 집합을 기준으로 하여 도표가 만들어지며, 문제에 따라 수평적 또는 수직적 도표가 결정된다. 순서를 중심으로 할 경우 수평적인 도표가 효율적이며 빌딩과 같은 사례에서는 수직적 도표가 효율적이다.

2. 규칙 표시

규칙을 표시하는 것은 문제를 해결하기 위해 매우 중요하다. 규칙을 모형화하여 표시하지 않을 경우, 규칙을 적용해야 할 때를 간과할 수 있으며 이로 인해 문제 해결이 불가하기 때문이다. 규칙을 모형화할 때는 우선 규칙 자체를 표시하는 방식을 고려해야 하며, 규칙의 의미를 표시하는 방식도 함께 생각해야 한다.

게임에서 우선적으로 찾아서 표시할 사항은 반드시 참이 되는 규칙과 반드시 거짓이 되는 규칙이다. 만약 참일 수 있는 것을 먼저 고려할 경우에는 수많은 가능성과 경우가 발생하기 때문에 문제 해결에 있어서 많은 시간이 필요할 수밖에 없다. 따라서 다양한 경우를 제거하고 확정적인 경우를 찾기 위해서는 먼저 결정적인 진술들을 표시해야 한다.

(1) 반드시 거짓 – 부정하기(배제하기)

배열하기에서 부정되는 정보는 정해진 기준에 배열될 수 없다는 내용으로 주어진 규칙이다. 따라서 이 경우 일반적으로 사선(/)으로 표시한다. 부정하기는 배열하기 게임에서 변수들의 위치를 제한하며 경우의 수를 줄이는 역할을 한다.

ex) 1일부터 6일까지의 기간 중에 갑은 3일에 상담받지 않는다.

1	2	3	4	5
		갑		

배열하기 게임에서 부정하기 표시는 규칙 자체를 표현하는 것이며, 동시에 다른 규칙들에 의해 추론되어 사용되기도 한다.

(2) 블록 설정(block)

배열하기에서 구획을 설정하는 것은 변수들이 고정된 공간 안에서 관계를 맺는다는 것을 의미한다. 배열하기에서는 바로 옆에 인접해 있다는 것을 표현할 때에 사용하는 방식이다.

ex) 갑은 을 바로 전날 상담한다.

갑 을

블록 표시를 하면서 알 수 있는 것은 을이 1일에 상담을 받을 수 없다는 것과 갑이 6일에 상담을 받을 수 없다는 사실이다. 을이 상담받기 전에 최소한 갑이 상담을 받고 갑은 을보다 최소 하루 먼저 상담을 받기 때문이다. 이는 부정하기를 통해 다음과 같이 표시할 수 있다.

1	2	3	4	5	6
을				갑	

분리 블록 설정

분리 블록은 둘 이상의 변수 사이에 빈칸이 있다는 것을 의미한다.

ex) 갑은 을이 상담을 받기 2일 전에 상담을 받았다.

갑 _ 을

이는 갑이 상담을 받고 나서 2일 뒤에 을이 상담을 받는다는 것을 나타낸 것이다. 이때에도 전체적으로 부정하기의 원리가 적용될 수 있다. 갑은 최소 마지막 2일간은 상담을 받지 않았다는 것을 알 수 있고, 을도 최소 처음 2일간은 상담을 받지 않았다는 것을 알 수 있기 때문이다.

1	2	3	4	5	6
을	을			갑	갑

분리 블록은 중간에 빈칸의 숫자에 따라 구성될 수 있다.

ex) 갑이 상담받는 날과 을이 상담받는 날 사이에는 2일이 있다.

갑＿＿을

이 경우에도 부정하기는 그대로 적용되는데, 이때에는 갑은 마지막 3일간이 부정되며, 을은 처음 3일간의 부정된다.

블록 부정
블록을 부정하다는 것은 인접하는 변수들이 있을 수 없다는 것을 의미한다. 이때는 블록을 설정하고 그러한 블록이 있을 수 없다는 의미로 블록 전체에 부정 표시를 한다.

1	2	3	4	5	6
을	을	을	갑	갑	갑

ex) 갑은 을 바로 전날 상담한다.

~~갑을~~

두 변수가 인접하지 않는다는 것을 표현하는 경우에도 부정 블록이 사용되는데, 이때에는 두 가지 경우를 모두 표시해야 한다. 앞 뒤에 위치할 수 있기 때문이다.

ex) 갑과 을이 상담받는 날은 인접하지 않는다.

~~갑을~~ ~~을갑~~

(3) 순서 표시

순서는 변수들의 위치를 결정하는데, 절대적인 위치 및 상대적인 위치로 구별되어 제시된다. 절대적인 위치는 반드시 참과 같이 순서 공간에 배치하면 되지만, 상대적인 순서인 경우 부등식을 통해 표시해야 한다.

ex) 갑은 을보다 먼저 상담한다.
갑 > 을

부등식을 사용한 표시 이후 블록과 마찬가지로 부정하기를 표시해야 한다. 갑은 마지막에 올 수 없고 을은 첫날에 올 수 없기 때문이다.

1	2	3	4	5	6
을					갑

상대적인 순서를 규칙의 결합을 통해 연쇄적인 순서를 표시할 수도 있다.

ex) 갑은 을보다 먼저 상담을 받지만 병보다 뒤에 상담을 받는다.
병 > 갑 > 을

이 경우에 부정하기는 모두 여섯 개가 표시되어야 한다. 병은 자신의 뒤에 갑과 을이 상담을 받기에 최소 마지막 2일에 배치될 수 없다. 또한 을도 처음 2일간 배치될 수 없다. 한편 갑은 자신의 앞에 병이, 뒤에 을이 배치되어야 하기에 첫날과 마지막 날에 배치될 수 없다.

1	2	3	4	5	6
갑 을	을			병	병 갑

부등식 표시에 있어서 둘의 순서는 결정되지만 결정되지 않는 변수들이 한꺼번에 설정될 수도 있다. 이때에는 동일선 상에 표시할 수 있다.

> ex) 갑과 을은 모두 병보다 앞서 상담받는다.
> 갑/을 > 병

이 경우에는 갑과 을은 순서가 확실하지 않지만 병보다 앞서 배치되어야 한다. 한편 병은 첫 2일은 배치될 수 없다. 따라서 부정하기는 다음과 같이 설정된다.

1	2	3	4	5	6
~~병~~	~~병~~				~~갑, 을~~

> ex) 3일에 갑 또는 을이 상담을 받는다.

1	2	3	4	5	6
		갑/을			

이 표시는 주어진 조건이 하루에 한 명만 배치된다고 할 경우, 갑이나 을 둘 중 하나만 가능하다는 표시이다.

> ex) 갑은 3일이나 5일에 상담 받는다.

1	2	3	4	5	6
		갑/		/갑	

두 개의 옵션
규칙에서 한 개의 빈칸에 올 수 있는 변수가 두 개일 때에는 어느 하나만 가능하기에 이에 대한 표시는 '/'으로 나타낸다.

3. 추리 과정

규칙을 모형으로 표시한 후에 주어진 규칙을 통해 도출할 수 있는 정보를 찾는 것이 추리 과정이다. 정확한 추리는 논리 게임을 해결하는 데에 시간을 절약할 수도 있고 문제해결을 쉽게 할 수도 있다.

(1) 연쇄 추리

추리의 가장 기초적인 방식으로 규칙들의 관계를 연쇄적으로 파악하는 것이다. 주로 순서 정하기 문제에서 사용되는 방식으로 부등식으로 표시된 규칙들의 순서를 파악할 때에 사용된다.

> ex) 배치될 자리는 6개이며, 한 명씩 배치된다. K는 L보다 앞서 배치된다. L은 M보다 앞서 배치된다.
> K > L
> L > M
> K > L > M

이 경우 순서의 연쇄를 추리한 경우로, 부정하기의 표시도 다음과 같이 6가지로 나타나게 된다.

1	2	3	4	5	6
~~M, L~~	~~M~~			~~K~~	~~K, L~~

만약 연쇄 추리가 되지 않았다면, 2번과 5번에 부정하기 표시를 하지 못했을 것이므로, 배열하기의 중요 부분을 놓칠 수도 있었다. 또한 각 규칙을 표시하고 나중에 추가적으로 확인할 경우 비효율적인 추리가 이루어지게 될 것이다. 따라서 연쇄추리가 가능하다면 즉각적으로 표시를 하고 부정하기를 시도해야 한다.

(2) 규칙의 결합

논리 게임의 해결을 빠르게 하는 방식 중에 하나는 규칙들의 결합을 파악하는 것이다. 배열하기 등의 공간 배치에서는 반드시 참이 되는 배치를 우선적으로 한 다음에, 다른 규칙의 성립 여부를 통해 결합된 바를 추리하게 된다.

ex) 병을 5일에 상담을 받는다.
갑과 을은 연속으로 상담을 받아야 한다.

갑 을

을 갑

1	2	3	4	5	6
				병	

이때 갑과 을이 연속되어야 하므로 갑과 을은 6일에 배치되지 못한다는 것을 규칙 결합을 통해 알 수 있다.

1	2	3	4	5	6
				병	~~갑, 을~~

(3) 제한 조건

규칙에서 한 가지 변수에 대해 선택 사항이 제한되는 경우가 있다. 한 칸에 들어갈 수 있는 변수가 제한될 수도 있고, 선택의 경우가 제한될 수도 있다. 부정하기나 블록을 통해서도 제한이 될 수 있다. 이러한 제한 조건을 통해 추리할 수 있다.

ex) A는 갑, 을, 병, 정, 무 다섯 사람을 월요일부터 금요일까지 5일 동안 하루에 한 사람씩 상담해야 한다.
갑은 월요일이나 금요일에 상담해야 한다.
무는 수요일에 상담할 수 없다.
을은 목요일에 상담해야 한다.

월	화	수	목	금
갑/	~~갑~~	~~무~~ ~~갑~~	을 ~~갑~~	/갑

이때 수요일에 2명이 부정되며, 을은 목요일로 확정되었으므로 을도 수요일에 배치될 수 없다. 따라서 수요일에는 병 또는 정이 올 수밖에 없다. 제한된 조건을 표시하면 다음과 같다.

월	화	수	목	금
갑/	~~갑~~	~~무~~ ~~갑~~ 병/정	을 ~~갑~~	/갑

제한 조건은 분리 블록으로 표시되는 경우도 있다.

ex) A, B, C, D, E 다섯 명을 1~5번 순서가 있는 좌석에 한 명씩 배치해야 한다.
A와 B 사이에 두 명이 배치되며, A와 B 중 누가 앞에 배치되는가는 알 수 없다.
C는 D 바로 앞 번호에 배치되어야 한다.

A/B _ _ B/A

CD

1	2	3	4	5
~~D~~		~~A, B~~		~~C~~

이 경우에는 앞에 있는 A/B가 올 수 있는 곳이 두 곳밖에 없게 된다. 1번이나 2번이다. 따라서 두 가지 경우가 가능하며 이를 표시하면 다음과 같다.

1	2	3	4	5
A/B			B/A	

1	2	3	4	5
	A/B			B/A

① **A/B가 1번에 오는 경우:** CD가 함께 올 수 있는 자리는 2~3번밖에 없다. 따라서 나머지 5번에 E가 배치된다.

1	2	3	4	5
A/B	C	D	B/A	E

② **A/B가 2번에 오는 경우:** CD가 올 수 있는 경우는 3~4번밖에 없다. 따라서 1번에 E가 배치된다.

1	2	3	4	5
E	A/B	C	D	B/A

(4) 균형 및 불균형 게임

배열하기에서 변수와 빈칸의 수가 일치하는 경우를 균형 게임이라고 한다. 이는 변수와 빈칸의 수가 일대일 대응이 되는 경우를 의미한다. 한편 변수와 빈칸이 일치하는 않을 때 불균형 게임이라고 한다. 불균형 게임에서는 수적 분배를 우선적으로 고려해야 한다.

불균형 게임은 부족 게임과 과잉 게임으로 나뉜다. 부족 게임은 변수의 수가 빈 칸보다 적은 경우이다. 반면에 변수의 수가 빈 칸 수보다 많을 때에는 과잉 게임이 된다.

ex) A, B, C, D 4명을 월요일부터 목요일까지 한 명씩 배치해야 한다.
7명의 승객을 9개의 좌석에 배열해야 한다.
8개의 강의를 4일 동안 해야 한다.

ex) 9명의 학생에 대한 상담을 월요일부터 금요일까지 실시하려고 한다. 단 하루에 2명 이상을 상담할 수는 없다.

이 경우 수적 분배는 2-2-2-2-1이 된다. 즉, 하루만 1명을 상담하며 나머지 요일에는 모두 2명씩 상담해야 한다.

(5) 최소 최대 확인

변수 또는 빈칸에 가능한 최대 또는 최소 수치를 확인해야 되는 문제이다. 최대 최소를 구하기 위해서는 출제의도에 맞추어 변수를 통제해야 한다.

> ex) 다음 4개의 메모리에 배열할 수 있는 프로그램은 최대 6개까지 가능하다.

(6) 제거 및 가설 설정: 선택지 활용

배열 중심의 문제에서는 부정하기 등 제거의 방식을 통해 쉽게 정답을 찾을 수 있으며, 선택지에서 오답을 하나씩 제거해야 정답을 남기는 방식도 효율적일 수 있다. 다섯 개의 선택지에서 비록 답이 정확하게 찾기 어려울 때에도 오답 4개를 찾아 제거할 경우 답을 도출할 수 있기 때문이다. 또한 〈보기〉나 선택지에서 제시한 바로 가설을 설정하여 확인하면서 문제를 해결할 수도 있다.

(7) 정보의 재사용

선택지 중에서 한 개의 선택지를 해결하기 위해 사용되었던 정보나 추리를 다음 선택지의 진위 파악을 위해 사용할 수 있다. 어떤 경우에는 4가지 경우에서 선택지를 통해 1개를 제외시키고 나머지 3가지 경우만을 통해 추리하는 내용이 다른 선택지에서 질문으로 나올 수 있기 때문이다.

(8) 템플릿 파악

규칙에 의해 파악되는 바가 완전히 결정되지 않고 경우의 수로 나타날 경우, 각각의 경우에 맞추어 템플릿을 구성하여 파악해야 한다.

> ex) 철수는 수요일이나 목요일에 운전한다.

(9) 가능성 규정

템플릿을 설정하는 때에는 경우의 수가 나타날 때이지만, 그렇지 않고 다양한 가능성들이 있을 때에 선택지나 보기에 따라 그러한 가능성들을 확인해야 한다.

4. 배열하기의 종류

(1) 순서 정하기(Sequencing Game)

배열하기 유형 중에 순서를 정하는 문제로 구성된 경우도 있다. 이 유형에서는 모든 규칙들이 순서와 관련되어 나타난다. 이러한 유형에서는 변수들 사이의 관계가 상대적이며 다른 배열하기 유형과 다르게 변수들의 위치가 고정되어 있지 않다. 이에 대한 접근은 다음과 같이 한다.

> ① 부등식을 사용하여 상대적인 관계를 표현한다.
> ex) P는 T보다 빠르고 S보다는 느리다. → S>P>T
> ② 규칙에서 부정하는 내용이 있을 때에는 변수들간의 동일한 정도도 가능하다.
> ex) A는 B보다 빠르지 않다. → B≥A
> ③ 두 개의 규칙 이상에서 나타나는 변수들을 찾아 순서를 정할 때에는 변수들을 연결한다.
> ex) A는 B보다 빠르지 않고 B는 C보다 느리다. → C>B≥A
> ④ 첫 번째와 마지막 위치를 표현하는 규칙을 통해 범위를 확인한다.
> ⑤ 순서 관계가 불확실할 경우 동시성을 표시한다.
> ex) A는 B와 C보다 빠르다. → A>B/C

(2) 원형 배열

원 둘제의 공간에 일정한 수의 변수를 배열하는 게임이다. 접근 방식은 다음과 같다.

① 원 둘레로 표시하거나 바퀴살(spoke) 모양을 활용한다(모형화).

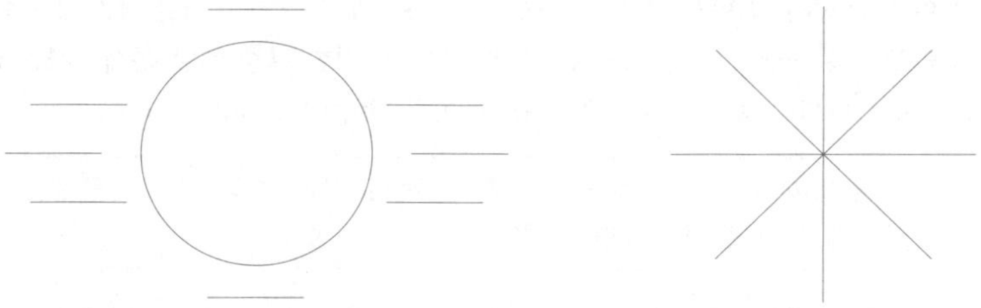

② 변수의 개수가 짝수일 경우 바퀴살 모양이 적절하며, 홀수일 경우 인접한 쌍이 중요한 기준이 된다.
③ 배열 도식이 원이기 때문에 첫 번째 자리에 있는 사람과 마지막 자리에 있는 사람은 인접한다.
④ 반대편 변수와 관련된 규칙이 있을 경우, 그러한 변수를 우선 배치한다.

(3) 공간 배열: 지도 게임(mapping Game)

대부분의 논리 게임은 수적인 관계를 활용하며 게임을 해결할 때에 중요한 역할을 한다. 그런데 지도 게임은 수적인 부분이 나타나지 않지만 수적으로 관계로 파악하고 적용할 수 있는 요소가 포함되어 있다.

① 공간적 관계를 화살표나 선으로 도식화한다.
② 고정된 중심점을 찾고 이를 토대로 방향 관계를 사용하여 표시한다.
③ 문제에서 제시된 다이어그램 등의 도식이나 그림을 활용한다.
④ 도식을 그릴 때에는 변수의 연결 방향, 직선 여부, 교차 가능성을 확인한다.

(4) 수적 분배

수적 분배는 변수집합을 또 다른 변수 집합으로 할당하는 게임을 말한다.

① **일대일 분배**: 변수 집합의 크기가 같다. 일대일 분배는 할당해야 하는 변수와 채워지는 공간의 수가 같다.
ex) 월요일부터 토요일까지 6일 동안 여섯 명의 면접이 있을 것이며, 각 사람은 하루에 한 명씩 면접을 한다.
② **불균형 분배**: 일정하지 않은 분배를 규칙으로 하여 과잉 게임의 형식을 취한다. 즉, 하나의 변수 집합이 다른 변수 집합보다 크다.
ex) 5층 아파트에는 각 층에 한 가구 또는 두 가구가 살며, 아파트에는 모두 8개의 가구가 산다.
③ **분배 방식**
- 최소한의 요구를 만족시킨다.
- 남은 변수가 분배될 수 있는 경우의 수를 고려하여 분배한다.
  - 남은 변수에 최대한 가능한 수를 배분하거나 균등 분배를 시도한다.

ex) 다섯 명이 세 개의 집단에 배정되는데, 각 집단에는 최소 한 명이 배정되어야 한다.
- 최소한의 요구: 세 집단 각각 1명씩 배정
- 나머지 2명 분배의 경우: 1-1-3/ 2-2-1

- 게임의 해결 순서: 수적 측면의 규칙 확인 → 그룹 모형화 → 배열하기

2 속성매칭

속성매칭 유형은 복합적인 배열하기로 볼 수 있다. 배열하기의 기초적인 유형은 하나의 변수 집합을 기준으로 하고 다른 변수 집합을 배열하는 방식이다. 그런데 세 개 이상의 변수 집합이 나타날 경우, 기준이 되는 변수 집합을 토대로 하여 나머지 두 개 이상이 집합을 표시해야 한다. 따라서 변수 집합이 많을수록 게임의 복잡성도 증가하게 된다. 이러한 다중 배열 문제에서는 많은 경우 변수 집합의 속성이 포함되어 출제되는 경우도 있다. 이를 '속성매칭'이라고 한다.

> ex) 월요일부터 금요일까지 5일 동안 갑, 을, 병, 정, 무 5개의 회사를 하루에 한 군데를 방문하고, 5개의 물품 A, B, C, D, E를 하루에 한 개씩 구입할 예정이다.

위 사례에서 변수 집합은 모두 3개이다. 요일, 회사, 물품. 따라서 각 요일마다 방문할 회사와 구입할 물품을 배열해야 한다. 그래서 다음과 같은 도표를 통해 배열할 수 있다.

요일	월	화	수	목	금
회사					
물품					

실전 연습문제

01

2020년 7급 모의 문25

다음 글과 <대화>를 근거로 판단할 때, 乙~丁의 소속 과와 과 총원을 옳게 짝지은 것은?

> ○ A부서는 제1과부터 제4과까지 4개 과, 총 35명으로 구성되어 있다.
> ○ A부서 각 과 총원은 과장 1명을 포함하여 7명 이상이며, 그 수가 모두 다르다.
> ○ A부서에 '부여'된 내선번호는 7001번부터 7045번이다.
> ○ 제1과~제4과 순서대로 연속된 오름차순의 내선번호가 부여되는데, 각 과에는 해당 과 총원 이상의 내선번호가 부여된다.
> ○ 모든 직원은 소속 과의 내선번호 중 서로 다른 번호 하나를 각자 '배정'받는다.
> ○ 각 과 과장에게 배정된 내선번호는 해당 과에 부여된 내선번호 중에 제일 앞선다.
> ○ 甲~丁은 모두 A부서의 서로 다른 과 소속이다.

〈대화〉

> 甲: 홈페이지에 내선번호 알림을 새로 해야겠네요. 저희 과는 9명이고, 부여된 내선번호는 7016~7024번입니다.
> 乙: 甲주무관님 과는 총원과 내선번호 개수가 같네요. 저희 과 총원이 제일 많은데, 내선번호는 그보다 4개 더 있어요.
> 丙: 저희 과는 총원보다 내선번호가 3개 더 많아요. 아, 丁주무관님! 제 내선번호는 7034번이고, 저희 과장님 내선번호는 7025번이에요.
> 丁: 저희 과장님 내선번호 끝자리와 丙주무관님 과의 과장님 내선번호 끝자리가 동일하네요.

	직원	소속 과	과 총원
①	乙	제1과	10명
②	乙	제4과	11명
③	丙	제3과	8명
④	丁	제1과	7명
⑤	丁	제4과	8명

02

2021년 7급 나 문7

다음 글을 근거로 판단할 때, 마지막에 송편을 먹었다면 그 직전에 먹은 떡은?

> 원 쟁반의 둘레를 따라 쑥떡, 인절미, 송편, 무지개떡, 팥떡, 호박떡이 순서대로 한 개씩 시계방향으로 놓여 있다. 이 떡을 먹는 순서는 다음과 같은 규칙에 따른다. 특정한 떡을 시작점(첫 번째)으로 하여 시계방향으로 떡을 세다가 여섯 번째에 해당하는 떡을 먹는다. 떡을 먹고 나면 시계방향으로 이어지는 바로 다음 떡이 새로운 시작점이 된다. 이 과정을 반복하여 떡이 한 개 남게 되면 마지막으로 그 떡을 먹는다.

① 무지개떡
② 쑥떡
③ 인절미
④ 팥떡
⑤ 호박떡

03

2021년 7급 나 문21

다음 글과 <대화>를 근거로 판단할 때, ㉠에 들어갈 丙의 대화내용으로 옳은 것은?

주무관 丁은 다음과 같은 사실을 알고 있다.

○ 이번 주 개업한 A식당은 평일 '점심(12시)'과 '저녁(18시)'으로만 구분해 운영되며, 해당 시각 이전에 예약할 수 있다.
○ 주무관 甲~丙은 A식당에 이번 주 월요일부터 수요일까지 서로 겹치지 않게 예약하고 각자 한 번씩 다녀왔다.

〈대화〉

甲: 나는 이번 주 乙의 방문후기를 보고 예약했어. 음식이 정말 훌륭하더라!
乙: 그렇지? 나도 나중에 들었는데 丙은 점심 할인도 받았대. 나도 다음에는 점심에 가야겠어.
丙: 월요일은 개업일이라 사람이 많을 것 같아서 피했어.
㉠
丁: 너희 모두의 말을 다 들어보니, 각자 식당에 언제 갔는지를 정확하게 알겠다!

① 乙이 다녀온 바로 다음날 점심을 먹었지.
② 甲이 먼저 점심 할인을 받고 나에게 알려준 거야.
③ 甲이 우리 중 가장 늦게 갔었구나.
④ 월요일에 갔던 사람은 아무도 없구나.
⑤ 같이 가려고 했더니 이미 다들 먼저 다녀왔더군.

04

2022년 7급 가 문17

다음 글을 근거로 판단할 때 옳은 것은?

甲부처 신입직원 선발시험은 전공, 영어, 적성 3개 과목으로 이루어진다. 3개 과목 합계 점수가 높은 사람순으로 정원까지 합격한다. 응시자는 7명(A~G)이며, 7명의 각 과목 성적에 대해서는 다음과 같은 사실이 알려졌다.

○ 전공시험 점수: A는 B보다 높고, B는 E보다 높고, C는 D보다 높다.
○ 영어시험 점수: E는 F보다 높고, F는 G보다 높다.
○ 적성시험 점수: G는 B보다도 높고 C보다도 높다.

합격자 선발 결과, 전공시험 점수가 일정 점수 이상인 응시자는 모두 합격한 반면 그 점수에 달하지 않은 응시자는 모두 불합격한 것으로 밝혀졌고, 이는 영어시험과 적성시험에서도 마찬가지였다.

① A가 합격하였다면, B도 합격하였다.
② G가 합격하였다면, C도 합격하였다.
③ A와 B가 합격하였다면, C와 D도 합격하였다.
④ B와 E가 합격하였다면, F와 G도 합격하였다.
⑤ B가 합격하였다면, B를 포함하여 적어도 6명이 합격하였다.

05

2023년 7급 인 문21

다음 글을 근거로 판단할 때, 식목일의 요일은?

> 다음은 가원이의 어느 해 일기장에서 서로 다른 요일의 일기를 일부 발췌하여 날짜순으로 나열한 것이다.
>
> (1) 4월 5일 ○요일
> 오늘은 식목일이다. 동생과 한 그루의 사과나무를 심었다.
>
> (2) 4월 11일 ○요일
> 오늘은 아빠와 뒷산에 가서 벚꽃을 봤다.
>
> (3) 4월 □□일 수요일
> 나는 매주 같은 요일에만 데이트를 한다. 오늘 데이트도 즐거웠다.
>
> (4) 4월 15일 ○요일
> 오늘은 친구와 미술관에 갔다. 작품들이 멋있었다.
>
> (5) 4월 □□일 ○요일
> 내일은 대청소를 하는 날이어서 오늘은 휴식을 취했다.
>
> (6) 4월 □□일 ○요일
> 나는 매달 마지막 일요일에만 대청소를 한다. 그래서 오늘 대청소를 했다.

① 월요일
② 화요일
③ 목요일
④ 금요일
⑤ 토요일

06

2023년 7급 인 문23

다음 글을 근거로 판단할 때 옳은 것은?

> A~E 간에 갖고 있는 상대방의 연락처에 대한 정보는 다음과 같다.
>
> ○ A는 3명의 연락처를 갖고 있는데, 그 중 2명만 A의 연락처를 갖고 있다. 그런데 A의 연락처를 갖고 있는 사람은 총 3명이다.
> ○ B는 2명의 연락처를 갖고 있는데, 그 2명을 제외한 2명만 B의 연락처를 갖고 있다.
> ○ C는 A의 연락처만 갖고 있는데, A도 C의 연락처를 갖고 있다.
> ○ D는 2명의 연락처를 갖고 있다.
> ○ E는 B의 연락처만 갖고 있다.

① A는 B의 연락처를 갖고 있다.
② B는 D의 연락처를 갖고 있다.
③ C의 연락처를 갖고 있는 사람은 3명이다.
④ D의 연락처를 갖고 있는 사람은 A뿐이다.
⑤ E의 연락처를 갖고 있는 사람은 2명이다.

07

2024년 7급 사 문18

다음 글을 근거로 판단할 때 옳지 않은 것은?

인터넷 장애로 인해 甲~丁은 '메일', '공지', '결재', '문의' 중 접속할 수 없는 메뉴가 각자 1개 이상 있다. 다음은 이에 관한 甲~丁의 대화이다.

甲: 나는 결재를 포함한 2개 메뉴에만 접속할 수 없고, 乙, 丙, 丁은 모두 이 2개 메뉴에 접속할 수 있어.
乙: 丙이나 丁이 접속하지 못하는 메뉴는 나도 전부 접속할 수 없어.
丙: 나는 문의에 접속해서 이번 오류에 대해 질문했어.
丁: 나는 공지에 접속할 수 없고, 丙은 공지에 접속할 수 있어.

① 甲은 공지에 접속할 수 없다.
② 乙은 메일에 접속할 수 없다.
③ 乙은 2개의 메뉴에 접속할 수 있다.
④ 丁은 문의에 접속할 수 있다.
⑤ 甲과 丙이 공통으로 접속할 수 있는 메뉴가 있다.

08

2024년 7급 사 문21

다음 글과 <대화>를 근거로 판단할 때, 직무교육을 이수하지 못한 사람만을 모두 고르면?

甲~丁은 월요일부터 금요일까지 5일 동안 실시되는 직무교육을 받게 되었다. 교육장소에는 2×2로 배열된 책상이 있었으며, 앞줄에 2명, 뒷줄에 2명을 각각 나란히 앉게 하였다. 교육기간 동안 자리 이동은 없었다. 교육 첫째 날과 마지막 날은 4명 모두 교육을 받았다. 직무교육을 이수하기 위해서는 4일 이상 교육을 받아야 한다.

〈대화〉

甲: 교육 둘째 날에 내 바로 앞사람만 결석했어.
乙: 교육 둘째 날에 나는 출석했어.
丙: 교육 셋째 날에 내 바로 뒷사람만 결석했어.
丁: 교육 넷째 날에 내 바로 앞사람과 나만 교육을 받았어.

① 乙
② 丙
③ 甲, 丙
④ 甲, 丁
⑤ 乙, 丁

09

2020년 민경채 가 문21

다음 글을 근거로 판단할 때, <보기>에서 옳은 것만을 모두 고르면?

키가 서로 다른 6명의 어린이를 다음 그림과 같이 한 방향을 바라보도록 일렬로 세우려고 한다. 그림은 일렬로 세운 하나의 예이다. 한 어린이(이하 甲이라 한다)의 등 뒤에 甲보다 키가 큰 어린이가 1명이라도 있으면 A방향에서 甲의 뒤통수는 보이지 않고, 1명도 없으면 A방향에서 甲의 뒤통수는 보인다. 반대로 甲의 앞에 甲보다 키가 큰 어린이가 1명이라도 있으면 B방향에서 甲의 얼굴은 보이지 않고, 1명도 없으면 B방향에서 甲의 얼굴은 보인다.

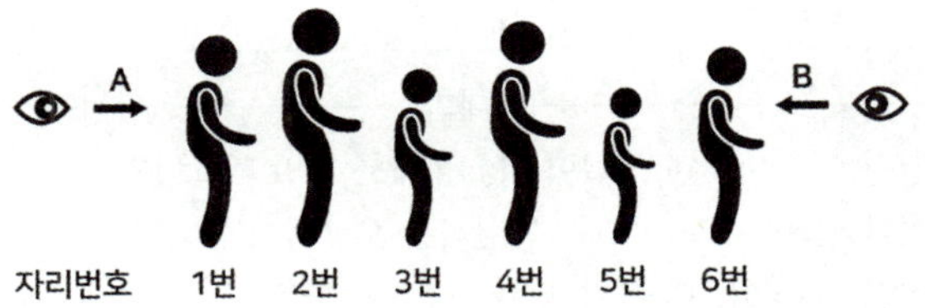

〈보기〉

ㄱ. A방향에서 보았을 때 모든 어린이의 뒤통수가 다 보이게 세우는 방법은 1가지뿐이다.
ㄴ. 키가 세 번째로 큰 어린이를 5번 자리에 세운다면, A방향에서 보았을 때 그 어린이의 뒤통수는 보이지 않는다.
ㄷ. B방향에서 2명의 얼굴만 보이도록 어린이들을 세웠을 때, A방향에서 6번 자리에 서 있는 어린이의 뒤통수는 보이지 않는다.
ㄹ. B방향에서 3명의 얼굴이 보인다면, A방향에서 4명의 뒤통수가 보일 수 없다.

① ㄱ, ㄴ
② ㄷ, ㄹ
③ ㄱ, ㄴ, ㄷ
④ ㄱ, ㄷ, ㄹ
⑤ ㄴ, ㄷ, ㄹ

10

2020년 민경채 가 문23

다음 글을 근거로 판단할 때 옳은 것은?

네 사람(甲~丁)은 각각 주식, 채권, 선물, 옵션 중 서로 다른 하나의 금융상품에 투자하고 있으며, 투자액과 수익률도 각각 다르다.

○ 네 사람 중 투자액이 가장 큰 50대 주부는 주식에 투자하였다.
○ 30대 회사원 丙은 네 사람 중 가장 높은 수익률을 올려 아내와 여행을 다녀왔다.
○ 甲은 주식과 옵션에는 투자하지 않았다.
○ 40대 회사원 乙은 옵션에 투자하지 않았다.
○ 60대 사업가는 채권에 투자하지 않았다.

① 채권 투자자는 甲이다.
② 선물 투자자는 사업가이다.
③ 투자액이 가장 큰 사람은 乙이다.
④ 회사원은 옵션에 투자하지 않았다.
⑤ 가장 높은 수익률을 올린 사람은 선물 투자자이다.

11

2019년 민경채 나 문7

다음 글을 근거로 판단할 때, B구역 청소를 하는 요일은?

> 甲레스토랑은 매주 1회 휴업일(수요일)을 제외하고 매일 영업한다. 甲레스토랑의 청소시간은 영업일 저녁 9시부터 10시까지이다. 이 시간에 A구역, B구역, C구역 중 하나를 청소한다. 청소의 효율성을 위하여 청소를 한 구역은 바로 다음 영업일에는 하지 않는다. 각 구역은 매주 다음과 같이 청소한다.
>
> ○ A구역 청소는 일주일에 1회 한다.
>
> ○ B구역 청소는 일주일에 2회 하되, B구역 청소를 한 후 영업일과 휴업일을 가리지 않고 이틀 간은 B구역 청소를 하지 않는다.
>
> ○ C구역 청소는 일주일에 3회 하되, 그 중 1회는 일요일에 한다.

① 월요일과 목요일

② 월요일과 금요일

③ 월요일과 토요일

④ 화요일과 금요일

⑤ 화요일과 토요일

12

2019년 민경채 나 문22

다음 <상황>과 <대화>를 근거로 판단할 때 6월생은?

〈상황〉

> ○ 같은 해에 태어난 5명(지나, 정선, 혜명, 민경, 효인)은 각자 자신의 생일을 알고 있다.
>
> ○ 5명은 자신을 제외한 나머지 4명의 생일이 언제인지는 모르지만, 3월생이 2명, 6월생이 1명, 9월생이 2명이라는 사실은 알고 있다.
>
> ○ 아래 〈대화〉는 5명이 한 자리에 모여 나눈 대화를 순서대로 기록한 것이다.
>
> ○ 5명은 〈대화〉의 진행에 따라 상황을 논리적으로 판단하고, 솔직하게 대답한다.

〈대화〉

> 민경: 지나야, 네 생일이 5명 중에서 제일 빠르니?
>
> 지나: 그럴 수도 있지만 확실히는 모르겠어.
>
> 정선: 혜명아, 네가 지나보다 생일이 빠르니?
>
> 혜명: 그럴 수도 있지만 확실히는 모르겠어.
>
> 지나: 민경아, 넌 정선이가 몇 월생인지 알겠니?
>
> 민경: 아니, 모르겠어.
>
> 혜명: 효인아, 넌 민경이보다 생일이 빠르니?
>
> 효인: 그럴 수도 있지만 확실히는 모르겠어.

① 지나

② 정선

③ 혜명

④ 민경

⑤ 효인

13

2018년 민경채 나 문10

다음 글과 <상황>을 근거로 판단할 때, A복지관에 채용될 2명의 후보자는?

A복지관은 청소년업무 담당자 2명을 채용하고자 한다. 청소년업무 담당자들은 심리상담, 위기청소년지원, 진학지도, 지역안전망구축 등 4가지 업무를 수행해야 한다. 채용되는 2명은 서로 다른 업무를 맡아 4가지 업무를 빠짐없이 분담해야 한다.

4가지 업무에 관련된 직무역량으로는 의사소통역량, 대인관계역량, 문제해결역량, 정보수집역량, 자원관리역량 등 5가지가 있다. 각 업무를 수행하기 위해서는 반드시 해당 업무에 필요한 직무역량을 모두 갖춰야 한다. 아래는 이를 표로 정리한 것이다.

업무	필요 직무역량
심리상담	의사소통역량, 대인관계역량
위기청소년지원	의사소통역량, 문제해결역량
진학지도	문제해결역량, 정보수집역량
지역안전망구축	대인관계역량, 자원관리역량

〈상황〉

○ A복지관의 채용후보자는 4명(甲, 乙, 丙, 丁)이며, 각 채용후보자는 5가지 직무역량 중 3가지씩을 갖추고 있다.
○ 자원관리역량은 丙을 제외한 모든 채용후보자가 갖추고 있다.
○ 丁이 진학지도업무를 제외한 모든 업무를 수행하려면, 의사소통역량만 추가로 갖추면 된다.
○ 甲은 심리상담업무를 수행할 수 있고, 乙과 丙은 진학지도업무를 수행할 수 있다.
○ 대인관계역량을 갖춘 채용후보자는 2명이다.

① 甲, 乙
② 甲, 丙
③ 乙, 丙
④ 乙, 丁
⑤ 丙, 丁

14

2017년 민경채 나 문22

다음 글과 <표>를 근거로 판단할 때, 백설공주의 친구 7명(A~G) 중 왕자의 부하는 누구인가?

○ A~G 중 2명은 왕자의 부하이다.
○ B~F는 모두 20대이다.
○ A~G 중 가장 나이가 많은 사람은 왕자의 부하가 아니다.
○ A~G 중 여자보다 남자가 많다.
○ 왕자의 두 부하는 성별이 서로 다르고, 국적은 동일하다.

〈표〉

친구	나이	성별	국적
A	37살	?	한국
B	28살	?	한국
C	22살	여자	중국
D	?	여자	일본
E	?	?	중국
F	?	?	한국
G	38살	여자	중국

① A, B
② B, F
③ C, E
④ D, F
⑤ E, G

15

2015년 민경채 인 문25

다음 <조건>을 근거로 판단할 때, 초록 모자를 쓰고 있는 사람과 A 입장에서 왼편에 앉은 사람으로 모두 옳은 것은?

〈조건〉

- A, B, C, D 네 명이 정사각형 테이블의 각 면에 한 명씩 둘러앉아 있다.
- 빨강, 파랑, 노랑, 초록 색깔의 모자 4개가 있다. A, B, C, D는 이 중 서로 다른 색깔의 모자 하나씩을 쓰고 있다.
- A와 B는 여자이고 C와 D는 남자이다.
- A 입장에서 왼편에 앉은 사람은 파란 모자를 쓰고 있다.
- B 입장에서 왼편에 앉은 사람은 초록 모자를 쓰고 있지 않다.
- C 맞은편에 앉은 사람은 빨간 모자를 쓰고 있다.
- D 맞은편에 앉은 사람은 노란 모자를 쓰고 있지 않다.
- 노란 모자를 쓴 사람과 초록 모자를 쓴 사람 중 한 명은 남자이고 한 명은 여자이다.

	초록 모자를 쓰고 있는 사람	A 입장에서 왼편에 앉은 사람
①	A	B
②	A	D
③	B	C
④	B	D
⑤	C	B

약점 보완 해설집 p.16

II. 그룹핑

1 개요

'그룹핑 게임'은 그룹으로 묶일 수 있는 여부에 대한 분석이 필요하다. 이때 순서가 중요하지는 않고 주어진 변수를 그룹에 배치하는 것이 중요하다.

> ex) A그룹에는 4명으로 구성되는데, 구성원이 될 수 있는 사람은 갑, 을, 병, 정, 무, 기, 신이며, 이들 중 4명이 선택된다. 다음의 규칙을 따른다.
> 을이 선택되면, 신도 선택된다.
> 신이 선택되면, 갑은 선택되지 않는다.

2 그룹핑 게임의 종류

1. 한정 게임

한정 게임의 예시
축구 게임에 8명이 참여하고 있다.

게임에서 변수의 수가 규칙에 의해 고정되어 있는 경우이다. 한정 게임에는 균형 게임, 불균형 게임, 변동 게임, 고정 게임 등이 있다.

① 균형 게임
시공간의 수와 변수인 구성원의 수가 일대일로 대응하는 게임
ex) 8명이 4개 그룹에 속해 있다.

② 불균형 게임
시공간의 수보다 변수의 수가 더 많은 경우로, 시공간의 수보다 변수의 수가 더 많을 경우 '과잉' 게임이 되며, 그 반대로 시공간의 수가 변수보다 많을 때에 '부족'게임이 된다.
ex 1) 다음 학기에 개설된 4개 강좌에 6명의 지원자가 배정되었다.
ex 2) 5명의 학생이 월요일부터 일요일 중에 서로 다른 요일에 면접 시험을 보았다.

③ 변동 게임
변수의 수는 결정되어 있지만 그룹의 구체적인 구성원 수가 결정되어 있지 않은 게임을 말한다.
ex) 일곱 명의 대상자들이 세 개의 그룹에 배치될 것인데, 각 그룹에는 최소 2명이 포함되어야 하며 대상자 각각은 한 그룹에만 배치되어야 한다.

④ 고정 게임
변수의 수와 그룹에 포함될 수가 고정되어 있는 게임이다.
ex) 10명의 대상자들이 2개 그룹에 동일한 수로 배정된다.

2. 비한정 게임

게임에서 변수의 수가 고정되어 있지 않고 전체 수만 제시된 경우로, 일대일 대응관계는 성립하지 않는다.

ex) 전체 10명 중에 몇 명은 야구 게임을 하고 있다.

3. 부분 한정 게임

변수들의 최댓값과 최솟값만 정해져 있으나 정확한 수는 고정되어 있지 않은 경우이다.

ex) 게임 참가자 10명 중 남자는 적어도 한 명 이상이며 최대 5명을 초과하지 않는다.

3 그룹의 모형화

1. 도표

그룹핑 게임을 모형화할 때에는 수직축(세로)과 수평축(가로)가 모두 활용될 수 있다.

ex) 4명의 학생들을 두 그룹으로 나눈다.

2. 조건문

조건을 사용하여 서술된 문장인 조건문은 연역추리(형식적 추리)에서 사용하듯 '→(화살표)'를 일반적으로 사용한다. 그리고 이렇게 사용된 조건문은 연역추리의 규칙을 따라야 하기에 논리적인 동치 관계인 대우(contrapositive)를 활용할 수 있다.

ex) 만일 갑이 선발되면, 을도 선발된다.
: 갑 → 을 ≡ ~을 → ~갑(만일 을이 선발되지 않으면 갑도 선발되지 않는다.)

3. 블록 및 배제

인접하거나 함께 배치되는 경우 배열하기에서와 같이 블록을 사용하여 표시하며, 함께 있을 수 없는 경우에는 부정 표시로 배제를 시킨다.

ex) 갑과 을은 함께 그룹에 배치되나, 갑과 병은 함께 그룹에 배치되지 않는다.

갑 을

갑병

4. 추론 과정

(1) 규칙의 연쇄

규칙들의 연결점을 찾아서 연쇄적인 관계를 파악하는 방법으로, 두 개 이상의 규칙을 결합한다.

> ex) 친분이 있는 가족들끼리 함께 여행을 가기로 하였다. 여행을 가는 사람들은 어른 5명(갑, 을, 병, 정, 무)과 어린이 4명(A, B, C, D)으로 모두 9명이다. 이들은 두 대의 자동차(1, 2)로 여행지로 이동하려고 한다. 조건은 다음과 같다.
> - 어른 3명이 자동차 1에 탄다.
> - 갑이 자동차 2에 타면, 을도 자동차 2에 탄다.
> - 을이 자동차 2에 타면, 병도 자동차 2에 탄다.
>
> 1) 첫 번째 조건으로부터 어른 3명이 자동차 1에 나머지 2명이 자동차 2에 탄다는 것을 알 수 있다.
> 2) 두 번째와 세 번째 조건을 연쇄추론하면, 갑이 자동차 2를 타면 을과 병도 자동차 2를 탄다는 것을 알 수 있다. 그런데 1)에서 자동차 2에는 어른 2명만 탈 수 있으므로, 갑은 자동차 2에 탈 수 없으며 자동차 1에 타야 된다는 것을 알 수 있다.

(2) 경우의 수 제한

경우의 수가 다양하게 나타나는 상황에서 그러한 경우의 수를 제한하는 조건을 의미한다. 시공간적 제한이 주로 나타나며 수적으로 제한된 그룹에 배치할 때에도 경우의 수를 제한할 수 있는 조건이다.

> ex) 갑, 을, 병, 정, 무, 기 6명을 3명씩 두 그룹 A와 B에 배치한다. 이때 만약 갑이 A그룹에 배치된다면, 을도 A그룹에 배치되어야 한다.

(3) 수적 제한 활용

정확한 변수 선택 및 그룹핑이 어려울 때에도 반드시 선택되어야 하는 다른 변수를 통해서 배열할 수 있다.

> ex) 갑, 을, 병이 두 개 그룹으로 배치된다. 그런데 갑과 을은 동일한 그룹에 배치될 수 없다.

갑과 을이 동일한 그룹에 배치될 수 없기에 가능한 경우는 (갑과 병/을) 또는 (을과 병/갑)의 두 가지 경우만 가능하다는 것을 알 수 있다.

(4) 추론된 정보 사용

앞에서 이미 추론된 정보는 그 이후 다른 선지를 파악할 때에도 유용하게 사용할 수 있다.

예제

다음 글을 근거로 판단할 때, 甲연구소 신입직원 7명(A~G)의 부서배치 결과로 옳지 않은 것은?

甲연구소에서는 신입직원 7명을 선발하였으며, 신입직원들을 각 부서에 배치하고자 한다. 각 부서에서 요구한 인원은 다음과 같다.

정책팀	재정팀	국제팀
2명	4명	1명

신입직원들은 각자 원하는 부서를 2지망까지 지원하며, 1, 2지망을 고려하여 이들을 부서에 배치한다. 먼저 1지망 지원부서에 배치하는데, 요구인원보다 지원인원이 많은 경우에는 입사성적이 높은 신입직원을 우선적으로 배치한다. 1지망 지원부서에 배치되지 못한 신입직원은 2지망 지원부서에 배치되는데, 이때 역시 1지망에 따른 배치 후 남은 요구인원보다 지원인원이 많은 경우 입사성적이 높은 신입직원을 우선적으로 배치한다. 1, 2지망 지원부서 모두에 배치되지 못한 신입직원은 요구인원을 채우지 못한 부서에 배치된다.

신입직원 7명의 입사성적 및 1, 2지망 지원부서는 아래와 같다. A의 입사성적만 전산에 아직 입력되지 않았는데, 82점 이상이라는 것만 확인되었다. 단, 입사성적의 동점자는 없다.

신입직원	A	B	C	D	E	F	G
입사 성적	?	81	84	78	96	80	93
1지망	국제	국제	재정	국제	재정	정책	국제
2지망	정책	재정	정책	정책	국제	재정	정책

① A의 입사성적이 90점이라면, A는 정책팀에 배치된다.
② A의 입사성적이 95점이라면, A는 국제팀에 배치된다.
③ B는 재정팀에 배치된다.
④ C는 재정팀에 배치된다.
⑤ D는 정책팀에 배치된다.

[정답] ⑤

[유형] 문제해결 - 그룹핑

① (O) A가 90점이면 G보다 낮다. 그런데 A와 G 모두 국제팀이 1지망이므로 1지망에서 G가 93점으로 A보다 점수가 높아 국제팀에 배치된다. A는 두 번째로 점수가 높기에 2지망 정책팀으로 배치된다.
② (O) A가 95점이면 국제팀에 지원한 1지망 중 가장 점수가 높기 때문에 국제팀에 배치된다.
③ (O) 국제팀은 1명만 가능한데, B보다 G가 높기 때문에 될 수 없다. 따라서 2지망인 재정팀에 배치된다. 1지망에서 재정팀에는 C와 E가 배치되는데, 2지망에서는 B와 F밖에 없기 때문에 가능하다.
④ (O) 1지망에서 재정팀에 지원한 사람은 C와 E밖에 없어서 둘 모두 재정팀에 배치된다.
⑤ (X) D는 1지망에서 국제팀에 지원했으나, G보다 점수가 적어 배치될 수 없다. 그런데 A가 최소 점수 82점이므로 D는 A보다 점수가 낮다. 2지망 정책팀은 1지망에서 F가 배치되고, 나머지 1명만 가능한데, A가 G보다 점수가 높으면 1지망에서 A가 국제팀, G가 2지망에서 정책팀에 배치되며, A가 G보다 점수가 낮으면 1지망에서 G가 국제팀, A가 2지망에서 정책팀에 배치된다. 따라서 D는 2지망 정책팀에 배치될 수 없다. 따라서 D는 재정팀에 배치된다.

III. 수적배열

1 개요

수적 배열 및 연결 유형은 논리 게임의 배열하기나 속성매칭 유형을 기반으로 한다. 맥락에 따른 모형화와 제한 및 조건에 따른 배열이 필요한데, 조건과 규칙에 있어서 수적인 차원의 배열 원리가 제시된다. 수적 원리에 따라 배열과 연결을 할 때에도 최소값을 구하는 최적화 문제와 경우의 수를 고려하여 적용하는 문제도 출제되고 있다.

수적 배열 및 연결 문제
수적 순환의 원리를 주로 규칙으로 주고 있으며, 공간 배열을 통해서도 수적 규칙을 적용하는 문제도 포함된다.

예제 2021년 7급 나 문8

다음 글을 근거로 판단할 때, 甲이 구매하려는 두 상품의 무게로 옳은 것은?

> ○○마트에서는 쌀 상품 A~D를 판매하고 있다. 상품 무게는 A가 가장 무겁고, B, C, D 순서대로 무게가 가볍다. 무게 측정을 위해 서로 다른 두 상품을 저울에 올린 결과, 각각 35kg, 39kg, 44kg, 45kg, 50kg, 54kg으로 측정되었다. 甲은 가장 무거운 상품과 가장 가벼운 상품을 제외하고 두 상품을 구매하기로 하였다.

※ 상품 무게(kg)의 값은 정수이다.

① 19kg, 25kg
② 19kg, 26kg
③ 20kg, 24kg
④ 21kg, 25kg
⑤ 22kg, 26kg

[정답] ③
[유형] 문제해결 - 수적배열
1) 무게 무거운 순서: A>B>C>D
2) 서로 다른 두 상품 무게 결과: 35, 39, 44, 45, 50, 54
3) 가장 무거운 2개: A+B=54, 가장 가벼운 조합 2개: C+D=35
4) 그다음 무거운 조합: A+C=50, B와 C의 차이 4kg
5) A+D=45, B+C=44
① (X) B와 C의 차이는 4kg이어야 하므로 6kg는 옳지 않다.
② (X) B와 C의 차이가 7kg이므로 옳지 않다.
③ (O) B와 C의 차이가 4kg이며 합이 44로 옳다.
④ (X) B+C의 값이 46은 있을 수 없다.
⑤ (X) B+C의 갑이 48은 있을 수 없다.

실전 연습문제

01 2020년 7급 모의 문10

다음 글과 <사무용품 배분방법>을 근거로 판단할 때, 11월 1일 현재 甲기관의 직원 수는?

> 甲기관은 사무용품 절약을 위해 〈사무용품 배분방법〉으로 한 달 동안 사용할 네 종류(A, B, C, D)의 사무용품을 매월 1일에 배분한다. 이에 따라 11월 1일에 네 종류의 사무용품을 모든 직원에게 배분하였다. 甲기관이 배분한 사무용품의 개수는 총 1,050개였다.

〈사무용품 배분방법〉

- ○ A는 1인당 1개씩 배분한다.
- ○ B는 2인당 1개씩 배분한다.
- ○ C는 4인당 1개씩 배분한다.
- ○ D는 8인당 1개씩 배분한다.

① 320명
② 400명
③ 480명
④ 560명
⑤ 640명

02 2020년 7급 모의 문13

다음 글을 근거로 판단할 때, 올바른 우편번호의 첫자리와 끝자리 숫자의 합은?

> 다섯 자리 자연수로 된 우편번호가 있다. 甲과 乙은 실수로 '올바른 우편번호'에 숫자 2를 하나 추가하여 여섯 자리로 표기하였다. 甲은 올바른 우편번호의 끝자리 뒤에 2를 추가하였고, 乙은 올바른 우편번호의 첫자리 앞에 2를 추가하였다. 그 결과 甲이 잘못 표기한 우편번호 여섯 자리 수는 乙이 잘못 표기한 우편번호 여섯 자리 수의 3배가 되었다.
>
> 올바른 우편번호와 甲과 乙이 잘못 표기한 우편번호는 아래와 같다.
>
> ○ 올바른 우편번호: □□□□□
> ○ 甲이 잘못 표기한 우편번호: □□□□□2
> ○ 乙이 잘못 표기한 우편번호: 2□□□□□

① 11
② 12
③ 13
④ 14
⑤ 15

03

2020년 7급 모의 문16

다음 글을 근거로 판단할 때 옳지 않은 것은?

1에서부터 5까지 적힌 카드가 각 2장씩 10장이 있다. 5가 적힌 카드 중 하나를 맨 왼쪽에 놓고, 나머지 9장의 카드를 일렬로 배열하려고 한다. 카드는 왼쪽부터 1장씩 놓는데, 각 카드에 적혀 있는 수는 바로 왼쪽 카드에 적혀 있는 수보다 작거나, 같거나, 1만큼 커야 한다.

이 규칙에 따라 카드를 다음과 같이 배열하였다.

5	1	2	3	A	3	B	C	D	E

① A로 가능한 수는 2가지이다.
② B는 4이다.
③ C는 5가 아니다.
④ D가 2라면 A, B, C, E를 모두 알 수 있다.
⑤ E는 1이나 2이다.

04

2021년 7급 나 문9

다음 글을 근거로 판단할 때, A 괘종시계가 11시 정각을 알리기 위한 마지막 종을 치는 시각은?

A 괘종시계는 매시 정각을 알리기 위해 매시 정각부터 일정한 시간 간격으로 해당 시의 수만큼 종을 친다. 예를 들어 7시 정각을 알리기 위해서는 7시 정각에 첫 종을 치기 시작하여 일정한 시간 간격으로 총 7번의 종을 치는 것이다. 이 괘종시계가 정각을 알리기 위해 2번 이상 종을 칠 때, 종을 치는 시간 간격은 몇 시 정각을 알리기 위한 것이든 동일하다. A 괘종시계가 6시 정각을 알리기 위한 마지막 6번째 종을 치는 시각은 6시 6초이다.

① 11시 11초
② 11시 12초
③ 11시 13초
④ 11시 14초
⑤ 11시 15초

05

2021년 7급 나 문10

다음 글을 근거로 판단할 때, 현재 시점에서 두 번째로 많은 양의 일을 한 사람은?

> A부서 주무관 5명(甲~戊)은 오늘 해야 하는 일의 양이 같다. 오늘 업무 개시 후 현재까지 한 일을 비교해 보면 다음과 같다.
>
> 甲은 丙이 아직 하지 못한 일의 절반에 해당하는 양의 일을 했다. 乙은 丁이 남겨 놓고 있는 일의 2배에 해당하는 양의 일을 했다. 丙은 자신이 현재까지 했던 일의 절반에 해당하는 일을 남겨 놓고 있다. 丁은 甲이 남겨 놓고 있는 일과 동일한 양의 일을 했다. 戊는 乙이 남겨 놓은 일의 절반에 해당하는 양의 일을 했다.

① 甲

② 乙

③ 丙

④ 丁

⑤ 戊

06

2021년 7급 나 문22

다음 글과 <상황>을 근거로 판단할 때, 날씨 예보 앱을 설치한 잠재 사용자의 총수는?

> 내일 비가 오는지를 예측하는 날씨 예보시스템을 개발한 A청은 다음과 같은 날씨 예보 앱의 '사전테스트전략'을 수립하였다.
>
> ○ 같은 날씨 변화를 경험하는 잠재 사용자의 전화번호를 개인의 동의를 얻어 확보한다.
> ○ 첫째 날에는 잠재 사용자를 같은 수의 두 그룹으로 나누어, 한쪽은 "비가 온다"로 다른 한쪽에는 "비가 오지 않는다"로 메시지를 보낸다.
> ○ 둘째 날에는 직전일에 보낸 메시지와 날씨가 일치한 그룹을 다시 같은 수의 두 그룹으로 나누어, 한쪽은 "비가 온다"로 다른 한쪽에는 "비가 오지 않는다"로 메시지를 보낸다.
> ○ 이후 날에도 같은 작업을 계속 반복한다.
> ○ 보낸 메시지와 날씨가 일치하지 않은 잠재 사용자를 대상으로도 같은 작업을 반복한다. 즉, 직전일에 보낸 메시지와 날씨가 일치하지 않은 잠재 사용자를 같은 수의 두 그룹으로 나누어, 한쪽은 "비가 온다"로 다른 한쪽에는 "비가 오지 않는다"로 메시지를 보낸다.

〈상황〉

> A청은 사전테스트전략대로 200,000명의 잠재 사용자에게 월요일부터 금요일까지 5일간 메시지를 보냈다. 받은 메시지와 날씨가 3일 연속 일치한 경우, 해당 잠재 사용자는 날씨 예보 앱을 그날 설치한 후 제거하지 않았다.

① 12,500명

② 25,000명

③ 37,500명

④ 43,750명

⑤ 50,000명

07

2022년 7급 가 문20

다음 글을 근거로 판단할 때, ㉠에 해당하는 수는?

甲: 그저께 나는 만 21살이었는데, 올해 안에 만 23살이 될 거야. 乙: 올해가 몇 년이지? 甲: 올해는 2022년이야. 乙: 그러면 네 주민등록번호 앞 6자리의 각 숫자를 모두 곱하면 [㉠]이구나. 甲: 그래, 맞아!

① 0
② 81
③ 486
④ 648
⑤ 2,916

08

2022년 7급 가 문23

다음 글을 근거로 판단할 때 옳지 않은 것은?

△△팀원 7명(A~G)은 새로 부임한 팀장 甲과 함께 하는 환영식사를 계획하고 있다. 모든 팀원은 아래 조건을 전부 만족시키며 甲과 한 번씩만 식사하려 한다. ○ 함께 식사하는 총 인원은 4명 이하여야 한다. ○ 단둘이 식사하지 않는다. ○ 부팀장은 A, B뿐이며, 이 둘은 함께 식사하지 않는다. ○ 같은 학교 출신인 C, D는 함께 식사하지 않는다. ○ 입사 동기인 E, F는 함께 식사한다. ○ 신입사원 G는 부팀장과 함께 식사한다.

① A는 E와 함께 환영식사에 참석할 수 있다.
② B는 C와 함께 환영식사에 참석할 수 있다.
③ C는 G와 함께 환영식사에 참석할 수 있다.
④ D가 E와 함께 환영식사에 참석하는 경우, C는 부팀장과 함께 환영식사에 참석하게 된다.
⑤ G를 포함하여 총 4명이 함께 환영식사에 참석하는 경우, F가 참석하는 환영식사의 인원은 총 3명이다.

09

2023년 7급 인 문15

다음 글을 근거로 판단할 때, A~E 중 한 명만 화상강의 시스템에 접속해 있던 시각으로 가능한 것은?

○ 어제 9:00부터 9:30까지 진행된 수업시간 중 학생 A~E가 화상강의 시스템에 접속해 있던 시간은 아래와 같다.

학생	A	B	C	D	E
시간(분)	13	15	17	21	25

○ 학생들의 접속 횟수는 각 1회였다.

○ A와 C가 접속해 있던 시간은 서로 겹치지 않았다.

① 9:04
② 9:10
③ 9:15
④ 9:21
⑤ 9:24

10

2023년 7급 인 문16

다음 글을 근거로 판단할 때, 甲이 만든 비밀번호 각 자리의 숫자를 모두 곱한 값은?

○ 甲은 1, 2, 3, 4 중에서 숫자를 골라 네 자리 비밀번호를 만들었다.

○ 비밀번호 각 자리의 숫자를 '모두 더한 값'과 '모두 곱한 값'이 같았다.

① 8
② 9
③ 10
④ 12
⑤ 16

11

2023년 7급 인 문22

다음 글을 근거로 판단할 때, <보기>에서 옳은 것만을 모두 고르면?

> ○ 엘리베이터 안에는 각 층을 나타내는 버튼만 하나씩 있다.
> ○ 버튼을 한 번 누르면 해당 층에 가게 되고, 다시 누르면 취소된다. 취소된 버튼을 다시 누를 수 있다.
> ○ 1층에 계속해서 정지해 있던 빈 엘리베이터에 처음으로 승객 7명이 탔다.
> ○ 승객들이 버튼을 누른 횟수의 합은 10이며, 1층에서만 눌렀다.
> ○ 승객 3명은 4층에서, 2명은 5층에서 내렸다. 나머지 2명은 6층 이상의 서로 다른 층에서 내렸다.
> ○ 1층 외의 층에서 엘리베이터를 탄 승객은 없으며, 엘리베이터는 승객이 타거나 내린 층에서만 정지했다.

〈보기〉

ㄱ. 각 승객은 1개 이상의 버튼을 눌렀다.
ㄴ. 5번 누른 버튼이 있다면, 2번 이상 누른 다른 버튼이 있다.
ㄷ. 4층 버튼을 가장 많이 눌렀다.
ㄹ. 승객이 내리지 않은 층의 버튼을 누른 사람은 없다.

① ㄱ
② ㄴ
③ ㄱ, ㄷ
④ ㄴ, ㄹ
⑤ ㄷ, ㄹ

12

2024년 7급 사 문6

다음 글을 근거로 판단할 때, 보이지 않는 숫자를 모두 합한 값은?

> 甲~丁은 매일 최대한 많이 걷기로 하고 특정 시간에 만나서 각자의 걸음 수와 그 합을 기록하였다. 그 기록한 걸음 수의 합은 199,998걸음이었다. 그런데 수명이 다 된 펜으로 각자의 걸음 수를 쓴 탓이었는지 다음날에 보니 아래와 같이 다섯 개의 숫자(□)가 보이지 않았다.

甲:	□	5	7	0	1
乙:	8	4	□	9	8
丙:	8	3	□	□	4
丁:	□	6	7	1	5

① 13
② 14
③ 15
④ 16
⑤ 17

13

2024년 7급 사 문7

다음 글을 근거로 판단할 때, <보기>에서 옳은 것만을 모두 고르면?

甲은 아래 3가지 색의 공을 〈조건〉에 따라 3개의 상자에 나누어 모두 담으려고 한다.

색	무게(g)	개수
빨강	30	3
노랑	40	2
파랑	50	2

〈조건〉

○ 각 상자에는 100g을 초과해 담을 수 없다.
○ 각 상자에는 적어도 2가지 색의 공을 담아야 한다.

〈보기〉

ㄱ. 빨간색 공은 모두 서로 다른 상자에 담기게 된다.
ㄴ. 각 상자에 담긴 공 무게의 합은 서로 다르다.
ㄷ. 빨간색 공이 담긴 상자에는 파란색 공이 담기지 않는다.
ㄹ. 3개의 상자 중에서 공 무게의 합이 가장 작은 상자에는 파란색 공이 담기게 된다.

① ㄱ, ㄴ
② ㄱ, ㄷ
③ ㄴ, ㄷ
④ ㄴ, ㄹ
⑤ ㄷ, ㄹ

14

2024년 7급 사 문22

다음 글을 근거로 판단할 때, (가)에 해당하는 수는?

A공원의 다람쥐 열 마리는 각자 서로 다른 개수의 도토리를 모았는데, 한 다람쥐가 모은 도토리는 최소 1개부터 최대 10개까지였다. 열 마리 다람쥐는 두 마리씩 쌍을 이루어 그 날 모은 도토리 일부를 함께 먹었다. 도토리를 모으고 먹는 이런 모습은 매일 동일하게 반복됐다. 이때 도토리를 먹는 방법은 정해져 있었다. 한 쌍의 다람쥐는 각자가 그날 모은 도토리 개수를 비교해서 그 차이 값에 해당하는 개수의 도토리를 함께 먹는다. 예를 들면, 1개의 도토리를 모은 다람쥐와 9개의 도토리를 모은 다람쥐가 쌍을 이루면 이 두 마리는 8개의 도토리를 함께 먹는다.

열 마리의 다람쥐를 이틀 동안 관찰한 결과, '첫째 날 각 쌍이 먹은 도토리 개수'는 모두 동일했고, '둘째 날 각 쌍이 먹은 도토리 개수'도 모두 동일했다. 하지만 '첫째 날 각 쌍이 먹은 도토리 개수'와 '둘째 날 각 쌍이 먹은 도토리 개수'는 서로 달랐고, 그 차이는 (가) 개였다.

① 1
② 2
③ 3
④ 4
⑤ 5

15

2020년 민경채 가 문19

다음 글을 근거로 판단할 때, 비밀번호의 둘째 자리 숫자와 넷째 자리 숫자의 합은?

> 甲은 친구의 자전거를 빌려 타기로 했다. 친구의 자전거는 다이얼을 돌려 다섯 자리의 비밀번호를 맞춰야 열리는 자물쇠로 잠겨 있다. 각 다이얼은 0~9 중 하나가 표시된다. 자물쇠에 현재 표시된 숫자는 첫째 자리부터 순서대로 3-6-4-4-9이다. 친구는 비밀번호에 대해 다음과 같은 힌트를 주었다.
>
> ○ 비밀번호는 모두 다른 숫자로 구성되어 있다.
> ○ 자물쇠에 현재 표시된 모든 숫자는 비밀번호에 쓰이지 않는다.
> ○ 현재 짝수가 표시된 자리에는 홀수가, 현재 홀수가 표시된 자리에는 짝수가 온다. 단, 0은 짝수로 간주한다.
> ○ 비밀번호를 구성하는 숫자 중 가장 큰 숫자가 첫째 자리에 오고, 가장 작은 숫자가 다섯째 자리에 온다.
> ○ 비밀번호 둘째 자리 숫자는 현재 둘째 자리에 표시된 숫자보다 크다.
> ○ 서로 인접한 두 숫자의 차이는 5보다 작다.

① 7
② 8
③ 10
④ 12
⑤ 13

16

2019년 민경채 나 문18

다음 글을 근거로 판단할 때, 방에 출입한 사람의 순서는?

> 방에는 1부터 6까지의 번호가 각각 적힌 6개의 전구가 다음과 같이 놓여있다.
>
> 왼쪽 ← → 오른쪽
>
> | 전구 번호 | 1 | 2 | 3 | 4 | 5 | 6 |
> |---|---|---|---|---|---|---|
> | 상태 | 켜짐 | 켜짐 | 켜짐 | 꺼짐 | 꺼짐 | 꺼짐 |
>
> 총 3명(A~C)이 각각 한 번씩 홀로 방에 들어가 자신이 정한 규칙에 의해서만 전구를 켜거나 끄고 나왔다.
>
> ○ A는 번호가 3의 배수인 전구가 켜진 상태라면 그 전구를 끄고, 꺼진 상태라면 그대로 둔다.
> ○ B는 번호가 2의 배수인 전구가 켜진 상태라면 그 전구를 끄고, 꺼진 상태라면 그 전구를 켠다.
> ○ C는 3번 전구는 그대로 두고, 3번 전구를 기준으로 왼쪽과 오른쪽 중 켜진 전구의 개수가 많은 쪽의 전구를 전부 끈다. 다만 켜진 전구의 개수가 같다면 양쪽에 켜진 전구를 모두 끈다.
>
> 마지막 사람이 방에서 나왔을 때, 방의 전구는 모두 꺼져 있었다.

① A-B-C
② A-C-B
③ B-A-C
④ B-C-A
⑤ C-B-A

17

2018년 민경채 가 문20

다음 글과 <대화>를 근거로 판단할 때 대장 두더지는?

○ 甲은 튀어나온 두더지를 뿅망치로 때리는 '두더지 게임'을 했다.
○ 두더지는 총 5마리(A~E)이며, 이 중 1마리는 대장 두더지이고 나머지 4마리는 부하 두더지이다.
○ 대장 두더지를 맞혔을 때는 2점, 부하 두더지를 맞혔을 때는 1점을 획득한다.
○ 두더지 게임 결과, 甲은 총 14점을 획득하였다.
○ 두더지 게임이 끝난 후 두더지들은 아래와 같은 〈대화〉를 하였다.

〈대화〉

두더지 A: 나는 맞은 두더지 중에 가장 적게 맞았고, 맞은 횟수는 짝수야.
두더지 B: 나는 두더지 C와 똑같은 횟수로 맞았어.
두더지 C: 나와 두더지 A, 두더지 D가 맞은 횟수를 모두 더하면 모든 두더지가 맞은 횟수의 3/4이야.
두더지 D: 우리 중에 한 번도 맞지 않은 두더지가 1마리 있지만 나는 아니야.
두더지 E: 우리가 맞은 횟수를 모두 더하면 12번이야.

① 두더지 A
② 두더지 B
③ 두더지 C
④ 두더지 D
⑤ 두더지 E

18

2018년 민경채 가 문21

다음 <상황>을 근거로 판단할 때, <보기>에서 옳은 것만을 모두 고르면?

〈상황〉

○ A위원회는 12명의 위원으로 구성되며, 위원 중에서 위원장을 선출한다.
○ 12명의 위원은 자신을 제외한 11명 중 서로 다른 2명에게 1표씩 투표하여 최다 득표자를 위원장으로 결정한다.
○ 최다 득표자가 여러 명인 경우 추첨을 통해 이들 중 1명을 위원장으로 결정한다.

※ 기권 및 무효표는 없다.

〈보기〉

ㄱ. 득표자 중 5표를 얻은 위원이 존재하고 추첨을 통해 위원장이 결정되었다면, 득표자는 3명 이하이다.
ㄴ. 득표자가 총 3명이고 그 중 1명이 7표를 얻었다면, 위원장을 추첨으로 결정하지 않아도 된다.
ㄷ. 득표자 중 최다 득표자가 8표를 얻었고 추첨 없이 위원장이 결정되었다면, 득표자는 4명 이상이다.

① ㄴ
② ㄷ
③ ㄱ, ㄴ
④ ㄱ, ㄷ
⑤ ㄴ, ㄷ

19

2018년 민경채 가 문23

다음 글을 판단할 때, <보기>에서 옳은 것만을 모두 고르면?

○ 손글씨 대회 참가자 100명을 왼손으로만 필기할 수 있는 왼손잡이, 오른손으로만 필기할 수 있는 오른손잡이, 양손으로 모두 필기할 수 있는 양손잡이로 분류하고자 한다.
○ 참가자를 대상으로 아래 세 가지 질문을 차례대로 하여 해당하는 참가자는 한 번만 손을 들도록 하였다.
  [질문 1] 왼손으로만 필기할 수 있는 사람은?
  [질문 2] 오른손으로만 필기할 수 있는 사람은?
  [질문 3] 양손으로 모두 필기할 수 있는 사람은?
○ 양손잡이 중 일부는 제대로 알아듣지 못해 질문 1, 2, 3에 모두 손을 들었고, 그 외 모든 참가자는 올바르게 손을 들었다.
○ 질문 1에 손을 든 참가자는 16명, 질문 2에 손을 든 참가자는 80명, 질문 3에 손을 든 참가자는 10명이다.

〈보기〉

ㄱ. 양손잡이는 총 10명이다.
ㄴ. 왼손잡이 수는 양손잡이 수보다 많다.
ㄷ. 오른손잡이 수는 왼손잡이 수의 6배 이상이다.

① ㄱ
② ㄴ
③ ㄱ, ㄴ
④ ㄱ, ㄷ
⑤ ㄴ, ㄷ

20

2017년 민경채 나 문24

다음 글을 근거로 판단할 때, 재생된 곡의 순서로 옳은 것은?

○ 찬우는 A, B, C, D 4개의 곡으로 구성된 앨범을 감상하고 있다. A는 1분 10초, B는 1분 20초, C는 1분 00초, D는 2분 10초간 재생되며, 각각의 곡 첫 30초는 전주 부분이다.
○ 재생순서는 처음에 설정하여 이후 변경되지 않으며, 찬우는 자신의 선호에 따라 곡당 1회씩 포함하여 설정하였다.
○ 한 곡의 재생이 끝나면 시차 없이 다음 곡이 자동적으로 재생된다.
○ 마지막 곡 재생이 끝나고 나면 첫 곡부터 다시 재생된다.
○ 모든 곡은 처음부터 끝까지 건너뛰지 않고 재생된다.
○ 찬우는 13시 20분 00초부터 첫 곡을 듣기 시작했다.
○ 13시 23분 00초에 C가 재생되고 있었다.
○ A를 듣고 있던 어느 한 시점부터 3분 00초가 되는 때에는 C가 재생되고 있었다.
○ 13시 45분 00초에 어떤 곡의 전주 부분이 재생되고 있었다.

① A－B－C－D
② B－A－C－D
③ C－A－D－B
④ D－C－A－B
⑤ D－C－B－A

21

2016년 민경채 5 문21

다음 글을 근거로 판단할 때, 1단계에서 甲이 나눈 두 묶음의 구슬 개수로 옳은 것은?

> 甲은 아래 세 개의 단계를 순서대로 거쳐 16개의 구슬을 네 묶음으로 나누었다. 네 묶음의 구슬 개수는 각각 1개, 5개, 5개, 5개이다.
>
> ○ 1단계: 16개의 구슬을 두 묶음으로 나누어, 한 묶음의 구슬 개수가 다른 묶음의 구슬 개수의 n배(n은 자연수)가 되도록 했다.
> ○ 2단계: 5개 이상의 구슬이 있던 한 묶음에서 다른 묶음으로 5개의 구슬을 옮겼다.
> ○ 3단계: 두 묶음을 각각 두 묶음씩으로 다시 나누어 총 네 묶음이 되도록 했다.

① 8개, 8개
② 11개, 5개
③ 12개, 4개
④ 14개, 2개
⑤ 15개, 1개

약점 보완 해설집 p.20

IV. 승패 게임

1 개요

승패 게임은 게임의 상황을 주고 게임 당사자들 간의 승패를 게임의 규칙이나 원리, 제한이나 조건에 의해 판단하는 문제를 말한다. 승패 게임에서 가장 중요한 것은 게임의 상황에 대한 이해이다. 어떠한 상황과 조건에서 게임이 진행되는가를 파악하고, 이에 따라 게임을 진행시켜야 올바른 결과를 추리할 수 있기 때문이다.

게임의 결과 나타나는 승패나 우승자에 대한 정보를 보여주고 이로부터 게임 당사자 간의 승패를 추리하는 문제, 경우에 따라 서로 다른 게임의 결과를 추리하는 문제가 출제되고 있으며, 구체적인 점수에 대한 정보를 통해 추리할 수 있는 진술을 찾는 문제도 포함된다.

승패 게임

① 게임의 진행: 게임의 종류 및 진행 과정 파악

- 가장 중요한 것은 주어진 게임의 어떤 진행 방식과 규칙을 통해 승패를 결정하는가를 파악하는 것이다. 게임의 rule을 정확하게 알지 못할 경우 문제에 대한 접근을 할 수 없기 때문이다.

② 게임 참여자: 게임 당사자들의 자격 및 조건, 참여 방식 확인

- 게임에 있어서의 변수 파악을 의미한다. 게임 당사자들의 참여자 수와 특징 등을 파악하여 규칙의 적용 여부를 파악해야 하기 때문이다.

③ 수적 규칙: 수치적 계산이 적용되는 규칙에 대한 파악과 적용

- 게임에서 진행되는 구체적인 조건과 예외 상황 등을 고려하여 수리적인 요소가 적용될 수 있는 틀을 확인해야 한다.

④ 결과: 게임의 결과 확인, 결과로부터 추리, 규칙으로부터 결과 도출

- 게임의 결과를 추리해야 하는 문제와 역으로 결과를 보여주고 그로부터 변수를 적용하는 문제가 있다. 각각의 경우를 확인하기 위해서 선택지나 <보기>를 대입하여 문제를 해결할 수도 있다.

2 승패 게임의 접근 방식

1. 규칙 및 조건

게임의 규칙이나 순위 결정에 있어서 어떤 방식으로 진행되는지를 파악한다.

2. 모형화

게임의 형태에 따라 필요한 사항을 그림이나 도표로 표시한다. 수적 배열의 경우 경우의 수를 고려하여 작성하고 승패게임의 경우 게임의 과정을 모형화하거나 승패의 결과를 도표로 만든다. 또한 도표로 게임의 결과가 주어지는 경우도 있다.

3. 계산 및 추리

조건에 따라 규칙을 설정하여 게임을 진행하면서 추리되는 요소를 확인하고 주어진 자료 등을 통해 승패를 추리한다.

예제

2020년 7급 모의 문14

다음 글을 근거로 판단할 때, 甲의 승패 결과는?

> 甲과 乙이 10회 실시한 가위바위보에 대해 다음과 같은 사실이 알려져 있다.
> ○ 甲은 가위 6회, 바위 1회, 보 3회를 냈다.
> ○ 乙은 가위 4회, 바위 3회, 보 3회를 냈다.
> ○ 甲과 乙이 서로 같은 것을 낸 적은 10회 동안 한 번도 없었다.

① 7승 3패
② 6승 4패
③ 5승 5패
④ 4승 6패
⑤ 3승 7패

[정답] ④

[유형] 문제해결 - 승패 게임

서로 같은 것을 낸 적이 없기 때문에 갑이 가위를 낼 때에 을은 바위와 보를, 을이 가위를 낼 때에 갑은 바위와 보를 낸다. 승패는 다음과 같이 구성된다.

갑	을	승리
가위	바위	을
가위	바위	을
가위	바위	을
가위	보	갑
가위	보	갑
가위	보	갑
바위	가위	갑
보	가위	을
보	가위	을
보	가위	을

따라서 갑은 4승 6패를 한다.

실전 연습문제

01 2022년 7급 가 문18

다음 글을 근거로 판단할 때, <보기>에서 옳은 것만을 모두 고르면?

○ 甲과 乙이 아래와 같은 방식으로 농구공 던지기 놀이를 하였다.
- 甲과 乙은 각 5회씩 도전하고, 합계 점수가 더 높은 사람이 승리한다.
- 2점 슛과 3점 슛을 자유롭게 선택하여 도전할 수 있으며, 성공하면 해당 점수를 획득한다.
- 5회의 도전 중 4점 슛 도전이 1번 가능한데, '4점 도전'이라고 외친 후 뒤돌아서서 슛을 하여 성공하면 4점을 획득하고, 실패하면 1점을 잃는다.

○ 甲과 乙의 던지기 결과는 다음과 같았다.

(성공: ○, 실패: ×)

구분	1회	2회	3회	4회	5회
甲	○	×	○	○	○
乙	○	○	×	×	○

〈보기〉

ㄱ. 甲의 합계 점수는 8점 이상이었다.
ㄴ. 甲이 3점 슛에 2번 도전하였고 乙이 승리하였다면, 乙은 4점 슛에 도전하였을 것이다.
ㄷ. 4점 슛뿐만 아니라 2점 슛, 3점 슛에 대해서도 실패 시 1점을 차감하였다면, 甲이 승리하였을 것이다.

① ㄱ
② ㄴ
③ ㄱ, ㄴ
④ ㄱ, ㄷ
⑤ ㄴ, ㄷ

02 2022년 7급 가 문22

다음 글을 근거로 판단할 때, <보기>에서 옳은 것만을 모두 고르면?

○ 甲, 乙, 丙 세 사람은 25개 문제(1~25번)로 구성된 문제집을 푼다.

○ 1회차에는 세 사람 모두 1번 문제를 풀고, 2회차부터는 직전 회차 풀이 결과에 따라 풀 문제가 다음과 같이 정해진다.
- 직전 회차가 정답인 경우:
  직전 회차의 문제 번호에 2를 곱한 후 1을 더한 번호의 문제
- 직전 회차가 오답인 경우:
  직전 회차의 문제 번호를 2로 나누어 소수점 이하를 버린 후 1을 더한 번호의 문제

○ 풀 문제의 번호가 25번을 넘어갈 경우, 25번 문제를 풀고 더 이상 문제를 풀지 않는다.

○ 7회차까지 문제를 푼 결과, 세 사람이 맞힌 정답의 개수는 같았고 한 사람이 같은 번호의 문제를 두 번 이상 푼 경우는 없었다.

○ 4, 5회차를 제외한 회차별 풀이 결과는 아래와 같다.

(정답: ○, 오답: ×)

구분	1	2	3	4	5	6	7
甲	○	○	×			○	×
乙	○	○	○			×	○
丙	○	×	○			○	×

〈보기〉

ㄱ. 甲과 丙이 4회차에 푼 문제 번호는 같다.
ㄴ. 4회차에 정답을 맞힌 사람은 2명이다.
ㄷ. 5회차에 정답을 맞힌 사람은 없다.
ㄹ. 乙은 7회차에 9번 문제를 풀었다.

① ㄱ, ㄴ
② ㄱ, ㄷ
③ ㄴ, ㄷ
④ ㄴ, ㄹ
⑤ ㄷ, ㄹ

03

2024년 7급 사 문14

다음 글과 <상황>을 근거로 판단할 때, <보기>에서 옳은 것만을 모두 고르면?

甲국은 국내 순위 1~10위 선수 10명 중 4명을 국가대표로 선발하고자 한다. 국가대표는 국내 순위가 높은 선수가 우선 선발되나, A, B, C팀 소속 선수가 최소한 1명씩은 포함되어야 한다.

〈상황〉

○ 국내 순위 1~10위 중 공동 순위는 없다.
○ 선수 10명 중 4명은 A팀, 3명은 B팀, 3명은 C팀 소속이다.
○ C팀 선수 중 국내 순위가 가장 낮은 선수가 A팀 선수 중 국내 순위가 가장 높은 선수보다 국내 순위가 높다.
○ B팀 소속 선수 3명의 국내 순위는 각각 2위, 5위, 8위이다.

〈보기〉

ㄱ. 국내 순위 1위 선수의 소속팀은 C팀이다.
ㄴ. A팀 소속 선수 중 국내 순위가 가장 낮은 선수는 9위이다.
ㄷ. 국가대표 중 국내 순위가 가장 낮은 선수는 7위이다.
ㄹ. 국내 순위 3위 선수와 4위 선수는 같은 팀이다.

① ㄱ, ㄴ
② ㄱ, ㄷ
③ ㄱ, ㄹ
④ ㄴ, ㄷ
⑤ ㄴ, ㄹ

04

2024년 7급 사 문16

다음 글과 <상황>을 근거로 판단할 때, <보기>에서 옳은 것만을 모두 고르면?

두 선수가 맞붙어 승부를 내는 스포츠 경기가 있다. 이 경기는 개별 게임으로 이루어져 있으며, 한 게임의 승부가 결정되면 그 게임의 승자는 1점을 얻고 패자는 점수를 얻지 못한다. 무승부는 없다. 개별 게임을 반복적으로 진행하여 한 선수의 점수가 다른 선수보다 2점 많아지면 그 선수가 경기의 승자가 되고 경기가 종료된다.

〈상황〉

두 선수 甲과 乙이 맞붙어 이 경기를 치른 결과, n번째 게임을 끝으로 甲이 경기의 승자가 되고 경기가 종료되었다. 단, $n > 3$이다.

〈보기〉

ㄱ. n이 홀수인 경우가 있다.
ㄴ. (n−1)번째 게임에서 乙이 이겼을 수도 있다.
ㄷ. (n−2)번째 게임 종료 후 두 선수의 점수는 같았다.
ㄹ. (n−3)번째 게임에서 乙이 이겼을 수도 있다.

① ㄱ
② ㄷ
③ ㄱ, ㄴ
④ ㄴ, ㄹ
⑤ ㄷ, ㄹ

05

2024년 7급 사 문17

다음 글과 <상황>을 근거로 판단할 때, 甲이 치른 3경기의 순위를 모두 합한 수는?

10명의 선수가 참여하는 경기가 있다. 현재까지 3경기가 치러졌다. 참여한 선수에게는 매 경기의 순위에 따라 다음과 같이 점수를 부여한다.

순위	점수	순위	점수
1	100	6	8
2	50	7	6
3	30	8	4
4	20	9	2
5	10	10	1

만약 어떤 순위에 공동 순위가 나온다면, 그 순위를 포함하여 공동 순위자의 수만큼 이어진 순위 각각에 따른 점수의 합을 공동 순위자에게 동일하게 나누어 부여한다. 예를 들어 공동 3위가 3명이면, 공동 3위 각각에게 부여되는 점수는 (30+20+10)÷3으로 20이다. 이 경우 그다음 순위는 6위가 된다.

〈상황〉

○ 甲은 3경기에서 총 157점을 획득하였으며, 공동 순위는 한 번 기록하였다.
○ 치러진 3경기에서 공동 순위가 4명 이상인 경우는 없었다.

① 8
② 9
③ 10
④ 11
⑤ 12

06

2024년 7급 사 문25

다음 <상황>을 근거로 판단할 때, <보기>에서 옳은 것만을 모두 고르면?

〈상황〉

○ 테니스 선수 랭킹은 매달 1일 발표되며, 발표 전날로부터 지난 1년간 선수들이 각종 대회에 참가하여 획득한 점수의 합(이하 '총점수'라 한다)이 높은 순으로 순위가 매겨진다.
○ 매년 12월에는 챔피언십 대회(매년 12월 21일~25일)만 개최된다. 이 대회에는 당해 12월 1일 기준으로 랭킹 1~4위의 선수만 참가한다.
○ 매년 챔피언십 대회의 순위에 따른 획득 점수 및 2023년 챔피언십 대회 전후 랭킹은 아래와 같다. 단, 챔피언십 대회에서 공동 순위는 없다.

챔피언십 대회 성적	점수
우승	2000
준우승	1000
3위	500
4위	250

〈2023년 12월 1일〉

랭킹	선수	총점수
1위	A	7500
2위	B	7000
3위	C	6500
4위	D	5000
⋮	⋮	⋮

⇨

〈2024년 1월 1일〉

랭킹	선수	총점수
1위	C	7500
2위	B	7250
3위	D	7000
4위	A	6000
⋮	⋮	⋮

○ 총점수에는 지난 1년간 획득한 점수만 산입되므로, 〈2024년 1월 1일〉의 총점수에는 2022년 챔피언십 대회에서 획득한 점수는 빠지고, 2023년 챔피언십 대회에서 획득한 점수가 산입되었다.

〈보기〉

ㄱ. 2022년 챔피언십 대회 우승자는 A였다.
ㄴ. 2023년 챔피언십 대회 4위는 B였다.
ㄷ. 2023년 챔피언십 대회 우승자는 C였다.
ㄹ. 2022년 챔피언십 대회 3위는 D였다.

① ㄱ, ㄴ
② ㄱ, ㄷ
③ ㄴ, ㄷ
④ ㄴ, ㄹ
⑤ ㄱ, ㄴ, ㄹ

07

2020년 민경채 가 문22

다음 글과 <상황>을 근거로 판단할 때, <보기>에서 옳은 것만을 모두 고르면?

A팀과 B팀은 다음과 같이 게임을 한다. A팀과 B팀은 각각 3명으로 구성되며, 왼손잡이, 오른손잡이, 양손잡이가 각 1명씩이다. 총 5라운드에 걸쳐 가위바위보를 하며 규칙은 아래와 같다.

- ○ 모든 선수는 1개 라운드 이상 출전하여야 한다.
- ○ 왼손잡이는 '가위'만 내고 오른손잡이는 '보'만 내며, 양손잡이는 '바위'만 낸다.
- ○ 각 라운드마다 가위바위보를 이긴 선수의 팀이 획득하는 점수는 다음과 같다.
  - – 이긴 선수가 왼손잡이인 경우: 2점
  - – 이긴 선수가 오른손잡이인 경우: 0점
  - – 이긴 선수가 양손잡이인 경우: 3점
- ○ 두 팀은 1라운드를 시작하기 전에 각 라운드에 출전할 선수를 결정하여 명단을 제출한다.
- ○ 5라운드를 마쳤을 때 획득한 총 점수가 더 높은 팀이 게임에서 승리한다.

〈상황〉

다음은 3라운드를 마친 현재까지의 결과이다.

구분	1라운드	2라운드	3라운드	4라운드	5라운드
A팀	왼손잡이	왼손잡이	양손잡이		
B팀	오른손잡이	오른손잡이	오른손잡이		

※ 각 라운드에서 가위바위보가 비긴 경우는 없다.

〈보기〉

ㄱ. 3라운드까지 A팀이 획득한 점수와 B팀이 획득한 점수의 합은 4점이다.

ㄴ. A팀이 잔여 라운드에서 모두 오른손잡이를 출전시킨다면 B팀이 게임에서 승리한다.

ㄷ. B팀이 게임에서 승리하는 경우가 있다.

① ㄴ

② ㄷ

③ ㄱ, ㄴ

④ ㄱ, ㄷ

⑤ ㄱ, ㄴ, ㄷ

08

2018년 민경채 가 문19

다음 글을 근거로 판단할 때, <보기>에서 옳은 것만을 모두 고르면?

1부터 5까지 숫자가 하나씩 적힌 5장의 카드와 3개의 구역이 있는 다트판이 있다. 甲과 乙은 다음 방법에 따라 점수를 얻는 게임을 하기로 했다.

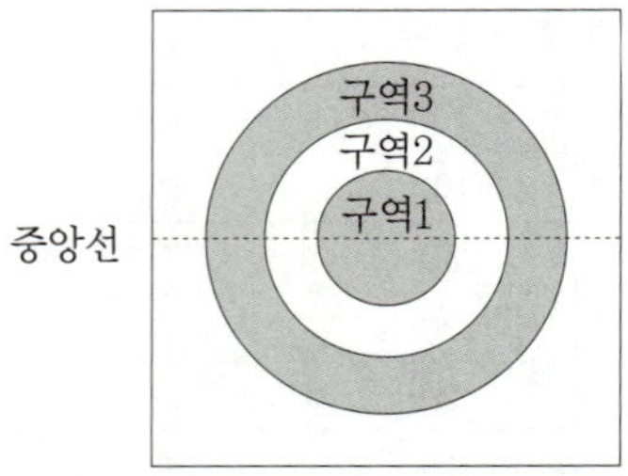

- ○ 우선 5장의 카드 중 1장을 임의로 뽑고, 그 후 다트를 1차 시기와 2차 시기에 각 1번씩 총 2번 던진다.
- ○ 뽑힌 카드에 적혀 있는 숫자가 '카드점수'가 되며 점수를 얻는 방법은 다음과 같다.

〈1차 시기 점수 산정 방법〉

- – 다트가 구역1에 꽂힐 경우: 카드점수×3
- – 다트가 구역2에 꽂힐 경우: 카드점수×2
- – 다트가 구역3에 꽂힐 경우: 카드점수×1
- – 다트가 그 외 영역에 꽂힐 경우: 카드점수×0

〈2차 시기 점수 산정 방법〉

- – 다트가 다트판의 중앙선 위쪽에 꽂힐 경우: 2점
- – 다트가 다트판의 중앙선 아래쪽에 꽂힐 경우: 0점

〈최종점수 산정 방법〉

- – 최종점수: 1차 시기 점수+2차 시기 점수

※ 다트판의 선에 꽂히는 경우 등 그 외 조건은 고려하지 않는다.

〈보기〉

ㄱ. 甲이 짝수가 적힌 카드를 뽑았다면, 최종점수는 홀수가 될 수 없다.

ㄴ. 甲이 숫자 2가 적힌 카드를 뽑았다면, 가능한 최종점수는 8가지이다.

ㄷ. 甲이 숫자 4가 적힌 카드를, 乙이 숫자 2가 적힌 카드를 뽑았다면, 가능한 甲의 최종점수 최댓값과 乙의 최종점수 최솟값의 차이는 14점이다.

① ㄱ

② ㄷ

③ ㄱ, ㄴ

④ ㄱ, ㄷ

⑤ ㄴ, ㄷ

09

2018년 민경채 가 문24

다음 글을 근거로 판단할 때, <보기>에서 옳은 것만을 모두 고르면?

엘로 평점 시스템(Elo Rating System)은 체스 등 일대일 방식의 종목에서 선수들의 실력을 표현하는 방법으로 물리학자 아르파드 엘로(Arpad Elo)가 고안했다.

임의의 두 선수 X, Y의 엘로 점수를 각각 E_X, E_Y라 하고 X가 Y에게 승리할 확률을 P_{XY}, Y가 X에게 승리할 확률을 P_{YX}라고 하면, 각 선수가 승리할 확률은 다음 식과 같이 계산된다. 무승부는 고려하지 않으므로 두 선수가 승리할 확률의 합은 항상 1이 된다.

$$P_{XY} = \frac{1}{1+10^{-(E_X-E_Y)/400}}$$

$$P_{YX} = \frac{1}{1+10^{-(E_Y-E_X)/400}}$$

두 선수의 엘로 점수가 같다면, 각 선수가 승리할 확률은 0.5로 같다. 만약 한 선수가 다른 선수보다 엘로 점수가 200점 높다면, 그 선수가 승리할 확률은 약 0.76이 된다.

경기 결과에 따라 각 선수의 엘로 점수는 변화한다. 경기에서 승리한 선수는 그 경기에서 패배할 확률에 K를 곱한 만큼 점수를 얻고, 경기에서 패배한 선수는 그 경기에서 승리할 확률에 K를 곱한 만큼 점수를 잃는다(K는 상수로, 보통 32를 사용한다). 승리할 확률이 높은 경기보다 승리할 확률이 낮은 경기에서 승리했을 경우 더 많은 점수를 얻는다.

〈보기〉

ㄱ. 경기에서 승리한 선수가 얻는 엘로 점수와 그 경기에서 패배한 선수가 잃는 엘로 점수는 다를 수 있다.

ㄴ. K=32라면, 한 경기에서 아무리 강한 상대에게 승리해도 얻을 수 있는 엘로 점수는 32점 이하이다.

ㄷ. A가 B에게 패배할 확률이 0.1이라면, A와 B의 엘로 점수 차이는 400점 이상이다.

ㄹ. A가 B에게 승리할 확률이 0.8, B가 C에게 승리할 확률이 0.8이라면, A가 C에게 승리할 확률은 0.9 이상이다.

① ㄱ, ㄴ
② ㄴ, ㄹ
③ ㄱ, ㄴ, ㄷ
④ ㄱ, ㄷ, ㄹ
⑤ ㄴ, ㄷ, ㄹ

10

2016년 민경채 5 문10

다음 글을 근거로 판단할 때, 사자바둑기사단이 선발할 수 있는 출전선수 조합의 총 가짓수는?

○ 사자바둑기사단과 호랑이바둑기사단이 바둑시합을 한다.
○ 시합은 일대일 대결로 총 3라운드로 진행되며, 한 명의 선수는 하나의 라운드에만 출전할 수 있다.
○ 호랑이바둑기사단은 1라운드에는 甲을, 2라운드에는 乙을, 3라운드에는 丙을 출전시킨다.
○ 사자바둑기사단은 각 라운드별로 이길 수 있는 확률이 0.6 이상이 되도록 7명의 선수(A~G) 중 3명을 선발한다.
○ A~G가 甲, 乙, 丙에 대하여 이길 수 있는 확률은 다음 〈표〉와 같다.

〈표〉

선수	甲	乙	丙
A	0.42	0.67	0.31
B	0.35	0.82	0.49
C	0.81	0.72	0.15
D	0.13	0.19	0.76
E	0.66	0.51	0.59
F	0.54	0.28	0.99
G	0.59	0.11	0.64

① 18가지
② 17가지
③ 16가지
④ 15가지
⑤ 14가지

11

2016년 민경채 5 문20

다음 글을 근거로 판단할 때, <보기>에서 옳은 것만을 모두 고르면?

> 甲과 乙이 '사냥게임'을 한다. 1, 2, 3, 4의 번호가 매겨진 4개의 칸이 아래와 같이 있다.
>
> | 1 | 2 | 3 | 4 |
> |---|---|---|---|
>
> 여기에 甲은 네 칸 중 괴물이 위치할 연속된 두 칸을 정하고, 乙은 네 칸 중 화살이 명중할 하나의 칸을 정한다. 甲과 乙은 동시에 자신들이 정한 칸을 말한다. 그 결과 화살이 괴물이 위치하는 칸에 명중하면 乙이 승리하고, 명중하지 않으면 甲이 승리한다.
>
> 예를 들면 甲이 [1|2], 乙이 [1] 또는 [2]를 선택한 경우 괴물이 화살에 맞은 것으로 간주하여 乙이 승리한다. 만약 甲이 [1|2], 乙이 [3] 또는 [4]를 선택했다면 괴물이 화살을 피한 것으로 간주하여 甲이 승리한다.

〈상황〉

ㄱ. 괴물이 위치할 칸을 甲이 무작위로 정할 경우 乙은 [1]보다는 [2]를 선택하는 것이 승리할 확률이 높다.

ㄴ. 화살이 명중할 칸을 乙이 무작위로 정할 경우 甲은 [2|3]보다는 [3|4]를 선택하는 것이 승리할 확률이 높다.

ㄷ. 이 게임에서 甲이 선택할 수 있는 대안은 3개이고 乙이 선택할 수 있는 대안은 4개이므로 乙이 이기는 경우의 수가 더 많다.

① ㄱ

② ㄴ

③ ㄷ

④ ㄱ, ㄴ

⑤ ㄱ, ㄷ

12

2015년 민경채 인 문8

다음 <규칙>을 근거로 판단할 때, <보기>에서 옳은 것만을 모두 고르면?

〈규칙〉

○ △△배 씨름대회는 아래와 같은 대진표에 따라 진행되며, 11명의 참가자는 추첨을 통해 동일한 확률로 A부터 K까지의 자리 중에서 하나를 배정받아 대회에 참가한다.

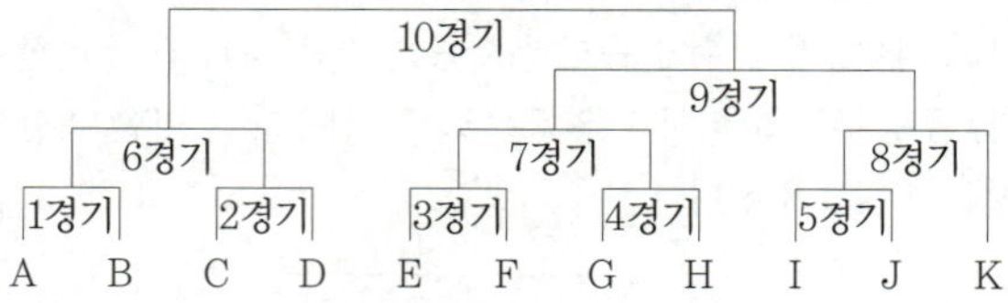

○ 대회는 첫째 날에 1경기부터 시작되어 10경기까지 순서대로 매일 하루에 한 경기씩 쉬는 날 없이 진행되며, 매 경기에서는 무승부 없이 승자와 패자가 가려진다.

○ 각 경기를 거듭할 때마다 패자는 제외시키면서 승자끼리 겨루어 최후에 남은 두 참가자 간에 우승을 가리는 승자 진출전 방식으로 대회를 진행한다.

〈보기〉

ㄱ. 이틀 연속 경기를 하지 않으면서 최소한의 경기로 우승할 수 있는 자리는 총 5개이다.

ㄴ. 첫 번째 경기에 승리한 경우 두 번째 경기 전까지 3일 이상을 경기 없이 쉴 수 있는 자리에 배정될 확률은 50% 미만이다.

ㄷ. 총 4번의 경기를 치러야 우승할 수 있는 자리에 배정될 확률이 총 3번의 경기를 치르고 우승할 수 있는 자리에 배정될 확률보다 높다.

① ㄱ

② ㄴ

③ ㄷ

④ ㄱ, ㄷ

⑤ ㄴ, ㄷ

약점 보완 해설집 p.24

V. 모형 추리

1 개요

퍼즐 유형 중에 모형을 활용하여 추리하는 것으로, 매우 다양한 소재를 토대로 하여 출제되고 있다. 모형을 주고 원리 및 기준, 코드를 제시하고 이에 맞추어 조작하고 작동시키는 문제와 이때 계산이 포함되어 판단하는 문제가 출제되고 있다. 규칙과 원리 및 조건에 따라 사례를 추리하는 데 있어서, 사례를 그림이나 도형, 지도 등의 모형으로 설정하고 이를 적용하는 문제로 구성된다. 문제가 적용되는 외적 상황을 그림이나 도형, 지도 등으로도 제시되기에 단순히 규칙만으로 파악해서는 안 되며 그림, 도형, 지도에 대한 이해를 토대로 추리해야 한다. 이때에도 수리적인 계산이 적용되므로, 조건으로 주어진 수리 계산 원리도 함께 고려해야 한다.

2 모형 추리의 접근 방식

1. 출제 의도 파악

모형을 제시하여 묻고자 하는 출제의 방향과 의도를 파악한다.

2. 게임의 규칙 확인

게임이 모형에 적용될 때에 기준이 되는 규칙이나 기준, 코드 등을 정리한다.

3. 모형 적용 판단

주어진 모형이 있을 경우 그 모형에 구체적으로 규칙을 적용하고, 모형이 없을 경우 모형을 만들어 규칙을 적용한다.

예제 2019년 7급 예시 문2

다음 글과 <○○시 지도>를 근거로 판단할 때, ㉠에 들어갈 수 있는 것만을 <보기>에서 모두 고르면?

> ○○시는 지진이 발생하면 발생지점으로부터 일정 거리 이내의 시민들에게 지진발생문자를 즉시 발송하고 있다. X등급 지진의 경우에는 발생지점으로부터 반경 1km, Y등급 지진의 경우에는 발생지점으로부터 반경 2km 이내의 시민들에게 지진발생문자를 발송한다. 단, 수신차단을 해둔 시민에게는 지진발생문자를 보내지 않는다.
>
> 8월 26일 14시 정각 '가'지점에서 Y등급 지진이 일어났을 때 A~E 중 2명만 지진발생문자를 받았다. 5분 후 '나'지점에서 X등급 지진이 일어났을 때에는 C와 D만 지진발생문자를 받았다. 다시 5분 후 '나'지점에서 정서쪽으로 2km 떨어진 지점에서 Y등급 지진이 일어났을 때에는 (㉠)만 지진발생문자를 받았다. A~E 중에서 지진발생문자 수신차단을 해둔 시민은 1명뿐이다.

〈○○시 지도〉

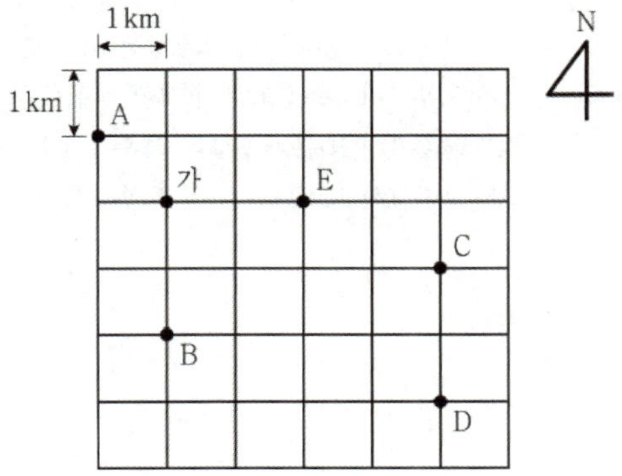

〈보기〉

ㄱ. A	ㄴ. B	ㄷ. E
ㄹ. A와 E	ㅁ. B와 E	ㅂ. C와 E

① ㄱ, ㄷ ② ㄱ, ㄹ ③ ㄹ, ㅂ
④ ㄴ, ㄷ, ㅁ ⑤ ㄴ, ㅁ, ㅂ

[정답] ④

[유형] 문제해결 - 모형 추리

1) '가'지점에서 Y등급 지진의 경우 문자를 받을 수 있는 지점은 A, B, E이다. 그런데 이 중 2명만 받았다. 이들 중 한 명은 수신차단을 했다는 것을 알 수 있다.
2) '나'지점에서 X등급 지전이 일어나서 C와 D만 문자를 받았다.
3) '나'에서 정서쪽 2km 떨어진 지점에서 Y등급의 지진이 일어날 경우 그 반경에 있는 지점은 B와 E이다. 1)에 의해 A가 수신차단을 했을 경우, B와 E가 문자를 받을 것이며, B가 수신차단한 경우 E만 문자를 받을 것이고 E가 수신차단한 경우 B만 문자를 받을 수 있다.

ㄱ. (X) A는 '가'지점에서 Y등급 지진이 일어났을 때에 문자를 받을 수 있는 지역으로, ㉠에 해당되지 않는다.
ㄴ. (O) A나 E가 수신차단한 경우 문자를 받을 수 있다.
ㄷ. (O) A나 B가 수신차단한 경우 문자를 받을 수 있다.
ㄹ. (X) A는 반경에서 벗어나 있기에 문자를 받을 수 없다.
ㅁ. (O) A가 수신차단한 경우 B와 E가 모두 문자를 받을 수 있다.
ㅂ. (X) C는 '나'지점에서 X등급의 지진이 발생할 경우 문자를 받은 지역으로, ㉠의 반경에서 벗어나 있다.

실전 연습문제

01 2022년 7급 가 문19

다음 글을 근거로 판단할 때, A군 양봉농가의 최대 수는?

> ○ A군청은 양봉농가가 안정적으로 꿀을 생산할 수 있도록 양봉농가 간 거리가 12km 이상인 경우에만 양봉을 허가하고 있다.
> ○ A군은 반지름이 12km인 원 모양의 평지이며 군 경계를 포함한다.
> ○ A군의 외부에는 양봉농가가 존재하지 않는다.

※ 양봉농가의 면적은 고려하지 않음

① 5개
② 6개
③ 7개
④ 8개
⑤ 9개

02 2023년 7급 인 문24

다음 글을 근거로 판단할 때, ㉠에 들어갈 내용으로 옳은 것은?

> 시계수리공 甲은 고장 난 시계 A를 수리하면서 실수로 시침과 분침을 서로 바꾸어 조립하였다. 잘못 조립한 것을 모르고 있던 甲은 A에 전지를 넣어 작동시킨 후, A를 실제 시각인 정오로 맞추고 작업을 마무리하였다. 그랬더니 A의 시침은 정상일 때의 분침처럼, 분침은 정상일 때의 시침처럼 움직였다. 그 후 A가 처음으로 실제 시각을 가리킨 때는 [㉠] 사이였다.

① 오후 12시 55분 0초부터 오후 1시 정각
② 오후 1시 정각부터 오후 1시 5분 0초
③ 오후 1시 5분 0초부터 오후 1시 10분 0초
④ 오후 1시 10분 0초부터 오후 1시 15분 0초
⑤ 오후 1시 15분 0초부터 오후 1시 20분 0초

03 2024년 7급 사 문19

다음 글을 근거로 판단할 때, 1층 바닥면에서 2층 바닥면까지의 높이는?

> 1층 바닥면과 2층 바닥면이 계단으로 연결된 건물이 있다. A가 1층 바닥면에 서 있고, B가 2층 바닥면에 서 있을 때, A의 머리 끝과 B의 머리 끝의 높이 차이는 240cm이다. A와 B가 위치를 서로 바꾸는 경우, A와 B의 머리 끝의 높이 차이는 220cm이다. A와 B의 키는 1층 바닥면에서 2층 바닥면까지의 높이보다 크지 않다.

① 210cm
② 220cm
③ 230cm
④ 240cm
⑤ 250cm

04

2020년 민경채 가 문9

다음 글을 근거로 판단할 때, 숫자코드가 될 수 있는 것은?

숫자코드를 만드는 규칙은 다음과 같다.

○ 그림과 같이 작은 정사각형 4개로 이루어진 큰 정사각형이 있고, 작은 정사각형의 꼭짓점마다 1~9의 번호가 지정되어 있다.

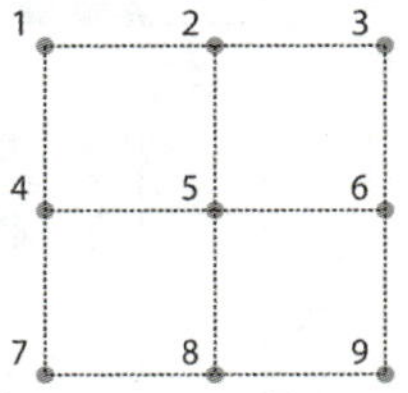

○ 펜을 이용해서 9개의 점 중 임의의 하나의 점에서 시작하여(이하 시작점이라 한다) 다른 점으로 직선을 그어 나간다.

○ 다른 점에 도달하면 펜을 종이 위에서 떼지 않고 또 다른 점으로 계속해서 직선을 그어 나간다. 단, 한번 그은 직선 위에 또 다른 직선을 겹쳐서 그을 수 없다.

○ 시작점을 포함하여 4개 이상의 점에 도달한 후 펜을 종이 위에서 뗄 수 있다. 단, 시작점과 동일한 점에서는 뗄 수 없다.

○ 펜을 종이에서 뗀 후, 그어진 직선이 지나는 점의 번호를 순서대로 모두 나열한 것이 숫자코드가 된다. 예를 들어 1번 점에서 시작하여 6번, 5번, 8번 순으로 직선을 그었다면 숫자코드는 1658이다.

① 596
② 15953
③ 53695
④ 642987
⑤ 9874126

05

2020년 민경채 가 문17

다음 글과 <상황>을 근거로 판단할 때, 甲의 말이 최종적으로 위치하는 칸은?

○ 참가자는 그림과 같이 A~L까지 12개의 칸으로 구성된 게임판에서, A칸에 말을 놓고 시작한다.

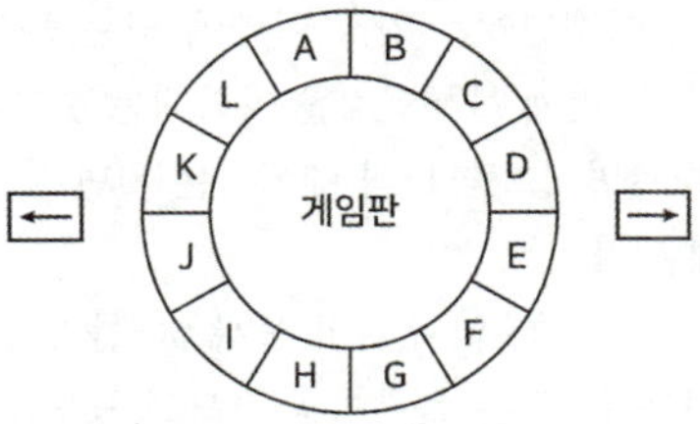

○ 참가자는 [←] 또는 [→] 버튼을 누를 수 있다.

○ 버튼을 맨 처음 누를 때, [←] 버튼을 누르면 말을 반시계방향으로 1칸 이동하고 [→] 버튼을 누르면 말을 시계방향으로 1칸 이동한다.

○ 그 다음부터는 매번 버튼을 누르면, 그 버튼을 누르기 직전에 누른 버튼에 따라 아래와 같이 말을 이동한다.

누른 버튼	직전에 누른 버튼	말의 이동
[←]	[←]	반시계방향으로 2칸 이동
	[→]	움직이지 않음
[→]	[←]	움직이지 않음
	[→]	시계방향으로 2칸 이동

○ 참가자는 버튼을 총 5회 누른다.

〈상황〉

甲은 다음과 같이 버튼을 눌렀다.

누른 순서	1	2	3	4	5
누른 버튼	[←]	[→]	[→]	[←]	[←]

① A칸
② C칸
③ H칸
④ J칸
⑤ L칸

06

2018년 민경채 가 문9

다음 글을 근거로 판단할 때, <그림 2>의 정육면체 아랫면에 쓰인 36개 숫자의 합은?

정육면체인 하얀 블록 5개와 검은 블록 1개를 일렬로 붙인 막대를 30개 만든다. 각 막대의 윗면에는 가장 위에 있는 블록부터, 아랫면에는 가장 아래에 있는 블록부터 세어 검은 블록이 몇 번째 블록인지를 나타내는 숫자를 쓴다. 이런 규칙에 따르면 〈그림 1〉의 예에서는 윗면에 2를, 아랫면에 5를 쓰게 된다.

다음으로 검은 블록 없이 하얀 블록 6개를 일렬로 붙인 막대를 6개 만든다. 검은 블록이 없으므로 윗면과 아랫면 모두에 0을 쓴다.

이렇게 만든 36개의 막대를 붙여 〈그림 2〉와 같은 큰 정육면체를 만들었더니, 윗면에 쓰인 36개 숫자의 합이 109였다.

〈그림 1〉

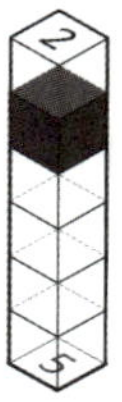

〈그림 2〉

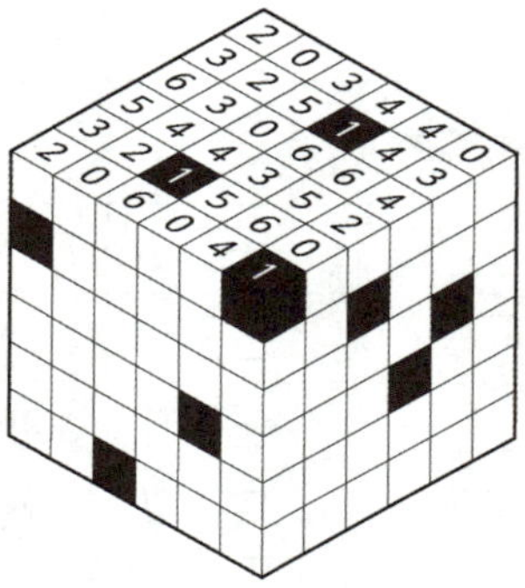

① 97
② 100
③ 101
④ 103
⑤ 104

07

2016년 민경채 5 문23

다음 글을 근거로 판단할 때, <보기>에서 옳은 것만을 모두 고르면?

○ '○○코드'는 아래 그림과 같이 총 25칸(5×5)으로 이루어져 있으며, 각 칸을 흰색으로 채우거나 검정색으로 채우는 조합에 따라 다른 코드가 만들어진다.

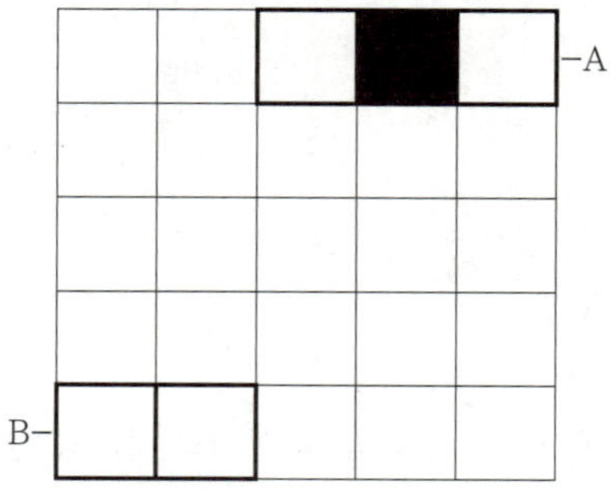

○ 상단 오른쪽의 3칸(A)은 항상 '흰색－검정색－흰색'으로 ○○코드의 고유표시를 나타낸다.

○ 하단 왼쪽의 2칸(B)은 코드를 제작한 지역을 표시하는 것으로 전 세계를 총 4개의 지역으로 분류하고, 甲지역은 '흰색－흰색'으로 표시한다.

※ 코드를 회전시키는 경우는 고려하지 않는다.

〈보기〉

ㄱ. 甲지역에서 만들 수 있는 코드 개수는 100만 개를 초과한다.

ㄴ. 甲지역에서 만들 수 있는 코드와 다른 지역에서 만들 수 있는 코드는 최대 20칸이 동일하다.

ㄷ. 각 칸을 기존의 흰색과 검정색뿐만 아니라 빨간색과 파란색으로도 채울 수 있다면, 만들 수 있는 코드 개수는 기존보다 100만 배 이상 증가한다.

ㄹ. 만약 상단 오른쪽의 3칸(A)도 다른 칸과 마찬가지로 코드 만드는 것에 사용토록 개방한다면, 만들 수 있는 코드 개수는 기존의 6배로 증가한다.

① ㄱ, ㄴ
② ㄱ, ㄷ
③ ㄴ, ㄹ
④ ㄱ, ㄷ, ㄹ
⑤ ㄴ, ㄷ, ㄹ

08

2015년 민경채 인 문18

다음 글과 <상황>을 근거로 판단할 때, 주택(A~E) 중 관리대상 주택의 수는?

> ○○나라는 주택에 도달하는 빛의 조도를 다음과 같이 예측한다.
>
> 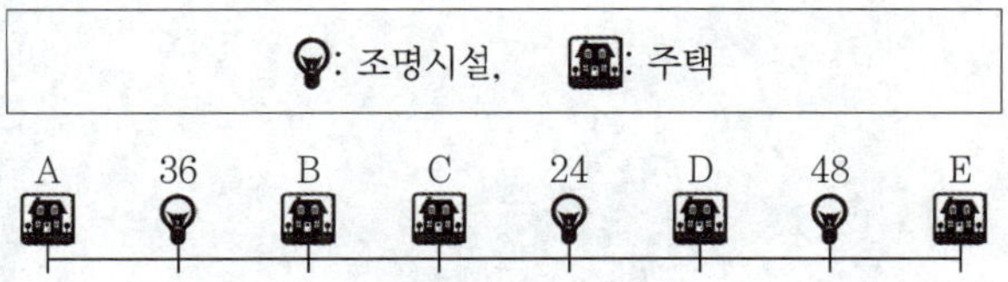
>
>
> 1. 각 조명시설에서 방출되는 광량은 그림에 표시된 값이다.
> 2. 위 그림에서 1칸의 거리는 2이며, 빛의 조도는 조명시설에서 방출되는 광량을 거리로 나눈 값이다.
> 3. 여러 조명시설로부터 동시에 빛이 도달할 경우, 각 조명시설로부터 주택에 도달한 빛의 조도를 예측하여 단순 합산한다.
> 4. 주택에 도달하는 빛은 그림에 표시된 세 개의 조명시설에서 방출되는 빛 외에는 없다고 가정한다.

〈상황〉

> 빛공해로부터 주민생활을 보호하기 위해, 주택에서 예측된 빛의 조도가 30을 초과할 경우 관리대상주택으로 지정한다.

① 1채
② 2채
③ 3채
④ 4채
⑤ 5채

09

2016년 민경채 5 문18

다음 글과 <상황>을 근거로 판단할 때, 甲이 둘째 딸에게 물려주려는 땅의 크기는?

> 한 도형이 다른 도형과 접할 때, 안쪽에서 접하는 것을 내접, 바깥쪽에서 접하는 것을 외접이라고 한다. 이를테면 한 개의 원이 다각형의 모든 변에 접할 때, 그 다각형은 원에 외접한다고 하며 원은 다각형에 내접한다고 한다. 한편 원이 한 다각형의 각 꼭짓점을 모두 지날 때 그 원은 다각형에 외접한다고 하며, 다각형은 원에 내접한다고 한다. 정다각형은 반드시 내접원과 외접원을 가지게 된다.

〈상황〉

> 甲은 죽기 전 자신이 가진 가로와 세로가 각각 100m인 정사각형의 땅을 다음과 같이 나누어 주겠다는 유서를 작성하였다.
>
> "내 전 재산인 정사각형의 땅에 내접하는 원을 그리고, 다시 그 원에 내접하는 정사각형을 그린다. 그 내접하는 정사각형에 해당하는 땅을 첫째 딸에게 주고, 나머지 부분은 둘째 딸에게 물려준다."

① $4,000m^2$
② $5,000m^2$
③ $6,000m^2$
④ $7,000m^2$
⑤ $8,000m^2$

약점 보완 해설집 p.26

PSAT 교육 1위, 해커스PSAT

psat.Hackers.com

유형 소개

'판단 및 의사결정'은 대안에 대한 평가에 해당하는 사고를 측정한다. 문제 상황을 분석하고 이로부터 해결방안을 찾는 과정이 나타나는데, 이때 문제를 해결하기 위한 여러 가지 대안이 나타날 수 있다. 이를 판단하고 의사를 결정하기 위한 과정이 공직적성에서는 무엇보다도 중요한 과제가 된다.

실제 문제에서는 위와 같은 능력 평가의 목적에 대한 객관적인 측정 방법으로 수리 계산에 근거한 문제 해결의 측면에서 출제되고 있다. 그래서 '판단 및 의사결정'에서는 주로 수리 계산적 상황을 주고 이로부터 판단하고 결정하는 사고를 측정하고 있으며, 가장 많은 비중으로 출제된다.

난도는 높은 편인데 이는 수리 계산적 부분의 적용이라는 이유뿐 아니라, 제재나 내용의 측면에서 준비할 수 있는 기반이 없기 때문이다. 대부분 상황이 임의로 설정되며 단지 소재나 제재가 행정이나 경제, 사회, 일상생활 등 다양하게 설정되기에 다양한 문제를 미리 풀어서 익숙하게 접근할 수 있도록 준비해야 한다.

수리 계산 유형이기 때문에 정확한 답안이 도출되어야 하는 연역 추리에 기반하고 있으며, 주어진 상황과 규칙에 대한 이해가 필요하기에 규칙이나 조건으로 주어지는 문장에 대한 논리적 이해력과 분석력이 요구된다. 또한 도표나 그림이 자주 활용되어 단순히 규칙만을 바탕으로 문제를 해결할 수 없으며 자료에 대한 분석력도 동시적으로 요구되는 사항이다.

문제 유형도 매우 다양하게 출제되는데 전체적으로 규칙을 적용하는 형식을 취하고 있다. 그리고 도표나 그림을 통해서 정보를 분석하고 규칙을 적용하는 형식도 다수 포함되며, 대안 평가를 위한 비교 분석 및 의사결정을 위한 최댓값 분석과 같은 수적 비교도 일부 출제되고 있다. 확률 및 통계 계산과 수학적인 공식이나 과학적 원리에 대한 수적 기준을 제시하고 해결을 요구하는 문제도 포함된다.

판단 및 의사결정의 출제 유형

① 원리 적용: 조건 및 규칙 제시 유형, 도표 활용 유형
② 최적화: 최댓값 및 최솟값 파악
③ 총점 비교: 대안들을 기준에 따라 총점을 계산하여 비교한다.
④ 선택(채택 및 선정): 대안들 중 기준에 적합한지를 판단하고 채택 또는 선정한다.

해커스PSAT
7급 PSAT 김우진 상황판단 기본서

PART 04

판단 및 의사결정

Ⅰ. 원리 적용
Ⅱ. 최적화
Ⅲ. 종합 비교 및 선택

Ⅰ. 원리 적용

1 도표 활용

원리를 적용하는 유형은 상황판단 영역 전체에서 다루는 고유한 형식에 직접적으로 관련된다. 규칙을 조건이나 원리 이론 등으로 제시하고 이에 따라 사례를 파악하는 전형적인 유형에 해당한다. 단, '판단 및 의사결정'에서는 단순히 규칙을 적용하는 것뿐 아니라, 도표를 활용하여 규칙의 대상을 파악하고 적용하는 원리를 추리하는 자료 해석의 측면도 포함된다.

규칙을 적용하여 문제를 해결하는 형식을 취하고 있지만, 동시에 도표를 분석하여 정보를 확인하는 유형이다. 다양한 변수나 대상들에 대한 정보를 주로 제공하며, 때로는 규칙이 도표로 주어지는 경우도 있다. 행정 및 제도상의 원리와 대안이 가능한 변수들의 정보를 도표를 통해 제시된다.

규칙이나 원리가 주어진 상태에서 도표를 통해 대상이나 사실관계를 보여주고 이를 활용하여 문제를 해결하거나, 도표 안에 대상이나 규칙을 제시하고 그로부터 사례를 파악하는 유형 등 다양하게 출제되고 있다.

실제 규칙 제시 유형보다 도표를 활용한 문제가 더 많은 비중으로 출제되고 있으며, 제재의 다양성이 광범위하게 나타나며, 문제마다 접근하는 디테일한 부분이 문제마다 다르기 때문에 내용적인 이해보다 규칙의 단순 적용으로 접근해야 한다. 문제의 접근은 도표에서 제공된 정보를 규칙의 대상이 되는지를 확인하고 그에 맞추어 대상에 수리적 원리는 적용하여 계산하는 방식을 취한다.

도표 활용 유형의 접근 방식

① 도표를 통한 대상 파악: 규칙이 적용되는 대상 및 범위 파악
② 도표를 활용한 규칙의 내용 확인: 규칙의 수리 계산적 적용 방식 확인
③ 제한 및 조건 파악: 규칙의 예외 및 제한 조건 파악
④ 사례의 대상 매칭: 주어진 사례가 규칙의 대상인지 여부 파악
⑤ 규칙의 적용: 수리 계산적 원리를 통해 적용하여 문제 요구사항 적용

2 기준 및 규정 적용

'판단 및 의사결정'에서 가장 일반적인 형태로 출제되는 것은 규칙을 제시하고 이로부터 수리 계산적인 추리를 통해 문제를 판단하는 것이다. 제재는 매우 다양하게 나타나며 정책이나 제도에서부터 일상 사회적인 판단이나 의사결정 상황 등 광범위하게 나타난다.

규칙의 대상을 확인하고 그러한 규칙이 주어진 사례에서 적용할 수 있는 대상인지 파악한 후, 규칙을 적용하는 과정으로 접근한다. 다만 규칙은 수적인 기준, 계산이 적용되는 대상 등 다양한 수리적 계산력이 활용된다. 대부분 사칙 연산을 이용하거나 비율적인 관계를 통해 해결할 수 있는 문제로 구성된다.

기준 및 규정 제시 유형의 접근 방식

① 대상 파악: 규칙이 적용되는 대상 및 범위 파악
② 규칙의 내용 확인: 규칙의 수리 계산적 적용 방식 확인
③ 제한 및 조건 파악: 규칙의 예외 및 제한 조건 파악
④ 사례의 대상 머칭: 주어진 사례가 규칙의 대상인지 여부 파악
⑤ 규칙의 적용: 수리 계산적 원리를 통해 적용하여 문제 요구사항 적용

1. 금액 및 인원

상황에서 주어진 기준과 규칙에 따라 계산하여 금액을 상정한다. 출제 의도에 맞추어 계산을 하고 기준에 의해 요구되는 사항을 확인한다. 대부분 사칙연산에 의한 계산이 필요하다. 또한 인원을 구성하는 규칙을 주고 이를 통해 요구하는 적정 인원을 설정하는 문제가 출제된다.

예제

다음 글을 근거로 판단할 때, 아기 돼지 삼형제와 각각의 집을 옳게 짝지은 것은?

○ 아기 돼지 삼형제는 엄마 돼지로부터 독립하여 벽돌집, 나무집, 지푸라기집 중 각각 다른 한 채씩을 선택하여 짓는다.

○ 벽돌집을 지을 때에는 벽돌만 필요하지만, 나무집은 나무와 지지대가, 지푸라기집은 지푸라기와 지지대가 재료로 필요하다. 지지대에 소요되는 비용은 집의 면적과 상관없이 나무집의 경우 20만 원, 지푸라기집의 경우 5만 원이다.

○ 재료의 1개당 가격 및 집의 면적 $1m^2$당 필요 개수는 아래와 같다.

구 분	벽돌	나무	지푸라기
1개당 가격(원)	6,000	3,000	1,000
$1m^2$당 필요 개수	15	20	30
4주	4주	6개월	6개월

○ 첫째 돼지 집의 면적은 둘째 돼지 집의 2배이고, 셋째 돼지 집의 3배이다. 삼형제 집의 면적의 총합은 $11m^2$이다.

○ 모두 집을 짓고 나니, 둘째 돼지 집을 짓는 재료 비용이 가장 많이 들었다.

	첫째	둘째	셋째
①	벽돌집	나무집	지푸라기집
②	벽돌집	지푸라기집	나무집
③	나무집	벽돌집	지푸라기집
④	지푸라기집	벽돌집	나무집
⑤	지푸라기집	나무집	벽돌집

[정답] ⑤

[유형] 판단 및 의사결정 - 원리 적용

1) 벽돌집은 $1m^2$당 8만 원, 나무집은 6만 원+20만 원, 지푸라기 집은 3만 원+5만 원이 든다.

2) 면적: 총합이 $11m^2$이며, 첫째, 둘째, 셋째가 6:3:2의 비율로 가지고 있다.

① (X), ② (X) 첫째가 벽돌집일 경우 8×6=48, 둘째가 나무집 6×3+20=38로 둘째의 비용이 가장 많이 들었다는 조건을 위배한다.

③ (X) 첫째가 나무집일 경우 6×6+20=56, 둘째 벽돌집 8×3=24로 조건을 위배한다.

④ (X) 둘째가 벽돌집 24, 셋째가 나무집 6×2+20=32로 조건을 위배한다.

⑤ (O) 둘째가 나무집 38, 셋째가 벽돌집 8×2=16, 첫째가 지푸라기 3×2+5=11로 조건을 충족한다.

2. 시간 및 기간

출제 의도를 파악하는 것이 가장 중요하다. 시간 및 시각을 파악하는 문제로 구성되며 규칙에 따라 시각을 추리하는 문제와 시간을 기준으로 하여 조건에 따라 점수를 부과하는 문제 등이 있다.

예제 2020년 7급 모의 문7

다음 글과 <상황>을 근거로 판단할 때, 甲~丁 가운데 근무계획이 승인될 수 있는 사람만을 모두 고르면?

〈유연근무제〉

□ 개념
 ○ 주 40시간을 근무하되, 근무시간을 유연하게 관리하여 1주일에 5일 이하로 근무하는 제도

□ 복무관리
 ○ 점심 및 저녁시간 운영
  – 근무 시작과 종료 시각에 관계없이 점심시간은 12:00~13:00, 저녁시간은 18:00~19:00의 각 1시간으로 하고 근무시간으로는 산정하지 않음
 ○ 근무시간 제약
  – 근무일의 경우, 1일 최대 근무시간은 12시간으로 하고 최소 근무시간은 4시간으로 함
  – 하루 중 근무시간으로 인정하는 시간대는 06:00~24:00로 한정함

〈상황〉

다음은 甲~丁이 제출한 근무계획을 정리한 것이며 위의 〈유연근무제〉에 부합하는 근무계획만 승인된다.

요일 직원	월	화	수	목	금
甲	08:00~18:00	08:00~18:00	09:00~13:00	08:00~18:00	08:00~18:00
乙	08:00~22:00	08:00~22:00	–	08:00~22:00	08:00~12:00
丙	08:00~24:00	08:00~24:00	–	08:00~22:00	–
丁	06:00~16:00	08:00~22:00	–	09:00~21:00	09:00~18:00

① 乙
② 甲, 丙
③ 甲, 丁
④ 乙, 丙
⑤ 乙, 丁

[정답] ①

[유형] 판단 및 의사결정 - 원리 적용

갑: 수요일에 점심시간은 근무시간으로 산정하지 않기에 3시간 근무를 한 것이며, 이는 최소 근무시간 4시간에 미치지 못한다.
을: 조건을 모두 충족한다.
병: 월요일, 화요일에 14시간 근무하는데, 이는 최대 12시간의 근무시간에 위배된다.
정: 주 근무시간 합이 39시간이 되어 주 40시간의 조건에 위배된다.

3. 방정식 활용

주어진 상황의 문제해결을 위해서 방정식을 사용해야 하는 문제 유형이다. 주어진 2개의 집단이나 단위에 변수를 설정하고 이들의 합을 설정한다. 이때 합의 설정에 있어서 2개 기준이 나타나므로 이들을 활용하여 2개의 수식을 설정할 수 있다. 그리고 2개의 수식을 통해 방정식을 풀어 각각의 변수 값을 구한다.

예제 2020년 민경채 가 문7

다음 글을 근거로 판단할 때, 2019년의 무역의존도가 높은 순서대로 세 국가(A~C)를 나열한 것은?

A, B, C 세 국가는 서로 간에만 무역을 하고 있다. 2019년 세 국가의 수출액은 다음과 같다.

○ A의 B와 C에 대한 수출액은 각각 200억 달러와 100억 달러였다.
○ B의 A와 C에 대한 수출액은 각각 150억 달러와 100억 달러였다.
○ C의 A와 B에 대한 수출액은 각각 150억 달러와 50억 달러였다.

A, B, C의 2019년 국내총생산은 각각 1,000억 달러, 3,000억 달러, 2,000억 달러였고, 각 국가의 무역의존도는 다음과 같이 계산한다.

$$\text{무역의존도} = \frac{\text{총 수출액} + \text{총 수입액}}{\text{국내총생산}}$$

① A, B, C
② A, C, B
③ B, A, C
④ B, C, A
⑤ C, A, B

[정답] ②

[유형] 판단 및 의사결정 - 원리 적용

기준에 따른 계산은 다음과 같다.

	수출	수입	무역의존도
A	300	300	600/1,000=0.6
B	250	250	500/3,000≒0.17
C	200	200	400/2,000=0.2

3 수적 분배 및 비율 적용

주어진 전체 금액이나 비용을 기준에 맞추어 분배하는 문제 유형에 해당한다. 일반적인 전체 기준에 충족하는 지에 따라 대상을 선정하고, 선정된 대상을 규칙에 맞추어 금액이나 비용을 분배한다. 주어진 금액이 예산이 될 수도 있고, 비용의 측면에서 나타난 결과를 통해 비용을 설정하고 계산의 기준이나 비율을 맞추는 문제도 출제된 바 있다. 이때 선택지를 활용하여 가능한 경우를 추리할 수도 있다. 또한 정해진 비율을 고려하여 인원이나 금액을 나누는 문제도 출제된 바 있다.

예제 2021년 7급 나 문4

다음 글과 <지원대상 후보 현황>을 근거로 판단할 때, 기업 F가 받는 지원금은?

□□부는 2021년도 중소기업 광고비 지원사업 예산 6억 원을 기업에 지원하려 하며, 지원대상 선정 및 지원금 산정 방법은 다음과 같다.

○ 2020년도 총매출이 500억 원 미만인 기업만 지원하며, 우선 지원대상 사업분야는 백신, 비대면, 인공지능이다.
○ 우선 지원대상 사업분야 내 또는 우선 지원대상이 아닌 사업분야 내에서는 '소요 광고비 ×2020년도 총매출'이 작은 기업부터 먼저 선정한다.
○ 지원금 상한액은 1억 2,000만 원이나, 해당 기업의 2020년도 총매출이 100억 원 이하인 경우 상한액의 2배까지 지원할 수 있다. 단, 지원금은 소요 광고비의 2분의 1을 초과할 수 없다.
○ 위의 지원금 산정 방법에 따라 예산 범위 내에서 지급 가능한 최대 금액을 예산이 소진될 때까지 지원대상 기업에 순차로 배정한다.

〈지원대상 후보 현황〉

기업	2020년도 총매출(억 원)	소요 광고비 (억 원)	사업분야
A	600	1	백신
B	500	2	비대면
C	400	3	농산물
D	300	4	인공지능
E	200	5	비대면
F	100	6	의류
G	30	4	백신

① 없음
② 8,000만 원
③ 1억 2,000만 원
④ 1억 6,000만 원
⑤ 2억 4,000만 원

[정답] ④

[유형] 판단 및 의사결정 - 원리 적용

1) 총매출이 500억 원 미만이 대상이므로 A와 B는 제외된다.
2) 우선 지원 대상은 D(인공지능), E(비대면), G(백신)이다.
3) 소요 광고비 x 2020년도 총매출은 C가 1,200억 원이고 F가 600억 원이므로 우선 지원 대상 다음에 F가 선정된다.
4) 지원금 상한액이 1억 2,000만 원이며, D, E의 광고비가 각각 4억 원, 5억 원이므로 상한액인 1억 2,000만 원이 각각 지원된다.
5) G는 총매출이 100억 이하이므로 상한액의 2배인 2억 4,000만 원이 지원가능하나, G의 소요 광고비가 4억 원이므로 1/2인 2억 원까지 지원할 수 있다.
6) F는 소요 광고비가 6억 원이며 총매출이 100억 원 이하이므로 지원 상한액 2배인 2억 4,000만 원까지 지원 가능하다. 그런데 우선대상인 D, E, G에 지원하고 남은 금액이 1억 6,000만 원이므로 이를 모두 지원하게 된다.

4 수식 적용

규칙으로 주어지는 기준이 고유한 수리적인 수식으로 나타나는 유형에 해당한다. 확률이나 통계의 원리가 적용되어 계산하여 판단하는 유형 및 수학적 공리(公理)나 과학적인 원칙을 설정하여 이를 활용하여 사례나 사건을 대입하여 계산하여 결정하는 유형이 이에 해당한다.

다양한 소재 및 제재로 문제가 구성된다. 규칙과 도표를 활용하여 수리적 계산이 이루어지도록 공식이 제시되기도 하고, 대안 설정의 편익을 계산하기 위해서 수식이 규칙으로 제시되는 문제도 있다. 게임의 상황이나 선택적 의사결정을 위한 기준으로 수식이 포함되며 과학적인 원리를 제시하여 그러한 원리를 적용하여 비교 판단하는 문제도 출제되고 있다.

예제

2023년 7급 인 문13

다음 글을 근거로 판단할 때, ㉠에 해당하는 수는?

○ 산타클로스는 연간 '착한 일 횟수'와 '울음 횟수'에 따라 어린이 甲~戊에게 선물 A, B 중 하나를 주거나 아무것도 주지 않는다.

○ 산타클로스가 선물을 나눠주는 방식은 다음과 같다. 어린이별로 ('착한 일 횟수'×5)−('울음 횟수'×[㉠])의 값을 계산한다. 그 값이 10 이상이면 선물 A를 주고, 0 이상 10 미만이면 선물 B를 주며, 그 값이 음수면 선물을 주지 않는다. 이때, ㉠은 자연수이다.

○ 이 방식을 적용한 결과, 甲~戊 중 1명이 선물 A를 받았고, 3명이 선물 B를 받았으며, 1명은 선물을 받지 못했다.

○ 甲~戊의 연간 '착한 일 횟수'와 '울음 횟수'는 아래와 같다.

구분	착한 일 횟수	울음 횟수
甲	3	3
乙	3	2
丙	2	3
丁	1	0
戊	1	3

① 1
② 2
③ 3
④ 4
⑤ 5

[정답] ②

[유형] 판단 및 의사결정 - 원리 적용

① (X) ㉠=1이면, 모두 선물을 받게 되어 옳지 않다.
② (O) ㉠=2이면, 갑(15-6=9; B), 을(15-4=11; A), 병(10-6=4; B), 정(5-0=5, B), 무(5-6=-1)이 되어 조건에 충족한다.
③ (X), ④ (X), ⑤ (X) A선물 대상자가 없게 된다.

실전 연습문제

01

2021년 7급 나 문19

다음 글을 근거로 판단할 때, <보기>에서 옳은 것만을 모두 고르면?

2021년에 적용되는 ○○인재개발원의 분반 허용 기준은 아래와 같다.

○ 분반 허용 기준
- 일반강의: 직전 2년 수강인원의 평균이 100명 이상이거나, 그 2년 중 1년의 수강인원이 120명 이상
- 토론강의: 직전 2년 수강인원의 평균이 60명 이상이거나, 그 2년 중 1년의 수강인원이 80명 이상
- 영어강의: 직전 2년 수강인원의 평균이 30명 이상이거나, 그 2년 중 1년의 수강인원이 50명 이상
- 실습강의: 직전 2년 수강인원의 평균이 20명 이상

○ 이상의 기준에도 불구하고 직전년도 강의만족도 평가점수가 90점 이상이었던 강의는 위에서 기준으로 제시한 수강인원의 90% 이상이면 분반을 허용한다.

〈보기〉

ㄱ. 2019년과 2020년의 수강인원이 각각 100명과 80명이고 2020년 강의만족도 평가점수가 85점인 일반강의 A는 분반이 허용된다.

ㄴ. 2019년과 2020년의 수강인원이 각각 10명과 45명인 영어강의 B의 분반이 허용되지 않는다면, 2020년 강의만족도 평가점수는 90점 미만이었을 것이다.

ㄷ. 2019년 수강인원이 20명이고 2020년 강의만족도 평가점수가 92점인 실습강의 C의 분반이 허용되지 않는다면, 2020년 강의의 수강인원은 15명을 넘지 않았을 것이다.

① ㄴ
② ㄷ
③ ㄱ, ㄴ
④ ㄱ, ㄷ
⑤ ㄴ, ㄷ

02

2022년 7급 가 문7

다음 글을 근거로 판단할 때 옳은 것은?

甲은 정기모임의 간식을 준비하기 위해 과일 가게에 들렀다. 甲이 산 과일의 가격과 수량은 아래 표와 같다. 과일 가게 사장이 준 영수증을 보니, 총 228,000원이어야 할 결제 금액이 총 237,300원이었다.

구분	사과	귤	복숭아	딸기
1상자 가격(원)	30,700	25,500	14,300	23,600
구입 수량(상자)	2	3	3	2

① 한 과일이 2상자 더 계산되었다.
② 두 과일이 각각 1상자 더 계산되었다.
③ 한 과일이 1상자 더 계산되고, 다른 한 과일이 1상자 덜 계산되었다.
④ 한 과일이 1상자 더 계산되고, 다른 두 과일이 각각 1상자 덜 계산되었다.
⑤ 두 과일이 각각 1상자 더 계산되고, 다른 두 과일이 각각 1상자 덜 계산되었다.

03

2022년 7급 가 문14

다음 글을 근거로 판단할 때, <보기>에서 옳은 것만을 모두 고르면?

○○부의 甲국장은 직원 연수 프로그램을 마련하기 위하여 乙주무관에게 직원 1,000명 전원을 대상으로 연수 희망 여부와 희망 지역에 대한 의견을 수렴할 것을 요청하였다. 이에 따라 乙은 설문조사를 실시하였고, 甲과 乙은 그 결과에 대해 대화를 나누고 있다.

甲: 설문조사는 잘 시행되었나요?

乙: 예. 직원 1,000명 모두 연수 희망 여부에 대해 응답하였습니다. 연수를 희망하는 응답자는 43%였으며, 남자직원의 40%와 여자직원의 50%가 연수를 희망하는 것으로 나타났습니다.

甲: 연수 희망자 전원이 희망 지역에 대해 응답했나요?

乙: 예. A지역과 B지역 두 곳 중에서 희망하는 지역을 선택하라고 했더니 B지역을 희망하는 비율이 약간 더 높았습니다. 그리고 연수를 희망하는 여자직원 중 B지역 희망 비율은 연수를 희망하는 남자직원 중 B지역 희망 비율의 2배인 80%였습니다.

〈보기〉

ㄱ. 전체 직원 중 남자직원의 비율은 50%를 넘는다.
ㄴ. 연수 희망자 중 여자직원의 비율은 40%를 넘는다.
ㄷ. A지역 연수를 희망하는 직원은 200명을 넘지 않는다.
ㄹ. B지역 연수를 희망하는 남자직원은 100명을 넘는다.

① ㄱ, ㄷ
② ㄴ, ㄷ
③ ㄴ, ㄹ
④ ㄱ, ㄴ, ㄹ
⑤ ㄱ, ㄷ, ㄹ

04

2023년 7급 인 문17

다음 글과 <상황>을 근거로 판단할 때, 甲에게 배정되는 금액은?

A부서는 소속 직원에게 원격지 전보에 따른 이전여비를 지원한다. A부서는 다음과 같은 지침에 따라 지원액을 배정하고자 한다.

○ 지원액 배정 지침
- 이전여비 지원 예산 총액: 160만 원
- 심사를 통해 원격지 전보에 해당하는 신청자만 배정대상자로 함
- 예산 한도 내에서 지원 가능한 최대의 금액 배정
- 배정대상자 신청액의 합이 지원 예산 총액을 초과할 경우에는 각 배정대상자의 '신청액 대비 배정액 비율'이 모두 같도록 삭감하여 배정

〈상황〉

다음은 이전여비 지원을 신청한 A부서 직원 甲~戊의 신청액과 원격지 전보 해당 여부이다.

구분	이전여비 신청액(원)	원격지 전보 해당 여부
甲	700,000	해당
乙	400,000	해당하지 않음
丙	500,000	해당
丁	300,000	해당
戊	500,000	해당

① 525,000원
② 560,000원
③ 600,000원
④ 620,000원
⑤ 630,000원

05

2023년 7급 인 문20

다음 글을 근거로 판단할 때, <보기>에서 甲의 시험과목별 점수로 옳은 것만을 모두 고르면?

○○국제교육과정 중에 있는 사람은 수료시험에서 5개 과목(A~E) 평균 60점 이상을 받고 한 과목도 과락(50점 미만)이 아니어야 수료할 수 있다.

甲은 수료시험에서 5개 과목 평균 60점을 받았으나 2개 과목이 과락이어서 ○○국제교육과정을 수료하지 못했다. 甲이 돌려받은 답안지에 점수는 기재되어 있지 않았고, 각 문항에 아래와 같은 표시만 되어 있었다. 이는 국적이 서로 다른 각 과목 강사가 자신의 국가에서 사용하는 방식으로 정답·오답 표시만 해놓은 결과였다.

과목	문항									
	1	2	3	4	5	6	7	8	9	10
A	○	○	×	○	×	○	×	○	○	○
B	V	×	V	V	V	×	V	×	V	V
C	/	○	○	○	○	/	/	○	/	○
D	○	○	V	V	V	○	○	V	V	V
E	/	/	/	/	×	×	/	/	/	/

※ 모든 과목은 각 10문항이며, 각 문항별 배점은 10점이다.

〈보기〉

	시험과목	점수
ㄱ.	A	70
ㄴ.	B	30
ㄷ.	C	60
ㄹ.	D	40
ㅁ.	E	80

① ㄱ, ㄴ
② ㄱ, ㄷ
③ ㄱ, ㄹ, ㅁ
④ ㄴ, ㄷ, ㄹ
⑤ ㄴ, ㄷ, ㅁ

06

2024년 7급 사 문12

다음 글을 근거로 판단할 때, 인쇄에 필요한 A4용지의 장수는?

甲주무관은 〈인쇄 규칙〉에 따라 문서 A~D를 각 1부씩 인쇄하였다.

〈인쇄 규칙〉

○ 문서는 A4용지에 인쇄한다.
○ A4용지 한 면에 2쪽씩 인쇄한다. 단, 중요도가 상에 해당하는 보도자료는 A4용지 한 면에 1쪽씩 인쇄한다.
○ 단면 인쇄를 기본으로 한다. 단, 중요도가 하에 해당하는 문서는 양면 인쇄한다.
○ 한 장의 A4용지에는 한 종류의 문서만 인쇄한다.

종류	유형	쪽수	중요도
A	보도자료	2	상
B	보도자료	34	중
C	보도자료	5	하
D	설명자료	3	상

① 11장
② 12장
③ 22장
④ 23장
⑤ 24장

07

2024년 7급 사 문23

다음 글을 근거로 판단할 때, 처음으로 물탱크가 가득 차는 날은?

> 신축 A아파트에는 용량이 10,000리터인 빈 물탱크가 있다. 관리사무소는 입주민의 입주 시작일인 3월 1일 00:00부터 이 물탱크에 물을 채우려고 한다. 관리사무소는 매일 00:00부터 00:10까지 물탱크에 물을 900리터씩 채운다. 전체 입주민의 1일 물 사용량은 3월 1일부터 3월 5일까지 300리터, 3월 6일부터 3월 10일까지 500리터, 3월 11일부터는 계속 700리터이다. 3월 15일에는 아파트 외벽 청소를 위해 청소업체가 물탱크의 물 1,000리터를 추가로 사용한다. 물을 채우는 시간이라도 물탱크가 가득 차면 물 채우기를 중지하고, 물을 채우는 시간에는 물을 사용할 수 없다.

① 4월 4일
② 4월 6일
③ 4월 7일
④ 4월 9일
⑤ 4월 10일

08

2020년 민경채 가 문18

다음 <상황>과 <기준>을 근거로 판단할 때, A기관이 원천징수 후 甲에게 지급하는 금액은?

〈상황〉

> ○○국 A기관은 甲을 '지역경제 활성화 위원회'의 외부위원으로 위촉하였다. 甲은 2020년 2월 24일 오후 2시부터 5시까지 위원회에 참석해서 지역경제 활성화와 관련한 내용을 슬라이드 20면으로 발표하였다. A기관은 아래 〈기준〉에 따라 甲에게 해당 위원회 참석수당과 원고료를 지급한다.

〈기준〉

○ 참석수당 지급기준액

구분	단가
참석수당	• 기본료(2시간): 100,000원 • 2시간 초과 후 1시간마다 50,000원

○ 원고료 지급기준액

구분	단가
원고료	10,000원/A4 1면

※ 슬라이드 2면을 A4 1면으로 한다.

○ 위원회 참석수당 및 원고료는 기타소득이다.

○ 위원회 참석수당 및 원고료는 지급기준액에서 다음과 같은 기타소득세와 주민세를 원천징수하고 지급한다.

- 기타소득세: (지급기준액 − 필요경비) × 소득세율(20%)
- 주민세: 기타소득세 × 주민세율(10%)

※ 필요경비는 지급기준액의 60%로 한다.

① 220,000원
② 228,000원
③ 256,000원
④ 263,000원
⑤ 270,000원

09

2020년 민경채 가 문20

다음 글을 근거로 판단할 때, <보기>에서 옳은 것만을 모두 고르면?

○ 다음과 같이 9개의 도시(A~I)가 위치하고 있다.

A	B	C
D	E	F
G	H	I

○ A~I시가 미세먼지 저감을 위해 5월부터 차량 운행 제한 정책을 시행함에 따라 제한 차량의 도시 진입 및 도시 내 운행이 금지된다.

○ 모든 차량은 4개의 숫자로 된 차량번호를 부여받으며 각 도시의 제한 요건은 아래와 같다.

도시	제한 차량	
A, E, F, I	홀수일	차량번호가 홀수로 끝나는 차량
	짝수일	차량번호가 짝수로 끝나는 차량
B, G, H	홀수일	차량번호가 짝수로 끝나는 차량
	짝수일	차량번호가 홀수로 끝나는 차량
C, D	월요일	차량번호가 1 또는 6으로 끝나는 차량
	화요일	차량번호가 2 또는 7로 끝나는 차량
	수요일	차량번호가 3 또는 8로 끝나는 차량
	목요일	차량번호가 4 또는 9로 끝나는 차량
	금요일	차량번호가 0 또는 5로 끝나는 차량
	토·일요일	없음

※ 단, 0은 짝수로 간주한다.

○ 도시 간 이동 시에는 도시 경계선이 서로 맞닿아 있지 않은 도시로 바로 이동할 수 없다. 예컨대 A시에서 E시로 이동하기 위해서는 반드시 B시나 D시를 거쳐야 한다.

〈보기〉

ㄱ. 甲은 5월 1일(토)에 E시에서 차량번호가 1234인 차량을 운행할 수 있다.

ㄴ. 乙은 5월 6일(목)에 차량번호가 5639인 차량으로 A시에서 D시로 이동할 수 있다.

ㄷ. 丙은 5월 중 어느 하루에 동일한 차량으로 A시에서 H시로 이동할 수 있다.

ㄹ. 丁은 5월 15일(토)에 차량번호가 9790인 차량으로 D시에서 F시로 이동할 수 있다.

① ㄱ, ㄴ
② ㄱ, ㄷ
③ ㄱ, ㄹ
④ ㄴ, ㄷ
⑤ ㄴ, ㄹ

10

2020년 민경채 가 문24

다음 글과 <상황>을 근거로 판단할 때, 공기청정기가 자동으로 꺼지는 시각은?

○ A학교 학생들은 방과 후에 자기주도학습을 위해 교실을 이용한다.

○ 교실 안에 있는 학생 각각은 매 순간 일정한 양의 미세먼지를 발생시켜, 10분마다 5를 증가시킨다.

○ 교실에 설치된 공기청정기는 매 순간 일정한 양의 미세먼지를 제거하여, 10분마다 15를 감소시킨다.

○ 미세먼지는 사람에 의해서만 발생하고, 공기청정기에 의해서만 제거된다.

○ 공기청정기는 매 순간 미세먼지 양을 표시하며 교실 내 미세먼지 양이 30이 되는 순간 자동으로 꺼진다.

〈상황〉

15시 50분 현재, A학교의 교실에는 아무도 없었고 켜져 있는 공기청정기가 나타내는 교실 내 미세먼지 양은 90이었다. 16시 정각에 학생 두 명이 교실에 들어와 공부를 시작하였고, 40분 후 학생 세 명이 더 들어와 공부를 시작하였다. 학생들은 모두 18시 정각에 교실에서 나왔다.

① 18시 50분
② 19시 00분
③ 19시 10분
④ 19시 20분
⑤ 19시 30분

11

2019년 민경채 나 문20

다음 글과 <상황>을 근거로 판단할 때, <보기>에서 옳은 것만을 모두 고르면?

K대학교 교과목 성적 평정(학점)은 총점을 기준으로 상위 점수부터 하위 점수까지 A^+, A^0, B^+~F 순으로 한다. 각 등급별 비율은 아래 〈성적 평정 기준표〉를 따르되, 상위 등급의 비율을 최대 기준보다 낮게 배정할 경우에는 잔여 비율을 하위 등급 비율에 가산하여 배정할 수 있다. 예컨대 A등급 배정 비율은 10~30%이나, 만일 25%로 배정한 경우에는 잔여 비율인 5%를 하위 등급 하나에 배정하거나 여러 하위 등급에 나누어 배정할 수 있다. 한편 A, B, C, D 각 등급 내에서 +와 0의 비율은 교수 재량으로 정할 수 있다.

〈성적 평정 기준표〉

등급	A		B		C		D		F
학점	A^+	A^0	B^+	B^0	C^+	C^0	D^+	D^0	
비율(%)	10~30		20~35		20~40		0~40		0~40

※ 평정대상 총원 중 해당 등급 인원 비율

〈상황〉

〈△△교과목 성적산출 자료〉

성명	총점	순위	성명	총점	순위
양다경	99	1	양대원	74	11
이지후	97	2	권치원	72	12
이태연	93	3	김도윤	68	13
남소연	89	4	권세연	66	14
김윤채	86	5	남원중	65	15
엄선민	84	6	권수진	64	16
이태근	79	7	양호정	61	17
김경민	78	8	정호채	59	18
이연후	77	9	이신영	57	19
엄주용	75	10	전희연	57	19

※ 평정대상은 총 20명임

〈보기〉

ㄱ. 평정대상 전원에게 C^+ 이상의 학점을 부여할 수 있다.
ㄴ. 79점을 받은 학생이 받을 수 있는 가장 낮은 학점은 B^0이다.
ㄷ. 5명에게 A등급을 부여하면, 최대 8명의 학생에게 B^+학점을 부여할 수 있다.
ㄹ. 59점을 받은 학생에게 부여할 수 있는 학점은 C^+, C^0, D^+, D^0, F 중 하나이다.

① ㄱ, ㄴ
② ㄱ, ㄹ
③ ㄷ, ㄹ
④ ㄱ, ㄷ, ㄹ
⑤ ㄴ, ㄷ, ㄹ

12

2019년 민경채 나 문23

다음 글과 <상황>을 근거로 판단할 때 옳은 것은?

○○시는 A정류장을 출발지로 하는 40인승 시내버스를 운영하고 있다. 승객은 정류장에서만 시내버스에 승·하차할 수 있다. 또한 시내버스는 좌석제로 운영되어 버스에 빈 좌석이 없는 경우 승객은 더 이상 승차할 수 없으며, 탑승객 1인은 1개의 좌석을 차지한다.

한편 ○○시는 애플리케이션을 통해 시내버스의 구간별 혼잡도 정보를 제공한다. 탑승객이 0~5명일 때는 '매우쾌적', 6~15명일 때는 '쾌적', 16~25명일 때는 '보통', 26~35명일 때는 '혼잡', 36~40명일 때는 '매우혼잡'으로 표시된다.

구간별 혼잡도는 시내버스의 한 정류장에서 다음 정류장까지 탑승객의 수를 측정하여 표시한다. 예를 들어 'A−B' 구간의 혼잡도는 A정류장에서 출발한 후 B정류장에 도착하기 전까지 탑승객의 수에 따라 표시된다.

※ 버스기사는 고려하지 않는다.

〈상황〉

A정류장에서 07:00에 출발한 시내버스의 〈승·하차내역〉과 〈구간별 혼잡도 정보〉는 다음과 같다.

〈승·하차내역〉

정류장	승차(명)	하차(명)
A	20	0
B	(㉠)	10
C	5	( )
D	( )	10
E	15	( )
F	0	( )

※ 승 · 하차는 동시에 이루어진다.

〈구간별 혼잡도 정보〉

구간	표시
A−B	(㉡)
B−C	매우혼잡
C−D	매우혼잡
D−E	(㉢)
E−F	보통

① C정류장에서 하차한 사람은 아무도 없다.
② E정류장에서 하차한 사람은 10명 이하이다.
③ ㉠에 들어갈 수 있는 최솟값과 최댓값의 합은 55이다.
④ ㉡은 혼잡이다.
⑤ ㉢은 혼잡 또는 매우혼잡이다.

13

2018년 민경채 가 문25

다음 <상황>과 <목차>를 근거로 판단할 때, <보기>에서 옳은 것만을 모두 고르면?

〈상황〉

○ 책 A는 〈목차〉와 같이 구성되어 있고, 비어 있는 쪽은 없다.

○ 책 A의 각 쪽은 모두 제1절부터 제14절까지 14개의 절 중 하나의 절에 포함된다.

○ 甲은 3월 1일부터 책 A를 읽기 시작해서, 1쪽부터 마지막 쪽인 133쪽까지 순서대로 읽는다.

○ 甲은 한번 읽기 시작한 절은 그날 모두 읽되, 하루에 최대 40쪽을 읽을 수 있다.

○ 甲은 절 제목에 '과학' 또는 '정책'이 들어간 절을 하루에 한 개 이상 읽는다.

〈목차〉

○ 시민참여
- 제1절 시민참여의 등장 배경과 개념적 특성 ………… 1
- 제2절 과학기술정책의 특성과 시민참여 …………… 4
- 제3절 결 론 ……………………………………… 21

○ 거버넌스 구조
- 제4절 서 론 ……………………………………… 31
- 제5절 제3세대 과학기술혁신 정책이론과 거버넌스 34
- 제6절 과학기술정책의 거버넌스 구조분석 모형 … 49
- 제7절 결 론 ……………………………………… 62

○ 연구기관 평가지표
- 제8절 서 론 ……………………………………… 65
- 제9절 지적자본의 개념과 성과평가로의 활용가능성 68
- 제10절 평가지표 전환을 위한 정책방향 ………… 89
- 제11절 결 론 ……………………………………… 92

○ 기초연구의 경제적 편익
- 제12절 과학기술연구와 경제성장 간의 관계 …… 104
- 제13절 공적으로 투자된 기초연구의 경제적 편익 107
- 제14절 맺음말: 정책적 시사점 …………………… 130

〈보기〉

ㄱ. 3월 1일에 甲은 책 A를 20쪽 이상 읽는다.

ㄴ. 3월 3일에 甲이 제6절까지 읽었다면, 甲은 3월 5일까지 책 A를 다 읽을 수 있다.

ㄷ. 甲이 책 A를 다 읽으려면 최소 5일 걸린다.

① ㄱ

② ㄴ

③ ㄱ, ㄴ

④ ㄱ, ㄷ

⑤ ㄴ, ㄷ

14

2017년 민경채 나 문9

다음 글과 <상황>을 근거로 판단할 때, A사무관이 3월 출장여비로 받을 수 있는 총액은?

○ 출장여비 기준
- 출장여비는 출장수당과 교통비의 합이다.

1) 세종시 출장
- 출장수당: 1만 원
- 교통비: 2만 원

2) 세종시 이외 출장
- 출장수당: 2만 원(13시 이후 출장 시작 또는 15시 이전 출장 종료 시 1만 원 차감)
- 교통비: 3만 원

○ 출장수당의 경우 업무추진비 사용 시 1만 원이 차감되며, 교통비의 경우 관용차량 사용 시 1만 원이 차감된다.

〈상황〉

A사무관 3월 출장내역	출장지	출장 시작 및 종료 시각	비고
출장 1	세종시	14시~16시	관용차량 사용
출장 2	인천시	14시~18시	
출장 3	서울시	09시~16시	업무추진비 사용

① 6만 원

② 7만 원

③ 8만 원

④ 9만 원

⑤ 10만 원

약점 보완 해설집 p.28

II. 최적화

1 개요

규칙 및 도표를 활용하여 문제를 해결하는 방식에 있어서 최댓값 또는 최솟값을 구하는 유형에 해당한다. 다양한 변수가 등장하여 수리적 계산을 통한 절대값의 우위를 파악하는 문제에 해당한다. 단일 규칙을 적용하여 최대 이익이나 최대 점수를 파악하는 문제나 다양한 대상이나 대안들을 보여주고 이들이 제도나 규칙을 적용하였을 때 가장 높은 점수를 채택하거나 대안으로 선정되는 변수를 찾는 문제의 유형이 이에 해당한다. 제재는 주로 금액, 인원, 점수를 소재로 하여 문제가 제시된다.

2 제재

1. 금액

금액을 기준으로 하는 최적화 문제는 기존의 5급 공채 PSAT에서도 매우 자주 출제되었던 유형이다. 일반적으로 비용을 최소화하는 경로나 방식을 설정하는 방식으로 나타나며, 다양한 가능성을 제시하고 이로부터 규칙에 따라 비용을 계산하여 최소를 파악하는 문제의 틀을 지니고 있다.

예제 2020년 7급 모의 문11

다음 글을 근거로 판단할 때, 예약할 펜션과 워크숍 비용을 옳게 짝지은 것은?

甲은 팀 워크숍을 추진하기 위해 펜션을 예약하려 한다. 팀원은 총 8명으로 한 대의 렌터카로 모두 같이 이동하여 워크숍에 참석한다. 워크숍 기간은 1박 2일이며, 甲은 워크숍 비용을 최소화 하고자 한다.

○ 워크숍 비용은 아래와 같다.

워크숍 비용 = 왕복 교통비 + 숙박요금

○ 교통비는 렌터카 비용을 의미하며, 렌터카 비용은 거리 10km당 1,500원이다.

○ 甲은 다음 펜션 중 한 곳을 1박 예약한다.

구분	A 펜션	B 펜션	C 펜션
펜션까지 거리(km)	100	150	200
1박당 숙박요금(원)	100,000	150,000	120,000
숙박기준인원(인)	4	6	8

○ 숙박인원이 숙박기준인원을 초과할 경우, A~C 펜션 모두 초과 인원 1인당 1박 기준 10,000원씩 요금이 추가된다.

	예약할 펜션	워크숍 비용
①	A	155,000원
②	A	170,000원
③	B	215,000원
④	C	150,000원
⑤	C	180,000원

[정답] ②

[유형] 판단 및 의사결정 - 최적화

구분	왕복 교통비	숙박요금	합
A	30,000	140,000	170,000
B	45,000	170,000	215,000
C	60,000	120,000	180,000

2. 인원

인원의 최적화 문제에서는 우선적으로 총 인원이 얼마인지를 파악한다. 그리고 그룹핑이나 규칙의 원리에 의해 그 기준을 확인하고 문제에서 요구하는 바를 적용하여 계산한다. 이때 경우의 수가 나타날 때에는 선택지의 숫자를 대입 적용하여 규칙의 충족성을 확인하고 그에 따라 최소 및 최대 인원을 추리한다.

예제 2021년 7급 나 문5

다음 글의 ㉠과 ㉡에 해당하는 수를 옳게 짝지은 것은?

> 甲담당관: 우리 부서 전 직원 57명으로 구성되는 혁신조직을 출범시켰으면 합니다.
> 乙주무관: 조직은 어떻게 구성할까요?
> 甲담당관: 57명으로 구성된 10개의 소조직을 만들되, 5명, 6명, 7명 소조직이 각각 하나 이상 있었으면 합니다. 단, 각 직원은 하나의 소조직에만 소속되어야 합니다.
> 乙주무관: 그렇게 할 경우 5명으로 구성되는 소조직은 최소 (㉠)개, 최대 (㉡)개가 가능합니다.

	㉠	㉡
①	1	5
②	3	5
③	3	6
④	4	6
⑤	4	7

[정답] ④

[유형] 판단 및 의사결정 - 최적화

1) 합 57, 10개 조직, 5, 6, 7명 적어도 하나 이상 있어야 한다.
2) 5명 최대 7개: 35, 나머지 22로 6이나 7명 조직 3개 만들 수 없다.
3) 5명 최대 6개: 30, 나머지 27, 6명 1개, 7명 3개 만들 수 있다.
4) 5명 최소 3개: 15, 나머지 42로 6명 7개 가능하나 7명 조직 만들 수 없다.
5) 5명 최소 4개: 20, 나머지 37로 6명 5개, 7명 1개 조직 가능하다.

3. 점수

규칙에 의해 점수를 각 분야별로 구하고 이를 합한다. 그리고 문제에서 주어진 상황의 정보를 근거로 하여 상황의 특성에 맞추어 규칙의 적용 및 예외 가능성을 확인하여 총합을 재조정한다. 그리고 문제에서 주어진 최소 및 최대 점수를 추리한다.

예제 2023년 7급 인 문14

다음 글을 근거로 판단할 때, 甲이 작성한 보고서 한 건의 쪽수의 최댓값은?

> A회사 직원인 甲은 근무일마다 동일한 쪽수의 보고서를 한 건씩 작성한다. 甲은 작성한 보고서를 회사의 임원들 각각에게 당일 출력하여 전달한다. 甲은 A회사에 1개월 전 입사하였으며 총 근무일은 20일을 초과하였다. 甲이 현재까지 출력한 총량은 1,000쪽이며, 임원은 2명 이상이다.

① 5
② 8
③ 10
④ 20
⑤ 40

[정답] ④

[유형] 판단 및 의사결정 - 최적화

1) 1,000쪽을 출력했고 임원 2명이므로 1명당 500쪽을 출력하였다.
2) 20일 초과한 날을 일하였으므로 21건 이상의 보고서를 작성해야 한다. 동시에 임원 1명을 위한 보고서는 출력한 총량이 500쪽이 되어야 한다.
3) 정확히 500쪽 출력이 되는 날은 25일에 보고서 20쪽을 출력한 경우밖에 없다.

01

2021년 7급 나 문6

다음 글을 근거로 판단할 때, 甲이 통합력에 투입해야 하는 노력의 최솟값은?

○ 업무역량은 기획력, 창의력, 추진력, 통합력의 4가지 부문으로 나뉜다.

○ 부문별 업무역량 값을 수식으로 나타내면 다음과 같다.

부문별 업무역량 값 =(해당 업무역량 재능×4)+(해당 업무역량 노력×3) ※ 재능과 노력의 값은 음이 아닌 정수이다.

○ 甲의 부문별 업무역량의 재능은 다음과 같다.

기획력	창의력	추진력	통합력
90	100	110	60

○ 甲은 통합력의 업무역량 값을 다른 어떤 부문의 값보다 크게 만들고자 한다. 단, 甲이 투입 가능한 노력은 총 100이며 甲은 가능한 노력을 남김없이 투입한다.

① 67
② 68
③ 69
④ 70
⑤ 71

02

2021년 7급 나 문11

다음 글과 <대화>를 근거로 판단할 때, 丙이 받을 수 있는 최대 성과점수는?

○ A과는 과장 1명과 주무관 4명(甲~丁)으로 구성되어 있으며, 주무관의 직급은 甲이 가장 높고, 乙, 丙, 丁 순으로 낮아진다.

○ A과는 프로젝트를 성공적으로 마친 보상으로 성과점수 30점을 부여받았다. 과장은 A과에 부여된 30점을 자신을 제외한 주무관들에게 분배할 계획을 세우고 있다.

○ 과장은 주무관들의 요구를 모두 반영하여 성과점수를 분배하려 한다.

○ 주무관들이 받는 성과점수는 모두 다른 자연수이다.

〈대화〉

甲: 과장님이 주시는 대로 받아야죠. 아! 그렇지만 丁보다는 제가 높아야 합니다.

乙: 이번 프로젝트 성공에는 제가 가장 큰 기여를 했으니, 제가 가장 높은 성과점수를 받아야 합니다.

丙: 기여도를 고려했을 때, 제 경우에는 상급자보다는 낮게 받고 하급자보다는 높게 받아야 합니다.

丁: 저는 내년 승진에 필요한 최소 성과점수인 4점만 받겠습니다.

① 6
② 7
③ 8
④ 9
⑤ 10

03

2022년 7급 가 문21

다음 글과 <상황>을 근거로 판단할 때, 올해 말 A검사국이 인사부서에 증원을 요청할 인원은?

> 농식품 품질 검사를 수행하는 A검사국은 매년 말 다음과 같은 기준에 따라 인사부서에 인력 증원을 요청한다.
>
> ○ 다음 해 A검사국의 예상 검사 건수를 모두 검사하는 데 필요한 최소 직원 수에서 올해 직원 수를 뺀 인원을 증원 요청한다.
>
> ○ 직원별로 한 해 동안 수행할 수 있는 최대 검사 건수는 매년 정해지는 '기준 검사 건수'에서 아래와 같이 차감하여 정해진다.
> - 국장은 '기준 검사 건수'의 100%를 차감한다.
> - 사무 처리 직원은 '기준 검사 건수'의 100%를 차감한다.
> - 국장 및 사무 처리 직원을 제외한 모든 직원은 매년 근무시간 중에 품질 검사 교육을 이수해야 하므로, '기준 검사 건수'의 10%를 차감한다.
> - 과장은 '기준 검사 건수'의 50%를 추가 차감한다.

〈상황〉

> ○ 올해 A검사국에는 국장 1명, 과장 9명, 사무 처리 직원 10명을 포함하여 총 100명의 직원이 있다.
>
> ○ 내년에도 국장, 과장, 사무 처리 직원의 수는 올해와 동일하다.
>
> ○ 올해 '기준 검사 건수'는 100건이나, 내년부터는 검사 품질 향상을 위해 90건으로 하향 조정한다.
>
> ○ A검사국의 올해 검사 건수는 현 직원 모두가 한 해 동안 수행할 수 있는 최대 검사 건수와 같다.
>
> ○ 내년 A검사국의 예상 검사 건수는 올해 검사 건수의 120%이다.

① 10명
② 14명
③ 18명
④ 21명
⑤ 28명

04

2023년 7급 인 문19

다음 글을 근거로 판단할 때, 甲~戊 중 금요일과 토요일의 초과근무 인정시간의 합이 가장 많은 근무자는?

> ○ A기업에서는 근무자가 출근시각과 퇴근시각을 입력하면 초과근무 '실적시간'과 '인정시간'이 분 단위로 자동 계산된다.
> - 실적시간은 근무자의 일과시간(월~금, 09:00~18:00)을 제외한 근무시간을 말한다.
> - 인정시간은 실적시간에서 개인용무시간을 제외한 근무시간을 말한다. 하루 최대 인정시간은 월~금요일은 4시간이며, 토요일은 2시간이다.
> - 재택근무를 하는 경우 실적시간을 인정하지 않는다.
>
> ○ A기업 근무자 甲~戊의 근무현황은 다음과 같다.

구분	금요일			토요일	
	출근 시각	퇴근 시각	비고	출근 시각	퇴근 시각
甲	08:55	20:00	–	10:30	13:30
乙	08:00	19:55	–	–	–
丙	09:00	21:30	개인용무시간 (19:00~19:30)	13:00	14:30
丁	08:30	23:30	재택근무	–	–
戊	07:00	21:30	–	–	–

① 甲
② 乙
③ 丙
④ 丁
⑤ 戊

05

2024년 7급 사 문15

다음 글을 근거로 판단할 때, Q를 100리터 생산하는 데 드는 최소 비용은?

○ 화학약품 Q를 생산하려면 A와 B를 2:1의 비율로 혼합해야 한다. 이 혼합물을 가공하면 B와 같은 부피의 Q가 생산된다. 예를 들어, A 2리터와 B 1리터를 혼합하여 가공하면 Q 1리터가 생산된다.

○ A는 원료 X와 Y를 1:2의 비율로 혼합하여 만든다. 이 혼합물을 가공하면 X와 같은 부피의 A가 생산된다. 예를 들어, X 1리터와 Y 2리터를 혼합하여 가공하면 A 1리터가 생산된다.

○ B는 원료 Z와 W를 혼합하여 만들거나, Z나 W만 사용하여 만든다. Z와 W를 혼합하여 가공하면 혼합비율에 관계없이 원료 절반 부피의 B가 생산된다. 예를 들어, Z와 W를 1리터씩 혼합하여 가공하면 B 1리터가 생산된다. 두 재료를 혼합하지 않고 Z나 W만 사용하여 가공하는 경우에도 마찬가지로 원료 절반 부피의 B가 생산된다.

○ 각 원료의 리터당 가격은 다음과 같다. 원료비 이외의 비용은 발생하지 않는다.

원료	X	Y	Z	W
가격(만 원/리터)	1	2	4	3

① 1,200만 원
② 1,300만 원
③ 1,400만 원
④ 1,500만 원
⑤ 1,600만 원

06

2019년 민경채 나 문17

다음 글과 <상황>을 근거로 판단할 때, 甲, 乙, 丙의 자동차 번호 끝자리 숫자의 합으로 가능한 최댓값은?

○ A사는 자동차 요일제를 시행하고 있으며, 각 요일별로 운행할 수 없는 자동차 번호 끝자리 숫자는 아래와 같다.

요일	월	화	수	목	금
숫자	1, 2	3, 4	5, 6	7, 8	9, 0

○ 미세먼지 비상저감조치가 시행될 경우 A사는 자동차 요일제가 아닌 차량 홀짝제를 시행한다. 차량 홀짝제를 시행하는 날에는 시행일이 홀수이면 자동차 번호 끝자리 숫자가 홀수인 차량만 운행할 수 있고, 시행일이 짝수이면 자동차 번호 끝자리 숫자가 홀수가 아닌 차량만 운행할 수 있다.

〈상황〉

A사의 직원인 甲, 乙, 丙은 12일(월)부터 16일(금)까지 5일 모두 출근했고, 12일, 13일, 14일에는 미세먼지 비상저감조치가 시행되었다. 자동차 요일제와 차량 홀짝제로 인해 자동차를 운행할 수 없는 경우를 제외하면, 3명 모두 자신이 소유한 자동차로 출근을 했다. 다음은 甲, 乙, 丙이 16일에 출근한 후 나눈 대화이다.

○ 甲: 나는 12일에 내 자동차로 출근을 했어. 따져보니 이번 주에 총 4일이나 내 자동차로 출근했어.

○ 乙: 저는 이번 주에 이틀만 제 자동차로 출근했어요.

○ 丙: 나는 이번 주엔 13일, 15일, 16일만 내 자동차로 출근할 수 있었어.

※ 甲, 乙, 丙은 자동차를 각각 1대씩 소유하고 있다.

① 14
② 16
③ 18
④ 20
⑤ 22

07

2019년 민경채 나 문24

다음 글을 근거로 판단할 때, <보기>에서 옳은 것만을 모두 고르면?

사슴은 맹수에게 계속 괴롭힘을 당하자 자신을 맹수로 바꾸어 달라고 산신령에게 빌었다. 사슴을 불쌍하게 여긴 산신령은 사슴에게 남은 수명 중 n년(n은 자연수)을 포기하면 여생을 아래 5가지의 맹수 중 하나로 살 수 있게 해주겠다고 했다.

사슴으로 살 경우의 1년당 효용은 40이며, 다른 맹수로 살 경우의 1년당 효용과 그 맹수로 살기 위해 사슴이 포기해야 하는 수명은 아래의 〈표〉와 같다. 예를 들어 사슴의 남은 수명이 12년일 경우 사슴으로 계속 산다면 $12 \times 40 = 480$의 총 효용을 얻지만, 독수리로 사는 것을 선택한다면 $(12-5) \times 50 = 350$의 총 효용을 얻는다.

사슴은 여생의 총 효용이 줄어드는 선택은 하지 않으며, 포기해야 하는 수명이 사슴의 남은 수명 이상인 맹수는 선택할 수 없다. 1년당 효용이 큰 맹수일수록, 사슴은 그 맹수가 되기 위해 더 많은 수명을 포기해야 한다. 사슴은 자신의 남은 수명과 〈표〉의 '?'로 표시된 수를 알고 있다.

〈표〉

맹수	1년당 효용	포기해야 하는 수명(년)
사자	250	14
호랑이	200	?
곰	170	11
악어	70	?
독수리	50	5

〈보기〉

ㄱ. 사슴의 남은 수명이 13년이라면, 사슴은 곰을 선택할 것이다.

ㄴ. 사슴의 남은 수명이 20년이라면, 사슴은 독수리를 선택하지는 않을 것이다.

ㄷ. 호랑이로 살기 위해 포기해야 하는 수명이 13년이라면, 사슴의 남은 수명에 따라 사자를 선택했을 때와 호랑이를 선택했을 때 여생의 총 효용이 같은 경우가 있다.

① ㄴ
② ㄷ
③ ㄱ, ㄴ
④ ㄴ, ㄷ
⑤ ㄱ, ㄴ, ㄷ

08

2018년 민경채 가 문22

다음 글을 근거로 판단할 때, <보기>에서 옳은 것만을 모두 고르면?

○ 甲시청은 관내 도장업체(A~C)에 청사 바닥(면적: $60m^2$) 도장공사를 의뢰하려 한다.

〈관내 도장업체 정보〉

업체	$1m^2$당 작업시간	시간당 비용
A	30분	10만 원
B	1시간	8만 원
C	40분	9만 원

○ 개별 업체의 작업속도는 항상 일정하다.
○ 여러 업체가 참여하는 경우, 각 참여 업체는 언제나 동시에 작업하며 업체당 작업시간은 동일하다. 이때 각 참여 업체가 작업하는 면은 겹치지 않는다.
○ 모든 업체는 시간당 비용에 비례하여 분당 비용을 받는다. (예: A가 6분 동안 작업한 경우 1만 원을 받는다)

〈보기〉

ㄱ. 작업을 가장 빠르게 끝내기 위해서는 A와 C에게만 작업을 맡겨야 한다.

ㄴ. B와 C에게 작업을 맡기는 경우, 작업 완료까지 24시간이 소요된다.

ㄷ. A, B, C에게 작업을 맡기는 경우, B와 C에게 작업을 맡기는 경우보다 많은 비용이 든다.

① ㄱ
② ㄴ
③ ㄷ
④ ㄱ, ㄴ
⑤ ㄴ, ㄷ

09

2017년 민경채 나 문8

다음 <상황>을 근거로 판단할 때, 준석이가 가장 많은 식물을 재배할 수 있는 온도와 상품가치의 총합이 가장 큰 온도는? (단, 주어진 조건 외에 다른 조건은 고려하지 않는다)

〈상황〉

○ 준석이는 같은 온실에서 5가지 식물(A~E)을 하나씩 동시에 재배하고자 한다.

○ A~E의 재배가능 온도와 각각의 상품가치는 다음과 같다.

식물 종류	재배가능 온도(℃)	상품가치(원)
A	0 이상 20 이하	10,000
B	5 이상 15 이하	25,000
C	25 이상 55 이하	50,000
D	15 이상 30 이하	15,000
E	15 이상 25 이하	35,000

○ 준석이는 온도만 조절할 수 있으며, 식물의 상품가치를 결정하는 유일한 것은 온도이다.

○ 온실의 온도는 0℃를 기준으로 5℃ 간격으로 조절할 수 있고, 한 번 설정하면 변경할 수 없다.

	가장 많은 식물을 재배할 수 있는 온도	상품가치의 총합이 가장 큰 온도
①	15℃	15℃
②	15℃	20℃
③	15℃	25℃
④	20℃	20℃
⑤	20℃	25℃

10

2017년 민경채 나 문25

다음 <조건>과 <관광지 운영시간 및 이동시간>을 근거로 판단할 때, <보기>에서 옳은 것만을 모두 고르면?

〈조건〉

○ 하루에 4개 관광지를 모두 한 번씩 관광한다.

○ 궁궐에서는 가이드투어만 가능하다. 가이드투어는 10시와 14시에 시작하며, 시작 시각까지 도착하지 못하면 가이드투어를 할 수 없다.

○ 각 관광에 소요되는 시간은 2시간이며, 관광지 운영시간 외에는 관광할 수 없다.

〈관광지 운영시간 및 이동시간〉

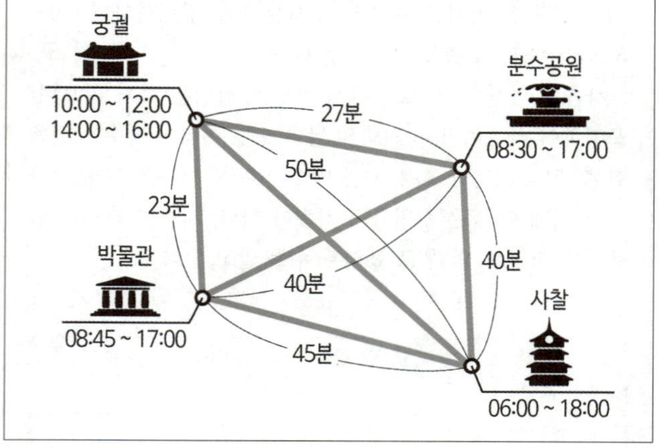

〈보기〉

ㄱ. 사찰에서부터 관광을 시작해야 한다.

ㄴ. 마지막 관광을 종료하는 시각은 16시 30분 이후이다.

ㄷ. 박물관과 분수공원의 관광 순서가 바뀌어도 무방하다.

① ㄴ

② ㄷ

③ ㄱ, ㄴ

④ ㄱ, ㄷ

⑤ ㄱ, ㄴ, ㄷ

11

2016년 민경채 5 문17

다음 글을 근거로 판단할 때, A에 해당하는 숫자는?

> □ △△원자력발전소에서 매년 사용후핵연료봉(이하 '폐연료봉'이라 한다)이 50,000개씩 발생하고, 이를 저장하기 위해 발전소 부지 내 2가지 방식(습식과 건식)의 임시저장소를 운영
>
> 1. 습식저장소
>   - 원전 내 저장수조에서 물을 이용하여 폐연료봉의 열을 냉각시키고 방사선을 차폐하는 저장방식으로 총 100,000개의 폐연료봉 저장 가능
>
> 2. 건식저장소
>   ○ X 저장소
>   - 원통형의 커다란 금속 캔에 폐연료봉을 저장하는 방식으로 총 300기의 캐니스터로 구성되고, 한 기의 캐니스터는 9층으로 이루어져 있으며, 한 개의 층에 60개의 폐연료봉 저장 가능
>
>   ○ Y 저장소
>   - 기체로 열을 냉각시키고 직사각형의 콘크리트 내에 저장함으로써 방사선을 차폐하는 저장방식으로 이 방식을 이용하여 저장소 내에 총 138,000개의 폐연료봉 저장 가능
>
> □ 현재 습식저장소는 1개로 저장용량의 50%가 채워져 있고, 건식저장소 X, Y는 각각 1개로 모두 비어 있는 상황
>
> □ 따라서 발생하는 폐연료봉의 양이 항상 일정하다고 가정하면, △△원자력발전소에서 최대 (A)년 동안 발생하는 폐연료봉을 현재의 임시저장소에 저장 가능

① 3
② 4
③ 5
④ 6
⑤ 7

12

2015년 민경채 인 문24

다음 글을 근거로 판단할 때 ○○년 8월 1일의 요일은?

> ○○년 7월의 첫날 甲은 자동차 수리를 맡겼다. 甲은 그 달 마지막 월요일인 네 번째 월요일에 자동차를 찾아가려 했으나, 사정이 생겨 그 달 마지막 금요일인 네 번째 금요일에 찾아갔다.

※ 날짜는 양력 기준

① 월요일
② 화요일
③ 수요일
④ 목요일
⑤ 금요일

13

2015년 민경채 인 문9

다음 글과 <상황>을 근거로 판단할 때, 甲과 乙의 최대 배상금액으로 모두 옳은 것은?

A국의 층간소음 배상에 대한 기준은 아래와 같다.

○ 층간소음 수인(受忍)한도
- 주간 최고소음도: 55dB(A)
- 야간 최고소음도: 50dB(A)
- 주간 등가소음도: 40dB(A)
- 야간 등가소음도: 35dB(A)

○ 층간소음 배상 기준금액: 수인한도 중 하나라도 초과 시

피해기간	피해자 1인당 배상 기준금액
6개월 이내	500,000원
6개월 초과~1년 이내	650,000원
1년 초과~2년 이내	800,000원

○ 배상금액 가산기준
(1) 주간 혹은 야간에 최고소음도와 등가소음도가 모두 수인한도를 초과한 경우에는 30% 이내에서 가산
(2) 최고소음도 혹은 등가소음도가 주간과 야간에 모두 수인한도를 초과한 경우에는 30% 이내에서 가산
(3) 피해자가 환자, 1세 미만 유아, 수험생인 경우에는 해당 피해자 개인에게 20% 이내에서 가산

○ 둘 이상의 가산기준에 해당하는 경우 기준금액을 기준으로 각각의 가산금액을 산출한 후 합산

예) 피해기간은 3개월이고, 주간의 최고소음도와 등가소음도가 수인한도를 모두 초과하였고, 피해자가 1인이며 환자인 경우 최대 배상금액: 500,000원 + (500,000원 × 0.3) + (500,000원 × 0.2)

※ 등가소음도: 변동하는 소음의 평균치

〈상황〉

○ 아파트 위층에 사는 甲이 10개월 전부터 지속적으로 소음을 발생시키자, 아래층 부부는 문제를 제기하였다. 소음을 측정한 결과 주간과 야간 모두 최고소음도는 수인한도를 초과하지 않았으나, 주간 등가소음도는 45dB(A)였으며, 야간 등가소음도는 38dB(A)였다. 아래층 피해자 부부는 모두 가산기준 (3)에 해당되지 않는다.

○ 아파트 위층에 사는 乙이 1년 6개월 전부터 야간에만 지속적으로 소음을 발생시키자, 아래층에 사는 가족은 문제를 제기하였다. 야간에 소음을 측정한 결과 등가소음도는 42dB(A)였으며, 최고소음도는 52dB(A)이었다. 아래층 피해자 가족은 4명이며, 그 중 수험생 1명만 가산기준 (3)에 해당된다.

	甲	乙
①	1,690,000원	4,320,000원
②	1,690,000원	4,160,000원
③	1,690,000원	3,840,000원
④	1,300,000원	4,320,000원
⑤	1,300,000원	4,160,000원

약점 보완 해설집 p.30

III. 총합 비교 및 선택

판단 및 의사결정의 수적 비교 유형에서는 대안들에 대한 비교를 통해서 최종 결정에 도달할 수 있는지를 측정한다. 규칙을 적용하였을 때에 요구되는 조건에 가장 적합한 대안을 선택하거나 비용과 편익을 고려하여 선택하기도 한다. 이러한 수적 비교는 최선의 선택을 통한 의사결정을 위해 수반되어야 할 과정으로 상황판단 영역의 주요한 측정 요소가 된다.

문제에서는 다양한 제재나 원리를 통해 규칙을 제시하고 도표를 통해 자료를 분석하여 규칙을 적용 비교하는 문제 유형과 최적의 대안을 파악하는 문제로 구성된다.

1 총합 비교

규칙의 적용에 있어서 다양한 양상으로 된 사례가 나타난다. 또한 대립되거나 구분되는 방식을 제시하며, 도표의 활용을 통해 대상이나 규칙에 대한 정보를 보여준다. 비교 판단 유형에서는 각각의 제시된 방식에 따라 적용하여 계산을 정리하거나 하나의 원리를 적용하여 규칙에 적합한 대상을 상대적으로 비교하는 문항도 출제되고 있다. 또한 수적으로 우세한 변수를 구분하고 찾는 문제도 포함된다.

예제 2019년 7급 예시 문4

다음 글을 근거로 판단할 때, <보기>에서 옳은 것만을 모두 고르면?

여행을 좋아하는 甲은 ○○항공의 마일리지를 최대한 많이 적립하기 위해, 신용카드 이용금액에 따라 ○○항공의 마일리지를 제공해주는 A, B 두 신용카드 중 하나의 카드를 발급받기로 하였다. 각 신용카드의 ○○항공 마일리지 제공 기준은 다음과 같다.

<A신용카드의 ○○항공 마일리지 제공 기준>

1) 이용금액이 월 50만 원 이상 100만 원 이하일 경우
 - 이용금액 1,000원 당 1마일리지를 제공함.
2) 이용금액이 월 100만 원 초과 200만 원 이하일 경우
 - 100만 원 이하 이용금액은 1,000원 당 1마일리지를, 100만 원 초과 이용금액은 1,000원 당 2마일리지를 제공함.
3) 이용금액이 월 200만 원을 초과할 경우
 - 100만 원 이하 이용금액은 1,000원 당 1마일리지를, 100만 원 초과 200만 원 이하 이용금액은 1,000원 당 2마일리지를, 200만 원 초과 이용금액은 1,000원 당 3마일리지를 제공함.

<B신용카드의 ○○항공 마일리지 제공 기준>

1) 이용금액이 월 50만 원 이상 100만 원 이하일 경우
 – 이용금액 1,000원 당 1마일리지를 제공함.
2) 이용금액이 월 100만 원 초과 200만 원 이하일 경우
 – 100만 원 이하 이용금액은 1,000원 당 2마일리지를, 100만 원 초과 이용금액은 1,000원 당 1마일리지를 제공함.
3) 이용금액이 월 200만 원을 초과할 경우
 – 70만 원 이하 이용금액은 1,000원 당 3마일리지를, 70만 원 초과 이용금액은 1,000원 당 1마일리지를 제공함.

※ 마일리지 제공 시 이용금액 1,000원 미만은 버림

〈보기〉

ㄱ. 신용카드 이용금액이 월 120만 원이라면, A신용카드가 B신용카드보다 마일리지를 더 많이 제공한다.
ㄴ. 신용카드 이용금액이 월 100만 원을 초과할 경우, A신용카드가 제공하는 마일리지와 B신용카드가 제공하는 마일리지가 같은 경우가 발생할 수 있다.
ㄷ. 신용카드 이용금액이 월 200만 원을 초과할 경우, B신용카드가 A신용카드보다 마일리지를 더 많이 제공한다.

① ㄱ
② ㄴ
③ ㄷ
④ ㄱ, ㄴ
⑤ ㄴ, ㄷ

[정답] ②

[유형] 판단 및 의사결정 – 총합 비교

ㄱ. (X) 월 120만 원 이용금액일 경우, B가 A보다 더 많이 제공한다.
 A: (100만 원 이하 1,000) + 초과 20만 원(× 2=400) = 1,400
 B: (100만 원 이하 × 2 =2,000) + 초과 20만 원(× 1=200) = 2,200
ㄴ. (O) 200만 원일 때 A와 B의 마일리지는 동일하다.
 A: (100만 원 이하 1,000) + (초과 100만 원 × 2=2,000) = 3,000
 B: (100만 원 이하 × 2 =2,000) + (초과 100만 원 × 1=1,000) = 3,000
ㄷ. (X) 이용금액 300만 원: A가 B보다 더 많이 제공한다.
 A: (100만 원까지 1,000) + (초과 100만 원 2,000) + (초과 100만 원 3,000) = 6,000
 B: (70만 원까지 2,100) + (초과 230만 원 2,300) = 4,400

실전 연습문제

01

2020년 7급 모의 문12

다음 글을 근거로 판단할 때, <보기>에서 옳은 것만을 모두 고르면?

○ 甲국은 매년 X를 100톤 수입한다. 甲국이 X를 수입할 수 있는 국가는 A국, B국, C국 3개국이며, 甲국은 이 중 한 국가로부터 X를 전량 수입한다.

○ X의 거래조건은 다음과 같다.

국가	1톤당 단가	관세율	1톤당 물류비
A국	12달러	0%	3달러
B국	10달러	50%	5달러
C국	20달러	20%	1달러

○ 1톤당 수입비용은 다음과 같다.

1톤당 수입비용 = 1톤당 단가 + (1톤당 단가 × 관세율) + 1톤당 물류비

○ 특정 국가와 FTA를 체결하면 그 국가에서 수입하는 X에 대한 관세율이 0%가 된다.

○ 甲국은 지금까지 FTA를 체결한 A국으로부터만 X를 수입했다. 그러나 최근 A국으로부터 X의 수입이 일시 중단되었다.

〈보기〉

ㄱ. 甲국이 B국과도 FTA를 체결한다면, 기존에 A국에서 수입하던 것과 동일한 비용으로 X를 수입할 수 있다.

ㄴ. C국이 A국과 동일한 1톤당 단가를 제시하였다면, 甲국은 기존에 A국에서 수입하던 것보다 저렴한 비용으로 C국으로부터 X를 수입할 수 있다.

ㄷ. A국으로부터 X의 수입이 다시 가능해졌으나 1톤당 6달러의 보험료가 A국으로부터의 수입비용에 추가된다면, 甲국은 A국보다 B국에서 X를 수입하는 것이 수입비용 측면에서 더 유리하다.

① ㄱ

② ㄴ

③ ㄷ

④ ㄱ, ㄴ

⑤ ㄱ, ㄷ

02

2020년 7급 모의 문21

다음 글을 근거로 판단할 때, <보기>에서 옳은 것만을 모두 고르면?

○ △△부는 적극행정 UCC 공모전에 참가한 甲~戊의 영상을 심사한다.

○ 총 점수는 UCC 조회수 등급에 따른 점수와 심사위원 평가점수의 합이고, 총 점수가 높은 순위에 따라 3위까지 수상한다.

○ UCC 조회수 등급에 따른 점수는 조회수에 따라 5등급(A, B, C, D, E)으로 나누어 부여된다. 최상위 A를 10점으로 하며 인접 등급 간의 점수 차이는 0.3점이다.

○ 심사위원 평가점수는 심사위원 (가)~(마)가 각각 부여한 점수(1~10의 자연수)에서 최고점 및 최저점을 제외한 3개 점수의 평균으로 계산한다. 이때 최고점이 복수인 경우에는 그 중 한 점수만 제외하여 계산한다. 최저점이 복수인 경우에도 이와 동일하다.

○ 심사 결과는 다음과 같다.

참가자	조회수 등급	심사위원별 평가점수				
		(가)	(나)	(다)	(라)	(마)
甲	B	9	(㉠)	7	8	7
乙	B	9	8	7	7	7
丙	A	8	7	(㉡)	10	5
丁	B	5	6	7	7	7
戊	C	6	10	10	7	7

〈보기〉

ㄱ. ㉠이 5점이라면 乙의 총 점수가 甲의 총 점수보다 높다.

ㄴ. 丁은 ㉠과 ㉡에 상관없이 수상하지 못한다.

ㄷ. 戊는 조회수 등급을 D로 받았더라도 수상한다.

ㄹ. ㉠ > ㉡이면 甲의 총 점수가 丙의 총 점수보다 높다.

① ㄱ, ㄴ

② ㄱ, ㄷ

③ ㄴ, ㄷ

④ ㄴ, ㄹ

⑤ ㄷ, ㄹ

03

2020년 7급 모의 문22

다음 글과 <상황>을 근거로 판단할 때, <보기>에서 옳은 것만을 모두 고르면?

甲국에서는 4개 기관(A~D)에 대해 전기, 후기 두 번의 평가를 실시하고 있다. 전기평가에서 낮은 점수를 받은 기관이 후기평가를 포기하는 것을 막기 위해 다음과 같은 최종평가점수 산정 방식을 사용하고 있다.

최종평가점수=Max[0.5×전기평가점수+0.5×후기평가점수, 0.2×전기평가점수+0.8×후기평가점수]

여기서 사용한 Max[X, Y]는 X와 Y 중 큰 값을 의미한다. 즉, 전기평가점수와 후기평가점수의 가중치를 50:50으로 하여 산정한 점수와 20:80으로 하여 산정한 점수 중 더 높은 것이 해당 기관의 최종평가점수이다.

〈상황〉

4개 기관의 전기평가점수(100점 만점)는 다음과 같다.

기관	A	B	C	D
전기평가점수	60	70	90	80

4개 기관의 후기평가점수(100점 만점)는 모두 자연수이고, C기관의 후기평가점수는 70점이다. 최종평가점수를 통해 확인된 기관 순위는 1등부터 4등까지 A-B-D-C 순이며 동점인 기관은 없다.

〈보기〉

ㄱ. A기관의 후기평가점수는 B기관의 후기평가점수보다 최소 3점 높다.
ㄴ. B기관의 후기평가점수는 83점일 수 있다.
ㄷ. A기관과 D기관의 후기평가점수 차이는 5점일 수 있다.

① ㄱ
② ㄴ
③ ㄱ, ㄴ
④ ㄱ, ㄷ
⑤ ㄴ, ㄷ

04

2021년 7급 나 문13

다음 <A기관 특허대리인 보수 지급 기준>과 <상황>을 근거로 판단할 때, 甲과 乙이 지급받는 보수의 차이는?

〈A기관 특허대리인 보수 지급 기준〉

○ A기관은 특허출원을 특허대리인(이하 '대리인')에게 의뢰하고, 이에 따라 특허출원 건을 수임한 대리인에게 보수를 지급한다.
○ 보수는 착수금과 사례금의 합이다.
○ 착수금은 대리인이 작성한 출원서의 내용에 따라 〈착수금 산정 기준〉의 세부항목을 합산하여 산정한다. 단, 세부항목을 합산한 금액이 140만 원을 초과할 경우 착수금은 140만 원으로 한다.

〈착수금 산정 기준〉

세부항목	금액(원)
기본료	1,200,000
독립항 1개 초과분(1개당)	100,000
종속항(1개당)	35,000
명세서 20면 초과분(1면당)	9,000
도면(1도당)	15,000

※ 독립항 1개 또는 명세서 20면 이하는 해당 항목에 대한 착수금을 산정하지 않는다.

○ 사례금은 출원한 특허가 '등록결정'된 경우 착수금과 동일한 금액으로 지급하고, '거절결정'된 경우 0원으로 한다.

〈상황〉

○ 특허대리인 甲과 乙은 A기관이 의뢰한 특허출원을 각각 1건씩 수임하였다.
○ 甲은 독립항 1개, 종속항 2개, 명세서 14면, 도면 3도로 출원서를 작성하여 특허를 출원하였고, '등록결정'되었다.
○ 乙은 독립항 5개, 종속항 16개, 명세서 50면, 도면 12도로 출원서를 작성하여 특허를 출원하였고, '거절결정'되었다.

① 2만 원
② 8만 5천 원
③ 123만 원
④ 129만 5천 원
⑤ 259만 원

05

2021년 7급 나 문14

다음 글과 <상황>을 근거로 판단할 때, <보기>에서 옳은 것만을 모두 고르면?

□□부서는 매년 △△사업에 대해 사업자 자격 요건 재허가 심사를 실시한다.

○ 기본심사 점수에서 감점 점수를 뺀 최종심사 점수가 70점 이상이면 '재허가', 60점 이상 70점 미만이면 '허가 정지', 60점 미만이면 '허가 취소'로 판정한다.
  - 기본심사 점수: 100점 만점으로, ㉮~㉱의 4가지 항목(각 25점 만점) 점수의 합으로 한다. 단, 점수는 자연수이다.
  - 감점 점수: 과태료 부과의 경우 1회당 2점, 제재 조치의 경우 경고 1회당 3점, 주의 1회당 1.5점, 권고 1회당 0.5점으로 한다.

〈상황〉

2020년 사업자 A~C의 기본심사 점수 및 감점 사항은 아래와 같다.

사업자	기본심사 항목별 점수			
	㉮	㉯	㉰	㉱
A	20	23	17	?
B	18	21	18	?
C	23	18	21	16

사업자	과태료 부과횟수	제재 조치 횟수		
		경고	주의	권고
A	3	−	−	6
B	5	−	3	2
C	4	1	2	−

〈보기〉

ㄱ. A의 ㉱ 항목 점수가 15점이라면 A는 재허가를 받을 수 있다.
ㄴ. B의 허가가 취소되지 않으려면 B의 ㉱ 항목 점수가 19점 이상이어야 한다.
ㄷ. C가 2020년에 과태료를 부과받은 적이 없다면 판정 결과가 달라진다.
ㄹ. 기본심사 점수와 최종심사 점수 간의 차이가 가장 큰 사업자는 C이다.

① ㄱ
② ㄴ
③ ㄱ, ㄴ
④ ㄴ, ㄷ
⑤ ㄷ, ㄹ

06

2022년 7급 가 문13

다음 글을 근거로 판단할 때, <보기>에서 옳은 것만을 모두 고르면?

이번 주 甲의 요일별 기본업무량은 다음과 같다.

요일	월	화	수	목	금
기본업무량	60	50	60	50	60

甲은 기본업무량을 초과하여 업무를 처리한 날에 '칭찬'을, 기본업무량 미만으로 업무를 처리한 날에 '꾸중'을 듣는다. 정확히 기본업무량만큼 업무를 처리한 날에는 칭찬도 꾸중도 듣지 않는다.

이번 주 甲은 방식1~방식3 중 하나를 선택하여 업무를 처리한다.

방식1: 월요일에 100의 업무량을 처리하고, 그다음 날부터는 매일 전날 대비 20 적은 업무량을 처리한다.
방식2: 월요일에 0의 업무량을 처리하고, 그다음 날부터는 매일 전날 대비 30 많은 업무량을 처리한다.
방식3: 매일 60의 업무량을 처리한다.

〈보기〉

ㄱ. 방식1을 선택할 경우 화요일에 꾸중을 듣는다.
ㄴ. 어느 방식을 선택하더라도 수요일에는 칭찬도 꾸중도 듣지 않는다.
ㄷ. 어느 방식을 선택하더라도 칭찬을 듣는 날수는 동일하다.
ㄹ. 칭찬을 듣는 날수에서 꾸중을 듣는 날수를 뺀 값을 최대로 하려면 방식2를 선택하여야 한다.

① ㄱ, ㄷ
② ㄱ, ㄹ
③ ㄴ, ㄷ
④ ㄴ, ㄹ
⑤ ㄴ, ㄷ, ㄹ

07

2022년 7급 가 문15

다음 글을 근거로 판단할 때, <보기>에서 甲이 지원금을 받는 경우만을 모두 고르면?

○ 정부는 자영업자를 지원하기 위하여 2020년 대비 2021년의 이익이 감소한 경우 이익 감소액의 10%를 자영업자에게 지원금으로 지급하기로 하였다.

○ 이익은 매출액에서 변동원가와 고정원가를 뺀 금액으로, 자영업자 甲의 2020년 이익은 아래와 같이 계산된다.

구분	금액	비고
매출액	8억 원	판매량(400,000단위)×판매가격(2,000원)
변동원가	6.4억 원	판매량(400,000단위)×단위당 변동원가(1,600원)
고정원가	1억 원	판매량과 관계없이 일정함
이익	0.6억 원	8억 원－6.4억 원－1억 원

〈보기〉

ㄱ. 2021년의 판매량, 판매가격, 단위당 변동원가, 고정원가는 모두 2020년과 같았다.

ㄴ. 2020년에 비해 2021년에 판매가격을 5% 인하하였고, 판매량, 단위당 변동원가, 고정원가는 2020년과 같았다.

ㄷ. 2020년에 비해 2021년에 판매량은 10% 증가하고 고정원가는 5% 감소하였으나, 판매가격과 단위당 변동원가는 2020년과 같았다.

ㄹ. 2020년에 비해 2021년에 판매가격을 5% 인상했음에도 불구하고 판매량이 25% 증가하였고, 단위당 변동원가와 고정원가는 2020년과 같았다.

① ㄴ
② ㄹ
③ ㄱ, ㄴ
④ ㄴ, ㄷ
⑤ ㄷ, ㄹ

08

2022년 7급 가 문16

다음 글과 <상황>을 근거로 판단할 때 옳지 않은 것은?

□□시는 부서 성과 및 개인 성과에 따라 등급을 매겨 직원들에게 성과급을 지급하고 있다.

○ 부서 등급과 개인 등급은 각각 S, A, B, C로 나뉘고, 등급별 성과급 산정비율은 다음과 같다.

성과 등급	S	A	B	C
성과급 산정비율(%)	40	20	10	0

○ 작년까지 부서 등급과 개인 등급에 따른 성과급 산정비율의 산술평균을 연봉에 곱해 직원의 성과급을 산정해왔다.
성과급 = 연봉 × {(부서 산정비율 + 개인 산정비율) / 2}

○ 올해부터 부서 등급과 개인 등급에 따른 성과급 산정비율 중 더 큰 값을 연봉에 곱해 성과급을 산정하도록 개편하였다.
성과급 = 연봉 × max{부서 산정비율, 개인 산정비율}

※ max{a, b} = a와 b 중 더 큰 값

〈상황〉

작년과 올해 □□시 소속 직원 甲~丙의 연봉과 성과 등급은 다음과 같다.

구분	작년			올해		
	연봉(만 원)	성과 등급		연봉(만 원)	성과 등급	
		부서	개인		부서	개인
甲	3,500	S	A	4,000	A	S
乙	4,000	B	S	4,000	S	A
丙	3,000	B	A	3,500	C	B

① 甲의 작년 성과급은 1,050만 원이다.
② 甲과 乙의 올해 성과급은 동일하다.
③ 甲~丙 모두 작년 대비 올해 성과급이 증가한다.
④ 올해 연봉과 성과급의 합이 가장 작은 사람은 丙이다.
⑤ 작년 대비 올해 성과급 상승률이 가장 큰 사람은 乙이다.

09

2024년 7급 사 문8

다음 글을 근거로 판단할 때, A사가 투자할 작품만을 모두 고르면?

○ A사는 투자할 작품을 결정하려고 한다. 작품별 기본점수 등 현황은 다음과 같다.

작품 \ 현황	기본 점수 (점)	스태프 인원 (명)	장르	감독의 최근 2개 작품 흥행 여부 (개봉연도)	
성묘	70	55	판타지	성공 (2009)	실패 (2015)
서울의 겨울	85	45	액션	실패 (2018)	실패 (2020)
만날 결심	75	50	추리	실패 (2020)	성공 (2022)
빅 포레스트	65	65	멜로	성공 (2011)	성공 (2018)

○ 최종점수는 작품별 기본점수에 아래 기준에 따른 점수를 가감해 산출한다.

기준	가감 점수
스태프 인원이 50명 미만	감점 10점
장르가 판타지	가점 10점
감독의 최근 2개 작품이 모두 흥행 성공	가점 10점
감독의 직전 작품이 흥행 실패	감점 10점

○ 최종점수가 75점 이상인 작품에 투자한다.

① 성묘, 만날 결심
② 성묘, 빅 포레스트
③ 서울의 겨울, 만날 결심
④ 만날 결심, 빅 포레스트
⑤ 서울의 겨울, 빅 포레스트

10

2024년 7급 사 문20

다음 글을 근거로 판단할 때, 가장 많은 액수를 지급받을 예술단체의 배정액은?

□□부는 2024년도 예술단체 지원사업 예산 4억 원을 배정하려 한다. 지원 대상이 되는 예술단체의 선정 및 배정액 산정·지급 방법은 다음과 같다.

○ 2023년도 기준 인원이 30명 미만이거나 운영비가 1억 원 미만인 예술단체를 선정한다.
○ 사업분야가 공연인 단체의 배정액은 '(운영비×0.2)+(사업비×0.5)'로 산정한다.
○ 사업분야가 교육인 단체의 배정액은 '(운영비×0.5)+(사업비×0.2)'로 산정한다.
○ 인원이 많은 단체부터 순차적으로 지급한다. 다만 예산 부족으로 산정된 금액 전부를 지급할 수 없는 단체에는 예산 잔액을 배정액으로 한다.
○ 2023년도 기준 예술단체(A~D) 현황은 다음과 같다.

단체	인원 (명)	사업분야	운영비 (억 원)	사업비 (억 원)
A	30	공연	1.8	5.5
B	28	교육	2.0	4.0
C	27	공연	3.0	3.0
D	33	교육	0.8	5.0

① 8,000만 원
② 1억 1,000만 원
③ 1억 4,000만 원
④ 1억 8,000만 원
⑤ 2억 1,000만 원

11

2019년 민경채 나 문8

다음 글을 근거로 판단할 때, <보기>에서 옳은 것만을 모두 고르면?

甲은 결혼 준비를 위해 스튜디오 업체(A, B), 드레스 업체(C, D), 메이크업 업체(E, F)의 견적서를 각각 받았는데, 최근 생긴 B업체만 정가에서 10% 할인한 가격을 제시하였다. 아래 〈표〉는 각 업체가 제시한 가격의 총액을 계산한 결과이다. (단, A~F 각 업체의 가격은 모두 상이하다)

〈표〉

스튜디오	드레스	메이크업	총액
A	C	E	76만 원
이용 안함	C	F	58만 원
A	D	E	100만 원
이용 안함	D	F	82만 원
B	D	F	127만 원

〈보기〉

ㄱ. A업체 가격이 26만 원이라면, E업체 가격이 F업체 가격보다 8만 원 비싸다.

ㄴ. B업체의 할인 전 가격은 50만 원이다.

ㄷ. C업체 가격이 30만 원이라면, E업체 가격은 28만 원이다.

ㄹ. D업체 가격이 C업체 가격보다 26만 원 비싸다.

① ㄱ

② ㄴ

③ ㄷ

④ ㄴ, ㄷ

⑤ ㄷ, ㄹ

12

2019년 민경채 나 문10

다음 <재난관리 평가지침>과 <상황>을 근거로 판단할 때 옳은 것은?

〈재난관리 평가지침〉

□ 순위산정 기준

○ 최종순위 결정

– 정량평가 점수(80점)와 정성평가 점수(20점)의 합으로 계산된 최종점수가 높은 순서대로 순위 결정

○ 동점기관 처리

– 최종점수가 동점일 경우에는 정성평가 점수가 높은 순서대로 순위 결정

□ 정성평가 기준

○ 지자체 및 민간분야와의 재난안전분야 협력(10점 만점)

평가	상	중	하
선정비율	20%	60%	20%
배점	10점	6점	3점

○ 재난관리에 대한 종합평가(10점 만점)

평가	상	중	하
선정비율	20%	60%	20%
배점	10점	5점	1점

〈상황〉

일부 훼손된 평가표는 아래와 같다. (단, 평가대상기관은 5개이다)

평가 / 기관	정량평가 (80점 만점)	정성평가 (20점 만점)
A	71	20
B	80	11
C	69	11
D	74	
E	66	

① A기관이 2위일 수도 있다.

② B기관이 3위일 수도 있다.

③ C기관이 4위일 가능성은 없다.

④ D기관이 3위일 가능성은 없다.

⑤ E기관은 어떠한 경우에도 5위일 것이다.

13

2017년 민경채 나 문21

다음 <상황>을 근거로 판단할 때, 짜장면 1그릇의 가격은?

〈보기〉

ㅇ A중식당의 각 테이블별 주문 내역과 그 총액은 아래 〈표〉와 같다.

ㅇ 각 테이블에서는 음식을 주문 내역별로 1그릇씩 주문하였다.

〈표〉

테이블	주문 내역	총액(원)
1	짜장면, 탕수육	17,000
2	짬뽕, 깐풍기	20,000
3	짜장면, 볶음밥	14,000
4	짬뽕, 탕수육	18,000
5	볶음밥, 깐풍기	21,000

① 4,000원

② 5,000원

③ 6,000원

④ 7,000원

⑤ 8,000원

약점 보완 해설집 p.32

2 선택

판단 및 의사결정에서 자주 나오는 패턴 문제는 국가에서 기준에 따라 업체나 단체를 선정하거나 채택하는 유형이다. 우선 전체 기준이 되는 기본적인 사항이 충족 여부를 판단하여 주어진 사례에서 배제할 수 있는 요소는 바로 배제한다. 그리고 규칙에 의해 점수를 부과하여 그중 선정 기준에 합치되는 경우 이를 선발하거나 선택한다.

예제

2020년 7급 모의 문15

다음 글을 근거로 판단할 때, 甲과 인사교류를 할 수 있는 사람만을 모두 고르면?

○ 甲은 인사교류를 통해 ○○기관에서 타 기관으로 전출하고자 한다. 인사교류란 동일 직급 간 신청자끼리 1:1로 교류하는 제도로서, 각 신청자가 속한 두 기관의 교류 승인 조건을 모두 충족해야 한다.

○ 기관별로 교류를 승인하는 조건은 다음과 같다.

○○기관: 신청자간 현직급임용년월은 3년 이상 차이나지 않고, 연령은 7세 이상 차이나지 않는 경우

□□기관: 신청자간 최초임용년월은 5년 이상 차이나지 않고, 연령은 3세 이상 차이나지 않는 경우

△△기관: 신청자간 최초임용년월은 2년 이상 차이나지 않고, 연령은 5세 이상 차이나지 않는 경우

○ 甲(32세)의 최초임용년월과 현직급임용년월은 2015년 9월로 동일하다.

○ 甲과 동일 직급인 인사교류 신청자(A~E)의 인사 정보는 다음과 같다.

신청자	연령(세)	현 소속 기관	최초임용년월	현직급임용년월
A	30	□□	2016년 5월	2019년 5월
B	37	□□	2009년 12월	2017년 3월
C	32	□□	2015년 12월	2015년 12월
D	31	△△	2014년 1월	2014년 1월
E	35	△△	2017년 10월	2017년 10월

① A, B
② B, E
③ C, D
④ A, B, D
⑤ C, D, E

[정답] ③

[유형] 판단 및 의사결정 - 선택

○○ 기관: 갑의 기관 기준으로 볼 때 현직급임용년월은 3년 이상 차이나지 않아야 하므로 A는 배제된다.
□□ 기관: B는 갑과 연령이 3년 이상 차이가 나고 최초임용년월도 5년 이상 차이가 나서 배제된다.
△△ 기관: E는 갑과 최초임용년월이 2년 이상 차이가 나서 배제된다.
결국 가능한 사람은 C와 D뿐이다.

01

2020년 7급 모의 문18

다음 글과 <상황>을 근거로 판단할 때, A~C 자동차 구매 시 지불 금액을 비교한 것으로 옳은 것은?

○ 甲국은 전기차 및 하이브리드 자동차 보급을 장려하기 위해 다음과 같이 보조금과 세제 혜택을 제공한다.
- 정부는 차종을 고려하여 자동차 1대 당 보조금을 정액 지급한다. 중형 전기차에 대해서는 1,500만 원, 소형 전기차에 대해서는 1,000만 원, 하이브리드차에 대해서는 500만 원을 지급한다.
- 정부는 차종을 고려하여 아래 〈기준〉에 따라 세제 혜택을 제공한다. 자동차 구입 시 발생하는 세금은 개별소비세, 교육세, 취득세뿐이며, 개별소비세는 자동차 가격의 10%, 교육세는 2%, 취득세는 5%의 금액이 책정된다.

〈기준〉

구분	개별소비세	교육세	취득세
중형 전기차	비감면	전액감면	전액감면
소형 전기차	전액감면		전액감면
하이브리드차	전액감면		비감면

○ 자동차 구매 시 지불 금액은 다음과 같다.

지불 금액 = 자동차 가격 − 보조금 + 세금

〈상황〉

(단위: 만 원)

자동차	차종	자동차 가격
A	중형 전기차	4,000
B	소형 전기차	3,500
C	하이브리드차	3,500

① A < B < C
② B < A < C
③ B < C < A
④ C < A < B
⑤ C < B < A

02

2020년 7급 모의 문19

다음 글을 근거로 판단할 때, △△부가 2021년에 국가인증 농가로 선정할 곳만을 모두 고르면?

○ △△부에서는 2021년 고품질·안전 농식품 생산을 선도하는 국가인증 농가를 3곳 선정하려고 한다. 선정 기준은 다음과 같다.
- 친환경인증을 받으면 30점, 전통식품인증을 받으면 40점을 부여한다. 단, 두 인증을 모두 받은 경우 전통식품인증 점수만을 인정한다.
- (나)와 (다) 지역 농가에는 친환경인증 또는 전통식품인증 유무에 의한 점수와 도농교류 활성화 점수 합의 10%를 가산점으로 부여한다.
- 친환경인증 또는 전통식품인증 유무에 의한 점수, 도농교류 활성화 점수, 가산점을 합산하여 점수가 높은 순으로 선정한다.
- 도농교류 활성화 점수가 50점 미만인 농가는 선정하지 않는다.
- 동일 지역의 농가를 2곳 이상 선정할 수 없다.

○ 2021년 선정후보 농가(A~F) 현황은 다음과 같다.

농가	친환경 인증 유무	전통식품 인증 유무	도농교류 활성화 점수	지역
A	○	○	80	(가)
B	×	○	60	(가)
C	×	○	55	(나)
D	○	○	40	(다)
E	○	×	75	(라)
F	○	○	70	(라)

① A, C, F
② A, D, E
③ A, E, F
④ B, C, E
⑤ B, D, F

03

2020년 7급 모의 문20

다음 글을 근거로 판단할 때, <보기>에서 옳은 것만을 모두 고르면?

○ 甲주무관은 A법률 개정안으로 (가), (나), (다) 총 세 가지를 준비하고 있다.

○ 이해관계자, 관계부처, 입법부의 수용가능성 및 국정과제 관련도의 4개 평가항목에 따라 평가점수를 부여하고 평가점수 총합이 가장 높은 개정안을 채택한다. 단, 다음의 사항을 고려한다.

- 평가점수 총합이 동일한 경우, 국정과제 관련도 점수가 가장 높은 개정안을 채택한다.
- 개정안의 개별 평가항목 점수 중 어느 하나라도 2점 미만인 경우, 해당 개정안은 채택하지 않는다.

○ 수용가능성 평가점수를 높일 수 있는 추가 절차는 아래와 같다. 단, 각 절차는 개정안마다 최대 2회 진행할 수 있다.

- 이해관계자 수용가능성: 관계자간담회 1회당 1점 추가
- 관계부처 수용가능성: 부처간회의 1회당 2점 추가
- 입법부 수용가능성: 국회설명회 1회당 0.5점 추가

○ 수용가능성 평가항목별 점수를 높일 수 있는 추가 절차를 진행하지 않은 상태에서 개정안별 평가점수는 아래와 같다.

〈A법률 개정안 평가점수〉

개정안	수용가능성			국정과제 관련도	총합
	이해관계자	관계부처	입법부		
(가)	5	3	1	4	13
(나)	3	4	3	3	13
(다)	4	3	3	2	12

〈보기〉

ㄱ. 추가 절차를 진행하지 않는 경우, (나)가 채택된다.

ㄴ. 3개 개정안 모두를 대상으로 입법부 수용가능성을 높이는 절차를 최대한 진행하는 경우, (가)가 채택된다.

ㄷ. (나)에 대한 부처간회의를 1회 진행하고 (다)에 대한 관계자간담회를 2회 진행하는 경우, (다)가 채택된다.

① ㄱ
② ㄷ
③ ㄱ, ㄴ
④ ㄴ, ㄷ
⑤ ㄱ, ㄴ, ㄷ

04

2022년 7급 가 문8

다음 글과 <상황>을 근거로 판단할 때, 甲~戊 중 휴가지원사업에 참여할 수 있는 사람만을 모두 고르면?

<2023년 휴가지원사업 모집 공고>

□ 사업 목적

○ 직장 내 자유로운 휴가문화 조성 및 국내 여행 활성화

□ 참여 대상

○ 중소기업·비영리민간단체·사회복지법인·의료법인 근로자. 단, 아래 근로자는 참여 제외

- 병·의원 소속 의사
- 회계법인 및 세무법인 소속 회계사·세무사·노무사
- 법무법인 소속 변호사·변리사

○ 대표 및 임원은 참여 대상에서 제외하나, 아래의 경우는 참여 가능

- 중소기업 및 비영리민간단체의 임원
- 사회복지법인의 대표 및 임원

〈상황〉

甲~戊의 재직정보는 아래와 같다.

구분	직장명	직장 유형	비고
간호사 甲	A병원	의료법인	근로자
노무사 乙	B회계법인	중소기업	근로자
사회복지사 丙	C복지센터	사회복지법인	대표
회사원 丁	D물산	대기업	근로자
의사 戊	E재단	비영리민간단체	임원

① 甲, 丙
② 甲, 戊
③ 乙, 丁
④ 甲, 丙, 戊
⑤ 乙, 丙, 丁

05

2022년 7급 가 문12

다음 글과 <상황>을 근거로 판단할 때, 甲이 선택할 사업과 받을 수 있는 지원금을 옳게 짝지은 것은?

○○군은 집수리지원사업인 A와 B를 운영하고 있다. 신청자는 하나의 사업을 선택하여 지원받을 수 있다. 수리 항목은 외부(방수, 지붕, 담장, 쉼터)와 내부(단열, 설비, 창호)로 나누어진다.

〈사업 A의 지원기준〉

- ○ 외부는 본인부담 10%를 제외한 나머지 소요비용을 1,250만 원 한도 내에서 전액 지원
- ○ 내부는 지원하지 않음

〈사업 B의 지원기준〉

- ○ 담장과 쉼터는 둘 중 하나의 항목만 지원하며, 각각 300만 원과 50만 원 한도 내에서 소요비용 전액 지원
- ○ 담장과 쉼터를 제외한 나머지 항목은 내·외부와 관계없이 본인부담 50%를 제외한 나머지 소요비용을 1,200만 원 한도 내에서 전액 지원

〈상황〉

甲은 본인 집의 창호와 쉼터를 수리하고자 한다. 소요비용은 각각 500만 원과 900만 원이다. 甲은 사업 A와 B 중 지원금이 더 많은 사업을 선택하여 신청하려고 한다.

	사업	지원금
①	A	1,250만 원
②	A	810만 원
③	B	1,250만 원
④	B	810만 원
⑤	B	300만 원

06

2023년 7급 인 문18

다음 글과 <상황>을 근거로 판단할 때, 甲~戊 중 사업자로 선정되는 업체는?

△△부처는 □□사업에 대하여 용역 입찰공고를 하고, 각 입찰업체의 제안서를 평가하여 사업자를 선정하려 한다.

- ○ 제안서 평가점수는 입찰가격 평가점수(20점 만점)와 기술능력 평가점수(80점 만점)로 이루어진다.
- ○ 입찰가격 평가점수는 각 입찰업체가 제시한 가격에 따라 산정한다.
- ○ 기술능력 평가점수는 다음과 같은 방식으로 산정한다.
  - 5명의 평가위원이 평가한다.
  - 각 평가위원의 평가결과에서 최고점수와 최저점수를 제외한 나머지 3명의 점수를 산술평균하여 산정한다. 이때 최고점수가 복수인 경우 하나를 제외하며, 최저점수가 복수인 경우도 마찬가지이다.
- ○ 기술능력 평가점수에서 만점의 85% 미만의 점수를 받은 업체는 선정에서 제외한다.
- ○ 입찰가격 평가점수와 기술능력 평가점수를 합산한 점수가 가장 높은 업체를 선정한다. 이때 동점이 발생할 경우, 기술능력 평가점수가 가장 높은 업체를 선정한다.

〈상황〉

- ○ □□사업의 입찰에 참여한 업체는 甲~戊이다.
- ○ 각 업체의 입찰가격 평가점수는 다음과 같다.

(단위: 점)

구분	甲	乙	丙	丁	戊
평가점수	13	20	15	14	17

- ○ 각 업체의 기술능력에 대한 평가위원 5명의 평가결과는 다음과 같다.

(단위: 점)

구분	甲	乙	丙	丁	戊
A위원	68	65	73	75	65
B위원	68	73	69	70	60
C위원	68	62	69	65	60
D위원	68	65	65	65	70
E위원	72	65	69	75	75

① 甲

② 乙

③ 丙

④ 丁

⑤ 戊

07

2024년 7급 사 문24

다음 글을 근거로 판단할 때, <보기>에서 옳은 것만을 모두 고르면?

甲~丁은 6문제로 구성된 직무능력시험 문제를 풀었다.

○ 정답을 맞힌 경우, 문제마다 기본점수 1점과 난이도에 따른 추가점수를 부여한다.
○ 추가점수는 다음 식에 따라 결정한다.

$$\text{추가점수} = \frac{\text{해당 문제를 틀린 사람의 수}}{\text{해당 문제를 맞힌 사람의 수}}$$

○ 6문제의 기본점수와 추가점수를 모두 합한 총합 점수가 5점 이상인 사람이 합격한다.

甲~丁이 6문제를 푼 결과는 다음과 같고, 5번과 6번 문제의 결과는 찢어져 알 수가 없다.

(○: 정답, ×: 오답)

구분	1번	2번	3번	4번	5번	6번
甲	○	×	○	○		
乙	○	×	○	×		
丙	○	○	×	×		
丁	×	○	○	×		
정답률(%)	75	50	75	25	50	50

〈보기〉

ㄱ. 甲이 최종적으로 받을 수 있는 최대 점수는 $\frac{32}{3}$점이다.
ㄴ. 1~4번 문제에서 받은 점수의 합은 乙이 가장 낮다.
ㄷ. 4명 모두가 합격할 수는 없다.
ㄹ. 4명이 받은 점수의 총합은 24점이다.

① ㄱ, ㄷ
② ㄴ, ㄷ
③ ㄴ, ㄹ
④ ㄱ, ㄴ, ㄷ
⑤ ㄱ, ㄴ, ㄹ

08

2020년 민경채 가 문8

다음 글을 근거로 판단할 때, <보기>에서 옳은 것만을 모두 고르면?

△△부처는 직원 교육에 사용할 교재를 외부 업체에 위탁하여 제작하려 한다. 업체가 제출한 시안을 5개의 항목으로 평가하고, 평가 점수의 총합이 가장 높은 시안을 채택한다. 평가 점수의 총합이 동점일 경우, 평가 항목 중 학습내용 점수가 가장 높은 시안을 채택한다. 5개의 업체가 제출한 시안(A~E)의 평가 결과는 다음과 같다.

(단위: 점)

평가 항목(배점) \ 시안	A	B	C	D	E
학습내용(30)	25	30	20	25	20
학습체계(30)	25	(㉠)	30	25	20
교수법(20)	20	17	(㉡)	20	15
학습평가(10)	10	10	10	5	10
학습매체(10)	10	10	10	10	10

〈보기〉

ㄱ. D와 E는 채택되지 않는다.
ㄴ. ㉡의 점수와 상관없이 C는 채택되지 않는다.
ㄷ. ㉠이 23점이라면 B가 채택된다.

① ㄱ
② ㄷ
③ ㄱ, ㄴ
④ ㄴ, ㄷ
⑤ ㄱ, ㄴ, ㄷ

09

2020년 민경채 가 문10

다음 <지정 기준>과 <신청 현황>을 근거로 판단할 때, 신청병원(甲~戊) 중 산재보험 의료기관으로 지정되는 것은?

〈지정 기준〉

○ 신청병원 중 인력 점수, 경력 점수, 행정처분 점수, 지역별 분포 점수의 총합이 가장 높은 병원을 산재보험 의료기관으로 지정한다.
○ 전문의 수가 2명 이하이거나, 가장 가까이 있는 기존 산재보험 의료기관까지의 거리가 1km 미만인 병원은 지정 대상에서 제외한다.
○ 각각의 점수는 아래의 항목별 배점 기준에 따라 부여한다.

항목	배점 기준
인력 점수	전문의 수 7명 이상은 10점
	전문의 수 4명 이상 6명 이하는 8점
	전문의 수 3명 이하는 3점
경력 점수	전문의 평균 임상경력 1년당 2점(단, 평균 임상경력이 10년 이상이면 20점)
행정처분 점수	2명 이하의 의사가 행정처분을 받은 적이 있는 경우 10점
	3명 이상의 의사가 행정처분을 받은 적이 있는 경우 2점
지역별 분포 점수	가장 가까이 있는 기존 산재보험 의료기관이 8km 이상 떨어져 있을 경우, 인력 점수와 경력 점수 합의 20%에 해당하는 점수
	가장 가까이 있는 기존 산재보험 의료기관이 3km 이상 8km 미만 떨어져 있을 경우, 인력 점수와 경력 점수 합의 10%에 해당하는 점수
	가장 가까이 있는 기존 산재보험 의료기관이 3km 미만 떨어져 있을 경우, 인력 점수와 경력 점수 합의 20%에 해당하는 점수 감점

〈신청 현황〉

신청 병원	전문의 수	전문의 평균 임상경력	행정처분을 받은 적이 있는 의사 수	가장 가까이 있는 기존 산재보험 의료기관까지의 거리
甲	6명	7년	4명	10km
乙	2명	17년	1명	8km
丙	8명	5년	0명	1km
丁	4명	11년	3명	2km
戊	3명	12년	2명	500m

① 甲
② 乙
③ 丙
④ 丁
⑤ 戊

10

2019년 민경채 나 문6

다음 글을 근거로 판단할 때, 국제행사의 개최도시로 선정될 곳은?

甲사무관은 대한민국에서 열리는 국제행사의 개최도시를 선정하기 위해 다음과 같은 〈후보도시 평가표〉를 만들었다. 〈후보도시 평가표〉에 따른 점수와 〈국제해양기구의 의견〉을 모두 반영하여, 합산점수가 가장 높은 도시를 개최도시로 선정하고자 한다.

〈후보도시 평가표〉

구분	서울	인천	대전	부산	제주
1) 회의 시설 1,500명 이상 수용가능한 대회의장 보유 등	A	A	C	B	C
2) 숙박 시설 도보거리에 특급 호텔 보유 등	A	B	A	A	C
3) 교통 공항접근성 등	B	A	C	B	B
4) 개최 역량 대규모 국제행사 개최 경험 등	A	C	C	A	B

※ A: 10점, B: 7점, C: 3점

〈국제해양기구의 의견〉

○ 외국인 참석자의 편의를 위해 '교통'에서 A를 받은 도시의 경우 추가로 5점을 부여해 줄 것
○ 바다를 끼고 있는 도시의 경우 추가로 5점을 부여해 줄 것
○ 예상 참석자가 2,000명 이상이므로 '회의 시설'에서 C를 받은 도시는 제외할 것

① 서울
② 인천
③ 대전
④ 부산
⑤ 제주

11

2017년 민경채 나 문10

다음 글과 <A여행사 해외여행 상품>을 근거로 판단할 때, 세훈이 선택할 여행지는?

인희: 다음 달 셋째 주에 연휴던데, 그때 여행갈 계획 있어?

세훈: 응, 이번에는 꼭 가야지. 월요일, 수요일, 금요일이 공휴일이잖아. 그래서 우리 회사에서는 화요일과 목요일에만 연가를 쓰면 앞뒤 주말 포함해서 최대 9일 연휴가 되더라고. 그런데 난 연가가 하루밖에 남지 않아서 그렇게 길게는 안 돼. 그래도 이번엔 꼭 해외여행을 갈 거야.

인희: 어디로 갈 생각이야?

세훈: 나는 어디로 가든 상관없는데 여행지에 도착할 때까지 비행기를 오래 타면 너무 힘들더라고. 그래서 편도 총비행시간이 8시간 이내면서 직항 노선이 있는 곳으로 가려고.

인희: 여행기간은 어느 정도로 할 거야?

세훈: 남은 연가를 잘 활용해서 주어진 기간 내에서 최대한 길게 다녀오려고 해. A여행사 해외여행 상품 중에 하나를 정해서 다녀올 거야.

〈A여행사 해외여행 상품〉

여행지	여행기간 (한국시각 기준)	총비행시간 (편도)	비행기 환승 여부
두바이	4박 5일	8시간	직항
모스크바	6박 8일	8시간	직항
방콕	4박 5일	7시간	1회 환승
홍콩	3박 4일	5시간	직항
뉴욕	4박 5일	14시간	직항

① 두바이
② 모스크바
③ 방콕
④ 홍콩
⑤ 뉴욕

12

2017년 민경채 나 문19

다음 글을 근거로 판단할 때, 2017학년도 A대학교 ○○학과 입학 전형 합격자는?

○ A대학교 ○○학과 입학 전형
- 2017학년도 대학수학능력시험의 국어, 수학, 영어 3개 과목을 반영하여 지원자 중 1명을 선발한다.
- 3개 과목 평균등급이 2등급(3개 과목 등급의 합이 6) 이내인 자를 선발한다. 이 조건을 만족하는 지원자가 여러 명일 경우, 3개 과목 원점수의 합산 점수가 가장 높은 자를 선발한다.

○ 2017학년도 대학수학능력시험 과목별 등급-원점수 커트라인

(단위: 점)

과목 \ 등급	1	2	3	4	5	6	7	8
국어	96	93	88	79	67	51	40	26
수학	89	80	71	54	42	33	22	14
영어	94	89	85	77	69	54	41	28

※ 예를 들어, 국어 1등급은 100~96점, 국어 2등급은 95~93점

○ 2017학년도 A대학교 ○○학과 지원자 원점수 성적

(단위: 점)

지원자	국어	수학	영어
甲	90	96	88
乙	89	89	89
丙	93	84	89
丁	79	93	92
戊	98	60	100

① 甲
② 乙
③ 丙
④ 丁
⑤ 戊

13

2017년 민경채 나 문20

다음 글과 <필요 물품 목록>을 근거로 판단할 때, ○○부 아동방과후교육 사업에서 허용되는 사업비 지출품목만을 모두 고르면?

> ○○부는 아동방과후교육 사업을 운영하고 있다. 원칙적으로 사업비는 사용목적이 '사업 운영'인 경우에만 지출할 수 있다. 다만 다음 중 어느 하나에 해당하면 예외적으로 허용된다. 첫째, 품목당 단가가 10만 원 이하로 사용목적이 '서비스 제공'인 경우에 지출할 수 있다. 둘째, 사용연한이 1년 이내인 경우에 지출할 수 있다.

〈필요 물품 목록〉

품목	단가(원)	사용목적	사용연한
인형탈	120,000	사업 운영	2년
프로그램 대여	300,000	보고서 작성	6개월
의자	110,000	서비스 제공	5년
컴퓨터	950,000	서비스 제공	3년
클리어파일	500	상담일지 보관	2년
블라인드	99,000	서비스 제공	5년

① 프로그램 대여, 의자
② 컴퓨터, 클리어파일
③ 클리어파일, 블라인드
④ 인형탈, 프로그램 대여, 블라인드
⑤ 인형탈, 의자, 컴퓨터

14

2016년 민경채 5 문19

다음 글과 <평가 결과>를 근거로 판단할 때, <보기>에서 옳은 것만을 모두 고르면?

> X국에서는 현재 정부 재정지원을 받고 있는 복지시설(A~D)을 대상으로 다섯 가지 항목(환경개선, 복지관리, 복지지원, 복지성과, 중장기 발전계획)에 대한 종합적인 평가를 진행하였다.
>
> 평가점수의 총점은 각 평가항목에 대해 해당 시설이 받은 점수와 해당 평가항목별 가중치를 곱한 것을 합산하여 구하고, 총점 90점 이상은 1등급, 80점 이상 90점 미만은 2등급, 70점 이상 80점 미만은 3등급, 70점 미만은 4등급으로 한다.
>
> 평가 결과, 1등급 시설은 특별한 조치를 취하지 않으며, 2등급 시설은 관리 정원의 5%를, 3등급 이하 시설은 관리 정원의 10%를 감축해야 하고, 4등급을 받으면 정부의 재정지원도 받을 수 없다.

〈평가 결과〉

평가항목 (가중치)	A시설	B시설	C시설	D시설
환경개선 (0.2)	90	90	80	90
복지관리 (0.2)	95	70	65	70
복지지원 (0.2)	95	70	55	80
복지성과 (0.2)	95	70	60	60
중장기 발전계획 (0.2)	90	95	50	65

〈보기〉

ㄱ. A시설은 관리 정원을 감축하지 않아도 된다.
ㄴ. B시설은 관리 정원을 감축해야 하나 정부의 재정지원은 받을 수 있다.
ㄷ. 만약 평가항목에서 환경개선의 가중치를 0.3으로, 복지성과의 가중치를 0.1로 바꾼다면 C시설은 정부의 재정지원을 받을 수 있다.
ㄹ. D시설은 관리 정원을 감축해야 하고 정부의 재정지원도 받을 수 없다.

① ㄱ, ㄴ
② ㄴ, ㄹ
③ ㄷ, ㄹ
④ ㄱ, ㄴ, ㄷ
⑤ ㄱ, ㄷ, ㄹ

15

다음 글을 근거로 판단할 때 옳지 않은 것은?

○○군에서는 관내 임업인 중 정부 보조금 지원 대상자를 선정하기 위하여 〈평가기준〉을 홈페이지에 게시하였다. 이에 임업인 甲, 乙, 丙, 丁이 관련 서류를 완비하여 보조금 지원을 신청하였으며, ○○군은 평가를 거쳐 〈선정결과〉를 발표하였다.

〈평가기준〉

구분	평가항목	배점기준		배점	평가자료
1	보조금 수급 이력	없음		40	정부 보유자료
		있음	3백만 원 미만	26	
			3백만 원 이상	10	
2	임산물 판매규모	2천만 원 이상		30	2015년 연간 판매액 증빙자료
		1천만 원 이상 2천만 원 미만		25	
		5백만 원 이상 1천만 원 미만		19	
		5백만 원 미만		12	
3	전문임업인	해당		10	군청 보유자료
		해당 없음		5	
4	임산물 관련 교육 이수	해당		10	이수증, 수료증
		해당 없음		5	
5	2015년 산림청 통계조사 표본농가	해당		10	산림청 보유자료
		해당 없음		7	

□ 선정기준: 평가기준에 따른 총점이 가장 높은 임업인 1인
□ 임업인이 제출해야 할 서류
  ○ 2번 항목: 2015년 임산물 판매 영수증, 세금계산서
  ○ 4번 항목: 이수증 또는 수료증
□ 선정제외 대상: 보조금을 부당하게 사용하였거나 관련 법령을 위반한 자
□ 동점 시 우선 선정기준
  1. 보조금 수급 이력 점수가 높은 자
  2. 임산물 판매규모 점수가 높은 자
  3. 연령이 높은 자

〈선정결과〉

항목 / 임업인	1	2	3	4	5	총점	선정여부
甲	40	25	10	5	7	87	×
乙	40	19	5	10	10	84	×
丙	40	19	10	5	10	84	○
丁	26	30	5	10	7	78	×

① 甲은 관련 법령을 위반한 적이 있을 것이다.
② 甲과 丁은 2015년 산림청통계조사 표본농가에 포함되지 않았을 것이다.
③ 乙이 관련 법령위반 경력이 없다면, 丙은 乙보다 연령이 높을 것이다.
④ 丁은 300만 원 이상에 해당되는 보조금 수급 이력 서류를 제출하였을 것이다.
⑤ 乙과 丁은 임산물 관련 교육 이수 사실 증명을 위해 이수증이나 수료증을 제출하였을 것이다.

약점 보완 해설집 p.34

Note

Note

Note

2025 최신판

해커스PSAT 7급 PSAT 김우진 상황판단 기본서

초판 1쇄 발행 2025년 1월 3일

지은이	김우진
펴낸곳	해커스패스
펴낸이	해커스PSAT 출판팀
주소	서울특별시 강남구 강남대로 428 해커스PSAT
고객센터	1588-4055
교재 관련 문의	gosi@hackerspass.com 해커스PSAT 사이트(psat.Hackers.com) 1:1 문의 게시판
학원 강의 및 동영상강의	psat.Hackers.com
ISBN	979-11-7244-627-7 (13320)
Serial Number	01-01-01

2025 최신판

해커스PSAT

7급 PSAT 김우진 상황판단 기본서

약점 보완 해설집

해커스PSAT

해커스PSAT

7급 PSAT 김우진 상황판단 기본서

약점 보완 해설집

해커스

III 제재별 특징

정답

p.29

01	02	03	04	05
④	⑤	①	③	③
06	07			
①	④			

01

정답 ④

유형 상황이해 및 추론 - 제재별 특징

해설

ㄱ. (O) [2문단] 주간예보는 일일예보가 예보한 기간(오늘, 내일, 모레)의 다음날부터 5일간의 날씨를 추가로 예보한다. 따라서 월요일 주간예보는 다음 주 월요일까지의 날씨가 포함된다.

ㄴ. (O) 3시간 예보는 0, 3, 6, 9, 12, 15, 18, 21시에 발표되며, 일일예보는 5, 11, 17, 23시에 발표된다. 따라서 둘은 겹치지 않는다.

ㄷ. (X) 오늘 5시에 발표된 일일예보와 23시에 발표된 일일예보는 1일 단위(0시 ~ 24시) 오늘, 내일, 모레 날씨를 발표하기에 그 내용이 동일하다.

ㄹ. (O) 대설경보는 대도시의 경우 20cm 이상, 대설주의보 기준은 울릉도가 20cm로 동일하다.

02

정답 ⑤

유형 상황이해 및 추론 - 제재별 특징

해설

1) 전어는 제외되며, 소비촉진 기간에는 대구, 꽃게, 소라(5~6월)가 가능하다.

2) 지역경제활성화 지역은 C, D, E, F이므로 소라(3~5월)의 경우에도 가능하다.

따라서 새조개만 금지 대상이 된다.

03

정답 ①

유형 상황이해 및 추론 - 제재별 특징

해설

① (O) [1문단] 자기조절을 하기 위해서는 나의 미래 상태를 현재 나의 상태와 구별해 낼 수 있어야 한다.

② (X) [3문단] 내측전전두피질과 배외측전전두피질 간의 기능적 연결성이 강할수록 집중력이 높아지므로 그것이 약할수록 집중력은 낮아질 것이다.

③ (X) [3문단] 목표달성을 위해서는 자기 자신에 집중할 수 있는 능력과 대상에 집중할 수 있는 능력이 필요하다.

④ (X) [3문단] 자기 자신에 집중하기 위해서는 자기참조과정이 필요하다.

⑤ (X) [1문단] 자기조절력의 하위 요소로 자기절제가 있다.

04

정답 ③

유형 상황이해 및 추론 - 제재별 특징

해설

① (X) 할아버지의 이름까지 알 수 있을 뿐이다.

② (X) [3문단] 부칭만으로 부르지 않는다.

③ (O) [3문단] 부칭이 아닌 이름의 영어 알파벳 순서로 정렬하여 전화번호부를 발행하므로 옳은 진술이다.

④ (X) [1문단] 욘의 부칭은 스테파운손이지만, 피얄라르의 부칭은 욘손이므로 다르다.

⑤ (X) [1문단] 아들의 경우 아버지 이름 뒤에 s와 손을 붙이고, 딸은 s와 도티르를 붙이므로 다르다.

05

정답 ③

유형 상황이해 및 추론 - 제재별 특징

해설

① (O) [3문단] 공직자는 일반시민이 아니라는 입장이다.

② (O) [1문단] 플라톤은 통치자는 가족과 사유재산을 갖지 말아야 한다는 입장으로 축소된 사생활 보호의 원칙에 가깝다.

③ (X) [3문단] 공직자는 시민을 대표한다는 내용은 축소된 사생활 보호의 원칙에 해당한다.

④ (O) [2문단] 동등한 사생활 보호의 원칙에 해당되는 내용이다.

⑤ (O) [3문단] 축소된 사생활 보호의 원칙의 근거에 해당한다.

06

정답 ①

유형 상황이해 및 추론 - 제재별 특징

해설

① (X) 수라상에는 원반과 협반이 차려진다. 수라는 둘째 날 죽수라, 조수라와 석수라 세 번 있으며, 따라서 협반은 둘째 날 총 3회 사용되었다.

② (O) 주식이 미음인 '미음상'이 차려진 경우는 없으므로 옳은 진술이다. '미음'은 수라 후에 첫째 날에 차려졌을 뿐이다.

③ (O) 둘째 날 조수라 이후에 주다반과(국수 주식)로 차려졌을 뿐, 주수라가 차려지지는 않았다.

④ (O) 첫째 날과 둘째 날 모두 야다반과가 차려졌으므로, 국수를 중심으로 하고 찬과 후식류가 자기에 담아 한 상에 차려졌음을 알 수 있다.

⑤ (O) '반과'가 첫째 날 조다반과, 주다반과, 야다반과 3번, 둘째 날 주다반과와 야다반과 2번 총 5번이 차려졌다.

07 정답 ④

유형 상황이해 및 추론 – 제재별 특징

해설

① (X) [1문단] 1949년 지방자치법이 제정되어 지방선거를 통해 지방의회를 구성할 수 있게 되었으며, 지방자치단체장은 대통령이 임명하였다.

② (X) [1문단] 시·읍·면장은 지방의회가 선출하였다.

③ (X) [2문단] 1952년 치안 불안 지역과 미수복 지역을 제외한 지역에서 실시되었다.

④ (O) [3문단] 1956년에는 시·읍·면장이 최초로 주민 직선에 의해 실시되었다.

⑤ (X) [3문단] 1960년 12월에 4차례에 걸쳐 실시되었다.

Ⅳ 수적 기준 및 계산

정답

p.37

01	02	03	04	05
④	①	④	④	③
06	07	08	09	10
②	③	③	①	①
11	12	13	14	15
④	①	①	①	④

01 정답 ④

유형 상황이해 및 추론 – 수적 기준 및 계산

해설

1) 을이 갑에게 간 시간만큼 일찍 나선 것이 되므로 4분이 된다.

2) 갑이 결과적으로 2분 일찍 복귀했으므로 편도 1분 빠르게 만난 것이 된다.

결과적으로 5분 일찍 을이 자신의 사무실을 나섰다는 것을 알 수 있다. 따라서 ㉠에 해당하는 수는 5이다.

02 정답 ①

유형 상황이해 및 추론 – 수적 기준 및 계산

해설

1) 총 8mL 중 1/4만 먹었으므로 2mL로 이 중 해열시럽 1mL만 먹었다.

2) 그리고 남은 6mL에 사과즙 50mL 총 56mL 중 절반인 28mL를 먹었으므로 해열시럽은 남은 3mL 중 절반인 1.5mL를 먹은 것이다.

3) 결국 아직 해열시럽 1.5mL를 더 먹어야 한다.

따라서 처방에 따라 아기에게 더 먹여야 하는 해열시럽의 양은 1.5mL이다.

03 정답 ④

유형 상황이해 및 추론 – 수적 기준 및 계산

해설

ㄱ. (O) [2문단] 고산지대 A시에서 판매되는 휘발유는 다른 지역보다 최소 옥탄가의 기준이 등급별로 2가 낮기 때문에 고급은 91이 된다.

ㄴ. (O) [1문단] 실린더 내의 과도한 열로 인해 노킹 현상이 발생할 수 있다.

ㄷ. (O) [1문단] 공기 휘발유 혼합물이 점화되기도 전에 연소되는 것이 노킹 현상이므로 노킹 현상이 발생하지 않는다면, 공기 휘발유 혼합물이 점화되고 난 후에 연소된 것이다.

ㄹ. (X) [1문단] 연소는 탄화수소가 산소와 반응하여 이산화탄소와 물을 생성하는 것이다.

04 정답 ④

유형 상황이해 및 추론 – 수적 기준 및 계산

해설

1) 갑: 동일한 광역시 안에서 이전하기에 국내이전비가 지급되지 않는다.

2) 을: 이사화물을 옮기지 않기에 첫째 요건을 충족하지 않는다.

3) 병: 거주지를 이전하지 않기에 첫째 요건을 충족하지 않는다.

4) 기: 발령을 받은 후에 이전해야 하는데, 발령 이전에 이전하였기에 둘째 요건을 충족하지 않는다.

따라서 정과 무만 국내이전비를 받을 수 있다.

05 정답 ③

유형 상황이해 및 추론 – 수적 기준 및 계산

해설

ㄱ. (O) 각기: ㄱ 3개 = $2^3 = 8$ / 논리: ㄴ 2개, ㄹ 1개 = $(2^2+2)/2=3$

따라서 '각기'가 '논리'보다 단어점수가 더 높다.

ㄴ. (O) 예를 들어 '단백질'은 3개의 글자 수이며 5개의 자음 1개씩으로 구성되어 있기에 $(2+2+2+2+2)/5=2$이다. 한편 '나'는 한 글자이지만 단어점수는 2로 동일할 수 있다.

ㄷ. (X) 각주에서 의미가 없는 글자의 나열도 단어로 인정한다고 하였으므로, 같은 자음이 8개로 구성된 글자 수 4개인 단어를 만들 수 있다. 이때 $2^8=258$이므로 250점을 넘을 수 있다.

06 정답 ②

유형 상황이해 및 추론 – 수적 기준 및 계산

해설

ㄱ. (O) 최소 각도와 반비례가 시력이므로 1/10 = 0.1이 된다.

ㄴ. (O) A는 5초이며, 1초는 1분의 1/60이므로, 5초는 5분의 1/60이다. 1초는 1도의 1/60이므로 5초는 5 × 1/60 = 1/12이다. 따라서 최소 각도는 1/12가 되며, 최소 각도의 반비례가 시력이므로 12가 된다.

ㄷ. (X) 시력은 최소 각도의 반비례이므로 1/1.25 = 0.8이며, 1/0.1 = 10이므로 을이 갑보다 시력이 더 좋다.

07
정답 ③

유형 상황이해 및 추론 - 수적 기준 및 계산

해설

1) A시를 출발하고 20분 후 그 지점에서 볼 때, B까지 거리의 절반만큼 왔다고 했으므로, A와 B 사이의 1/3 거리에 있음을 알 수 있다. 그렇다면 A에서 B까지 1시간이 걸린다.
2) 이후 75분 후에 위치한 곳은 그 지점에서부터 B까지 거리의 절반만큼 남았다고 하였으므로, B로부터 C까지의 2/3 지점에 있음을 알 수 있다.
3) B로부터 C까지의 2/3 지점에서 나머지 1/3을 가는 데에 30분이 걸렸으므로, B에서 C까지는 90분이 걸린다는 것을 알 수 있다.
4) A에서 B까지 1/3 지점(20분 지남)에서 B에서 C까지의 2/3 지점(30분 남음)까지 75km이다. 그런데 A에서 B까지 나머지 2/3는 40분이며, B에서 C까지 2/3는 60분이 걸렸고 일정한 속력으로 운전하였으므로 100분 동안 75km를 간 것이다. 10분에 7.5km에 해당한다.
5) A에서 B까지 60분이 걸렸고 10분에 7.5km를 가기 때문에 A에서 B까지의 거리는, 6×7.5=45km가 된다.

따라서 A시에서 B시까지의 거리는 45km이다.

08
정답 ③

유형 상황이해 및 추론 - 수적 기준 및 계산

해설

1) 1/25,000은 실제 수평거리 25,000cm를 지도상에 1cm로 나타낸 것이다. 4cm이므로 100,000cm가 실제 수평거리이다.
2) 표고는 1/25,000에서는 10m 마다 그린 것이므로 표고 차이는 30m (3,000cm)이다.
3) 경사도는 표고 차이/실제 수평거리이므로 3,000/100,000=0.03이다.

09
정답 ①

유형 상황이해 및 추론 - 수적 기준 및 계산

해설

ㄱ. (O) A는 최소 접종연령이 12개월이며, 1, 2차 사이가 12개월이다. 4일 이내로 앞당겨서 일찍 접종을 할 수 있으므로 만 2세가 되기 전에 2회 모두 실시할 수 있다.

ㄴ. (X) B는 만 4세(48개월) 이후에 3차 접종을 유효하게 했다면 4차를 생략한다. 45개월에 1차 접종할 경우, 2차는 4주 후, 3차는 4주 후이므로 총 8주(56일)로 2개월이 안 된다. 따라서 47개월 이전에 3차를 접종하므로 4세 이전에 한 것이다. 따라서 4차를 접종할 수 있다.

ㄷ. (X) 생후 40일에 접종한 것은 C의 최소 접종 연령 6주(42일)에서 2일 빠르므로 유효하다. 2차는 4주(28일) 사이이기에 68일이 되며, 4일 이내로 앞당길 수 있으므로 64일까지 유효하다. 그런데 60일에 한 접종은 유효하지 않다.

10
정답 ①

유형 상황이해 및 추론 - 수적 기준 및 계산

해설

ㄱ. A부처에 B부처 소속 공무원이 3명 남아있다면, 처음에 온 9명 중 6명이 다시 돌아간 것이다. 이때 B부처에 간 9명 중 3명은 A부처 공무원이 된다.

ㄴ. B부처에 A부처 공무원이 2명 남아 있다면, 9명이 B부처로 올 때에 나머지 7명이 B부처로 돌아온 것이다. 그렇다면 처음에 A부처로 간 9명 중 7명이 돌아온 것이므로 2명이 A부처에 남아 있게 된다.

따라서 각 괄호 안에 들어갈 숫자의 합은 3+2=5가 된다.

11
정답 ④

유형 상황이해 및 추론 - 수적 기준 및 계산

해설

① (X) 갑: 8×80=640만 원

② (X) 을: 450kWh 이상으로 태양열 설비 지원 제외

③ (X) 병: 국가 소유 건물이므로 제외

④ (O) 정: 15×50=750만 원

⑤ (X) 무: 연료전지 기준 용량(1kW이하) 초과이므로 제외

12
정답 ①

유형 상황이해 및 추론 - 수적 기준 및 계산

해설

ㄱ. (O) [2문단] 동일한 지진에 대해서도 각 지역에 따라 진도가 달라질 수 있다.

ㄴ. (O) [1문단] 진폭이 10배가 될 때마다 1씩 증가하므로, 10×10=100배가 된다.

ㄷ. (X) 알 수 없는 내용이다.

ㄹ. (X) [1문단] 지진에너지는 1씩 증가할 때마다 32배가 되므로, 32×32×32=32,768배가 된다.

13
정답 ①

유형 상황이해 및 추론 - 수적 기준 및 계산

해설

ㄱ. (O) 과업의 일반조건 2. 용역완료 후에라도 발주기관이 연구 결과와 관련된 자료를 요청할 경우에는 관련 자료를 성실히 제출해야 한다.

ㄴ. (O) 전체회의: 착수보고 전, 중간보고 전(2회), 최종보고 전 총 4회
보고: 착수보고, 중간보고(2회), 최종보고 총 4회
따라서 최소 8회이다.

ㄷ. (X) 연구진 관리에서, 연구진은 모두 부득이한 경우 사전에 서류를 제출하여 승인을 받은 후 교체할 수 있다.

ㄹ. (X) 과업의 일반조건 1. 시작부터 종료까지 과업과 관련된 제반 비용의 지출행위에 대한 책임은 연구진이 진다.

14

정답 ①

유형 상황이해 및 추론 - 수적 기준 및 계산

해설

ㄱ. (O) [1문단] 주민투표를 실시할 수 있는 권한은 지방자치단체장에게만 부여하고 있다.

ㄴ. (X) [2문단] 인구가 50만 명 이상인 대도시에서는 19세 이상 주민 총수의 100분의 1 이상 70분의 1 이하의 범위 내에서 정하도록 한다.

ㄷ. (O) [2문단] 주민발의제도는 지방자치단체장에게 청구하도록 되어 있으며 직접 지방의회에 청구할 수 없다.

ㄹ. (X) [3문단] 기초자치단체장에 대해서는 100분의 15 이상을 받아야 주민소환 실시를 청구할 수 있다.

15

정답 ④

유형 상황이해 및 추론 - 수적 기준 및 계산

해설

ㄱ. (O) A는 5가지 오염 물질의 환경지수의 평균값이며 B는 6가지 물질 중 가장 높은 지수이기에 평균은 다를 수 있다.

ㄴ. (X) B국에서는 101 이상인 것이 2개 이상일 경우 가장 높은 지수에 20을 더하여 산정한다. 따라서 통합지수가 180이더라도 160이 가장 높은 지수일 수 있다.

ㄷ. (O) A국에서는 평균값이 지수이기 때문에 특정 대기오염 물질 농도에 대한 정확한 수치를 알 수 없다.

ㄹ. (O) 노랑은 B국에서는 나쁨으로 외부활동 자제에 해당한다.

V 다문항 지문

정답

p.49

01	02	03	04	05
①	②	②	③	①
06	07	08		
⑤	②	③		

01

정답 ①

유형 상황이해 및 추론 - 다문항 지문

해설

① (O) [3문단] 장관이 필요하다고 인정하여 해당 지방자치단체의 장에게 주민투표를 요구하여 실시하는 경우에는 지방의회의 의견을 들어야 하는 것은 아니다.

② (X) [2문단] 지방의회가 위원회에 통합을 건의할 때 통합 대상 지방자치단체를 관할하는 도지사를 경유해야 한다.

③ (X) [2문단] 주민이 건의하는 경우에는 주민투표권자 총수의 50분의 1 이상의 연서가 있어야 한다. 총수가 10만 명이므로 2,000명 이상의 연서가 필요하다.

④ (X) [5문단] 통합추진공동위원회의 위원은 관계지방자치단체의 장 및 그 지방의회가 추천하는 자로 한다.

⑤ (X) [2문단] 지방자치단체의 장이 위원회에 건의할 때에는 시·도지사를 경유해야 하며, [3문단]에 따르면 장관은 지방자치단체 간 통합권고안에 관하여 해당 지방의회의 의견을 들어야 한다.

02

정답 ②

유형 상황이해 및 추론 - 다문항 지문

해설

1) 관계지방자치단체 위원 수 = [(통합대상 지방자치단체 A, B, C, D 4곳×6 = 24)+(통합대상 지방자치단체를 관할하는 도의 수: 갑, 을, 병 3곳×2 = 6) + 1 = 31, 31 ÷ 관계지방자치단체 수 7 = 5(4.428... 소수점 이하의 수 올림한 값)

2) 통합추진공동위원회의 전체 위원 수=관계지방자치단체 위원 수 5×관계지방자치단체 수 7 = 35

따라서 통합추진공동위원회의 전체 위원 수는 35명이다.

03

정답 ②

유형 상황이해 및 추론 - 다문항 지문

해설

① (X) [2문단] 국민제안제도에서는 예산사업의 우선순위는 관계부처가 채택 여부를 결정한다. 국민들은 제안만 할 뿐이다.

② (O) [3문단] 국민참여예산사업은 국무회의에서 정부예산안에 반영되어 국회에 제출되며 국회는 심의·의결을 한다.

③ (X) [1문단] 국민참여예산제도는 정부의 예산편성권 범위 내에서 운영된다.

④ (X) [3문단] 참여예산 후보사업의 제안은 예산국민참여단이 후보사업을 압축하며 설문조사와 국민참여단 투표를 통해 사업선호도 조사 후 선호순위가 높은 후보사업이 결정된다. 이후 정책자문회의의 논의를 거쳐 국무회의에서 정부예산안에 반영된다.

⑤ (X) [4문단] 예산국민참여단의 참여의사는 전화를 통해 타진하지만, 사업선호도는 오프라인 투표를 통해 조사한다.

04

정답 ③

유형 상황이해 및 추론 - 다문항 지문

해설

1) 2019년도 국민참여예산은 800억 원이다. 이때 생활밀착형사업 예산이 688억 원이고 나머지 112억 원이 취약계층지원사업 예산이다. 따라서 2019년도는 112 / 800 = 14%가 된다.

2) 2020년도: 2019년도 대비 25% 증가하였으므로 1,000억 원이다. 생활밀착형사업 예산이 870억 원이고 나머지 130억 원이 취약계층지원사업 예산이다. 따라서 2020년도는 13%가 된다.

05

정답 ①

유형 상황이해 및 추론 - 다문항 지문

해설

① (O) 부향률은 EDP가 15~20%, EDC는 2~5%이므로 옳다.

② (X) 수증기 증류법이 값싸게 얻을 수 있는 방법이다.

③ (X) 오늘날 향수의 대부분은 천연향료와 합성향료를 배합하여 만든다.

④ (X) 고가이고 향유의 함유량이 적은 것은 흡수법이다.

⑤ (X) 일반적으로 가장 많이 사용하는 것은 EDP이며 부향률이 가장 높은 것은 아니다.

06

정답 ⑤

유형 상황이해 및 추론 - 다문항 지문

해설

① (X) 갑: 오후 4시에 향수를 뿌렸고 EDC는 1~2시간 지속하므로 최대 18:00까지이다.

② (X) 을: 09:30에 향수를 뿌렸고 가장 강한 향이므로 Parfume이며 8~10시간 지속된다. 따라서 최대 19:30분이다.

③ (X) 병: 갑보다 5시간 전이므로 11:00에 향수를 뿌렸고 부향률 18%는 EDP이므로 5~8시간 지속된다. 따라서 최대 19:00이다.

④ (X) 정: 오후 2시에 향수를 뿌렸고 EDT이므로 3~5시간 지속되므로 최대 19:00이다.

⑤ (O) 무: 정보다 한 시간 뒤인 오후 3시에 향수를 뿌렸고 EDP이므로 5~8시간 지속된다. 따라서 23:00까지 최대 지속된다.

07

정답 ②

유형 상황이해 및 추론 - 다문항 지문

해설

ㄱ. (O) [1문단] 암호문에서 평문으로 변환하는 것이 복호화다.

ㄴ. (X) [3문단] 비대칭키 방식의 경우에는 수신자가 송신자의 키를 몰라도 자신의 키만 알면 복호화가 가능하다.

ㄷ. (X) [2문단] 대체는 각 문자를 다른 문자나 기호로 일대일로 대응시키는 것이다.

ㄹ. (O) [5문단] DES는 더 이상 안전하지 않아, 삼중 DES 알고리즘을 사용하므로 더 안전하다.

08

정답 ③

유형 상황이해 및 추론 - 다문항 지문

해설

1) $2^{60} = 2^{56+1+1+1+1} = 2^{56} \times 2 \times 2 \times 2 \times 2$

2) 2배가 될 때마다 10만 원씩 비싸지므로, 10만 원×4=40만 원이 비싸지게 되어 총 140만 원이 된다.

PART 02 법학추론

I 법규정

정답 p.61

01	02	03	04	05
③	④	②	③	⑤
06	07	08	09	10
①	⑤	①	①	④
11	12	13	14	15
②	①	⑤	③	⑤
16	17	18	19	20
⑤	⑤	②	④	①
21	22	23	24	25
⑤	⑤	⑤	①	①
26	27	28	29	30
②	②	⑤	⑤	③
31	32	33		
①	②	②		

01 정답 ③

유형 법학추론 - 법규정

해설

ㄱ. (O) 제2항 제3호 나목에 의해 가능하다.

ㄴ. (X) 제1항. 주택소유자 또는 주택소유자의 배우자가 60세 이상이면 가능하다. 조건에서 주택소유자인 갑이 61세이므로 배우자가 60세 이상이 되지 않아도 대출받을 수 있다.

ㄷ. (O) 제2항 제3호 가목에 의해서 가능하다.

02 정답 ④

유형 법학추론 - 법규정

해설

① (X) 기타민원은 구술 또는 전화로 가능하다.

② (X) 민원의 신청은 전자문서를 포함한다.

③ (X) 다른 행정기관의 소관인 경우 이송해야 한다.

④ (O) 기타민원의 경우 민원인이 요청하는 경우, 구술 또는 전화로 통지할 수 있다.

⑤ (X) 원칙적으로 2회 이상 처리결과를 통지했어도 3회 이상 반복하여 제출한 경우 바로 종결할 수 있지만, 법정민원의 경우 제외된다.

03 정답 ②

유형 법학추론 - 법규정

해설

1) 동일한 ○○시에 속하기에 첫 번째와 두 번째 숫자는 동일해야 한다. [⑤ 배제]

2) 기초자치단체인 시에 속하는 구는 자치단체가 아니기 때문에 A와 B는 각각 고유한 숫자가 아닌 같은 4번째 숫자가 부여되므로 ㉡은 '3'이 와야 한다. [①, ④ 배제]

3) 광역자치단체인 시에 속하는 구는 기초자치단체이므로 ㉠의 마지막 숫자는 '0'이 되어야 한다. [③ 배제]

세 조건을 모두 만족하는 것은 ②이다.

04 정답 ③

유형 법학추론 - 법규정

해설

① (O) 갑은 5만 제곱미터인 건축물을 대상으로 하기에 제1조 제1항에 의해 구청장의 허가를 받아야 한다.

② (O) 제2조 제2항. 광역시장은 지역계획에 필요하다고 인정하면 제한할 수 있다.

③ (X) 제2조 제3항. 장관이나 시·도지사가 제한하려는 경우 심의를 거쳐야 하며 구청장은 해당되지 않는다.

④ (O) 제1조 제2항 제1호. 허가를 받은 날부터 2년 이내에 공사에 착수하지 아니한 경우 허가를 취소하여야 한다.

⑤ (O) 제2조 제1항, 제4항. 문화재보존을 위하여 요청하면 착공을 제한할 수 있으며, 이 경우 제한기간은 2년이며 1회에 한하여 1년 이내의 범위에서 제한기간을 연장할 수 있으므로 최대 3년간 착공을 제한할 수 있다.

05 정답 ⑤

유형 법학추론 - 법규정

해설

① (X) 제2조 제3항. 예외적으로 제2항 제3호의 경우로 인증받을 수 있다.

② (X) 제3조. 6개월마다 재평가하기에 2022. 8. 25.에 할 수 있다.

③ (X) 제2조 제4항. 비용은 신청하는 자가 부담한다.

④ (X) 제3조. 제1호에 해당되므로 반드시 인증을 취소해야 한다.

⑤ (O) 제3조 제3호. 인증을 취소할 수 있는 경우이므로 옳은 판단이다.

06 정답 ①

유형 법학추론 - 법규정

해설

① (X) 김가을은 김여름의 성을 따르기 때문에 김여름의 등록기준지인 부산 주소를 기입해야 하며, 박겨울의 서울 주소를 기입해서는 안 된다.

② (O) 김여름의 주소를 기입해야 한다.
③ (O) 출생연월일을 기입해야 한다.
④ (O) 본도 기입해야 한다.
⑤ (O) 성별도 기입해야 한다.

07 정답 ⑤

유형 법학추론 - 법규정

해설

① (X) 제3조. 시장 등이 아닌 자가 정비사업을 시행하려는 경우 조합을 설립해야 한다.
② (X) 제4조. 준공인가신청은 시장 등이 아닌 자가 공사를 완료한 때에 해야 한다.
③ (X) 준공인가 완료와 조합의 해산과는 관련이 없다.
④ (X) 제5조 제1항. 고시가 있은 날의 다음 날에 해제된다.
⑤ (O) 제4조 제4항. 시장 등은 공사가 완료된 때에는 그 완료를 해당 지방자치단체의 공보에 고시해야 한다.

08 정답 ①

유형 법학추론 - 법규정

해설

① (O) 총톤수 80톤은 제1조 제2항에 의해 소형선박이다. 따라서 제2조 제1항 단서 조항에 의해 소유권의 이전시 계약당사자 사이의 양도합의와 선박의 등록으로 효력이 발생한다.
② (X) 제2조 제2항. 총톤수 20톤 이상의 기선은 선박의 등기를 한 후 선박의 등록을 신청해야 한다.
③ (X) 제2조 제2항. 지방해양수산청장에게 선박 등록을 신청해야 한다.
④ (X) 제2조 제3항. 지방해양수산청장이 선박국적증서를 발급해야 한다.
⑤ (X) 제2조 제3항. 지방해양수산청장이 선박원부에 등록하고 선박국적증서를 발급해야 한다.

09 정답 ①

유형 법학추론 - 법규정

해설

1) 첫 번째 원칙에 의해 법 - 시행령 - 시행규칙의 순서로 B - A - D - C - E로 보고된다.
2) 두 번째 원칙에 의해 B - C - A - C - D순으로 보고된다.
3) 국장보고가 첫 번째로 보고되어 D - B - C - A - E순으로 보고된다.
따라서 네 번째로 보고되는 개정안은 A법 개정안이다.

10 정답 ④

유형 법학추론 - 법규정

해설

① (X) 제1항. 공관장 갑은 공무상 회의 참석을 위해 일시귀국하고자 하는 경우이므로 신고가 아니라, 장관의 허가를 받아야 한다.
② (X) 제2항. 직계존속이 위독하여 일시귀국하고자 하는 경우 공관장은 장관에게 신고해야 한다.
③ (X) 제2항. 을은 공관장이 아닌 재외공무원이므로 공관장의 허가를 받아야 한다.
④ (O) 제4항 제2호. 재외공무원이 일시귀국 후 국내 체류기간을 연장하는 경우 장관의 허가를 받아야 한다.
⑤ (X) 병은 이미 직계존속의 회갑으로 1회 일시귀국한 적이 있다. 그런데 다시 일시귀국하기 위해서는 제4항 제1호에 해당하므로 장관의 허가를 받아야 한다.

11 정답 ②

유형 법학추론 - 법규정

해설

① (X) 제1조 제4호. 윤년을 포함한다.
② (O) 제1조 제6호. 24절기가 월력요항에 표기된다.
③ (X) 제2조 제2항. 국제기구가 결정한다.
④ (X) 제2조 제1항. 음력을 병행하여 사용할 수 있다.
⑤ (X) 제2조 제3항. 다음 연도의 월력요항을 작성하여 게재한다.

12 정답 ①

유형 법학추론 - 법규정

해설

① (O) 제1조 제1항. 특별한 규정 제외하고 적용되지 않기에, 특별한 규정이 있는 경우 적용할 수 있다.
② (X) 제2조. 무효인 처분은 처음부터 그 효력이 발생하지 않는다.
③ (X) 제3조. 부당한 처분의 전부나 일부 모두 취소할 수 있다.
④ (X) 제1조 제2항. 특별한 사정이 있는 경우에는 제외할 수 있다.
⑤ (X) 제3조 제2항 제1호. 부정한 방법으로 처분을 받은 경우는 비교·형량하지 않는다.

13 정답 ⑤

유형 법학추론 - 법규정

해설

① (X) 제1조 제2항. 경찰서장이 주체이다.
② (X) 제2조 제3항. 유사 복장을 해서는 안 된다.
③ (X) 제3조 제2항. 제3조 제1항의 3호를 위반한 특정 정당 선거운동에 해당되는 형벌이다.
④ (X) 제2조 제2항. 신분증도 소지해야 한다.
⑤ (O) 제1조 제3항. 제3조 제1항 제2호의 해촉사유에 해당되어 옳은 판단이다.

14

정답 ③

유형 법학추론 - 법규정

해설

① (X) 제1조 제1항. 변경하는 경우에도 허가를 받아야 한다.

② (X) 제4조. 7년 이하의 징역 또는 2억 원 이하의 벌금으로 둘 모두를 적용하는 것은 아니다.

③ (O) 제3조 제2항 제2호. 허가를 받지 않고 행위한 경우이므로 폐쇄를 명할 수 있다.

④ (X) 제2조. 범위를 초과하게 되면 이를 허가해서는 안 되는 의무사항이다.

⑤ (X) 제3조 제1항. 취소할 수 있다.

15

정답 ⑤

유형 법학추론 - 법규정

해설

① (X) 제1조 제2호의 가, 나, 다 목이 가능하다.

② (X) 제1조 제3호. 병역의무 기간인 18개월을 가산할 경우 23세 6개월까지 가능하기 때문이다.

③ (X) 제3조 제1항. 복지 급여 신청이 있으면 실시하게 된다.

④ (X) 제3조 제3항 제1호. 추가적인 복지 급여를 실시해야 한다.

⑤ (O) 제3조 제2항 단서 조항에서 그 경우에도 아동양육비는 지급할 수 있다.

16

정답 ⑤

유형 법학추론 - 법규정

해설

① (X) 제1조 제3호. 방제는 예방 활동도 포함된다.

② (X) 제2조 제1항. 예찰에 필요한 조치를 취할 주체는 산림소유자이다.

③ (X) 제2조 제5항. 인건비도 지원 대상에 해당한다.

④ (X) 제2조 제4항. 공고 의무는 이동 제한이나 사용 금지를 명한 경우이다.

⑤ (O) 제2조 제3항. 특별한 사유가 없으면 명령에 따라야 하기에, 특별한 사유가 있으면 따르지 않을 수 있다.

17

정답 ⑤

유형 법학추론 - 법규정

해설

① (X) 제1조 제5항. 실태조사는 현장조사, 서면조사, 통계조사 및 문헌조사 등의 방법으로 실시하되, 필요한 경우 전자적 방식으로 실시할 수 있다.

② (X) 제3조. 지방자치단체는 조세감면을 할 수 있다.

③ (X) 제1조 제4항 제3호. A부장관은 실태조사를 할 때에 인력 현황 및 인력 수요 전망을 포함해야 한다.

④ (X) 제1조 제3항. A부장관은 관계 중앙행정기관의 장이 요구하는 경우 실태조사 결과를 통보하여야 한다.

⑤ (O) 제2조 제2항. 관계중앙행정기관의 장은 사업 수행에 드는 비용을 지원할 수 있다.

18

정답 ②

유형 법학추론 - 법규정

해설

① (X) 제1조 제4항, 제3조 제3항. 감사와 위원 모두 3년으로 임기가 같다.

② (O) 제1조 제2항, 제3조 제2항. 위원장과 감사는 상임이다.

③ (X) 제1조 제3항. 위원장은 위원 중에서 호선한다.

④ (X) 제1조 제2항. 위원회는 위원장 1명, 위원 9명 이내로 총 10명 이내로 구성한다.

⑤ (X) 제2조 제2항. 위원회는 A부장관의 인가를 받아 성립한다.

19

정답 ④

유형 법학추론 - 법규정

해설

1) 종전 대법원 판례에 따르면 직계비속으로서 장남이 사망한 경우 장손자이므로 D가 된다.

2) 최근 대법원 판례에 따르면, 직계비속 가운데 최근친 중 연장자이므로 A가 된다.

20

정답 ①

유형 법학추론 - 법규정

해설

① (O) 제1조 제4항 제1호. 부정한 방법으로 지정을 받은 경우 취소해야 한다.

② (X) 제3조 제2항. 김치의 품질향상과 국가 간 교역을 촉진하기 위하여 김치의 국제규격화를 추진하여야 한다.

③ (X) 제1조 제2항. 전문인력 양성을 위하여 적절한 시설을 갖추어야 한다.

④ (X) 제2조 제1항. 국가는 김치연구소를 설립해야 하지만, 지방자치단체가 그러한 의무가 있는 것은 아니다.

⑤ (X) 제3조 제1항. 개인에 대한 지원도 할 수 있다.

21

정답 ⑤

유형 법학추론 - 법규정

해설

① (X) 제2조 제3항. 반대급부를 조건으로 알선해서는 안 된다.

② (X) 제3조 제2항. 항암치료를 받는 경우 5년 이상으로 정할 수 있다. 그러나 그러한 경우가 아닐 때에는 제1항에 의해 5년 미만으로 한다.

③ (X) 제2조 제2항 제3호. 미성년자가 자녀를 얻기 위하여 가능하지만, 그렇지 않을 경우는 금지된다.

④ (X) 제4조. 보존기간이 지난 잔여 배아는 원시선이 나타나기 전까지만 체외에서 사용될 수 있다. 그러나 보존기간이 남은 잔여배아는 사용 대상이 아니다.

⑤ (O) 제4조 제1호에 의해 가능하다.

22

정답 ⑤

유형 법학추론 – 법규정

해설

① (X) 제1조 제1항. 대상은 해외제조업소에 대한 것으로 국내 자기업소는 해당되지 않는다.

② (X) 제1조 제4항. 우수수입업소 등록의 유효기간은 등록된 날부터 3년이다. 따라서 4년은 해당되지 않는다.

③ (X) 제1조 제5항. 우수수입업소가 제1호에 해당하는 경우에는 등록이 취소된다.

④ (X) 제1조 제5항 제3호. 수입식품에 대한 부당한 표시를 하여 영업정지 2개월 이상의 행정처분을 받은 경우 취소가 되며 3년 동안 등록을 신청할 수 없다. 영업정지 1개월은 해당되지 않는다.

⑤ (O) 제2조 제2항 제1호. 우수수입업소로 등록된 자가 수입하는 수입식품의 검사 전부를 생략할 수 있다.

23

정답 ⑤

유형 법학추론 – 법규정

해설

① (X) 제△△조 제1호. 행정목적으로 사용하기 위하여 국유재산을 행정재산으로 사용 승인한 경우 매각할 수 없다.

② (X) 제□□조 제2항. 각호에 어느 하나에 해당하는 경우 총괄청의 승인을 요하지 않는다. 그런데 지명경쟁인 경우는 해당하지 않는다.

③ (X) 제□□조 제2항 제3호. 법원의 확정판결에 따른 소유권의 변경은 승인을 요하지 않는다.

④ (X) 제□□조 제2항 제1호. 수의계약의 방법으로 매각하는 경우 승인을 요하지 않는다.

⑤ (O) 제△△조 제2호. 행정재산의 용도로 사용하던 소유자 없는 부동산을 행정재산으로 취득하였으나 그 행정재산을 당해 용도로 사용하지 아니하게 된 경우 매각할 수 있다.

24

정답 ①

유형 법학추론 – 법규정

해설

ㄱ. (O) 제4조 제2항에 의해 허가를 취소할 수 있다.

ㄴ. (O) 제3조 제2항 제2조에 의해 면제할 수 있다.

ㄷ. (X) 제4조 제3항은 제2항의 경우에만 가능하다.

ㄹ. (X) 제2조 제3항에 의해 1개월 전에 갱신해야 한다.

25

정답 ①

유형 법학추론 – 법규정

해설

ㄱ. (X) [2문단] 갑은 사망 전에 변호사 병을 소송대리인으로 선임한 상태이기에 절차는 중단되지 않는다.

ㄴ. (X) [2문단] 소송대리인인 변호사의 사망은 중단사유가 아니다. 당사자가 절차를 진행할 수 있기 때문이다.

ㄷ. (X) [3문단] 사고로 법원이 직무수행을 할 수 없게 된 것은 당연중지의 경우이다. 법원의 속행명령이 아니라, 법원의 직무수행불능 상태가 소멸함과 동시에 중지도 해소된다.

ㄹ. (O) [3문단] 재판중지에 해당하며, 법원의 재판에 의해 절차진행이 정지된다. 그리고 법원의 취소재판에 의하여 중지가 해소되고 절차는 진행된다.

26

정답 ②

유형 법학추론 – 법규정

해설

① (X) 제2조 제1항에 의해 24시간이 지난 후에 매장할 수 있다.

② (O) 제3조 제2항에 의해 화장시설을 관할하는 C시장에게 신고해야 한다.

③ (X) 제4조 제2항에 의해 해당 묘지 소재지를 관할하는 시장 등의 신고가 아니라, 허가를 받아야 한다.

④ (X) 제3조 제1항에서 자연장은 신고에서 제외되며 '허가'의 대상도 아니다.

⑤ (X) 제3조 제3항에 의해 허가가 아니라 신고해야 한다.

27

정답 ②

유형 법학추론 – 법규정

해설

① (X) 사서는 폐기심의 대상 목록을 작성하나(나목), 폐기심의위원회는 폐기를 사서에게 위임한다(다목).

② (O) 이견이 있는 자료는 당해 연도의 폐기 대상에서 제외하고 다음 연도의 회의에서 재결정한다. 따라서 바로 다음 회의에서 논의되지 않는다(다목).

③ (X) 폐기심의위원회는 폐기심의대상 목록과 자료의 실물과 목록을 대조하여 확인해야 한다(다목).

④ (X) 폐기한 자료의 목록과 폐기 경위에 관한 기록은 보존해야 하기에 옳지 않다(마목).

⑤ (X) 도서관 직원은 이용하기 곤란하다고 생각되는 자료는 발견 즉시 회수하여 사무실로 옮겨야 하고(가목), 사무실에 회수된 자료는 사서들이 일차적으로 갱신 대상을 추려내어 갱신하고 폐기 대상 자료로 판단되는 것은 폐기심의대상 목록으로 작성하여 폐기심의위원회에 제출한다.

28

정답 ⑤

유형 법학추론 – 법규정

해설

ㄱ. (X) 제2조 제1항. 상품이나 거래 분야의 성질에 비추어 고려할 수 있다.

ㄴ. (X) 제1조 제2항. 2년 이하의 징역 또는 1억 5천만 원 이하의 벌금에 처한다.

ㄷ. (O) 제3조 제1항. 1억 원 이하의 과태료를 부과하기에 가능하다.

ㄹ. (O) 제2조 제1항. 필요한 경우 표시·광고의 방법을 고시할 수 있다.

29

정답 ⑤

유형 법학추론 - 법규정

해설

① (X) 제1조 제1항. 무죄재판서 게재 청구는 소속 검사의 소속 지방검찰청에 청구할 수 있다.

② (X) 제1조 제2항. 무죄재판서 게재 청구를 하지 아니하고 사망한 경우 상속인이 청구할 수 있다. 취소한 경우는 해당되지 않는다.

③ (X) 제1조 제2항. 상속인이 여러 명일 때에는 상속인 모두가 동의해야 한다.

④ (X) 제2조 제4항. 무죄재판서의 게재기간은 1년으로 한다.

⑤ (O) 제2조 제2항 제2호. 관계인의 명예를 해칠 우려가 있는 경우 일부를 삭제하여 게재할 수 있다.

30

정답 ③

유형 법학추론 - 법규정

해설

ㄱ. (X) 제2조. 채권 전부의 변제를 받을 때까지 유치물 전부에 대해 권리를 행사할 수 있다.

ㄴ. (O) 제4조. 채권의 변제를 받기 위해 경매할 수 있다.

ㄷ. (O) 제5조. 유치권은 점유의 상실로 소멸한다.

ㄹ. (X) 제3조 제2항. 채무자의 승낙 없이 유치물을 대여하지 못한다.

31

정답 ①

유형 법학추론 - 법규정

해설

ㄱ. (O) 제2항. 판정자를 정하지 아니한 때에는 광고자가 판정하므로 A청이 한다.

ㄴ. (O) 제3항. 광고에서 의사표시가 있기 때문에 없다는 판정이 가능하다.

ㄷ. (X) 제4항. 이의를 제기하지 못한다.

ㄹ. (X) 제5항. 1인만이 보수를 받을 것으로 정하였기 때문에 나눌 수 없고 추첨으로 결정해야 한다.

32

정답 ②

유형 법학추론 - 법규정

해설

㉠, ㉢ 당구장은 유치원 및 대학교의 정화구역에서 제외되므로 ㉢은 허용된다. 그러나 ㉠ 초·중·고등학교에 있는 당구장은 대통령령에 의해 제한이 완화되는 상대정화구역에 해당한다. 따라서 ㉠은 제2조 제2항에 의해 학교환경위생정화위원회의 심의를 거쳐 허용될 수 있다.

㉡ 만화가게는 상대정화구역이므로 학교환경위생정화위원회의 심의를 거쳐 허용될 수 있다.

㉣ 호텔은 유치원 및 대학교의 상대정화구역에 있으므로 학교환경위생정화위원회의 심의를 거쳐 허용될 수 있다.

33

정답 ②

유형 법학추론 - 법규정

해설

① (X) 제3조 제2항. 필요하다고 인정하면 추가로 성년후견인을 선임할 수 있다. 따라서 1인으로 제한된 것은 아니다.

② (O) 제1조 제1항. 지방자치단체의 장의 청구에 의하여 성년후견개시의 심판을 할 수 있다.

③ (X) 제1조 제3항. 성년후견인은 대가가 과도할 경우 취소할 수 있다.

④ (X) 제3조 제2항. 가정법원은 직권으로 성년후견인을 선임할 수 있다.

⑤ (X) 제2조 제2항. 정신병원에 격리하려는 경우 가정법원의 허가를 받아야 한다.

II 서술형 규범 및 법적 개념

정답

p.86

01	02	03	04	05
④	①	⑤	④	④
06				
⑤				

01

정답 ④

유형 법학추론 - 서술형 규범 및 법적 개념

해설

① (X) 제1항. 광역시장은 제외되므로 옳지 않다.

② (X) 제3항. 주민등록번호를 변경할 수 있는 주체는 위원회가 아니라 B구청장이다.

③ (X) 제3항 제1호. 번호의 뒤 7자리 중 첫째 자리는 변경할 수 없다.

④ (O) 제4항. 번호가 변경된 경우 운전면허증 번호 변경을 신청해야 한다.

⑤ (X) 제5항. 이의신청은 위원회가 아닌 B구청장에게 해야 한다.

02

정답 ①

유형 법학추론 - 서술형 규범 및 법적 개념

해설

① (O) 제4조 제2항. 물품관리관의 명령이 없으면 물품출납공무원은 물품을 출납할 수 없다.

② (X) 제1조 제1항. 각 중앙관서의 장은 필요하면 다른 중앙관서의 소속 공무원에게 위임할 수 있다.

③ (X) 제2조 계약담당공무원이 아니라 물품관리관의 업무이다.

④ (X) 제2조 제1항. 물품출입공무원이 아니라 계약담당공무원에게 청구해야 한다.

⑤ (X) 제4조 제1항. 물품출납공무원이 인정하면 그 사실을 물품관리관에게 보고하고, 물품관리관이 인정하면 계약담당공무원에게 청구해야 한다. 따라서 물품출납공무원이 바로 계약담당공무원에게 청구해야 하는 것은 아니다.

03 정답 ⑤

유형 법학추론 – 서술형 규범 및 법적 개념

해설

① (X) 제2조. 불법검열에 의한 우편물은 증거로 사용할 수 없다.
② (X) 제1조. 타인 상호 간의 대화 내용이 아니기에 해당되지 않는다.
③ (X) 제1조 제2항. 1년 이상 10년 이하의 징역과 5년 이하의 자격정지에 해당하며, 1천만 원 이하의 벌금은 제4항의 단말기 고유번호 제공과 관련된 처벌이다.
④ (X) 제1조 제3항. 단말기 개통처리는 정당한 업무이기에 해당되지 않는다.
⑤ (O) 제1조 제2항. 1년 이상 10년 이하의 징역과 5년 이하의 자격정지에 해당한다.

04 정답 ④

유형 법학추론 – 서술형 규범 및 법적 개념

해설

① (X) 갑: 근로소득과 사업소득이 모두 없는 사람이기에 제외된다.
② (X) 을: 19~34세인 사람에 해당하지 않는다.
③ (X) 병: 직전 2개년 중 금융소득 종합과세 대상자였기에 제외된다.
④ (O) 정: 가능하다.
⑤ (X) 무: 근로소득과 사업소득 합이 5,000만 원 이상이므로 제외된다.

05 정답 ④

유형 법학추론 – 서술형 규범 및 법적 개념

해설

① (X) [3문단] 재판에서 질문은 법원만이 할 수 있다.
② (X) [3문단] 당사자 본인은 진술보조인의 설명을 즉시 취소할 수 있다.
③ (X) [2문단] 법원은 언제든지 그 허가를 취소할 수 있다.
④ (O) [3문단] 진술보조인은 상소를 할 수 없다.
⑤ (X) [2문단] 2심의 법원에 서면으로 진술보조인에 대한 허가신청을 해야 한다.

06 정답 ⑤

유형 법학추론 – 서술형 규범 및 법적 개념

해설

① (X) 소유권이전등기가 필요하다.
② (X) 등기를 하지 않으면 그 부동산을 처분하지 못한다.
③ (X) 증여하기 위해서는 동산을 인도해야 한다.
④ (X) 상속에 의해 부동산의 소유권을 취득하는 경우에는 등기를 필요로 하지 않는다.
⑤ (O) 부동산의 소유권을 취득하려면 소유권이전등기를 마쳐야 한다.

III 수적 기준 및 계산

정답

p.96

01	02	03	04	05
④	⑤	②	③	④
06	07	08	09	10
③	①	①	②	③
11	12	13	14	15
②	③	②	⑤	③
16				
②				

01 정답 ④

유형 법학추론 – 수적 기준 및 계산

해설

① (X) 제2조. 200만 명 이상은 3% 이상이어야 한다. 그런데 250만 명 중 6만 명이 되면 2.4%가 되어 '국제행사'에 해당하지 않게 된다.
② (X) 제3조 제1호. 국고지원을 아직 5번째이기에 2021년도에 받더라도 6회 지원을 받게 되어 국고지원의 대상이 될 수 있다.
③ (X) 제1조. 국고지원의 대상은 10억 이상을 요구한 경우이므로 해당되지 않는다.
④ (O) 제4조 제3항. 국고지원 비율이 20% 이내이기에 전문위원회 검토로 대체할 수 있다.
⑤ (X) 제4조 제1항. 총사업비가 50억 원 이상이 아니기 때문에 타당성조사 대상은 아니다.

02 정답 ⑤

유형 법학추론 – 수적 기준 및 계산

해설

1) 과거 급제한 아들은 별급으로 20마지기를 받았다.
2) 과거 급제한 아들이 제사를 모시기로 하였으므로 다른 자녀보다 1/5이 더 분재된다.
3) 총 100마지기에 자녀가 4명이므로 1/4은 25마지기가 된다.
4) 2)에 의해 양녀의 25마지기 중 1/5인 5마지기를 더 받게 된다.

따라서 과거 급제한 아들은 20 + 25 + 5 = 50마지기를 받게 된다.

03 정답 ②

유형 법학추론 – 수적 기준 및 계산

해설

① (X) 토지소유자는 총수는 82이기에 이 중 1/2은 41명이 되어야 한다.
② (O) 갑, 을, 공동소유 1인이므로 41이 되기 위해서는 38명이 필요하다.
③ (X) 갑, 을, 공동소유 1인을 제외한 나머지 79명의 소유자가 있다. 한편 이들이 소유한 토지는 모두 13개로, 100개의 토지는 이들을 제외하고 87개가 남아 있다. 따라서 2개 이상의 소유자가 있으므로 옳지 않다.

④ (X) 갑은 토지 2개 소유로 1/4의 면적(1.5)을 가지고 있고, 을은 10개 소유인데 면적이 2가 된다. 그런데 제2항 제1호에서 1필은 1개의 토지이기에 모두 동일하지는 않다.
⑤ (X) 갑, 을, 병(공동) 소유의 토지 면적을 합하면 4.5이다. 전체 6에서 나머지 1.5가 모두 국유지가 될 수는 없기에 옳지 않다.

ㄴ. (X) (2)가 6명, (3)이 12명이므로 연령별로 각각 2명씩 총 4명이 필요하다. 혼합반을 구성해도 총 18명으로 최소 4명이 필요하다.
ㄷ. (X) (1)이 1명, (3)이 2명으로 연령별 각각 1명씩 총 2명이 필요하다. 혼합반은 편성이 불가능하기에 결국 최소 보육교사는 2명을 배치해야 한다.

04 정답 ③

유형 법학추론 – 수적 기준 및 계산

해설

A: 잔류염소 기준 충족(정수장)
B: 질산성 질소 검사 결과 10mg/L 초과
C: 일반세균 검사빈도 매주 1회 이상 충족 못함
D: 대장균 기준 충족
E: 잔류염소 기준 충족(배수지)

05 정답 ④

유형 법학추론 – 수적 기준 및 계산

해설

1) 특허심사청구료: 1건 143,000 + 3개항 132,000(44,000 × 3) = 275,000원
2) 특허출원료:
(1) 국어로 작성된 서면: 나 규정 적용 → 66.000 + 7,000 = 73,000원
(2) 외국어로 작성된 서면: 라 규정 적용 → 93,000 + 7,000 = 100,000원
∴ 국어로 작성한 경우 = 275,000 + 73,000 = 348,000원
∴ 외국어로 작성한 경우 = 275,000 + 100,000 = 375,000원

06 정답 ③

유형 법학추론 – 수적 기준 및 계산

해설

ㄱ. (O) 자본금액이 100억 원을 초과하기 때문에 첫 번째, 두 번째, 세 번째 (1) 경우 중 하나이며 이때 세액의 최소 금액은 20만 원이다.
ㄴ. (X) 제시된 경우에 해당되지 않기에 그밖의 법인으로 5만 원이 된다.
ㄷ. (X) 100명을 초과해도 자본금액이 10억 원 이하일 경우 그 밖의 법인에 해당되어 5만 원이 될 수도 있다.
ㄹ. (O) 갑의 종업원 수가 100명을 초과할 경우 50만 원, 을의 종업원 수가 100명을 초과할 경우 10만 원, 병의 자본금액이 100억 원을 초과할 경우 50만 원이 되어 최대 110만 원이 된다.

07 정답 ①

유형 법학추론 – 수적 기준 및 계산

해설

ㄱ. (O) (1)에 해당 4명, (2)에 해당 5명: 연령별 비율로 맞출 경우 (1)에 2명, (2)에 1명이 최소로 필요하다. 혼합반을 편성해도 총 9명이기에 보육교사는 최소 3명이 필요하다.

08 정답 ①

유형 법학추론 – 수적 기준 및 계산

해설

ㄱ. (O) 제2조 1항에서 임대가능성을 규정하고 있다.
ㄴ. (O) 연간 임대료는 1천분의 10 즉, 1/100이다. 따라서 5억 원의 1/100이므로 5백만 원이다. 그런데 문화시설로 사용할 경우 임대료 감액이 되어 임대료의 1/2 이하가 감액된다. 따라서 임대료의 최저액은 250만 원이 된다.
ㄷ. (X) 제3조 제1항 제3호에 의해 실제 거주하는 지역주민이 공동으로 소득증대시설로 사용하려는 경우 감액이 가능하다. 따라서 단독으로 하는 것은 해당되지 않는다.
ㄹ. (X) 제3조 제1항 제2호에 의해 지역주민이 아니어도 공공체육시설로 사용할 경우 임대료를 감액받을 수 있다.

09 정답 ②

유형 법학추론 – 수적 기준 및 계산

해설

ㄱ. (X) 제3항 제3호에서 혈중알콜농도 0.05퍼센트 이상인 경우 6개월 이하의 징역이나 300만 원 이하의 벌금에 처한다. 제4항 제2호에서 음주측정을 거부한 경우 1년 이상 3년 이하의 징역이나 500만 원 이상 1천만 원 이하의 벌금에 처한다. 후자가 불법의 정도가 더 크다.
ㄴ. (O) 제3항과 제4항 제1호에 의해 확인할 수 있다.
ㄷ. (X) 제4항 제1호에 해당되어 1년 이상 3년 이하의 징역이나 500만 원 이상 1천만 원 이하의 벌금이 부과된다.

10 정답 ③

유형 법학추론 – 수적 기준 및 계산

해설

① (X) 제1조 제2항에서 토지에 비례하여 측량비용을 부담하므로 갑과 을은 3:2의 비율로 부담해야 한다. 따라서 갑은 100만 원 중 60만 원을 부담한다.
② (X) 제1조 제1항에 의해 담 설치 비용은 쌍방이 절반하여 부담하므로 갑과 을은 각각 50만 원씩 부담한다.
③ (O) 제2조 제2항에 의거하여 건물이 완성된 후에는 손해배상만을 청구할 수 있다.
④ (X) 제3조에 의해 창을 설치할 수 있으며 차면시설을 해야 한다.
⑤ (X) 제4조에서 깊이의 반 이상의 거리를 두어야 하므로 1미터 이상의 거리를 두어야 한다.

11 정답 ②

유형 법학추론 - 수적 기준 및 계산

해설

1) 감가상각비: (구매비용 1,000만 원 - 잔존가치 100만 원) / 운행가능기간 10년 = 90만 원
2) 보험료: 운전경력 2년 6개월 중형차 120만 원 - 블랙박스 10% 할인 12만 원 = 108만 원
3) 주유비용: 한 달 500km/1리터당 10km = 50리터, 1년간 50×12 = 600리터, 600×1,500 = 90만 원

따라서 90 + 108 + 90 = 288만 원이 된다.

12 정답 ③

유형 법학추론 - 수적 기준 및 계산

해설

1) 계약에 따른 지연기간 1일당 공사대금 1억원의 0.1%(10만 원)을 지급하기 때문에 30일은 300만 원이 된다.
2) 부실공사로 인한 증명된 손해액 1,000만 원도 포함된다.

∴ 총합 1,300만 원이다.

13 정답 ②

유형 법학추론 - 수적 기준 및 계산

해설

1) E 출생: 현행법에 의해 배우자와 C, D, E와 1:5:1:1:1로 배분받는다. 따라서 B, C, D, E는 각각 3, 2, 2, 2억 원씩 상속받는다. 한편 개정법에 의해 배우자 B는 절반인 4.5억 원을 받는다. 그리고 나머지 4.5억 원에 대해 직계비속 C, D, E와 1.5:1:1:1로 배분한다. 따라서 B는 6억 원, 나머지 자식들은 모두 1억 원씩 상속받는다.
4) E 사산: 현행법으로는 B, C, D가 상속받으며, 1.5:1:1(3.86:2.57:2.57억 원)로 상속받는다. 한편 개정법에 의하면, B는 4.5억을 우선 배분받고, 나머지를 B:C:D = 1.5:1:1로 배분한다. (1.92:1.29:1.29억 원) 따라서 B는 약 6.42억 원을 상속받는다.

① (X) B는 3억 원을 상속받으며, 이는 33%에 해당한다.
② (O) E가 출생 시 B는 6억 원을 상속받는다.
③ (X) E가 사산될 경우 B는 1.92억 원을 상속받는다.
④ (X) E가 사산될 경우 개정안에 의하면 B는 6.42억 원을 상속받는다.
⑤ (X) E가 출생하는 경우 100% 증가하고(3억 원에서 6억 원), E가 사산되는 경우 66%(3.86에서 6.42) 정도로 상속받게 된다.

14 정답 ⑤

유형 법학추론 - 수적 기준 및 계산

해설

① (X) 제2조 제2항에 의해, 첫 번째 임시회는 국회의원의 임기개시 후 7일째이므로 5월 30일부터 임기가 시작되므로, 6월 6일이 된다.
② (X) 정기회의는 제3조 제2항 2호에 의해 회기가 100일을 초과할 수 없으므로 9월 1일에 집회하여 늦어도 12월 19일에 폐회한다.
③ (X) 제3조 제2항 제2호에 의해 정기회의 100일, 임시회의 매 회 30일을 초과할 수 없다. 그런데 제3조 제2항 제1호에 의해 2, 4, 6월에 임시회를 집회할 수 있기 때문에 190일이 될 수 있다.
④ (X) 제2조 제1항에 의해 집회요구가 있을 때 3일 전에 의장은 집회공고를 한다.
⑤ (O) 제3조 제1항에 의해 옳은 진술이다.

15 정답 ③

유형 법학추론 - 수적 기준 및 계산

해설

① (X) 갑은 2007.10.1.에 형 확정이 되었으므로, 최후의 합헌결정인 2008.10.30.의 다음 날인 2008.10.31.로 소급하여 효력이 상실되기에 재심청구는 인정되지 못한다. 그러나 교도소 복역 사실이 있으므로 형사보상금 청구는 인정된다.
② (X), ③ (O) 을은 재심청구만 인정된다. 교도소에 복역하지 않았기 때문이다.
④ (X), ⑤ (X) 병은 재심청구와 형사보상금 청구 모두 인정된다.

16 정답 ②

유형 법학추론 - 수적 기준 및 계산

해설

① (X) 홀수달 1일에 신청하지 않은 경우 그다음 홀수달 1일 신청으로 간주하므로 9월 1일에 신청한 것으로 간주한다. 따라서 승인은 신청일로부터 5일 이내이기에 9월 6일까지 결정해야 한다.
② (O) 8월 16일 신청할 경우 그다음 홀수달인 9월 1일에 신청한 것이 된다. 따라서 정비결과 보고까지 15일이 걸리므로 9월 16일까지는 보고해야 한다.
③ (X) 특정법인 명칭에서는 아파트가 상점보다 먼저이기에 옳지 않다.
④ (X) 글자 수는 15자 이내로 제한되기에 해당 정류소 명칭은 13자이므로 적합하다.
⑤ (X) 명칭 수는 2개 이내로 제한된다.

PART 03 문제해결

I 배열하기·속성매칭

정답 p.119

01	02	03	04	05
⑤	①	②	④	②
06	07	08	09	10
④	①	③	③	②
11	12	13	14	15
①	②	②	③	④

01 정답 ⑤

유형 문제해결 - 배열하기·속성매칭

해설

내선번호는 총 45개이고, 총원은 35명이므로 내선번호는 합 10개 더 부여받았다.

1) 갑: 내선번호는 7016~7024, 총원 9명, 내선번호 +0
2) 을: 총원이 가장 많음. 내선번호 +4
3) 병: 내선번호 7025~34 이상, 내선번호 +3
4) 정: 시작번호 끝자리 5, 내선번호 합이 10개 더 있으므로, +3

· 정의 경우, 내선번호 시작이 7005가 될 수 없고, 과장이 처음 시작이므로 7015도 될 수 없다. 7025는 병의 과이므로 정의 과는 7035부터 시작하여 7045까지이다. 내선번호가 3개 더 있으므로 총원은 8명이다.
· 나머지 을이 속한 과의 내선번호는 7001~7015이고 4개 더 부여되었으므로 총원은 11명이다.
· 결국 병은 내선번호 7025~7034까지 부여받았고, 3개가 더 많기 때문에 총원은 7명이 된다.

내선번호	내선 추가(10)	이름	총원
7001~7015	4	을	11
7016~7024	0	갑	9
7025~7034	3	병	7
7035~7045	3	정	8

02 정답 ①

유형 문제해결 - 배열하기·속성매칭

해설

1) 시계방향으로 앉은 좌석을 1-2-3-4-5-6이라고 가정할 때에, 1번부터 시작을 하면 첫 번째로 6번을 먹는다.
2) 6번 다음에 1번이므로 1번부터 시작하면 1-2-3-4-5-1이 되어 1번을 먹는다.
3) 2번부터 시작하여 2-3-4-5-2-3이 되어 3번을 먹는다.
4) 4번부터 시작하여 4-5-2-4-5-2가 되어 2번을 먹는다.
5) 4번부터 시작하여 4-5-4-5-4-5가 되어 5번을 먹는다.
6) 마지막 남은 4번을 먹는다.

결국 4번 바로 전에 5번을 먹기 때문에 시계 순서상 송편 다음에 오는 무지개떡을 그 직전에 먹게 된다.

03 정답 ②

유형 문제해결 - 배열하기·속성매칭

해설

1) 갑의 진술: 을이 갑보다 먼저 다녀왔음을 알 수 있다.
2) 을의 진술: 병은 점심에 다녀왔고 을은 저녁에 다녀왔다.
3) 병의 진술: 병은 월요일에 다녀오지 않았기에 월요일에는 을이 다녀왔음을 알 수 있다.

요일	월	화	수
사람	을(저녁)		

확정되지 않은 것은 갑과 병이 어느 요일에 다녀왔는지와 갑이 점심이나 저녁 여부에 대한 것은 알 수 없는 상황이다. 따라서 이에 대한 확정되는 정보를 찾아야 한다.

① (X), ③ (X), ⑤ (X) 병이 화요일 점심에 다녀온 것은 알 수 있으나, 갑이 수요일 점심 또는 저녁 여부에 대해서는 알 수 없다.
② (O) 갑이 화요일 점심, 병이 수요일 점심임을 알 수 있다.
④ (X) 월요일부터 수요일까지 갑, 을, 병이 겹치지 않게 한 번씩 다녀와야 하기에 을이 월요일에 가야 한다.

04 정답 ④

유형 문제해결 - 배열하기·속성매칭

해설

1) 전공: A > B > E, C > D
2) 영어: E > F > G
3) 적성: G > B, G > C

① (X) A가 합격했어도 B는 A보다 전공시험 점수가 낮다는 것만 알 수 있다.
② (X) G가 합격하였다면, E와 F가 합격한 것을 알 수 있을 뿐, C는 알 수 없다.
③ (X) A와 B가 합격하였다면, G, E, F가 합격하였음을 알 수 있지만 C와 D는 알 수 없다.
④ (O) B와 E가 합격하였다면 F와 G가 합격했음을 알 수 있다.
⑤ (X) B가 합격하였다면, A, E, F, G가 합격하였음을 알 수 있으므로 총 5명임을 알 수 있다.

05 정답 ②

유형 문제해결 – 배열하기·속성매칭

해설

(6)은 일요일이므로, 그 전날인 (5)는 토요일이다.

① (X) 4월 5일이 월요일이면 11일이 일요일이 된다. 그런데 서로 다른 요일의 일기 일부를 발췌한 것이므로 (6)에서 일요일이므로 조건에 위배된다.

② (O) 5일이 화요일, 11일 월요일, (3) 수요일, 15일 금요일, (5) 토요일, (6) 일요일이 된다.

③ (X) 5일이 목요일이며 11일은 수요일이 되는데, (3)이 수요일이 되어야 하기에 맞지 않다.

④ (X) 5일이 금요일일 경우, 11일 목요일, 15일 월요일이 되는데 이때 11일과 15일 사이에 날짜순으로 (3) 수요일이 올 수 없다.

⑤ (X) (5)가 토요일이므로 서로 다른 요일이 되어야 하므로 옳지 않다.

06 정답 ④

유형 문제해결 – 배열하기·속성매칭

해설

1) 확정 정보: A는 3명의 연락처를 가지고 있고, B는 2명의 연락처를 가지고 있다. 그리고 C는 A의 연락처만 있고, A도 C의 연락처가 있다. D는 2명의 연락처를, E는 B의 연락처만 있다.

	A	B	C	D	E	합
A			O			3
B						2
C	O	X		X	X	1
D						2
E	X	O	X	X		1
합						

2) A의 연락처를 가지고 있는 사람은 모두 3명이다. 따라서 B와 D가 A의 연락처를 가지고 있음을 알 수 있다.

	A	B	C	D	E	합
A			O			3
B	O					2
C	O	X		X	X	1
D	O					2
E	X	O	X	X		1
합	3					

3) B는 2명의 연락처를 갖고 있는데, 그 2명을 제외한 2명만 B의 연락처를 가지고 있다. 따라서 B가 A의 연락처를 가지고 있으므로 A는 B의 연락처를 가지고 있지 않다. 이 경우 A가 3명의 연락처를 가지고 있으므로 나머지 D와 E의 연락처를 가지고 있게 된다.

	A	B	C	D	E	합
A		X	O	O	O	3
B	O					2
C	O	X		X	X	1
D	O					2
E	X	O	X	X		1
합	3					

4) B의 연락처는 2명만 가지고 있으므로 D가 B의 연락처를 가지고 있으며, B가 가지고 있는 연락처가 있는 사람과 B의 연락처를 가진 사람이 달라야 하므로 B는 D와 E의 연락처를 가지고 있지 않다. 따라서 B는 나머지 C의 연락처를 가지고 있다.

	A	B	C	D	E	합
A		X	O	O	O	3
B	O		O	X	X	2
C	O	X		X	X	1
D	O	O				2
E	X	O	X	X		1
합	3					

5) D는 2명의 연락처를 가지고 있으므로 C와 E의 연락처를 가지고 있지 않다.

	A	B	C	D	E	합
A		X	O	O	O	3
B	O		O	X	X	2
C	O	X		X	X	1
D	O	O	X		X	2
E	X	O	X	X		1
합	3	2	2	1	1	

① (X) 옳지 않다.

② (X) 옳지 않다.

③ (X) C의 연락처를 가진 사람은 2명이다.

④ (O) 옳은 진술이다.

⑤ (X) E의 연락처를 가진 사람은 1명이다.

07 정답 ①

유형 문제해결 – 배열하기·속성매칭

해설

1) 갑, 병, 정의 진술로 확정된 정보들을 표시하면 다음과 같다.

	메일	공지	결재	문의
갑			X	
을			O	
병		O	O	O
정		X	O	

2) 접속 못하는 메뉴가 적어도 1개 이상 있어야 하므로 병은 메일에 접속할 수 없다.

3) 병이나 정이 접속하지 못하는 메뉴는 을도 접속할 수 없으므로 을은 메일과 공지에 접속할 수 없다.

	메일	공지	결재	문의
갑			X	
을	X	X	O	
병	X	O	O	O
정		X	O	

4) 갑이 접속하지 못하는 메뉴는 을, 병, 정이 접속해야 하므로 을과 정은 문의에 접속한다. 따라서 갑은 문의에 접속하지 못하고 메일과 공지에는 접속하였다.

	메일	공지	결재	문의
갑	O	O	X	X
을	X	X	O	O
병	X	O	O	O
정		X	O	O

① (X) 갑은 공지에 접속하므로 옳지 않아 답이 된다.
② (O) 을은 메일에 접속할 수 없다.
③ (O) 을은 결재와 문의에 접속할 수 있다.
④ (O) 정은 문의에 접속할 수 있다.
⑤ (O) 갑과 병은 공지에 공통으로 접속할 수 있다.

08

정답 ③

유형 문제해결 – 배열하기·속성매칭

해설

1) 갑과 정은 뒷좌석에 앉았고 을이 교육 둘째날 출석했으므로 병은 갑의 앞자리가 아니라 정의 앞자리이다. 따라서 병이 갑의 앞자리임을 알 수 있다.

병	을
갑	정

2) 첫째 날과 마지막 날에는 모두 출석하였고, 진술에 따라 다른 요일별 출석을 정리하면 다음과 같다.

	월	화	수	목	금
갑	O	O	X	X	O
을	O	O	O	O	O
병	O	X	O	X	O
정	O	O	O	O	O

따라서 4일 이상 출석하지 않아 직무교육을 이수하지 못한 사람은 갑과 병이다.

09

정답 ③

유형 문제해결 – 배열하기·속성매칭

해설

ㄱ. (O) A방향으로 모두 보이게 하는 방식은 키가 작은 어린이로부터 큰 어린이의 순서로 배열하는 방법뿐이다. 즉 5-3-6-1-4-2의 순서대로 배치할 경우밖에 없다.
ㄴ. (O) 세 번째로 키 큰 어린이가 5번 자리에 있을 경우, 그 뒤에 6번 자리 하나밖에 없으므로 세 번째로 키 큰 어린이 앞에 그보다 키 큰 어린이 1명이 올 수밖에 없다. 따라서 그 어린이의 뒤통수는 볼 수 없다.
ㄷ. (O) B방향에서 2명만 보일 경우 B방향에서 작은 어린이와 큰 어린이의 배치가 이루어져야 한다. 따라서 A방향에서는 6번 자리 어린이는 보이지 않게 된다.
ㄹ. (X) B방향에서 3명이 보일 경우, A방향에서는 4명이 보일 수 있다. 5-3-6-2-4-1의 배치가 될 경우 가능하다.

10

정답 ②

유형 문제해결 – 배열하기·속성매칭

해설

1. 모형화: 네 사람 갑, 을, 병, 정이 직업, 연령, 금융상품이 모두 다르고 수익률 및 투자액도 모두 다르다. 따라서 다음과 같은 도표를 만들 수 있다.

	연령	직업	금융	수익률	투자액
갑					
을					
병					
정					

2. 규칙 적용

1) 50대 주부는 주식에 투자했고 투자액이 가장 크다. 이를 블록을 사용하여 표현하면 다음과 같다.

연령	직업	금융	수익률	투자액
50대	주부	주식		1위

2) 반드시 참과 거짓 규칙 적용

30대 회사원 병이 수익률이 가장 높고, 을은 40대 회사원으로 옵션 투자하지 않았고 갑은 주식과 옵션 투자하지 않았다.

	연령	직업	금융	수익률	투자액
갑			주식, 옵션		
을	40대	회사원	옵션		
병	30대	회사원		1위	
정					

3. 추리

1) 50대이면서 주식에 투자한 사람이 가능한 경우는 정뿐이다. 따라서 갑이 60대 사업가임을 알 수 있고, 옵션에 투자하는 사람은 병임도 알 수 있다. 이때 갑은 선물에 투자했음도 추리할 수 있다. 결국 을은 나머지 채권에 투자한 사람이 된다.

	연령	직업	금융	수익률	투자액
갑	60대	사업가	선물		
을	40대	회사원	채권		
병	30대	회사원	옵션	1위	
정	50대	주부	주식		1위

① (X) 채권 투자자는 을이다.
② (O) 선물 투자자는 사업가인 갑이다.
③ (X) 투자액 1위는 정이다.
④ (X) 회사원인 병이 옵션에 투자했다.
⑤ (X) 수익률이 가장 높은 사람은 병이며 옵션에 투자한 사람이다.

11

정답 ①

유형 문제해결 – 배열하기·속성매칭

해설

1) 청소를 한 구역은 바로 다음 영업일에 하지 않는다.
2) C는 3회 청소, 일요일에 청소: 1)에 의해 월요일에 C구역 청소는 하지 않는다.

요일	월	화	수	목	금	토	일	월
구역			휴업			not C	C	not C

3) C는 화, 금 청소: 청소한 구역은 다음 영업일에 하지 않기에 목요일 하지 않는다.

요일	월	화	수	목	금	토	일	월
구역		C	휴업		C		C	

4) B구역: 2회, 청소한 후 영업일 휴업일 가리지 않고 이틀간 청소하지 않는다. (B는 월, 목)

요일	월	화	수	목	금	토	일	월
구역	B	C	휴업	B	C		C	B

5) 나머지는 토요일에 A구역 청소한다.

요일	월	화	수	목	금	토	일	월
구역	B	C	휴업	B	C	A	C	B

12 정답 ②

유형 문제해결 - 배열하기·속성매칭

해설

1) 지나가 생일이 제일 빠를 수도 있기에 3월에 해당한다. 물론 3월이 2명이기에 확실히는 모르겠다고 대답한 것이다.
2) 혜명이 지나보다 빠를 수도 있다는 것은 혜명도 3월이라는 것이다.
3) 민경의 생일이 6월이라면, 앞에서 지나와 혜명이 3월이므로 정선은 9월임을 알 수 있다. 그런데 민경이 모르겠다는 것은 본인이 9월이기 때문이다.
4) 효인이 민경이보다 생일이 빠를 수도 그렇지 않을 수도 있다는 것은 효인도 생일이 9월이기 때문이다.
5) 결국 지나와 혜명이 3월, 민경과 효인이 9월이기에 나머지 정선은 6월임을 추론할 수 있다.

13 정답 ②

유형 문제해결 - 배열하기·속성매칭

해설

모두 3가지의 역량을 가지고 있다.

1) 자원관리역량은 병을 제외한 모두가 갖추고 있다.

	의사소통	대인관계	문제해결	정보수집	자원관리
갑					O
을					O
병					X
정					O

2) 정은 대인관계역량, 문제해결역량, 자원관리역량을 갖추고 있다.

	의사소통	대인관계	문제해결	정보수집	자원관리
갑					O
을					O
병					X
정	X	O	O	X	O

3) 갑은 심리상담을 할 수 있으므로 의사소통과 대인관계역량이 있고, 을과 병은 진학지도를 할 수 있으므로 문제해결역량과 정보수집역량이 있다.

	의사소통	대인관계	문제해결	정보수집	자원관리
갑	O	O	X	X	O
을	X	X	O	O	O
병			O	O	X
정	X	O	O	X	O

4) 대인관계역량은 2명밖에 없으므로 병은 대인관계역량이 없다.

	의사소통	대인관계	문제해결	정보수집	자원관리
갑	O	O	X	X	O
을	X	X	O	O	O
병	O	X	O	O	X
정	X	O	O	X	O

5) 각자의 가능한 업무는 다음과 같다.

	의사소통	대인관계	문제해결	정보수집	자원관리	업무
갑	O	O	X	X	O	심리, 지역
을	X	X	O	O	O	진학
병	O	X	O	O	X	위기, 진학
정	X	O	O	X	O	지역

따라서 A복지관에 채용될 후보자는 조합은 갑과 병이다.

14 정답 ③

유형 문제해결 - 배열하기·속성매칭

해설

1) B, C, D, E, F는 모두 20대이므로 나이는 G가 가장 많다. 따라서 G는 왕자의 부하가 아니다.
2) 여자보다 남자가 많기 때문에 A, B, E, F는 남자이다.
3) 왕자의 부하는 2명이고 성별이 다르며 국적은 동일하다.

① (X) A와 B 모두 남자이므로 될 수 없다.
② (X) B와 F도 모두 남자이다.
③ (O) C는 여자이고 E는 남자이며, 국적이 중국으로 동일하기에 가능하다.
④ (X) D는 일본, F는 한국으로 국적이 다르다.
⑤ (X) G는 나이가 가장 많기에 될 수 없다.

15 정답 ④

유형 문제해결 - 배열하기·속성매칭

해설

① (X)

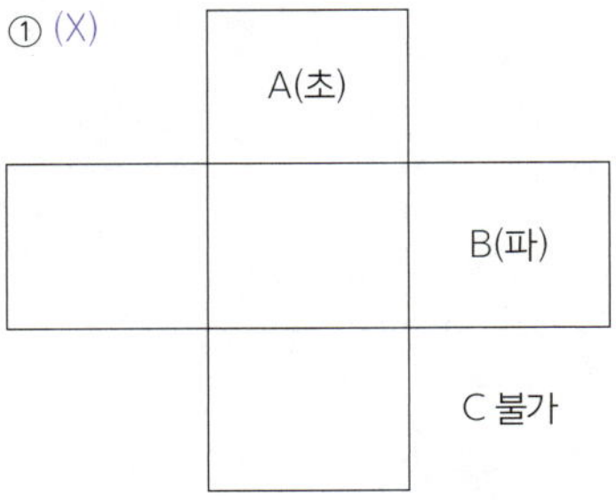

② (X)

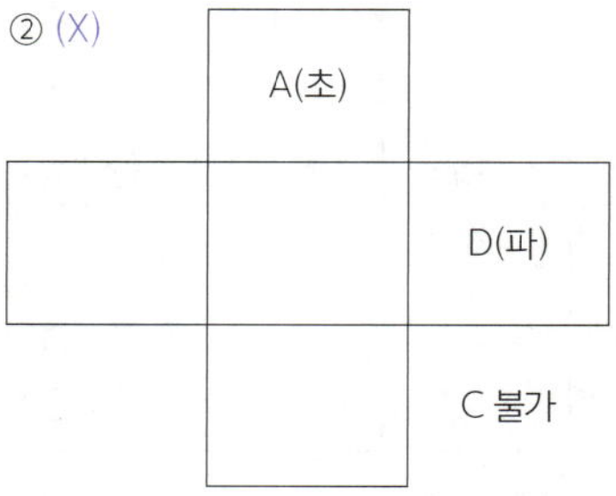

③ (X)

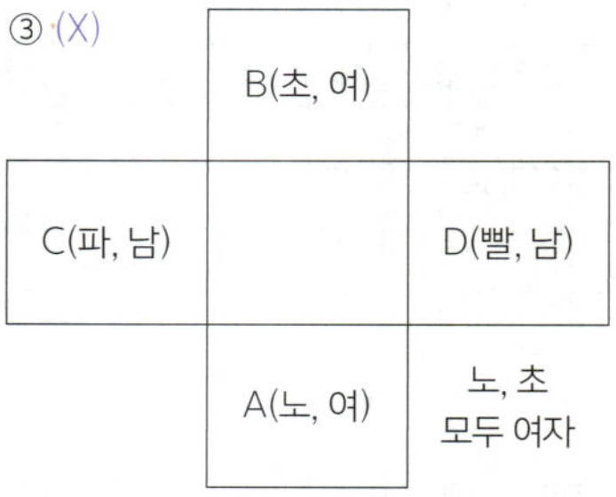

④ (O)

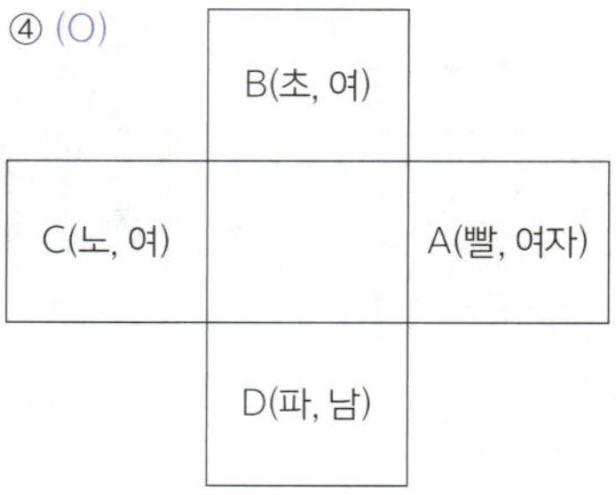

⑤ (X)

III 수적배열

정답

p.133

01	02	03	04	05
④	②	③	②	③
06	07	08	09	10
⑤	③	①	①	①
11	12	13	14	15
②	②	④	④	②
16	17	18	19	20
③	①	⑤	③	⑤
21				
⑤				

01

정답 ④

유형 문제해결 - 수적배열

해설

1) 네 종류의 사무용품을 모든 직원이 배분받으므로, A는 모든 직원이 받는 개수가 된다. 따라서 B = A의 1/2, C는 A의 1/4, D는 A의 1/8이 된다.
2) 사무용품의 총 개수 1,050 = A + B + C + D = A + 1/2A + 1/4A + 1/8A가 된다.
3) 15/8A = 1,050, A = 70 × 8 = 560, 따라서 직원 수는 560명이다. 선택지를 대입하여 총 개수와 맞는지 확인하는 방법도 가능하다.

02

정답 ②

유형 문제해결 - 수적배열

해설

1) 갑의 마지막 숫자가 3을 곱하여 2가 나오는 자연수는 4뿐이다. 따라서 갑의 끝에서 두 번째 숫자 즉, 올바른 우편번호의 끝자리는 4가 된다.
2) 을의 마지막 4 × 3 = 12이므로, 올바른 우편번호 끝자리는 을의 끝에서 두 번째 자리 × 3+1 = 4가 되어야 한다. 올 수 있는 수는 1밖에 없다. 따라서 올바른 숫자의 뒤에서 두 번째 수는 1이 된다.

			1	4 = (3 + 1)	2
2				1	4

3) 3을 곱하여 1이 끝자리에 오는 수는 7밖에 없다. 따라서 올바른 숫자의 세 번째 수는 7이다.

		7	1	4	2
2			7	1	4

4) 올바른 세 번째 수 7은 을의 네 번째 7 × 3 = 21로부터 확정된 수이므로 올림 수 2를 뺀 7 = 2 + 5를 나머지로 하는 수가 3을 곱한 결과가 끝자리가 되어야 한다. 따라서 을의 세 번째는 5이며, 올바른 우편번호 두 번째 수는 5가 된다.

	5	7	1	4	2
2		5	7	1	4

5) 올바른 수 5는 5×3=15의 끝자리이므로 을의 두 번째 수×3의 끝자리는 4가 되어야 한다. 3을 곱하여 끝자리가 4가 되는 수는 8밖에 없다. 따라서 올바른 수의 첫 자리는 8이다.

8	5	7	1	4	2
2	8	5	7	1	4

6) 을의 첫 자리 2×3=6이며, 8×3=24이므로 8은 2×3=6과 올린 수 2의 합이다.
따라서 올바른 우편번호의 첫자리와 끝자리 숫자의 합은 12이다.

03 정답 ③

유형 문제해결 - 수적배열

해설

현재 사용할 수 있는 수는 1, 2, 4, 4, 5이다.

① (O) 3 다음에 A가 와야 하는데, 같은 수 3은 A 뒤에 이미 사용되었고, 적은 수는 1, 2가 있는데, 이 중 1은 다음 수가 3이기에 1만큼 큰 수의 조건에 의해 올 수가 없다. 그리고 1만큼 큰 수로 4가 가능하다. 따라서 2 또는 4가 A에 올 수 있다.

② (O)
1) A가 2: 이때 나머지 B, C, D, E에 가능한 수는 1, 4, 4, 5이다.
- 만약 1이 B에 오게 되면 이후 4나 5가 올 수밖에 없고 조건에 위배된다.
- 앞의 수가 3이기 때문에 5가 올 수 없다. 따라서 4밖에 올 수 없다.

2) A가 4:
- 1이 B에 오면 이후 2가 와야 하는데, 이후 4나 5가 올 수 없기에 B에 1이 오면 안 된다.
- 2가 B에 오면 이후 C에 1이 와야 하는데 D에 4나 5가 와서는 안 된다. 따라서 B에 2도 올 수 없다.
- 앞선 수가 3이기에 5가 B에 올 수 없다. 결국 B에 4가 배치될 수밖에 없다.

③ (X) C에 5가 올 수 있어서 옳지 않은 진술이다.
1) A 2, B 4: 나머지 수가 1, 4, 5이다.
- C에 1이 오면 D에 올 수 있는 수가 없다.
- C에 4가 오고 D에 1이 오면 E에 5가 될 수 없다.
- C에 4가 오고 D에 5가 오면 E에 1이 올 수 있다.
- C에 5가 오고 D에 1이 올 경우 E에 4가 올 수 없다.
- C에 5가 오고 D에 4가 올 경우 E에 1이 올 수 있다.

				A		B	C	D	E
5	1	2	3	2	3	4	4	5	1
5	1	2	3	2	3	4	5	4	1

2) A 4, B 4: 나머지 수는 1, 2, 5이다.
- C에 1이 오면 D에 2가 와야 하는데, E가 5일 수 없다.
- C에 2가 오면 D에 1이 와야 하는데, E가 5일 수 없다.
- C에 5가 오면 D에 1이 오고 E에 2가 올 수 있다.
- C에 5가 오면 D에 2가 오고 E에 1이 될 수 있다.

				A		B	C	D	E
5	1	2	3	4	3	4	5	1	2
5	1	2	3	4	3	4	5	2	1

④ (O) 위에서 4번째 경우를 통해 알 수 있다.

⑤ (O) E는 1 또는 2만 가능하다.

04 정답 ②

유형 문제해결 - 수적배열

해설

1) 매시 정각부터 일정한 시간 간격으로 해당 시의 수만큼 종을 친다.
2) 6시 정각을 알리기 위한 마지막 6번째 종을 치는 시각은 6시 6초이다.

1번	2번	3번	4번	5번	6번
6시 정각	0초 이후부터 6초 이전까지 4번 종을 침				6초

3) 0초부터 6초까지 5간격이 성립되므로 1간격은 1.2초이다.
4) 11시는 10간격이므로 12초 걸리기 때문에 11시 12초에 마지막 종을 친다.

05 정답 ③

유형 문제해결 - 수적배열

해설

1) 병: 자신이 현재까지 했던 일의 절반이 남았으므로 2/3의 일을 하였다.
2) 갑: 병이 아직 못한 일(1/3)의 절반이므로 1/6의 일을 하였다.
3) 정: 갑이 남겨 놓은 일만큼 하였으므로 5/6의 일을 하였다.
4) 을: 정의 남겨놓은 일(1/6)의 2배에 해당하는 일을 하였으므로 1/3을 하였다.
5) 무: 을이 남겨 놓은 일(2/3)의 절반에 해당하는 일을 하였으므로 1/3을 하였다.

따라서 두 번째로 많은 양의 일을 한 사람은 병이다.

06 정답 ⑤

유형 문제해결 - 수적배열

해설

3일 연속 일치한 경우 앱을 설치한 후 제거하지 않기에 3일 연속 가능한 경우를 찾는다.

1) 월, 화, 수 연속 일치: 200,000×1/8(1/2×1/2×1/2)=25,000명
2) 화, 수, 목 연속 일치: 월요일에 일치하지 않은 100,000명을 대상으로 하여 1/8을 곱하면 12,500명이 된다.
3) 수, 목, 금 연속 일치: 화요일에 일치하지 않은 50,000명을 대상으로 한다(총 12,500명).
(1) 월, 화 모두 일치하지 않았지만 수, 목, 금 연속 일치된 사람 50,000명 중에서 6,250명
(2) 월요일에 일치하였지만 화요일에 일치하지 않은 사람으로 수, 목, 금 연속 일치된 사람 50,000명 중에서 1/8인 6,250명

따라서 앱을 설치한 잠재 사용자는 총 50,000명이 된다.

07 정답 ③

유형 문제해결 - 수적배열

해설

1) 2022년에 만 23살이므로 태어난 해는 1999년이다.
2) 그저께 만 21살이 되려면, 어제는 만 22살이 되고 그저께와 어제는 동일한 해인 2021년이 되어야 한다. 그리고 오늘은 2022년이 되어야 한다.

3) 생일은 12월 31일임을 알 수 있다.
: 주민등록번호 앞 6자리는 991231이며 모두 곱하면 486이 된다.
따라서 ㉠에 해당하는 수는 486이다.

08

정답 ①

유형 문제해결 - 수적배열

해설

① (X) 단 둘이 식사하지 않는다는 조건을 위배한다.

갑	A	B	C	D	E	F	G
O	O				O	O	
O		O	O/X	X/O			
O			O/X	X/O			

② (O), ③ (O), ⑤ (O) 다음과 같은 내용으로 조건을 충족한다.

갑	A	B	C	D	E	F	G
O		O	O				O
O	O			O			
O					O	O	

④ (O) D와 E가 함께 식사할 경우, 그 식사에는 F도 참가해야 하므로 총 4명이 된다. 따라서 C가 식사하게 될 경우 A나 B 부팀장과 함께 식사해야 한다.

갑	A	B	C	D	E	F	G
O				O	O	O	
O	O		O/X				
O		O	X/O				O

09

정답 ①

유형 문제해결 - 수적배열

해설

1) A와 C가 서로 겹치지 않고 두 합은 30이므로 모든 시간에 최소 한 명이 접속하였다.
2) E는 25분간 접속해 있었으므로 맨 처음과 마지막 시간 5분간 한 명만 접속 가능하다.

따라서 한 명만 화상회의 시스템에 접속해 있던 시각으로 가능한 것은 9:04이다.

10

정답 ①

유형 문제해결 - 수적배열

해설

① (O) (1, 1, 2, 4)인 경우 곱과 합이 모두 8이므로 적절하다.
② (X) (1, 1, 3, 3)이 가능하나 곱은 9이고 합은 8이므로 옳지 않다.
③ (X) 합으로 (1, 1, 4, 4)가 가능하나, 곱은 16으로 옳지 않다.
④ (X) 합으로 (3, 3, 3, 3), (3, 3, 4, 2) 등이 가능하나, 곱은 동일할 수 없다.
⑤ (X) (4, 4, 4, 4)가 합으로 가능하나, 곱은 다르다.

11

정답 ②

유형 문제해결 - 수적배열

해설

ㄱ. (X) 한 사람이 여러 번 누를 수 있으므로 옳지 않다.
ㄴ. (O) 총 10번을 눌렀기 때문에 나머지 5번이 남았다. 그런데 필요한 버튼은 총 4층, 5층, 6층 이상 2번 총 4번이 필요하다. 이 중 하나의 버튼이 5번 눌러지면 그 층에서 멈추게 된다. 즉, 필요한 층의 버튼에 해당한다. 따라서 나머지 5번에서 실제 멈춘 3개의 버튼은 눌러야 한다. 결국 2번이 남게 되는데, 멈추는 층에 2번 누를 수는 없다. 그럴 경우 취소가 되기 때문이다. 그리고 멈추는 층에는 1번, 3번을 눌러야 멈추게 된다. 그러므로 나머지 2번은 멈추지 않은 층에 2번 눌러서 취소가 된 경우이거나 멈추는 층에 3번을 누른 경우밖에 없게 된다.
ㄷ. (X) 2번 누를 수도 있기 때문에 알 수 없다.
ㄹ. (X) 2번 누르면 취소되므로 가능하다.

12

정답 ②

유형 문제해결 - 수적배열

해설

1) 일의 자리 합: 18
2) 십의 자리 합: 1(올림) + 10 + □ = 19, □ = 8
3) 백의 자리 합: 1(올림) + 14 + □ + □ = 19, □ + □ = 4
4) 천의 자리 합: 1(올림) + 18 = 19
5) 만의 자리 합: 1 + 16 + □ + □ = 19, □ + □ = 2

따라서 보이지 않는 숫자의 합은 8 + 4 + 2 = 14가 된다.

13

정답 ④

유형 문제해결 - 수적배열

해설

ㄱ. (X) 2개 상자에만 나누어 담을 수 있으므로 옳지 않다.

[1]	[2]	[3]
빨강 2개(60) 노랑 1개(40)	빨강 1개(30) 파랑 1개(50)	노랑 1개(40) 파랑 1개(50)

ㄴ. (O) 합이 모두 다르게 된다.

[1]	[2]	[3]
빨강 2개(60) 노랑 1개(40)	빨강 1개(30) 파랑 1개(50)	노랑 1개(40) 파랑 1개(50)

ㄷ. (X) 다음과 같이 가능하다.

[1]	[2]	[3]
빨강 2개(60) 노랑 1개(40)	빨강 1개(30) 파랑 1개(50)	노랑 1개(40) 파랑 1개(50)

ㄹ. (O) 각 상자에는 적어도 2가지 색의 공을 담아야 한다. 빨강 2개는 노랑 1개가 되어야 100g이 되므로 함께 담아야 한다. 이 경우 빨강 1개, 노랑 1개, 파랑 2개가 남기 때문에 가장 적은 상자 [2]는 파란색 공이 담기게 된다.

[1]	[2]	[3]
빨강 2개(60) 노랑 1개(40)	빨강 1개(30) 파랑 1개(50)	노랑 1개(40) 파랑 1개(50)

14 정답 ④

유형 문제해결 - 수적배열

해설

서로 다른 1~10개의 도토리의 차이가 모두 동일한 경우는 다음 2가지이다.

1	2	3	4	5	
6	7	8	9	10	: 차이 5개

1	3	5	7	9	
2	4	6	8	10	: 차이 1개

그러므로 5 - 1 = 4가 된다.

15 정답 ②

유형 문제해결 - 수적배열

해설

1) 두 번째 조건에 의해 3, 4, 6, 9는 사용하지 않는다. 따라서 0, 1, 2, 5, 7, 8이 가능하다.
2) 세 번째 조건: 짝, 홀, 홀, 홀, 짝이 되어야 하므로, 홀수인 1, 5, 7은 모두 사용하며 짝수 중 하나는 빠져야 한다.
3) 4번 조건: 가장 큰 수 짝수가 첫 자리에 와야 하며 홀수 중 7은 사용되어야 하므로 8이 첫 자리에 와야 한다.
4) 4번 조건: 가장 작은 수 짝수가 마지막에 와야 하므로 홀수 1보다 작은 0이 온다.
5) 5번 조건: 현재 6보다 둘째 자리 수가 커야 하므로 7이 온다. (8 - 7 - 홀 - 홀 - 0)
6) 6번 조건: 1이 세 번째 자리에 올 경우 두 번째 자리인 7과 6 차이가 나므로 조건을 위배한다. 따라서 세 번째 자리에 5가 오고, 네 번째 자리에 1이 온다. (8 - 7 - 5 - 1 - 0)

따라서 비밀번호의 둘째 자리 숫자와 넷째 자리 숫자의 합은 8이다.

16 정답 ③

유형 문제해결 - 수적배열

해설

1) A: 3의 배수 켜진 상태이면 끈다.
2) B: 2의 배수 켜진 상태라면 끄고, 꺼진 상태라면 켠다.
3) C: 3번 기준으로 켜진 전구 개수가 많은 쪽 전부 끈다. 동일 개수일 때에는 양쪽 모두 끈다.

① (X) (O: 켜짐, X: 꺼짐)

	1	2	3	4	5	6
상태	O	O	O	X	X	X
A	O	O	X	X	X	X
B	O	X	X	O	X	O
C	O	X	X	X	X	X

② (X)

	1	2	3	4	5	6
상태	O	O	O	X	X	X
A	O	O	X	X	X	X
C	X	X	X	X	X	X
B	X	O	X	O	X	O

③ (O)

	1	2	3	4	5	6
상태	O	O	O	X	X	X
B	O	X	O	O	X	O
A	O	X	X	O	X	X
C	X	X	X	X	X	X

④ (X)

	1	2	3	4	5	6
상태	O	O	O	X	X	X
B	O	X	O	O	X	O
C	O	X	O	X	X	X
A	O	X	X	X	X	X

⑤ (X)

	1	2	3	4	5	6
상태	O	O	O	X	X	X
C	X	X	O	X	X	X
B	X	O	X	O	X	O
A	X	O	X	O	X	X

17 정답 ①

유형 문제해결 - 수적배열

해설

1) 맞은 횟수가 12번인데, 점수는 14점이므로 대장 두더지를 2번 맞혔다.
2) A + C + D = 9(3/4)이므로 B는 3이며, C도 3이다.
3) A도 가장 적게 맞았고, B는 C와 동일하게 3번 맞았고, D도 맞았다고 하므로, 한 번도 맞지 않은 두더지는 E이다.
4) A는 짝수이며 가장 적게 맞아야 하므로 3보다 작아야 한다. 따라서 A는 2대를 맞았다.

대장 두더지는 2번 맞았으므로 대장 두더지는 A이다.

18 정답 ⑤

유형 문제해결 - 수적배열

해설

ㄱ. (X) 득표자가 5명으로 5, 5, 5, 5, 4표를 받을 수도 있기 때문에 옳지 않다.

ㄴ. (O) 득표는 총 24표이다. 이 중 1명이 7표를 얻었다면, 다른 2명에게 17표가 간 것이다. 둘의 표차가 가장 적을 경우, 8, 9표를 얻게 되어 추첨으로 결정할 필요가 없다. 또한 표차가 많을 경우 7표가 있다고 해도 다른 사람이 10표를 받게 되므로 추첨할 필요 없이 위원장이 결정된다.

ㄷ. (O) 위원장이 8표 얻은 사람이 되었다면, 나머지 16표 중 8표 이상은 없다. 최대 7표가 가능한데, 이 경우 7표를 받은 사람이 2명이라도 2표를 받은 사람이 필요하다. 따라서 최소 득표자는 4명 이상이다.

19

정답 ③

유형 문제해결 - 수적배열

해설

양손잡이 10명 중 일부가 질문 1과 2에 모두 손을 들었기 때문에 총합 106에서 6명은 질문 1과 2에 각각 3명씩 손을 든 것이다. 따라서 왼손잡이는 13명, 오른손잡이는 77명, 양손잡이는 10명이다.

ㄱ. (O) 양손잡이는 10명이다.

ㄴ. (O) 왼손잡이는 13명으로 양손잡이보다 3명 더 많다.

ㄷ. (X) 오른손잡이는 77명이고 왼손잡이는 13명이며, 13×6=78로 6배 미만이므로 옳지 않다.

20

정답 ⑤

유형 문제해결 - 수적배열

해설

① (X) 1) A부터 D까지 한 번씩 듣는 데 총 5분 40초가 필요하다. 네 번 반복할 경우 22분 40초가 걸린다. 이때 A가 1분 10초이므로 5번째 반복할 때 A를 다 들으면 23분 50초가 된다.

2) 13시 20분에 시작하여 5번째 반복할 때 A를 다 들으면 13시 43분 50초가 된다. 이때부터 B를 들으면 1분 20초간 듣게 되는데, 처음 30초가 전주이므로 44분 20초에 전주가 끝난다.

따라서 45분 00초에는 B의 본곡을 듣게 되기에 조건을 위배한다.

② (X) A는 1분 10초이며 C는 1분이다. 따라서 A를 듣고 있던 시점부터 3분이 되는 때 C가 재생될 수 없다.

③ (X) A를 듣고 있던 시점부터 3분 이내에 C가 재생될 수 없다.

④ (X) 상동

⑤ (O) 4번 반복하여 전부 들으면 13시 43분 40초가 된다. 그리고 D를 다시 들으면 13시 44분 50초가 된다. 이어서 C를 들으면 44분 50초부터 45분 20초까지 C의 전주를 듣게 되어 조건을 충족한다.

21

정답 ⑤

유형 문제해결 - 수적배열

해설

1) 1, 5, 5, 5의 네 묶음의 바로 전 단계인 3단계가 진행되기 전: 두 묶음이 없었으므로 6과 10이 묶음이 있었다.

2) 2단계 진행 전: 5개 이상의 구슬이 있던 곳은 두 군데가 가능하다.
- 6에서 10으로 5가 이동한 경우: 11과 5
- 10에서 6으로 5가 이동한 경우: 15와 1

3) 1단계 전: 11과 5는 자연수 배수가 불가하므로, 15와 1이 가능하다.

Ⅳ 승패 게임

정답

p.147

01	02	03	04	05
②	④	③	⑤	②
06	07	08	09	10
①	④	④	②	④
11	12			
①	③			

01

정답 ②

유형 문제해결 - 승패 게임

해설

ㄱ. (X) 갑의 최소 점수는 성공 2점 4번(8), 4점 1번 실패(-1)이므로 7점이다.

ㄴ. (O) 갑이 3점에 2번 도전했을 때 갑의 최솟값은 9점이다. 그런데 을은 3번 성공하면서 9점보다 높기 위해서는 3점 2번, 4점 1번이 되어야 10점이 될 수 있다.

ㄷ. (X) 갑의 최솟값 7점이 되고 을이 최대 10점에서 -2가 되면 8점이 되므로 을이 승리할 수도 있다.

02

정답 ④

유형 문제해결 - 승패 게임

해설

1) 1~3회 문제 번호 계산

	1	2	3	4	5	6	7
갑	O[3]	O[7]	X[4]			O	X
을	O[3]	O[7]	O[15]			X	O
병	O[3]	X[2]	O[5]			O	X

2) 4회: 갑, 병 - X일 경우 3번 문제로 동일하기에 불가 → 갑, 병 O
: 을 - O일 경우 25번 문제를 풀고 더 이상 문제를 풀면 안 됨 → 을 X

	1	2	3	4	5	6	7
갑	O[3]	O[7]	X[4]	O[9]		O	X
을	O[3]	O[7]	O[15]	X[8]		X	O
병	O[3]	X[2]	O[5]	O[11]		O	X

3) 5회: 갑, 을, 병 정답 개수 동일해야 하므로 모두 O 또는 모두 X
- 모두 X: 을 6회 때에 5번 문제를 풀어야 하고, 7회에는 3번 문제를 풀어야 함 → 중복 불가!
- 모두 O

	1	2	3	4	5	6	7
갑	O[3]	O[7]	X[4]	O[9]	O[19]	O[25]	X
을	O[3]	O[7]	O[15]	X[8]	O[17]	X[9]	O
병	O[3]	X[2]	O[5]	O[11]	O[23]	O[25]	X

ㄱ. (X) 갑은 4번을, 병은 11번 문제를 풀었다.

ㄴ. (O) 갑과 병 두 명이 문제를 풀었다.

ㄷ. (X) 5회차에는 모두 정답을 맞추었다.

ㄹ. (O) 을은 7회차에 9번을 풀었다.

03 정답 ③

유형 문제해결 - 승패 게임

해설

1) A팀 4명보다 C팀 3명이 모두 순위가 높다.

2) B팀 3명의 순위가 2, 5, 8위이므로, C팀은 1, 3, 4위, A팀은 6, 7, 9, 10위이다.

ㄱ. (O) 1위는 C팀이다.

ㄴ. (X) A팀 소속 선수의 가장 낮은 순위는 10위이다.

ㄷ. (X) 국가 대표에는 각 팀 소속 선수가 최소 1명은 있어야 하므로, C팀 2명(1위, 3위), B팀 1명(2위), A팀 1명(6위)이 된다. 따라서 국가대표 중 국내 순위가 가장 낮은 선수는 6위이다.

ㄹ. (O) 3위, 4위는 모두 C팀 선수이다.

04 정답 ⑤

유형 문제해결 - 승패 게임

해설

ㄱ. (X) 갑이 2번 이기면서 경기가 끝나야 한다. 그런데 홀수인 경우 예를 들어 5게임인 경우, 을은 2번 이기면 갑이 2번 이겨 점수가 동점이 되고 +1점만 되므로 승자가 될 수 없다. 그런데 을이 1번 이기면 4게임이 끝났을 때 갑이 승리하기에 n은 5가 될 수 없다. 결국 다른 홀수인 경우에도 마찬가지이므로 옳지 않다.

ㄴ. (X) (n-1)이 3인 경우 4게임에서 갑이 승자가 되어야 한다. 그런데 갑이 2점 앞서기 위해서는 을이 이기기 전에 이미 2점이 앞서야 가능하다. 따라서 직전 게임에서 을이 이길 수는 없다. 결국 (n-1) 게임과 n번째 게임에서 갑이 연속으로 이겨야 한다.

ㄷ. (O) 갑이 연속으로 이겨야 승자가 되므로 (n-2)번째 게임에서 두 선수의 점수는 같았다.

ㄹ. (O) (n-3)에서 을이 이기고 (n-2)에서 갑이 이겨 동점이 되고, 이어서 갑이 연속으로 이기면 승자가 되므로 가능한 경우이다.

05 정답 ②

유형 문제해결 - 승패 게임

해설

1) 7점: 공동순위 6위가 되면 8+6=14, 14÷2=7이 된다.

2) 100점: 1위, 50점: 2위

결국 1+2+6=9가 된다.

06 정답 ①

유형 문제해결 - 승패 게임

해설

ㄱ. (O) A의 2023.1.1. 대비 2024.1.1. 증감은 -1,500이다. 이는 2022년에 +2,000이 빠지고 +500이 추가된 것이므로 2022년 우승자였다는 것을 추론할 수 있다.

ㄴ. (O) B는 +250이 되었으므로 가능한 점수는 4위밖에 없다.

ㄷ. (X) C는 +1,000이 되었으므로 준우승임을 알 수 있다.

ㄹ. (X) D는 +2,000이 되었다. 이는 2022년 점수가 2023년에 추가되지 않고 2023년에 우승을 해야 가능한 점수이다. 따라서 2022년에 D는 대회에 참가하지 않았음을 추론할 수 있다.

07 정답 ④

유형 문제해결 - 승패 게임

해설

ㄱ. (O) 1, 2라운드 모두 A팀 왼손잡이 승리하여 4점, B팀은 3라운드에서 오른손잡이가 승리하기에 0점이므로 두 팀의 점수 합은 4점이다.

	1	2	3	4	5
A	왼손(가위) +2	왼손(가위) +2	양손(바위)		
B	오른손(보)	오른손(보)	오른손(보) 0		

ㄴ. (X) A팀에서 모두 오른손잡이(보)를 출전시키고 B팀에서 왼손(가위 +2), 양손잡이(바위)를 출전시킬 경우 A팀이 4:2로 이기기 때문에 B팀이 승리하지 못하는 경우가 발생할 수 있다.

	1	2	3	4	5
A	왼손(가위) +2	왼손(가위) +2	양손(바위)	오른손(보)	오른손(보) 0
B	오른손(보)	오른손(보)	오른손(보) 0	왼손(가위) +2	양손(바위)

ㄷ. (O) 4, 5라운드에서 B팀이 왼손(가위) 양손잡이(바위)를, A팀이 오른손(보) 왼손잡이(가위)를 출전시킬 경우 B팀이 모두 이기기 때문에 합계 5점으로 승리하는 경우가 있을 수 있다.

	1	2	3	4	5
A	왼손(가위) +2	왼손(가위) +2	양손(바위)	오른손(보)	왼손(가위)
B	오른손(보)	오른손(보)	오른손(보) 0	왼손(가위) +2	양손(바위) +3

08 정답 ④

유형 문제해결 - 승패 게임

해설

ㄱ. (O) 1차 시기 점수 산정 방법에 의하면 모두 짝수 또는 0이 되며, 2차 시기 역시 짝수 또는 0이므로 홀수가 될 수 없다.

ㄴ. (X) 1차 시기에서 4가지 경우, 2차에서 2가지 경우이다. 따라서 총 8가지 경우가 나타날 수 있다. 이는 다음과 같다.

	1차	2차	최종점수
2×	3=6	2	8
		0	6
	2=4	2	6
		0	4
	1=2	2	4
		0	2
	0=0	2	2
		0	0

가능한 최종 점수는 8, 6, 4, 2, 0로 총 5가지이다.

ㄷ. (O) 갑의 최댓값은 (4×2)+2=14, 을의 최솟값은 0이기에 차이는 14점이다.

09

정답 ②

유형 문제해결 - 승패 게임

해설

ㄱ. (X) 한 경기에서 한 선수가 패배할 확률은 다른 선수가 승리할 확률과 같다. 승리한 상수는 상수 K를 패배할 확률에 곱하고 패배한 선수는 승리할 확률이 K를 곱한다. 따라서 두 사람의 얻고 잃는 엘로 점수는 같다.

ㄴ. (O) 패배할 확률은 1 이하이기 때문에 엘로 점수는 32점 이하가 된다.

ㄷ. (X) $P_{XY} = \frac{1}{1+10^{-(E_X - E_Y)/400}}$

주어진 수식에서 만약 엘로 점수 차이가 400점이 될 경우, 1/11이 되어 한 명이 다른 한 명을 이길 확률이 10배가 된다. 한 사람은 1/11이고 상대방은 10/11이 되기 때문이다. 결국 400점이 높은 사람은 이길 확률이 10배가 된다는 것을 의미한다.

A가 B에게 패배할 확률이 0.1이라면 이길 확률은 0.9가 되어 이길 확률이 9배가 되는데, 이때 점수 차이는 400점이 되지 못한다. 400점이 되면 이길 확률이 패배할 확률보다 10배가 높아야 하기 때문이다.

ㄹ. (O) A:B=8:2, B:C=8:2/A:B:C=32:8:2, 따라서 A:C=16:1이다. A가 승리할 확률은 16/17이므로 약 0.94가 된다.

10

정답 ④

유형 문제해결 - 승패 게임

해설

1) 이길 수 있는 확률이 0.6 이상이 되어야 하기에 갑의 상대는 C 또는 E(2명), 을의 상대는 A, B, C(3명), 병의 상대는 D, F, G(3명)가 가능하다.

2) 모든 경우의 수는 2×3×3=18가지이다. 그런데 C의 경우 갑과 을 모두에 해당할 수 있다. 그러나 한 명의 선수는 하나의 라운드에만 출전할 수 있으므로 C가 갑과 을 모두와 대결하는 경우 3가지(C, C, D/ C, C, F/ C, C, G)는 가능하지 않은 경우이다.

따라서 총 경우의 수는 15가지이다.

11

정답 ①

유형 문제해결 - 승패 게임

해설

	1	2	3	4	갑 승리
1-2	을	을	갑	갑	2/4
2-3	갑	을	을	갑	2/4
3-4	갑	갑	을	을	2/4
을 승리	1/3	2/3	2/3	1/3	

ㄱ. (O) 을이 1을 선택하면 승리할 확률이 1/3이며, 2을 선택하면 승리할 확률이 2/3가 된다.

ㄴ. (X) 1/2로 동일하다.

ㄷ. (X) 총 12가지 경우에서 이기는 경우는 6가지로 동일하다.

12

정답 ③

유형 문제해결 - 승패 게임

해설

ㄱ. (X) 이틀 연속 경기를 하지 않으면서 최소한의 경기로 우승할 수 있는 자리는 A, B, C, D 4개이다.

ㄴ. (X) A, B, C, D, E, F 6개 자리이므로 6/11로 약 54.5%이다.

ㄷ. (O) 4번 경기를 치러야 우승할 수 있는 자리는 E, F, G, H, I, J 6개(6/11)이며, 3번 경기를 치르고 우승할 수 있는 자리는 A, B, C, D, K 5개(5/11)이다.

V 모형 추리

정답

p.156

01	02	03	04	05
③	③	③	⑤	⑤
06	07	08	09	
③	②	②	②	

01

정답 ③

유형 문제해결 - 모형 추리

해설

반지름 12km로 된 정육각형을 원 안에 배치하고 정삼각형을 구성하면, 원의 중심 1개와 정육각형의 꼭짓점 6개가 나타나므로 A군 양봉농가의 최대 수는 총 7개가 가능하다.

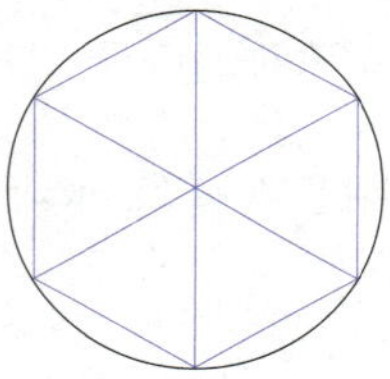

02

정답 ③

유형 문제해결 - 모형 추리

해설

① (X) 11:05-12:05 시간이 실제 시각과 맞을 경우가 없다.

② (X) 12:05-시침 1, 분침 06

③ (O) 시침 1, 분침 06-시침 2, 분침 07 실제 시각과 맞는 경우가 발생한다.

④ (X) 2:06-3:07

⑤ (X) 3:07-4:08

03 정답 ③

유형 문제해결 - 모형 추리

해설

1) 1층 바닥면에서 2층 바닥면의 높이: X
2) 240 = X - A + B
3) 220 = X - B + A
2) + 3) 460 = 2X, X = 230

04 정답 ⑤

유형 문제해결 - 모형 추리

해설

① (X) 4개 이상의 점에 도달해야 한다.
② (X) 한 번 그은 직선 위에 또 다른 직선을 겹쳐서 그을 수 없는데, 5-9 사이에 겹쳐 긋고 있다.
③ (X) 시작점과 동일한 점에서는 뗄 수 없다.
④ (X) 6에서 4로 갈 때에 5를 거쳐야 하기에 그어진 직선이 지나는 점의 번호인 5가 빠져 있다.
⑤ (O) 모든 규칙을 충족한다.

05 정답 ⑤

유형 문제해결 - 모형 추리

해설

규칙에 따라 이동한 결과는 다음과 같다.

누른 순서	1	2	3	4	5
위치 칸	L	L	B	B	L

따라서 갑의 말이 최종적으로 위치하는 칸은 L칸이다.

06 정답 ③

유형 문제해결 - 모형 추리

해설

1) 윗면의 숫자와 아랫면의 숫자의 합은 7이다. 만약 0이 있을 경우 검은 블록이 없기 때문에 아랫면도 0이 된다.
2) 그림에서 윗면에 0이 쓰인 곳은 6곳이다. 따라서 숫자가 아랫면에 쓰인 곳은 30개이다.
3) 30 × 7 = 210이며, 윗면의 숫자 합이 109이므로 210 - 109 = 101이 된다.

07 정답 ②

유형 문제해결 - 모형 추리

해설

ㄱ. (O) 현재 25개 중 5개의 코드가 정해졌으므로 나머지 20개의 코드가 흰색이나 검은색 두 가지로 나타날 수 있으므로 경우의 수는 2^{20}으로 100만 개가 넘는다. (1,048,576)
ㄴ. (X) A는 모든 지역에 공통이며 갑지역의 코드 B는 4개 종류로 구분될 수 있는데, 이 중 흰색 하나가 공통될 수 있다. 따라서 최대 24개가 동일할 수 있다.
ㄷ. (O) 4^{20}이 되므로 기존보다 2^{20} 만큼 증가한다.
ㄹ, (X) 2^{23}이 되므로 2^3만큼 증가하므로 8배 증가한다.

08 정답 ②

유형 문제해결 - 모형 추리

해설

주택 / 조명시설	A	B	C	D	E
36	18	18	9	4.5	3
24	3	6	12	12	4
48	4	6	8	24	24
합	25	30	29	40.5	31

30을 초과하는 곳은 D와 E이다. 따라서 주택 A~E 중 관리대상주택의 수는 2채이다.

09 정답 ②

유형 문제해결 - 승패 게임

해설

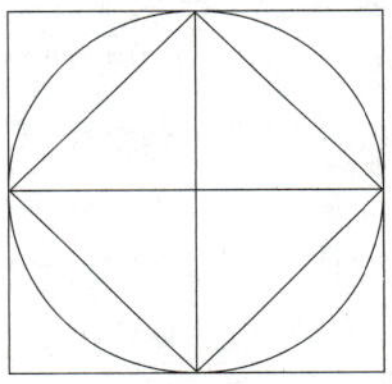

1) 다음 그림에서 확인할 수 있듯이 원에 내접하는 정사각형의 면적은 가장 바깥에 있는 정사각형의 면적에서 원에 내접하는 정사각형의 면적을 뺀 면적과 동일하다. 그러므로 첫째 딸과 둘째 딸의 면적은 동일하다.
2) 바깥의 정사각형의 한 변이 100이므로 면적은 100 × 100 = 10,000m^2이다. 원에 내접하는 정사각형의 면적은 10,000/2 = 5,000m^2이다.

PART 04 판단 및 의사결정

I 원리 적용

정답 p.169

01	02	03	04	05
⑤	③	⑤	②	③
06	07	08	09	10
④	②	②	③	③
11	12	13	14	
④	⑤	①	⑤	

01 정답 ⑤

유형 판단 및 의사결정 - 원리 적용

해설

ㄱ. (X) 직전 2년 수강인원의 평균이 90명이며 120명 이상 된 경우도 없다. 또한 강의만족도가 85점이므로 90%의 수강인원일 때 분반 허용도 할 수 없다. 따라서 분반이 허용되지 않는다.

ㄴ. (O) 2년 수강인원 평균이 30명이 되지 않고 50명 이상이 된 경우도 없다. 그런데 평가점수가 90점 이상이라면 2020년 수강인원이 45명이므로 분반이 가능하다. 그러나 분반이 허용되지 않았기에 평가점수가 90점 미만임을 알 수 있다.

ㄷ. (O) 실습강의는 2년 평균 20명 이상이어야 하며, 평가 점수가 92점이기에 90%인 평균 18명이 되어도 분반이 가능하다. 그런데 분반이 허용되지 않았다. 이는 C강의 수강인원이 2년 평균 18명, 즉 2년 합계 36명 미만이었다는 것을 알 수 있다. 2019년 20명이었기에 2020년 16명 미만이었으므로 15명을 넘지 않았을 것이다.

02 정답 ③

유형 판단 및 의사결정 - 원리 적용

해설

① (X) 더 지불한 금액은 9,300원이므로, 한 과일 2상자가 더 계산될 수 없다.

② (X) 두 과일이 1상자씩 더 계산되어 +9,300원이 될 수 없다.

③ (O) 딸기가 1상자 더 계산되고(+23,600), 복숭아가 1상자가 덜 계산되면(−14,300) 9,300원이 더 계산되므로 옳은 판단이다.

④ (X) 한 과일이 1상자 더 계산되고 다른 두 과일이 1상자씩 덜 계산되어 9,300원의 차이가 될 수 없다.

⑤ (X) 9,300원의 차이가 나타날 수 없다.

03 정답 ⑤

유형 판단 및 의사결정 - 원리 적용

해설

ㄱ. (O) 1) 남자 + 여자 = 1,000
2) 0.4남자 + 0.5여자 = 430 (= 4남자 + 5여자 = 4,300)
3). 1) × 5 = 5남자 + 5여자 = 5,000
3) − 2) = 남자 = 700, 여자 300

ㄴ. (X) 연수희망자
- 남자: 700 × 0.4 = 280/ 여자: 300 × 0.5 = 150, 연수희망자 총합 430명
- 연수희망자 중 여자직원의 비율: 150/430 = 34.9%

ㄷ. (O) 여자: 연수희망직원 150명 중 B 지역 희망자 = 150 × 0.8 = 120명, A지역: 30명
남자: 연수희망직원 280명 중 B 지역 희망자 = 280 × 0.4 = 112명, A지역: 168명
A지역 희망 직원: 30 + 168 = 198명

ㄹ. (O) B지역 연수 희망하는 남자직원: 112명

04 정답 ②

유형 판단 및 의사결정 - 원리 적용

해설

1) 원격지 전보에 대항하는 신청자만 배정되므로 을은 배제된다.

2) 갑:병:정:무 = 7:5:3:5의 비율이다.

3) 신청액 합은 200만 원으로 40만 원 초과되어 2)의 비율에 맞추어 삭감한다.

4) 갑은 7/20이므로 7/20 × 40(초과분) = 14, 70 − 14 = 56만 원이 된다.

05 정답 ③

유형 판단 및 의사결정 - 원리 적용

해설

ㄱ. (O) A가 30점일 경우, 평균 60점이 될 수 없다. (30 + 70 + 60 + 40 + 80 = 280)

ㄴ. (X) B가 30점일 경우, 평균 60점이 될 수 없다. (70 + 30 + 60 + 40 + 80 = 280)

ㄷ. (X) C가 60점이 되면, 나머지 중 2명이 과락(50점 미만)이 되어야 하므로 A나 B 중 하나가 30점이 되는데, 이 경우 평균 60점이 될 수 없다.

ㄹ. (O), ㅁ. (O) 결국 A와 B는 70점, C와 D가 40점, E가 80점이 되어야 한다.

06

정답 ④

유형 판단 및 의사결정 - 원리 적용

해설

1) A: 중요도가 상인 보도자료이므로 한 면에 1쪽씩 인쇄하므로 2장이 필요하다.
2) B: 한 면에 2쪽 인쇄하므로 총 17장이 필요하다.
3) C: 중요도가 하이므로 한 면에 2쪽씩 양면으로 인쇄하므로 5쪽은 4쪽 1장, 나머지 1쪽 1장으로 총 2장이 필요하다.
4) D: 중요도가 상인 설명자료이므로 한 면에 2쪽씩 인쇄하므로 2장이 필요하다.

따라서 총 23장이 필요하다.

07

정답 ②

유형 판단 및 의사결정 - 원리 적용

해설

1) 3.1.~3.5: 900 - 300 = 600, × 5 = 3,000
2) 3.6~3.10: 900 - 500 = 400, × 5 = 2,000
3) 3.11~3.14: 900 - 700 = 200, × 4 = 800
4) 3.15: 900 - 700 - 1,000 = -800, 남은 물: 5,000
5) 3.16~3.31: 900 - 700 = 200, × 16 = 3,200, 남은 물: 8,200
6) 4.1~4.5: 900 - 700 = 200, × 5 = 1,000, 남은 물: 9,200

결국 4.6. 00:10에 +900이 될 경우, 물탱크는 10,000리터 가득 차게 된다. 따라서 처음으로 물탱크가 가득 차는 날은 4월 6일이다.

08

정답 ②

유형 판단 및 의사결정 - 원리 적용

해설

1) 지급기준액: 참석수당 3시간 15만 원 + 원고료 슬라이드 20면 = A4 10면 10만 원 = 25만 원
2) 필요경비: 지급기준액의 60% = 25만 원 × 60% = 15만 원
3) 기타소득세: (지급기준액 25만 원 - 필요경비 15만 원 = 10만 원) × 20% = 20,000원
4) 주민세: 기타소득세 20,000 × 10% = 2,000원
5) 지급금액: 250,000 - 22,000 = 228,000원

09

정답 ③

유형 판단 및 의사결정 - 원리 적용

해설

ㄱ. (O) 1일은 홀수일이므로 E에서 짝수인 갑은 운행할 수 있다.

ㄴ. (X) 6일은 짝수일이므로 A에서 홀수 9로 끝나는 차량을 가진 을은 운행할 수 있으나, D에서는 목요일에 9로 끝나는 차량은 운행할 수 없다.

ㄷ. (X) A와 H는 홀수일에 각각 홀수와 짝수로 끝나는 차량은 운행할 수 없고 짝수일에는 각각 짝수와 홀수로 끝나는 차량이 운행할 수 없다. 따라서 두 도시를 한 날에 이동할 수 없다.

ㄹ. (O) D시에서는 토요일에 제한되지 않으므로 운행할 수 있다. 그리고 F시에는 홀수일이므로 짝수인 차량을 가진 정은 운행할 수 있다.

10

정답 ③

유형 판단 및 의사결정 - 원리 적용

해설

시간에 따른 미세먼지의 양적 변화는 다음과 같다.

시간	공기청정기	학생(증가)	미세먼지
15:50 - 16:00(10)	90 - 15		75
16:00 - 16:40(40)	-60	+(2×5×4=)40	75 - 20 = 55
16:40 - 18:00(80)	-120	+(5×5×8=)200	55 + 80 = 135
18:00 -	105 = (15 × 7)		30

따라서 공기청정기가 자동으로 꺼지는 시각은 19시 10분이다.

11

정답 ④

유형 판단 및 의사결정 - 원리 적용

해설

ㄱ. (O) D 등급은 0%로 나타나도 허용되므로 전원에게 C^+ 이상을 줄 수 있다.

ㄴ. (X) A 등급은 총 20명 중 10~30%이므로 2명에서 6명이 되며, B 등급은 4~7명, C 등급은 4~8명이 될 수 있다. 이때 A 등급을 2명, B 등급을 4명을 줄 경우 총 6명이 되어 7위인 79점을 받은 학생은 C 등급이 될 수 있다.

ㄷ. (O) A 등급이 5명이면 나머지 1명은 B 등급으로 배정될 수 있다. B 등급의 최대는 7명이기 때문에 이 경우 최대 8명이 B 등급의 학점이 부여될 수 있다.

ㄹ. (O) 59점을 받은 학생은 18위이므로, A와 B 등급의 최대 합은 13명이기에 A 또는 B 등급을 받을 수 없다. 따라서 그 외의 등급이 가능하다.

12

정답 ⑤

유형 판단 및 의사결정 - 원리 적용

해설

1) A - B의 혼잡도는 20으로 보통이다. 따라서 ⓒ은 보통이 된다.
2) B - C 구간이 매우혼잡이므로 하차 10명을 포함하여 결과적으로 총 인원이 36~40이 되어야 한다. A-B 구간이 20명이고, 하차를 10명이 했으므로 10명이 남은 상황이다. 따라서 매우혼잡이 되기 위해서는 B에서 승차는 26~30이 해야 한다.
3) C - D 구간도 매우혼잡이 되어야 한다. C에서 5명이 승차를 했는데 만약 36명이 있었을 경우 하차도 5명이 되어야 한다.
4) D에서 10명이 하차를 했으므로 승차가 없을 경우 26~30이 최솟값이 된다. 이때에는 혼잡이 된다. 승차가 6명 이상일 경우 매우혼잡의 가능성도 있다.
5) E - F가 보통이므로 16~25가 되어야 한다. D의 최솟값을 기준으로 15명이 승차를 하면 41~45가 되는데, 보통이 되기 위해서는 적어도 41-25=16명이 하차를 해야 한다.

① (X) 3)에 의한 경우가 나타날 수 있으므로 하차한 사람이 아무도 없다고 추론할 수는 없다.

② (X) 5)에 의해 적어도 16명이 하차를 해야 한다.

③ (X) 2)에 의해 B에서 승차는 26~30이 해야 한다. 그러므로 최솟값과 최댓값의 합은 56이 된다.
④ (X) 1)에서 A - B의 혼잡도는 20으로 보통이다. 따라서 ㉡은 보통이 된다.
⑤ (O) 4)에 의해 혼잡이거나 매우혼잡이 된다.

13 정답 ①

유형 판단 및 의사결정 - 원리 적용

해설

ㄱ. (O) '과학'이 들어간 절을 하루에 한 개 이상 읽기 때문에 3월 1일에 제2절까지 20쪽 이상을 읽는다.
ㄴ. (X) 하루에 40쪽을 읽을 수 있는데, 한번 읽기 시작한 절은 그날 모두 읽어야 한다. 그런데 3월 4일에 제7절(62쪽)부터 40쪽을 읽으면 101쪽까지 읽을 수 있지만, 제11절은 103쪽까지 있기 때문에 읽지 못한다. 따라서 제10절까지(91쪽) 읽을 수 있다. 3월 5일에는 92쪽부터 40쪽까지인 132쪽까지 읽을 수 있는데, 마지막 쪽은 133쪽이기에 끝까지 읽을 수 없다.
ㄷ. (X) 1일: 1에서 33쪽(제4절)
2일: 34에서 67쪽(제9절)
3일: 68에서 106쪽(제12절)
4일: 107에서 133쪽
따라서 최소 4일이 걸린다.

14 정답 ⑤

유형 판단 및 의사결정 - 원리 적용

해설

1) 출장 1: 수당 1 + 교통비 2 - 1(관용차량 사용) = 2
2) 출장 2: 수당 2 + 교통비 3 - 1(13시 이후 출장) = 4
3) 출장 3: 수당 2 + 교통비 3 - 1(업무추진비 사용) = 4

따라서 총액은 10만 원이다.

II 최적화

정답 p.180

01	02	03	04	05
①	②	⑤	③	⑤
06	07	08	09	10
④	④	②	③	④
11	12	13		
⑤	⑤	①		

01 정답 ①

유형 판단 및 의사결정 - 최적화

해설

1) 현재 해당 업무역량 재능 × 4 가장 높은 부문: 추진력 440
2) 현재 통합력 점수 = 60 × 4 = 240
3) 둘의 점수 차이: 200점
4) 해당 업무역량 노력 × 3 = 200, 해당 업무역량 노력 = 200 / 3 = 66.666...

따라서 통합력이 가장 높은 값이 되기 위해서는 해당 업무역량 노력은 최소 67점(정수)이 되어야 한다.

02 정답 ②

유형 판단 및 의사결정 - 최적화

해설

1) 점수 30점은 을 > 갑 > 병 > 정의 순서대로 배정되어야 한다.
2) 정이 4점이므로 병은 최소 5점 이상이 되어야 한다.
3) 병이 6점일 때에 20점이 남기 때문에 을과 갑에 크기 순서대로 배정할 수 있다.
4) 병이 7점일 때에 19점이 남기 때문에 을과 갑에 크기 순서대로 배정할 수 있다.
5) 병이 8점일 때에 18점이 남기에 을과 갑 각각 9점이 배정되어 조건을 충족할 수 없다.

따라서 병이 받을 수 있는 최대 성과점수는 7점임을 알 수 있다.

03 정답 ⑤

유형 판단 및 의사결정 - 최적화

해설

1) 국장, 사무 처리 직원: 100% 차감하므로 처리 건수는 0이다.
2) 과장: 직원 10% 차감 + 과장 추가 50% = 60% 차감, 처리 건수의 40% 처리
3) 일반 직원: 10% 차감, 90% 처리(올해 100건, 내년 90건 기준)

올해(기준: 1인 100건)	내년(120%)
과장: 9명 × 40건 = 360 일반 직원: 80 × 90 = 7,200 총: 7,560	총 처리 건수: 7,560 × 1.2 = 9,072건 증가 건수: 2,268건 일반 직원: 81건 처리 증원요청인원: 2,268 / 81 = 28명

04 정답 ③

유형 판단 및 의사결정 - 최적화

해설

① (X) 갑: 금요일 2시간 + 토요일 2시간 = 4시간
② (X) 을: 금요일 1시간 55분
③ (O) 병: 금요일 3시간 + 토요일 2시간 = 5시간
④ (X) 정: 재택근무이므로 인정되지 않는다.
⑤ (X) 무: 5시간 30분이나, 금요일은 하루 최대 인정시간이 4시간이므로 금요일 4시간이다.

05 정답 ⑤

유형 판단 및 의사결정 - 최적화

해설

1) A:B = 2:1, B = Q / Q = 100 = B, A = 200
2) A = X + 2Y, X = A / A(200) = X(200) + 2Y(400),
   X = 1, Y = 2 대입, A(200) = 200 + 800 = 1,000만 원
3) B(1) = Z(1) + W(1) or Z × 2 or W×2, Z = 4, W = 3(최소)
   B(100) = W(100 × 3 = 300) × 2 = 600만 원

따라서 총 1,600만 원이 최소 비용이 된다.

06 정답 ④

유형 판단 및 의사결정 - 최적화

해설

	미세먼지	운행	not운행	갑(4일)	을(2일)	병(3일)
월(12)	O	짝수	홀수	O		X
화(13)	O	홀수	짝수	X		O
수(14)	O	짝수	홀수	O		X
목(15)	X		7, 8	O		O
금(16)	X		9, 0	O		O

1) 갑: 짝수이며, 7, 8, 9, 0이 아님: 2, 4, 6 중 하나
2) 병: 홀수이며 7, 8, 9, 0이 아님: 1, 3, 5 중 하나
3) 을: 홀수 또는 짝수: 최댓값 9 가능 - 13일, 15일 운행

따라서 세 사람의 번호 최댓값 합은 갑 6 + 병 5 + 을 9 = 20이 된다.

07 정답 ④

유형 판단 및 의사결정 - 최적화

해설

ㄱ. (X) 사슴의 수명이 13년이므로 효용은 13 × 40 = 520이다. 곰을 선택할 경우 11년을 포기해야 하므로 (13 - 11) × 170 = 340이다. 따라서 곰을 선택하지 않는다.

ㄴ. (O) 사슴이 20년 수명이라면, 20 × 40 = 800이다. 독수리를 선택하면 (20 - 5) × 50 = 750이다. 따라서 독수리를 선택하지 않는다.

ㄷ. (O) 호랑이와 사자의 효용은 각각 200, 250이며, 이들의 최소공배수는 1,000이다. 이때 사슴의 남은 수명에서 뺀 수치는 호랑이가 사자보다 1이 더 많기에 (4, 5)가 된다. 따라서 효용이 같은 경우가 있다. 즉, 사슴의 수명이 18년일 경우 동일한 효용을 가지게 된다.

08 정답 ②

유형 판단 및 의사결정 - 최적화

해설

ㄱ. (X) A와 C만 하는 것보다 A, B, C 모두가 함께하는 것이 더 빠르다.

ㄴ. (O) 2시간에 B는 $2m^2$, C는 $3m^2$ 작업을 하기 때문에 2시간에 B와 C는 $5m^2$ 만큼 작업을 한다. 따라서 $60m^2$를 끝내기 위해서는 12 × 2 = 24시간이 필요하다.

ㄷ. (X) 1) B와 C에게 작업을 맡기면 총 24시간 작업을 하기 때문에 192만 원 + 216만 원 = 408만 원이 든다.
2) A, B, C 모두에게 작업을 맡기면, 2시간에 각각 4 + 2 + 3 = $9m^2$ 만큼 작업하기 때문에 13시간 20분이면 끝내게 된다. 이때 비용은 A는 약 133만 원, B는 약 107만 원, C는 120만 원을 받게 되어 약 360만 원의 비용이 든다.

따라서 모두에게 작업을 맡기는 것이 비용이 적게 든다.

09 정답 ③

유형 판단 및 의사결정 - 최적화

해설

1) 15℃에서 재배가능한 식물은 A, B, D, E이다. 한편 20℃에서 재배가능한 식물은 A, D, E이다.
2) 15℃에서의 상품가치의 총합은 85,000원이며, 20℃에서는 60,000원, 25℃에서는 100,000원으로 25℃가 가장 크다.

10 정답 ④

유형 판단 및 의사결정 - 최적화

해설

1) 사찰을 구경하고(06:00~08:00), 궁궐을 10:00에 구경하게 되면, 12:00부터 거리가 짧은 박물관 - 분수공원을 구경하는 데에 교통시간 포함하여 5시간 3분이 걸려 구경할 수 없다. 따라서 궁궐은 14:00에 구경해야 한다.
2) 사찰 구경(06:00~08:00) → 분수공원(40 + 2시간 = 10:40) → 박물관(40 + 2시간 = 13:20) → 궁궐 도착 13:43, 궁궐 구경(14:00-16:00)
3) 사찰 구경(-08:00) → 박물관(45 + 2시간 = 10:45) → 분수공원(40 + 2시간 = 13:25) → 궁궐도착 13:52, 궁궐구경(14:00-16:00)

ㄱ. (O) 사찰이 가장 일찍 운영하며, 가장 먼저 구경해야 한다.

ㄴ. (X) 16시에 종료된다.

ㄷ. (O) 두 가지 경우 모두 가능하다.

11 정답 ⑤

유형 판단 및 의사결정 - 최적화

해설

1) 습식저장소는 현재 50% 저장 가능하기 때문에 50,000개 가능하다.
2) 건식 X: 300기의 캐니스터는 9층이며 한 개의 층에 60개가 저장 가능하기에 60 × 9 × 300 = 162,000개가 가능하다.
3) 건식 Y: 138,000개 가능하다.

결국 저장 가능한 총합은 350,000개이며, 1년에 50,000개가 발생하므로 7년 동안 저장 가능하다. 따라서 A에 해당하는 숫자는 7이다.

12 정답 ⑤

유형 판단 및 의사결정 - 최적화

해설

1) 7월은 31일로 4주 +3일이다.
2) 월요일과 금요일이 4번만 있어야 한다. 월요일부터 1일이 시작할 경우, 8일, 15일, 22일, 29일이 월요일이 되어 5번이 되기 때문에 조건을 위배한다.

3) 화요일이 1일이면, 8일, 15일, 22일, 29일이 화요일이고, 9일, 14일, 21일, 28일이 월요일이 된다. 그리고 5일, 12일, 19일, 26일이 금요일이 되고, 31일이 목요일이 되어 조건을 충족한다.

따라서 8월 1일은 금요일이다.

13

정답 ①

유형 판단 및 의사결정 - 최적화

해설

1) 갑의 사례: 등가소음도가 주간 야간 모두 한도 초과(2)에 해당, 1인당 650,000(10개월), 부부 2명이기에 1,300,000원, 30% 가산(390,000) = 1,690,000원

2) 을의 사례: 1인당 800,000원(1년 6개월) 4명 3,200,000원, (1)에 해당 30% 가산 960,000원, 수험생 1명 (3) 적용 20% 가산 160,000원 = 4,320,000원

III 총합 비교 및 선택

1. 총합 비교

정답 p.190

01	02	03	04	05
⑤	③	①	③	④
06	07	08	09	10
③	①	③	④	④
11	12	13		
②	⑤	③		

01

정답 ⑤

유형 판단 및 의사결정 - 총합 비교

해설

	1톤당 단가	1톤당 단가 ×관세율	1톤당 물류비	합
A	12	0	3	15
B	10	5	5	20
C	20	4	1	25

ㄱ. (O) FTA를 체결할 경우 관세율이 0이 된다. 이 경우 B는 1톤당 15가 되어 A국과 동일하게 된다.

ㄴ. (X) C국이 A국과 동일한 단가 12가 될 경우, 관세율이 20%이므로 2.4달러가 추가되고 물류비 1달러가 추가되어 15.4가 된다. 따라서 A보다 저렴하지 않다.

ㄷ. (O) A국은 15에 +6이 되어 21이 된다. 따라서 B국에서 수입하는 것이 20으로 더 유리하다.

02

정답 ③

유형 판단 및 의사결정 - 총합 비교

해설

주어진 규칙으로 계산하여 정리하면 다음과 같다.

참가자	조회수 등급	심사위원별 평가점수				
		(가)	(나)	(다)	(라)	(마)
갑	B(9.7)	9	(㉠)	7	8	7
을(31.7)	B(9.7)	9	8	7	7	7
병	A(10)	8	7	(㉡)	10	5
정(29.7)	B(9.7)	5	6	7	7	7
무(33.4)	C(9.4)	6	10	10	7	7

ㄱ. (X) ㉠이 5점일 경우, 갑과 을 모두 최고점과 최저점을 제외하면 8, 7, 7로 동일하고 조회수 등급도 B로 동일하게 된다. 따라서 둘 모두 31.7점으로 동일하다.

ㄴ. (O) ㉠이 최저점일 경우, 갑은 31.7점이 되며, ㉡이 최저점일 경우 병은 30점이 된다. 정은 29.7점이고 무는 33.4점, 을은 31.7점으로 병과 정은 수상하지 못한다.

ㄷ. (O) 무가 D등급을 받을 경우 9.1이 되어 33.1점이 되며, 을과 정보다 높다. 따라서 최소 3위 안에 들기에 수상한다.

ㄹ. (X) ㉠이 10점, ㉡이 9점이 될 경우, 심사위원별 평가점수는 갑이 9+8+7, 병도 9+8+7로 동일하며 조회수 등급은 병이 갑보다 0.3이 더 높기 때문에 병이 더 높을 수 있다.

03

정답 ①

유형 판단 및 의사결정 - 총합 비교

해설

1) C는 X 점수가 80점, Y 점수가 74점이므로 더 높은 80점이 최종평가점수가 된다.

2) 최종평가점수 순위가 C가 가장 낮기 때문에 다른 기관들은 모두 80점보다 높아야 한다. 그런데 전기평가점수는 C가 가장 높았기 때문에 다른 기관들은 후기평가점수가 더 높게 나타나는 후자의 식을 선택한다는 것을 알 수 있다.

ㄱ. (O) A(0.2×60+0.8A)>(0.2×70)+0.8B=A>2.5+B, 자연수이므로 A가 B보다 3점 이상이 높다.

ㄴ. (X) (0.2×70)+0.8B>(0.2×80)+0.8D=B>2.5+D, 자연수이므로 B가 D보다 3점 이상 높아야 한다. 이때 B가 83점일 경우 D는 80점 이하가 되는데, 이때 C와 동일하거나 낮을 수 있으므로 옳지 않다.

ㄷ. (X) A가 B보다 3점이 높고, B가 D보다 3점이 높기 때문에 A가 D보다 6점이 높아야 한다.

04

정답 ③

유형 판단 및 의사결정 - 총합 비교

해설

· 갑: 착수금: 기본료 1,200,000+종속항 2개 70,000+도면 3도 45,000 =1,315,000원

사례금: 등록결정, 1,315,000, 보수=2,630,000원

· 을: 착수급: 기본료 1,200,000+종속항 16개 560,000+독립항 4개 초과 400,000+명세서 30면 초과 270,000+도면 12도 180,000=2,610,000원, 이때 140만 원을 초과하므로 착수금 140만 원
사례금: 거절결정으로 0원
∴ 갑 2,630,000원 – 을 1,400,000원 = 1,230,000원
따라서 갑과 을이 지급받는 보수의 차이는 123만 원이다.

05

정답 ④

유형 판단 및 의사결정 – 총합 비교

해설

ㄱ. (X) A의 ㉣ 점수가 15점일 경우, 기본점수 75점, 감점 9가 되어 66점이 되기에 재허가 70점 이상이 될 수 없다.

ㄴ. (O) B의 ㉣ 점수가 19점이 되면 기본점수 76점, 감점 15.5가 되어 60.5의 총점이 되기에 허가 취소 되지 않는다.

ㄷ. (O) C는 기본식사 점수 78점, 감점 14점으로 총점 64점이므로 '허가 정지'이다. 이때 과태료를 부과받은 적이 없으면 +8이 되어 72점이 되므로 '재허가'가 되기에 결과가 달라진다.

ㄹ. (X) 감점 점수가 가장 큰 것은 B이므로 옳지 않다.

06

정답 ③

유형 판단 및 의사결정 – 총합 비교

해설

	월(60)	화(50)	수(60)	목(50)	금(60)
[1]	100(칭찬)	80(칭찬)	60	40(꾸중)	20(꾸중)
[2]	0(꾸중)	30(꾸중)	60	90(칭찬)	120(칭찬)
[3]	60	60(칭찬)	60	60(칭찬)	60

ㄱ. (X) 화요일에 칭찬을 받는다.

ㄴ. (O) 수요일에는 모든 방식에서 기본업무량과 동일하므로 칭찬도 꾸중도 듣지 않는다.

ㄷ. (O) 칭찬을 받는 날은 모두 2일씩이다.

ㄹ. (X) 방식3이 칭찬 2번, 꾸중 0번으로 최대가 된다.

07

정답 ①

유형 판단 및 의사결정 – 총합 비교

해설

ㄱ. (X) 모든 요소가 동일하므로 이익은 동일하다. 따라서 지원금을 받지 못한다.

ㄴ. (O) 판매가격이 인하되면 매출액도 줄어든다. 판매가격이 5% 인하되어 4천만 원 매출액이 감소한다. 그런데 나머지는 동일하므로 이익도 4천만 원 줄어들어 이익은 2천만 원이 된다. 따라서 이익 감소액은 2/3가 줄기에 지원금을 받게 된다.

ㄷ. (X) 판매량이 10% 증가하고 고정원가는 5% 줄어들어 이익은 증가한다. 따라서 지원금을 받을 수 없다.

ㄹ. (X) 판매가격과 판매량이 증가하였고 나머지는 동일하므로 이익은 증가한다.

08

정답 ③

유형 판단 및 의사결정 – 총합 비교

해설

① (O) 갑의 작년 성과급은 3,500×0.3=1,050만 원이다.

② (O) 갑과 을의 올해 성과급은 4,000×0.4=1,600만 원으로 동일하다.

③ (X) 병은 작년 3,000×0.15=450만 원이었고, 올해 3,500×10=350만 원으로 줄어든다.

④ (O) 성과급 합은 병이 가장 적다.

⑤ (O) 갑은 1,050만 원에서 1,600만 원으로, 을은 1,000만 원에서 1,600만 원으로 증가하므로 을이 가장 상승률이 높다.

09

정답 ④

유형 판단 및 의사결정 – 총합 비교

해설

1) 성묘: 기본 70 – 10(직전 작품 흥행 실패) = 60점

2) 서울의 겨울: 85 – 10(스태프 인원 50명 미만) – 10(직전 작품 흥행 실패) = 65점

3) 만날 결심: 75점

4) 빅 포레스트: 65 + 10(2개 작품 흥행 성공) = 75점

따라서 A사가 투자할 작품은 '만날 결심'과 '빅 포레스트'이다.

10

정답 ④

유형 판단 및 의사결정 – 총합 비교

해설

1) A: 인원이 30명 미만이 아니며 운영비가 1억 원 미만이 아니므로 제외된다.

2) B: 교육분야 → (2.0×0.5=1)+(4.0×0.2=0.8)=1.8억 원
C: 공연분야 → (3.0×0.2=0.6)+(3.0×0.5=1.5)=2.1억 원
D: 교육분야 → (0.8×0.5=0.4)+(5.0×0.2=1)=1.4억 원

3) 인원이 많은 단체부터 지급하므로 D, B, C의 순서가 된다.

그러므로 C에 1.4억 원, B에 1.8억 원을 지불하면 총 4억 원에서 8천만 원이 남아 이를 C에 지급한다. 따라서 가장 많은 액수를 지급받는 예술단체는 B이며 1억 8,000만 원이 된다.

11

정답 ②

유형 판단 및 의사결정 – 총합 비교

해설

ㄱ. (X) 첫 줄에서 A가 26이면, C+E=50이다. 둘째 줄에서 C+F=58이므로, F가 E보다 8만 원이 비싸다.

ㄴ. (O) 넷째 줄에서 D+F=82이므로 B=127–82=45이다. 45는 정가에 10% 할인된 금액이므로, 원래 금액을 'x'라고 할 경우 다음과 같이 50만 원이 된다.
$x - 1/10x = 45$, $9/10x = 45$, $x = 50$

ㄷ. (X) 둘째 줄에서 C가 30이면 F가 28인 것을 알 수 있으며, 이를 통해 D=54임을 알 수 있다. 그리고 A+E=46임을 알 수 있지만, E의 금액을 알 수 없다.

ㄹ. (X) 둘째 줄에서 C+F=58, 넷째 줄에서 D+F=82이므로 D가 C보다 24만 원 비싸다.

12

정답 ⑤

유형 판단 및 의사결정 - 종합 비교

해설

1) A: 정성평가가 20점이므로 재난안전분야와 재난관리 각각 10점으로 상에 해당한다.
2) 정성평가 기준에 의하면, 상은 20%를 줄 수 있는데 총 5개 기관이므로 1개에 해당하며 그 기관은 A임을 알 수 있다. 따라서 나머지 기관은 중 또는 하에 해당한다.
3) 중은 정성평가 각각에 60%이므로 3개 기관이며, 하는 1개 기관에 해당한다.
4) B, C: 정성평가가 11점이므로 점수는 6점과 5점으로만 가능하다. 따라서 B와 C는 재난안전분야와 종합평가에서 각각 6점, 5점을 받았다.
5) D, E: 정성평가는 최대 6+5=11점, 최소 3+1=4점이 되며, 8점 또는 7점이 될 수도 있다.

① (X) A와 B가 동일하게 91점인데, 동점일 경우 정성평가가 높은 순서로 결정되므로, 정성평가가 높은 A는 1위이며 2위가 될 수 없다.
② (X) D가 최대값 11점을 얻어도 합 85점이 된다. 따라서 B가 91점이므로 3위가 될 수 없고 2위가 된다.
③ (X) C는 80점인데, D가 최대값 11점을 얻으면 85점이 되므로 4위가 될 수 있다.
④ (X) D가 최대값 11점을 얻어 85점이 되면, D가 3위가 될 수 있다.
⑤ (O) D가 최소 +4가 되면 총점은 78점이 되며, E는 최대 +11이 되면 77점이 된다. 따라서 어떠한 경우에도 E는 5위가 될 것이다.

13

정답 ③

유형 판단 및 의사결정 - 종합 비교

해설

(a: 짜장면, b: 탕수육, c: 짬뽕, d: 깐풍기, e: 볶음밥)

1. a+b=17
2. c+d=20
3. a+e=14
4. c+b=18
5. e+d=21
6. d=a+7········3-5
7. c=a+1········1-4
8. (a+1)+(a+7)=20········6과 7을 2에 대입
9. a=6

따라서 짜장면(a)는 6,000원이다.

2. 선택

정답

p.198

01	02	03	04	05
②	①	③	④	②
06	**07**	**08**	**09**	**10**
④	⑤	⑤	①	②
11	**12**	**13**	**14**	**15**
①	②	④	①	④

01

정답 ②

유형 판단 및 의사결정 - 선택

해설

A~C 자동차 구매 시 지불 금액을 구하면 다음과 같다.

	가격(만 원)	보조금(-)	개별소비세	취득세	합
A	4,000	1,500	400	0	2,900
B	3,500	1,000	0	0	2,500
C	3,500	500	0	175	3,175

따라서 정답은 B<A<C이다.

02

정답 ①

유형 판단 및 의사결정 - 선택

해설

D는 도농교류 활성화 점수가 40점으로 선정될 수 없다.

(단위: 점)

	친환경/전통식품	도농교류 활성화	가산점	총점
A	40	80		120
B	40	60		100
C	40	55	9.5(나)	104.5
E	30	75		105
F	40	70		110

E와 F는 모두 (라) 지역이므로 둘 중 F만 선정된다. 따라서 총점 순으로 A, F, C가 선정된다.

03

정답 ③

유형 판단 및 의사결정 - 선택

해설

ㄱ. (O) (가)는 입법부에서 1점으로 2점 미만이 되어 채택되지 않는다. 따라서 총합이 가장 높은 (나)가 채택된다.
ㄴ. (O) 입법부 수용가능성을 2회 높이는 절차를 진행할 경우 1점이 올라서 (가)는 채택될 수 있게 된다. 이때 점수는 14점으로 (가)와 (나)가 동점으로 가장 높고, 이때 국정과제 관련도 점수가 (가)가 더 높기 때문에 (가)가 채택된다.

ㄷ. (X) 부처간 회의 1회는 +2점으로 (나)는 15점이 된다. 그리고 관계자간 담회는 2회 2점이 추가됨에 따라 (다)는 14점이 되어 (나)가 채택된다.

04

정답 ④

유형 판단 및 의사결정 - 선택

해설

1) 갑: 병원의 간호사이므로 참여할 수 있다.
2) 을: 회계법인의 노무사이므로 참여 제외된다.
3) 병: 사회복지법인의 대표이므로 참여할 수 있다.
4) 정: 대기업 회사원이므로 제외된다.
5) 무: 비영리단체의 임원이며 병원이 아니라 재단의 의사이므로 참여할 수 있다.

따라서 휴가지원사업에 참여할 수 있는 사람은 갑, 병, 무이다.

05

정답 ②

유형 판단 및 의사결정 - 선택

해설

A: 외부 작업인 쉼터 900만 원 중 본인 부담 10%인 90만 원을 제외한 810만 원이 지원된다.

B: 쉼터에 50만 원, 창호에 500만 원에서 본인 부담금 50%인 250만 원을 제외한 250만 원이 지원되어 총 300만 원이 지원된다.

따라서 <상황>에서 갑은 사업 A와 B 중 지원금이 더 많은 사업을 선택하여 신청하려고 한다고 했으므로 갑은 사업 A를 선택하고 지원금은 810만 원을 받을 수 있다.

06

정답 ④

유형 판단 및 의사결정 - 선택

해설

기술능력 평가점수에서 만점의 85%(산술평균 68점) 미만은 제외되므로 을과 무은 제외된다.

① (X) 갑: 13+68-81
② (X) 을 제외
③ (X) 병: 15+69=84
④ (O) 정: 14+70=84, 기술점수가 병보다 높기에 선정된다.
⑤ (X) 무 제외

따라서 사업자로 선정되는 업체는 정이다.

07

정답 ⑤

유형 판단 및 의사결정 - 선택

해설

현재까지의 점수를 정리하면 다음과 같다.

	1번 (+1/3)	2번 (+1)	3번 (+1/3)	4번 (+3)	5번 (+1)	6번 (+1)
갑 (6+2/3)	1+1/3		1+1/3	1+3		
을 (2+2/3)	1+1/3		1+1/3			
병 (3+1/3)	1+1/3	1+1				
정 (3+1/3)		1+1	1+1/3			

ㄱ. (O) 1+1/3+1+1/3+4=6+2/3. 5번과 6번을 모두 맞추면 +2와 추가 점수 +2가 되어 10+2/3=32/3가 된다.

ㄴ. (O) 을이 2+2/3로 가장 적다.

ㄷ. (X) 다음의 경우 모두 5점 이상이 되어 합격할 수 있다.

	1번 (+1/3)	2번 (+1)	3번 (+1/3)	4번 (+3)	5번 (+1)	6번 (+1)
갑 (6+2/3)	1+1/3	X	1+1/3	1+3	X	X
을 (6+2/3)	1+1/3	X	1+1/3	X	O(+2)	O(+2)
병 (5+1/3)	1+1/3	1+1	X	X	O(+2)	X
정 (5+1/3)	X	1+1	1+1/3	X	X	O(+2)

ㄹ. (O) ㄷ의 사례에서 합은 24점이므로 옳은 진술이다. 기본 점수 13점+추가 점수 11점이 된다.

08

정답 ⑤

유형 판단 및 의사결정 - 선택

해설

	총점	학습내용	채택 여부
A	90	25	
B	67+㉠(최대+30)	30	
C	70+㉡(최대+20)	20	X(최대가 되어도 학습내용 A보다 적음)
D	85	25	X
E	75	20	X

ㄱ. (O) A보다 점수가 적기 때문에 채택되지 않는다.

ㄴ. (O) 최대가 되어도 총점은 90점이며 학습내용 점수가 A보다 적기 때문에 채택되지 않는다.

ㄷ. (O) 총점은 90점으로 A와 동일하며 학습내용 점수가 높기 때문에 채택된다.

09

정답 ①

유형 판단 및 의사결정 - 선택

해설

1) 을은 전문의 수가 2명 이하이며 무는 가장 가까이 있는 기존 산재보험 의료기관까지의 거리가 500m이므로 지정 대상에서 제외된다.

2) 갑, 병, 정을 비교하여 점수를 부여하면 다음과 같다.

	전문의 수	평균 임상경력	행정처분	가까이 있는 의료기관
갑(28.4)	8	14	2	+[22×20%=4.4]
병(26)	10	10	10	-[20×20%=4]
무(24.4)	8	20	2	-[28×20%=5.6]

결국 갑이 가장 높은 점수로 선정된다.

10

정답 ②

유형 판단 및 의사결정 - 선택

해설

① (X) 서울: 10+10+7+10=37

② (O) 인천: 10+7+10+5(교통에서 A)+3+5(바다를 끼고 있음)=40

③ (X) 대전: 회의시설에서 C를 받아 제외

④ (X) 부산: 7+10+7+10+5(바다를 끼고 있음)=39

⑤ (X) 제주: 회의시설에서 C를 받아 제외

따라서 국제행사의 개최도시로 선정될 곳은 인천이다.

11

정답 ①

유형 판단 및 의사결정 - 선택

해설

1) 월, 수, 금이 공휴일이며 화, 목이 연가를 모두 쓸 수 없기에 화요일에만 연가를 쓰면, 5일이 가능하다. 또는 목요일부터 월요일까지도 가능하며 이때에도 5일이 된다. 그러므로 모스크바는 제외된다.

2) 편도 총비행시간이 8시간 이내의 직항을 원하므로 뉴욕과 방콕은 제외된다.

3) 최대한 길게 다녀올 생각이므로 4박 5일이 되어야 한다. 그러므로 홍콩은 제외된다.

따라서 두바이가 된다.

12

정답 ②

유형 판단 및 의사결정 - 선택

해설

1) 3개 과목 평균등급이 2등급(합 6) 이내인 자: 갑과 정 제외

2) 원 점수 합산(90 기준으로 ±): 을 -3(267), 병 -4(266), 무 -12(258)

따라서 을이 267점으로 가장 높기에 합격자이다.

13

정답 ④

유형 판단 및 의사결정 - 선택

해설

1) 사업 운영 해당: 인형탈

2) 단가 10만 원 이하 '서비스 제공' 목적: 블라인드

3) 사용연한이 1년 이내: 프로그램 대여

따라서 ○○부 아동방과후교육 사업에서 허용되는 사업비 지출품목은 인형탈, 프로그램 대여, 블라인드이다.

14

정답 ①

유형 판단 및 의사결정 - 선택

해설

ㄱ. (O) A시설은 93점으로 1등급이므로 감축하지 않아도 된다.

ㄴ. (O) B시설은 79점으로 3등급이므로 감축하지만 정부의 재정지원은 받을 수 있다.

ㄷ. (X) 환경개선 가중치를 0.3으로, 복지관리 가중치를 0.1로 하여도 63.5로 70점을 넘지 않는다.

ㄹ. (X) D시설은 73점으로 3등급이기에 정원 감축은 하지만 재정지원은 받을 수 있다.

15

정답 ④

유형 판단 및 의사결정 - 선택

해설

① (O) 갑은 총점이 가장 높음에도 불구하고 선정되지 않았다. 그리고 보조금을 수급한 적이 없다. 그렇다면 관련 법령을 위반한 자일 것이다.

② (O) 5에서 갑과 정이 점수가 7점이 되었으므로 표본농가에 포함되지 않았을 것이다.

③ (O) 을과 병의 총점이 동일하지만 병이 선정된 이유는, 법령위반 사실이 없다면 연령이 높기 때문일 것이다.

④ (X) 정은 26점이기에 3백만 원 미만에 해당한다.

⑤ (O) 임산물 관련 교육 이수 항목에서 10점을 받았기에 이수증이나 수료증을 제출했을 것이다.